भारतीय मुसलमानों
की
समाज संरचना और मानसिकता

मूल मराठी लेखक

फकरुद्दीन बेन्नूर

भूतपूर्व प्राध्यापक
राजनीतिशास्त्र विभाग, संगमेश्वर महाविद्यालय
सोलापुर महाविद्यालय, महाराष्ट्र

अनुवाद

डॉ. सूर्यनारायण रणसुभे

भूतपूर्व विभागाध्यक्ष, हिन्दी विभाग
दयानन्द कला महाविद्यालय
लातूर, महाराष्ट्र

लोकभारती पेपरबैक्स

प्रस्तुत पुस्तक की रीति-नीति या विचारों से प्रकाशक की सहमति अनिवार्य नहीं है। इसका पूर्ण दायित्व लेखक और अनुवादक का ही है।

लोकभारती पेपरबैक्स में
पहला संस्करण : 2023

लोकभारती पेपरबैक्स : उत्कृष्ट साहित्य के लोकप्रिय संस्करण

लोकभारती प्रकाशन
पहली मंजिल, दरबारी बिल्डिंग, महात्मा गांधी मार्ग
प्रयागराज-211 001
द्वारा प्रकाशित

शाखाएँ : 1-बी, नेताजी सुभाष मार्ग, दरियागंज, नई दिल्ली-110 002
अशोक राजपथ, साइंस कॉलेज के सामने, पटना-800 006
1, अनमोल सोराबजी संतुक लेन, धोबी तलाव, मरीन लाइंस, मुम्बई-400 002

वेबसाइट : www.lokbhartiprakashan.com
ई-मेल : info@lokbhartiprakashan.com

बी.के. ऑफसेट
नवीन शाहदरा, दिल्ली-110 032
द्वारा मुद्रित

मूल्य : ₹350

BHARTIYA MUSALMANO KI
SAMAJ SANRACHNA AUR MANSIKTA
Edited by Dr. Suryanarayan Ransubhe

ISBN : 978-81-19133-56-7

हिन्दू-मुस्लिम सौहार्द के और साझा संस्कृति के प्रतीक
मेरे पिता की स्मृति को सादर समर्पित

—फकरुद्दीन बेन्नूर

उन सभी भारतीय स्त्री-पुरुषों को जो अपने घर की
देहलीज के भीतर किसी धर्म, जाति, पंथ से
सम्बन्धित हैं परन्तु देहलीज के बाहर आने
पर वे केवल और केवल भारतीय हैं।
और जिनकी निष्ठा गंगा-जमुनी
संस्कृति पर है।

—सूर्यनारायण रणसुभे

अनुक्रम

भूमिका

1995 में समाजवादी प्रबोधिनी के संस्थापक आचार्य शान्ताराम गरुड़ जी ने मुझसे उनके प्रबोधन प्रकाशन (इचलकरंजी, जि. सांगली, महाराष्ट्र) के लिए 'भारतीय मुस्लिमों की समाजरचना और मानसिकता' शीर्षक से एक लम्बा लेख लिखवा लिया था। इसे उन्होंने पुस्तिका के रूप में प्रकाशित किया। मेरे निकटस्थ मित्र सूर्यनारायण रणसुभे जी ने प्रस्तुत लेख का हिन्दी अनुवाद किया और सम्भवत: 1997 में वह लम्बा लेख साप्ताहिक 'धर्मयुग' में प्रकाशित हुआ। उसका हिन्दी में स्वागत हुआ। 'पहल' त्रैमासिक के सम्पादक श्री ज्ञानरंजन जी ने प्रस्तुत लेख को और थोड़ा विस्तृत करने के लिए कहा। मैंने वह कर दिया। 'पहल' ने 1998 में 'भारतीय मुसलमानों की मानसिकता और सामाजिक संरचना' शीर्षक से उसे पुस्तिका के रूप में प्रकाशित किया। यह हिन्दी अनुवाद काफी दूर तक गया। सभी ओर से प्रशंसा के पत्र आने लगे। 'समकालीन भारतीय साहित्य' इस द्वैमासिक के मार्च/अप्रैल 2000 के अंक में श्री प्रकाश मनु ने लिखा, 'भारत में मुसलमानों की सामाजिक स्थिति, उनके भय, मनोविज्ञान और उनकी समस्याओं तथा उनके बारे में फैले झूठे भ्रमों और मिथ्या विचारों की जानकारी देनेवाला ऐसा गम्भीर और सन्तुलित लेख मेरी निगाहों से इसके पहले नहीं गुजरा।'

वह पुस्तिका काफी जल्दबाजी में लिखी गई थी। 2002 के बाद भारत के मुसलमानों की अवस्था काफी कठिन हो गई है। जिहादी आक्रमणों के दुष्परिणामों का अहसास अब होते जा रहा है। नरेन्द्र मोदी जैसे संघ विचारों के लोग अनियन्त्रित से हो गए हैं। आनेवाला प्रत्येक दिन तनावों को लेकर ही आ रहा है। मित्रों को कहना पड़ा कि यह पुस्तिका अब फिर से विस्तार से लिखी जानी चाहिए। कई घटनाओं के आलोकन में उसका पुनर्लेखन हो। इस पुनर्लेखन के लिए दो साल लगे। बटाला हाउस एनकाउंटर तक के सन्दर्भ लेने का प्रयत्न यहाँ किया गया है। भारतीय मुसलमानों की मानसिकता जिहादी है क्या, इसका भी स्पष्टीकरण देने का यहाँ प्रयत्न है।

बाबरी मस्जिद की घटना के बाद भारत में हिन्दू और मुसलमानों में बड़े पैमाने पर तनाव बढ़ने लगा। दिसम्बर 1992 और जनवरी 1993 में हुए भयावह दंगों के कारण भारत में सभी ओर मुस्लिमों का जमातवाद, उनका तथाकथित देशद्रोही आचरण, उनका अलगाववाद और पाकिस्तान की ओर का झुकाव आदि पर लेखन की बाढ़-सी आने लगती है। यूँ देखा जाए तो हिन्दुत्ववादी राजनीतिक पार्टियाँ, संघटनाएँ और उनसे सम्बन्धित तथाकथित बुद्धिजीवी आदि द्वारा पिछले 25-30 वर्षों से शुरू किए गए मुस्लिम और इस्लामविरोधी प्रचार की अन्तिम परिणति बाबरी मस्जिद के विध्वंस में हुई और उनके द्वारा घटित दंगों में से एक झलक के रूप में मुस्लिमों को पाठ सिखलाने हेतु उन पर किए गए अत्याचारों में परिणत हो चुकी थी। बाबरी मस्जिद के विध्वंस के बाद जो दंगे करवाए गए और उसके पूर्व शिलान्यास यात्रा के बहाने बिहार और उत्तर प्रदेशा, मध्य प्रदेश में हुए दंगों के बाद तो ऊपरोल्लिखित तीव्र प्रतिक्रियाएँ, लेखन और भाषणों में यह सब स्पष्ट रूप से दिखलाई देने लगता है।

इस सन्दर्भ में आई प्रतिक्रियाएँ भी अतिशय स्पष्ट और भारत के भविष्य की दृष्टि से अत्यन्त गम्भीर ऐसी थी। संघ परिवार के हिन्दुत्ववादी पर फासिस्टवादी घटकों की प्रतिक्रियाएँ ध्यान देने जैसी हैं। मुसलमानों को हमने कैसा पाठ पढ़ाया, मुसलमान अब तो इस देश में ठीक से जीना सीखें, राष्ट्रद्रोही वृत्ति वे छोड़ दें, हिन्दुत्व पर आधारित राष्ट्रीय प्रवाह में वे विलीन हो जाएँ, इस प्रकार की प्रतिक्रियाएँ इस गुट की ओर से दर्ज की गईं। उनमें से एक गुट के नेता ने कहा हिन्दुओं द्वारा चार सौ वर्षों बाद क्यों न हो, मुसलमानों द्वारा हिन्दुओं पर किए गए अन्यायों का बदला लिया गया, हिन्दुओं के इतिहास पर लगा कलंक उन्होंने धोकर निकाला, हमारे हजारों मन्दिरों को ध्वस्त करनेवाले मुसलमानों की प्राणप्रिय मस्जिद को ध्वस्त कर उन्हें अच्छा-सा पाठ पढ़ाया गया—इस भावना से इस गुट ने प्रगट रूप में अपना आनन्द, अपनी खुशी भिन्न-भिन्न मार्गों से व्यक्त की। हिन्दुत्ववादियों में वर्णवर्चस्व की राजनीति करनेवाले धूर्त गुट को तो ऐसा लगने लगा कि मुस्लिम द्वेष के आधार पर हिन्दू समाज में स्थित सभी जातियों-उपजातियों, में चल रही प्रगतिशील परिवर्तन की दिशा को बदलकर इन सभी इकाइयों को परम्परागत स्थितिवादी समाजरचना की ओर फिर से मोड़ देना अब सहज सम्भव है। इसलिए मंडल विरोधी आन्दोलन को पराजित करने हेतु इन घटकों ने श्रीराम जन्मभूमि का आन्दोलन भड़काया। इस प्रक्रिया में उनके दुहरे दावपेंच दिखलाई देते हैं। एक ओर मुसलमानों के आक्रमण का भय बतलाकर जनसामान्य को दिग्भ्रमित करना, समाज परिवर्तन की दिशा

बदलना और दूसरा मुस्लिम द्वेष के आधार पर फुले-अम्बेडकर प्रणित क्रान्ति का पराजय करना। इसकी पूरी सम्भावना उन्हें राम जन्मभूमि आन्दोलन में महसूस होने लगी।

उदारमतवादी शिक्षितों की प्रतिक्रिया भी चौंकानेवाली थी। मुसलमानों के अतिवाद के कारण ही आज यह स्थिति आ गई, अब तो राष्ट्रीय प्रवाह में सम्मिलित हो जाएँ इस प्रकार का लेखन उनकी ओर से होने लगा।

हिन्दू समाज में तटस्थ रूप में विचार करनेवाले आक्रामक प्रगतिवादियों की प्रतिक्रिया भी उतनी ही तीव्र थी। उन्होंने संघप्रणित प्रचारक, लेखक, विचारक, उनके प्रसारमाध्यम और उनके द्वारा इतिहास का जो विकृतिकरण किया जा रहा है उस पर वे विलक्षण ऐसी तीखेपन के साथ टूट पड़े। फ्रंटलाइन, इंडिया टुडे, संडे, हिन्दू, टाईम्स ऑफ इंडिया, मेन स्ट्रीम जैसे अंग्रेजी समाचारपत्र और पत्रिकाओं के माध्यम से उन्होंने संघ परिवार की कुटिल नीति को उजागर किया। सभी ओर से मुस्लिम प्रश्न पर चर्चा शुरू हुई। उपरोक्त सभी साप्ताहिकों और पत्रिकाओं ने मुस्लिम प्रश्नों पर विशेषांक प्रकाशित किए। श्री आनन्द पटवर्धन जैसे कलाकार ने अयोध्या और मुम्बई पर फिल्म भी तैयार की। पिछले 40 वर्षों में सरकारी तथा निजी नौकरियों में मुस्लिमों का प्रतिशत, मुस्लिम समाज में साक्षरता-निरक्षता का प्रतिशत, शिक्षित मुसलमानों की प्रतिक्रियाएँ, बुखारी, शहाबुद्दीन जैसे नेताओं की राजनीति, मुसलमानों का अनुनय पर लिखा गया।

हिन्दुत्ववादियों की राजनीति पर काफी मात्रा में इस काल में लिखा जा रहा है। मतलब स्वतन्त्रता के 60 वर्षों बाद भी फिर से हिन्दू-मुस्लिम समस्या तीव्र बन गई है। देश के तटस्थ अध्येताओं द्वारा भारत के राष्ट्रनिर्माण की प्रक्रिया में ठीक-ठीक गलती कहाँ हुई, इसकी खोज का प्रयत्न चल रहा है।

मुस्लिम समाज की प्रतिक्रिया भी इसी तरह बहुआयामी है। अपने तथाकथित प्रतिष्ठित नेताओं के प्रति उन्हें जो भ्रम थे, वे टूट से गए हैं। इमाम बुखारी, सय्यद शहाबुद्दीन जैसों को अब सामान्य मुस्लिम पहले की तरह प्रतिसाद नहीं दे रहा है। हमारे सभी लीडरों ने हमारे साथ धोखाधड़ी की है, ऐसा उन्हें अब लग रहा है। मुसलमानों में स्थित शिक्षित इकाइयों और युवकों द्वारा दर्ज प्रतिक्रियाएँ अत्यन्त तीव्र थीं। संडे, इंडिया टुडे, फ्रंटलाईन द्वारा किए गए साक्षात्कारों में उनका गुस्सा व्यक्त हुआ है। मुस्लिम बुद्धिजीवी दिल्ली, अलीगढ़, मुम्बई जैसे शहरों में सभाएँ लेकर मुस्लिम नेताओं और उलेमाओं की धर्मवादी और भावनिक राजनीति पर प्रखरता से टूट पड़े। इसके साथ ही

बहुसंख्य मुस्लिम समाज भयभीत, असुरक्षितता की भावना से पीड़ित है, ऐसा दिखाई दे रहा है। सर्वसामान्य जनता समझ नहीं पा रही थी कि ऐसी सन्देहकारी स्थिति में वह करें भी तो क्या करें?

यूँ देखा जाए, तो स्वातन्त्र्योत्तर भारत के मुस्लिम समाज का विचार, राष्ट्रीय और समान भूमिका पर से होना चाहिए ऐसा कह नहीं सकते। अखिल भारतीय स्तर पर बिपिनचन्द्र, रोमिला थापर, प्रो. पण्णीकर, डॉ. शाकीर, असगर अली इंजीनियर, मुशिरुल हसन जैसे कुछ विद्वज्जन छोड़ दें तो यहाँ के मुस्लिम समाज पर जो विचार हुआ है, वह तकनीकी पद्धति से ही किया गया है। धार्मिक दंगों के सन्दर्भ में और हिन्दू-मुस्लिम संघर्ष के सम्बन्ध में, मुस्लिमों पर विचार करने की एक निश्चित ऐसी पद्धति ही यहाँ प्रस्थापित हुई है। हिन्दुओं में जो प्रगतिशील विचारों के हैं, उनकी भी यही पद्धति रही है। और खुद को प्रगतिशील कहलानेवाले मुस्लिम विचारक भी प्रत्यक्ष या अप्रत्यक्ष रूप में हिन्दुत्ववादी चश्मे से ही मुस्लिम प्रश्न पर विचार कर रहे हैं ऐसा दिखलाई देता है। महाराष्ट्र में तो संघ परिवार की कुछ इकाइयों में और तथाकथित मुस्लिम प्रगतिशीलों में एक लेन-देन तैयार हो चुका है। इसके साथ एक दूसरा प्रकार भी है विचार करनेवालों का और वह है चुनाव में एक गट्ठा मतदाताओं के सन्दर्भ में। इन पद्धतियों को ही मैं तकनीकी पद्धति कहता हूँ। मतलब यह कि मुसलमानों का दंगे के समय का आचरण तथा मतदान करते समय का आचरण, इन दो विषयों पर ही अधिकांश अध्येताओं का ध्यान केन्द्रित हुआ है, ऐसा दिखलाई देता है। मुस्लिमों की ओर देखने का दृष्टिकोण भी तयशुदा है। जैसे—भारत के सभी मुसलमान एक हो गए हैं, वे धर्मान्ध हैं और मुल्ला-मौलवी के प्रभाव के नीचे हैं या उनसे ही नियन्त्रित हैं। मुस्लिम समाज पूर्णत: नागर समाज है तथा वह भारत के अन्य जातियों—जमातियों से अलगाव बनाकर ही जीता है। भारत के मुसलमानों की इस्लामी संस्कृति भारतीयत्व को छेद देनेवाली है और वह विदेशी संस्कृति है। तो कुछ हिन्दू, मुस्लिमों की ओर देश-विभाजन के गुनहगार के रूप में देखते हैं। तो कुछ उनकी ओर 'राष्ट्रद्रोही अल्पसंख्यक' के रूप में देखते हैं। तो अन्य कुछ उनकी ओर अपरिहार्य अल्पसंख्यक के रूप में देखते हैं। कुछ उनकी गणना धार्मिक, सांस्कृतिक, अल्पसंख्यक के रूप में करते हैं। और राजनीतिज्ञों की दृष्टि से तो मुसलमान 'निर्णायक' अल्पसंख्यक होते हैं। मतलब चुनाव के निर्णय को बदलनेवाली मार्जिनल मायनोरेटी के रूप में ही उनकी ओर देखा जाता है। इन सबके परिणामस्वरूप भारत का मुस्लिम सर्वाधिक उपेक्षित ऐसा घटक बन चुका है। स्वतन्त्रता के बाद यह समाज

किस मानसिकता से जा रहा है, उनके समाजान्तर्गत संघर्ष का स्वरूप क्या है. देश-विभाजन के बाद के भारत में जीते समय वह किस अवस्था से जा रहा है—इसका यथार्थ चित्रण नहीं के बराबर हुआ है।

महाराष्ट्र में मुस्लिम समाज की ओर देखने की एक विशिष्ट ऐसी पद्धति तैयार हो चुकी है। इस्लाम और मुसलमानों की ओर देखने के दृष्टिकोण पर भारत में ब्रिटिश काल में लिखे गए इतिहास लेखन का भी दूर तक प्रभाव हुआ है। इलियट डाऊसन और जेम्स थिम जैसे ब्रिटिश साम्राज्यवादी इतिहासकार और ईसाई मिशनरी लेखक और इतिहासकार द्वारा लिखे गए इतिहास के आधार पर मुस्लिमों से सम्बन्धित भारतीय दृष्टिकोण तैयार हुआ है—इसे अनेक अध्येताओं ने प्रमाणित भी किया है। इसके साथ ही मध्य पूर्व और अफ्रीका-एशिया के द्वीपों में स्थित देशों का अध्ययन करनेवाले पश्चिमी इतिहासकारों ने मुस्लिमों से सम्बन्धित पश्चिम के चश्मे से व्यक्त निष्कर्ष भी यहाँ प्रभावपूर्ण साबित हुए हैं। डॉ. बाबासाहब अम्बेडकर जी से लेकर विश्वास पाटील, स. ह. देशपांडे, श्रीपाद जोशी, नरहर कुरुन्दकर, अ.भी. शाह तथा हमीद दलवाई तक के अनेकों ने इसी इतिहास लेखन के आधार पर अपने मतों को, निष्कर्षों को व्यक्त किया है।

महाराष्ट्र में मुस्लिम प्रश्न पर लेखन करनेवालों के तीन गुट हैं। (सम्भवत: यही स्थिति हिन्दी तथा अन्य प्रदेशों में रही होगी) पहला गुट संघ विचारों के हिन्दुत्ववादियों का है। महाराष्ट्र यह हिन्दू महासभा और राष्ट्रीय स्वयंसेवक संघ की जन्मभूमि और कर्मभूमि होने के कारण डॉ. मुंजे, डॉ. हेडगेवार, बॅ. सावरकर, गोलवलकर और देवरस तक के प्रमुख हिन्दुत्ववादी और उनके वैचारिक नेतृत्व को माननेवाले छोटे-बड़े संघवादी इन सबने मुस्लिम समाज और उनकी मानसिकता को लेकर एक विशिष्ट पद्धति से ही लेखन किया है। दूसरा गुट खुद को उदारमतवादी और सेक्युलरवादी कहलानेवालों का है। इस गुट में अधिकांश समाजवादी विचारक हैं। इनमें प्रो. नरहर कुरुन्दकर, अ. भि. शहा, द्वा. भ. कर्णिक और हमीद दलवाई आदि का समावेश है। इन उदारमतवादी और तथाकथित समाजवादी विचारकों का मुस्लिम समस्यासम्बन्धी का लेखन यह उपरोल्लेखित इतिहास लेखन पर ही आधारित है। संघवालों का गरम... हिन्दुत्ववाद और इन उदारमतवादियों का छिपा अथवा नरम हिन्दुत्ववाद इतना ही इनमें फर्क है। इन दोनों गुटों पर ब्राह्मणी विचार परम्परा का पूर्ण प्रभाव दिखलाई देता है। स्वतन्त्रता के बाद के महाराष्ट्र में मुस्लिमों से सम्बन्धित सभी प्रकार का लेखन इन दो विचारप्रवाहों के लेखकों द्वारा ही हुआ है। तीसरा गुट

संख्या में बहुत ही छोटा है। उनमें से कुछ मार्क्सवादी विचारक हैं तो कुछ फुले-अम्बेडकरवादी विचारक। उन्होंने मुस्लिमों सम्बन्धी जो लेखन किया है वह काफी अधूरा सा है और वह इधर के कुछ वर्षों का ही है। इस वक्त मराठी में इस विषय पर का अधिकांश लेखन संघ परिवार के श्रीपाद जोशी जैसे अथवा कुरुन्दकर, यदुनाथ थत्ते, सेतु माधवराव पगडी अथवा हमीद दलवाई जैसे लेखकों का ही है। इस कारण मुस्लिम समाज के सभी प्रश्नों पर विचार करते समय उपरोक्त सभी प्रवृत्तियों को, प्रभावों को ध्यान में रखकर नए रूप में इस समस्या का विश्लेषण करने की जरूरत निर्माण हो गई है।

भारतीय मुसलमानों की समाजरचना का प्रश्न यह अतिव्याप्त और समाजशास्त्रीय दृष्टि से सर्वस्पर्शी अध्ययन का विषय है। 'इंट्रोडक्सन टू दि सोशियोलोजी ऑफ इस्लाम' शीर्षक का ग्रन्थ, कैम्ब्रिज विश्वविद्यालय के अध्येता रूबेन लेवी ने बीसवीं सदी के पूर्वार्ध में लिखा था। इस्लाम में स्थित धार्मिक व्यवस्थाएँ, कानून एशिया के देशों में कैसे कार्यान्वित किए जाते हैं इस पर ही रूबेन लेवी ने बल दिया था। मतलब केवल धर्म के आधार पर इस्लाम का समाजशास्त्र प्रस्तुत करने का उसका प्रयत्न था।

मूलत: यह पुस्तक लिखने का मैंने जो निर्णय लिया वह मेरे पारिवारिक परिवेश में प्राप्त अनुभवों के कारण। मूलत: मेरा परिवार कर्नाटक के हुबली शहर के निकट का गाँव बेन्नूर और शिश्वनहळ्ली इस छोटे-से देहात का। पिता जी की शिक्षा अण्णीगेरी और हुबली में कन्नड़ माध्यम से हुई। कोर्ट के काम से पूरा परिवार सोलापुर-महाराष्ट्र में आया। बहुत बचपन में मैं हुबली, धारवाड़, गदग इन बड़े शहरों की और देहात के जीवन को देखता रहा हूँ। बाद की पूरी आयु सोलापुर शहर में और इसी जिले में बीती। प्राध्यापक हो जाने के बाद महाराष्ट्र के विभिन्न जिलों में घूमता रहा। कर्नाटक के मुस्लिमों का जीना, उनका आचरण, विचार, वेश-भूषा, खानपान यह सब बचपन से देख रहा था। महाराष्ट्र के ग्रामीण इलाकों में जीनेवाले मुसलमानों का जीना, आचरण, वेश-भूषा, खानपान इसे केवल देख ही नहीं रहा था, अनुभव भी कर रहा था। इस कारण यहाँ के मुसलमानों के जीने में स्थित मराठीपन और कर्नाटक में जीनेवालों का कानडीपन मेरे भावविश्व में व्याप्त हो चुका था।

मेरे पिता जी का ही उदाहरण लें तो यह बात अधिक स्पष्ट हो जाती हैं। उन्हें जीवन के अन्त तक उर्दू या मराठी ठीक से बोलने नहीं आती थी। वे कर्नाटक में दखनी-उर्दू—कन्नड़ मिश्रित शब्दों से ही बोलते। एक समय धोती, कोट, काली टोपी यह उनकी वेश-भूषा थी। कोर्ट में पदोन्नति होने के बाद ही

वे कोट-पैंट पहनने लगे। नमाज के श्लोक उन्होंने कन्नड़ भाषा में याद किए थे। कर्नाटक के ग्रामीण मुसलमान धोती ही पहनते हैं। काली टोपी पहनते हैं। मेरे दूसरे चचेरे दादा साफा, धोती, शर्ट ही पहनते। मेरे नाना हुबली गाँव के प्रमुख थे। लाल साफा तो कभी पीला साफा, धोती, कोट और बैलगाड़ी—यह उनकी पहचान थी। 1950 के समय में हुबली के मुसलमानों की यह स्थिति थी। मेरे मामा के विवाह में अक्षदा (हिन्दू विवाह में बाराती और घराती वधू-वर पर चावल के दाने आशीर्वाद रूप में डालते हैं, उसे अक्षदा कहा जाता है) डाले गए थे, इसकी धुँधली याद मुझे है। मैं जब सामाजिक आन्दोलन में आ गया, तब मेरे ध्यान में आया कि मुसलमानों का मोनोलिथ यह एक बहुत बड़ा भ्रम है।

मेरे बचपन में सोलापुर में मुसलमान साफा अथवा मुंडा में ही होते। जेऊर, मालसिरस, कुर्डुवाडी (सोलापुर जिले में स्थित गाँव) के मुसलमानों को ग्रामीण मराठी के अलावा दूसरी भाषा शायद ही आती हो। उनकी दखनी भी मराठी मिश्रित ही रही है। दूसरी बात, मेरा बचपन, स्कूली जीवन, सर्व धर्मसमभाव का जीता-जागता उदाहरण रहा है। मुसलमान कहकर मेरे साथ कभी भी अलग-से व्यवहार किसी ने किया नहीं। सभी ओर सौहार्द का वातावरण था। देश-विभाजन की घटनाएँ ताजी होते हुए भी (1950) आज की तरह तब मुस्लिम द्वेष कभी दिखलाई नहीं दिया। अक्कलकोट में तो रविवार को स्वामी महाराज के मन्दिर में स्थित पीपल के वृक्ष के नीचे हम लोग अध्ययन करते बैठते। पिता जी का स्थानान्तरण जब पंढरपुर में हुआ तो पिता जी हम सबको विट्ठल मन्दिर में दर्शनार्थ ले जाते। तुकाराम महाराज के विठोबा पर पिता जी की श्रद्धा दृढ़ थी।

1980 के बाद यह सब बदल जाता है। आयडेंटी का प्रश्न निर्माण हो जाता है। 1977 के जनता पार्टी के विजय के कारण जनसंघ के माध्यम से संघ परिवार के लोगों को सत्ता में भागीदारी मिली। संघ का मुस्लिम विरोध और द्वेष सत्ता में से, प्रचार माध्यमों में से झलकने लगा। परिणामस्वरूप मुसलमानों में भी तब्लीग जमात जैसे मूलतत्त्ववादी आन्दोलन उभरने लगे। पूरा परिवेश जातीयवादी और जमातवादी ताकतों द्वारा व्याप्त होने लगा। मुसलमानों के सम्बन्ध में साँचे में बन्द बिम्ब प्रक्षेपित होने लगा। इस कारण मैंने मुसलमानों की समाजरचना और मानसिकता इस पर लिखने का निर्णय लिया। यह सब लिखने की प्रेरणा मुझे मेरे पिता जी की जीवनशैली से प्राप्त हुई है। हिन्दू या मुसलमान यह भावना ही उनके व्यक्तित्व में थी नहीं। मेरे पिता इस देश की सम्मिश्र संस्कृति के प्रतीक थे। जन्म से और आदतों से वे कन्नड़-मराठी मिट्टी

के थे। उन्हें बॅ. जीना कभी भी प्रिय नहीं थे। उनके अधिकांश मित्र गैर-मुस्लिम थे। सेवानिवृत्ति के बाद वे नमाजी हो गए। पाँच समय की नमाज और कुरान-पठन इसी में वे डूबे रहते। बावजूद इसके वे कभी भी कम्युनल नहीं हुए। ये सारे अनुभव तथा बदलते गए समय की वेदनाओं को लेकर मैं जी रहा था। आचार्य शान्ताराम बापू के आग्रह पर यह सब लिखने के लिए मैं मजबूर हो गया।

मैंने जो कुछ अनुभव किया है, उसे शब्दबद्ध करने का यह प्रयत्न है। 1980 के बाद बदलती स्थितियों में मुसलमानों से सम्बन्धित पुस्तकें मैं विपुल मात्रा में पढ़ने लगा। उस कारण अनेक बातें स्पष्ट होने लगीं। इनमें से कई लेखकों ने यह तय किया है कि विश्व के सभी मुसलमान एक हैं। सम्बन्धित देशों में रहते हुए मुसलमानों के आचरण में, विचारों में काल, प्रदेश और संस्कृति सापेक्ष सामाजिक जीवन कैसे तैयार होता गया, इस पर वहाँ विचार नहीं था। भारत के मुस्लिमों के सामाजिक जीवन का भी समावेश वहाँ नहीं था।

भारत के सन्दर्भ में समाजशास्त्रीय अध्ययन के एक प्रयत्न के रूप में जाफर शरीफ नामक दक्षिण भारत के एक शिक्षक ने ईस्ट इंडिया कम्पनी के अधिकारियों को भारतीय मुस्लिमों की जीवनशैली समझाने हेतु 1832 में 'कानून-इ-इस्लम' (इस्लाम इन इंडिया) शीर्षक से एक ग्रन्थ तैयार किया था। कई वर्षों बाद हेरक्लॉट और विलियम कुक ने उसका संशोधित संस्करण तैयार कर ऑक्सफर्ड प्रेस की ओर से 1921 में उसे फिर से प्रकाशित किया। बाद में महाराष्ट्र राज्य साहित्य संस्कृति मंडल ने 1976 में प्रो. सूर्यवंशी द्वारा इस पुस्तक के अनुवाद को मराठी में प्रकाशित किया। इसमें भारत के मुसलमानों के त्योहार, जन्म से लेकर मृत्यु तक के कर्मकांड या विधियाँ आदि दिए गए हैं। बावजूद इसके भारतीय मुसलमानों का यह अनुशासनबद्ध समाजशास्त्रीय अध्ययन नहीं है। वैसा प्रयत्न इम्तियाज मुहम्मद जैसे समाजशास्त्री ने भी नहीं किया है। भारत के प्रत्येक प्रदेश के मुसलमानों के समाज जीवन में प्रदेश-भाषानुसार विभिन्नता है। कश्मीर में स्थित मुसलमान और तमिलनाडु का मुसलमान, बंगाल का मुसलमान इन सबकी जीवनशैली भिन्न-भिन्न है। इसके लिए सम्बन्धित प्रदेशों के मुस्लिम लोकजीवन का स्वतन्त्र अध्ययन होना जरूरी है।

एक छोटी-सी पुस्तिका से अथवा एक लम्बे लेख के पुनर्लेखन के समय मेरे सम्मुख ये प्रश्न थे। मेरे अकेले के द्वारा भारत के सभी प्रदेशों के मुस्लिम लोक समुदाय का समग्र अध्ययन सम्भव ही नहीं था। भारत में मुस्लिमों के सम्बन्ध में जो धारणाएँ हैं, बिम्ब हैं, प्रतिमाएँ हैं उनके सन्दर्भ में ही मैंने यह

अध्ययन किया है। एक प्रकार से यह एक प्रातिनिधिक सर्वेक्षण है।

मानसिकता का प्रश्न राजनीति से जुड़ा हुआ है। धर्म के मोनोलिथ के आधार पर मुसलमानों की साँचे में बद प्रतिमा तैयार की गई है। इसमें इतिहास का विकृतिकरण है। पश्चिमी साम्राज्यवाद और हिन्दुत्ववादियों की राजनीति भी इसके मूल में है। इन सारी बातों का संक्षेप में परामर्श लेने का प्रयत्न मैंने किया है। जिहादी मूलतत्त्ववादी दहशतवाद के कारण भारतीय मुसलमानों के सम्मुख गम्भीर प्रश्न पैदा हुए हैं। उनका भी विश्लेषण करने का प्रयत्न इस पुनर्लेखन में मैंने किया है।

भारतीय मुसलमानों में स्थित जाति-व्यवस्था यह खास भारतीय विशिष्टता है। इस्लाम में जाति-व्यवस्था न होते हुए भी भारतीय मुसलमानों में सैकड़ों जातियाँ हैं। दलित जातियाँ हैं। विमुक्त जनजातियाँ हैं। उनके अपने लोकजीवन की अलग विशिष्टताएँ हैं। इनका मैंने उल्लेख मात्र किया है। प्रदेशानुसार उनका अध्ययन होना जरूरी है। ऐसे थोड़े-बहुत प्रयत्न तमिलनाडु, गुजरात के अध्येताओं ने किया है। केरल के मुसलमानों पर पुस्तकें लिखी गई हैं। गुजरात के मुसलमानों पर 1963 में प्रो. सतीश मिश्रा ने अध्ययनपूर्ण किताब लिखी है। मैंने यहाँ केवल उनकी समस्याओं का उल्लेख किया है। यह किताब लिखते समय मेरी भूमिका समग्र अध्ययन की न होकर मुस्लिम समाज के सम्मुख जो चुनौतियाँ खड़ी हैं, उनके सिंहावलोकन का प्रयत्न रहा है। मैंने अपनी ओर से ऐसा कुछ प्रयत्न किया है। अन्तिम तीन प्रकरणों में समकालीन घटनाओं को भी स्पर्श किया है।

मेरा यह लेखन शोधकार्य की भाषा में दोयम साधनों पर आधारित है। विभिन्न सन्दर्भों में भारतीय मुसलमानों पर अब तक जो पुस्तकें भारतीय और पश्चिमी अध्येताओं ने लिखी हैं, उनका उपयोग कर प्रस्तुत लेखन हुआ है। वास्तव में भारत के विभिन्न प्रदेशों में स्थित मुसलमानों की भाषा, जीवनशैली रीति-रिवाज आदि के शोध की एक बहुत बड़ी परियोजना पर काम होना जरूरी है। कश्मीर से लेकर कन्याकुमारी तक की मुस्लिम समाजरचना का अध्ययन होना जरूरी है। ऐसे अध्ययन के कारण दो बातें सिद्ध होंगी। एक विश्व के सभी मुसलमान एक जैसे हैं और उनमें एका है यह भ्रम दूर हो जाएगा। यह काम अकेले दो एक का नहीं है। भारत के किसी वि.वि. द्वारा विश्वविद्यालय अनुदान आयोग से पर्याप्त राशि प्राप्त कर ऐसी शोध परियोजना ली जा सकती है। इसके लिए समाजशास्त्र इस ज्ञानशाखा के विशेषज्ञों और शोधकर्ताओं की टीम खड़ी की जानी चाहिए। यह काम काफी विशाल रूप का है। केवल

महाराष्ट्र में मुसलमानों का अध्ययन करना हो तो वह भी प्रचंड है। कोंकण के मुसलमान, उनकी जड़ें, पश्चिम महाराष्ट्र के मुसलमान, मुम्बई की ओर का मुसलमान, कोल्हापुर जैसे रियासत के समाज में पला-बढ़ा मुसलमान, मराठवाड़ा का निजाम रियासत के प्रभाव में रह चुका मुसलमान, विदर्भ या खानदेश का मुसलमान इनका स्वतन्त्र रूप से अध्ययन जरूरी है।

प्रस्तुत किताब वास्तव में इस प्रश्न का परिचय मात्र है। इस किताब से प्रेरणा लेकर भारत के या कम-से-कम महाराष्ट्र के मुसलमानों का समग्र अध्ययन हो ऐसी मेरी इच्छा है। मेरी यह इच्छा और हाल की स्थितियाँ इनमें फर्क है, इसका मुझे अहसास है। अध्येताओं को इससे प्रेरणा मिले बस इतनी-सी इच्छा है।

पुस्तक की संशोधित प्रति में मेरे मित्र राजनीतिशास्त्र के वरिष्ठ प्राध्यापक डॉ. अशोक चौसालकरुजी को पढ़ने हेतु दी। उन्होंने इस प्रति को, उनकी सेवानिवृत्ति के समय बढ़ते हुए कामकाज के बावजूद समय निकालकर पूरी बारीकी के साथ पढ़कर मुझे महत्त्वपूर्ण सूचनाएँ दीं। उनके प्रेम और सहयोग के कारण ही यह किताब सम्भव हो सकी है। मैं उनके ऋण में ही रहना चाहता हूँ। पुस्तक के लेखन के समय डॉ. यशवन्त सुमन्त, कॉ. विलास सोनवणे, डॉ. आफाक खान से चर्चाएँ करता रहा, उनके द्वारा सुझाए गए मुद्दे यह उनका महत्त्वपूर्ण योगदान रहा। इन सबका सहयोग शब्दों के परे है।

मेरे लेखन की पांडुलिपि पढ़कर इस पुस्तक के बहुत बड़े हिस्से को फिर से लिखकर निकालने का काम मेरी छात्रा प्रो. डॉ. सुनीता सरवदे ने किया। उसके सहयोग के कारण ही मेरी अब तक की पुस्तकें निकल सकी हैं। अन्तिम समय में पुस्तक का काफी बड़ा हिस्सा मुझे मेरे अक्षरों में फिर से लिखना पड़ा। विशेष यह कि मेरा छोटा भाई अजीज ने मेरे प्रत्येक शब्द को पढ़कर सम्पूर्ण पांडुलिपि को टंकलिखित किया। वह और उसका सहयोगी श्रीकान्त पोल के परिश्रम के कारण ही टंकलेखन का कार्य पूर्ण हो सका। विशेष रूप से श्रीकान्त पोल ने इसके लिए काफी परिश्रम किए। मैं उनका ऋणी हूँ। इसके साथ ही समाजवादी प्रबोधिनी, इचलकरंजी का भी मैं आभारी हूँ। उनके सौहार्द के कारण ही यह लेखन सम्भव हो सका है।

मेरा और मराठी के प्रकाशक प्रतिमा प्रकाशन के श्री अरुण पारगाँवकर का परिचय काफी वर्षों से रहा है। विचारवेध सम्मेलन और राजनीतिशास्त्र के परिषदों में उनकी पुस्तकों का स्टॉल हमेशा दिखलाई देता रहा है।

मराठी के वैचारिक पुस्तकों का खजाना ही उनके यहाँ बिक्री हेतु लगा

रहता। उनके स्टॉल पर पुस्तकें देखते-देखते उनका परिचय हुआ। उनके मृदु बोल और उनका प्रसन्न व्यक्तित्व मुझे हमेशा याद आता। जब मेरे इस पुस्तक की संशोधित, पुनर्लिखित पुस्तक की पांडुलिपि तैयार हुई तो उसे प्रकाशन हेतु किन्हें दें यह समस्या मेरे सम्मुख थी। वह इसलिए कि इस पुस्तक की मेरी स्थापनाएँ, पारम्परिक चौखट से भिन्न रही है। और भारत में तो मुस्लिम इतिहास और मुस्लिम मानसिकता का प्रश्न विवाद का और संवेदनशील रहा है। इन दो विषयों पर बहुत स्पष्टता से लिखना काफी मुश्किल-सा है। इस कारण ऐसी पुस्तक को प्रकाशित करना और भी कठिन काम है। क्योंकि यह समय ही ऐसा है। मैंने उन्हें इस पुस्तक की पांडुलिपी देते समय कहा, 'आप इसे पढ़ें, और यह सब उचित लगे तो ही इसे प्रकाशित करें। आपने अगर नकार दिया, तो मुझे गुस्सा नहीं आएगा अथवा मेरी कोई गलतफहमी नहीं होगी।' उन्होंने इतना ही कहा, 'पांडुलिपी मेरे यहाँ रख दीजिए। कामों के दबाव के कारण थोड़ा-सा विलम्ब हो सकता है, मैं उसे यथावकाश पढ़ लूँगा। बाद में, उनका फोन आया। मुझसे उन्होंने चर्चा की। और इसे प्रकाशित भी किया। उनके प्रति मेरी भावनाएँ शब्दों के परे हैं। मैं उनके प्रति अत्यन्त कृतज्ञ हूँ।'

—फ.ई. बेन्नूर

अनुवादक की ओर से

स्मृतिशेष प्रो. श्री. फक्रुद्दीन बेन्नूर मेरे आत्मीय मित्र रहे। सन् 1965 में हम दोनों एक ही समय लातूर (महाराष्ट्र) के दयानन्द म.वि. में प्राध्यापक पद हेतु साक्षात्कार देने के लिए गए थे। वहीं पर हम दोनों की पहली मुलाकात हुई। तब से लेकर उनकी मृत्यु तक हम दोनों मित्र रूप में जुड़े रहे। हालाँकि वे लातूर में केवल एक वर्ष ही रहे। बाद में वे अपने शहर सोलापुर (महाराष्ट्र) के संगमेश्वर म.वि. में राजनीतिशास्त्र के प्राध्यापक के रूप में अवकाश ग्रहण करने तक कार्यरत रहे। सोलापुर यही उनकी कर्मभूमि रही।

बेन्नूर सर स्वभावत: बहुत संवेदनशील मन के थे। प्रखर विवेकवादी, भयंकर परिश्रमी, जिद्दी और आर्थिक, सामाजिक, सांस्कृतिक दृष्टि से पिछड़े समाज के प्रति प्रतिबद्ध। एक अल्पसंख्यक समाज के होते हुए वे मुस्लिम समाज के पिछड़ों का दर्द जानते थे। साहित्य, संगीत, गजल, नाटक और मित्रों की महफिलों में वे ज्यादा रस लेते थें। उन्होंने विवाह नहीं किया। भीतर से वे बेहद अकेलेपन का अनुभव करते थे।

उनके ही प्रयत्न से महाराष्ट्र में 'मुस्लिम मराठी साहित्य परिषद' की स्थापना हुई। उनकी शिक्षा मराठी माध्यम से हुई थी, एम.ए. अंग्रेजी माध्यम से। मराठी, हिन्दी और अंग्रेजी पर उनका असाधारण अधिकार था। बाद के जीवन में उन्होंने मुस्लिम ओ.बी.सी. संगठन की स्थापना और उसके अधिवेशन भी लिए।

भारतीय मुस्लिम जीवन के, इतिहास के वे प्रकांड पंडित थे। इस विषय पर वे लिखते रहे। उनकी जीवितावस्था में उनकी दो पुस्तकें प्रकाशित हुईं। उन्होंने इतना लिखा है कि अभी कम-से-कम छह और पुस्तकें प्रकाशित हो सकेंगी।

उनकी मृत्यु के बाद उनके विचारों को आनेवाली पीढ़ी तक पहुँचाने का व्रत उन पर निष्ठा रखनेवाले उनके युवा मित्र कलीम अजीम, उनके भाई यूसुफ बेन्नूर आदि ने लिया। ये सारी पुस्तकें मराठी में हैं। इसमें उनकी आत्मकथा भी है। उनकी यह बौद्धिक सम्पदा आनेवाली पीढ़ी तक पहुँचाना इस युग का तकाजा ही है।

इस पुस्तक की भूमिका में उन्होंने इस पुस्तक की जनम-पत्री ही दी है। मैं उसे दोहराना नहीं चाहता। जब मैं और कलीम अजीम उनकी पुस्तकों के प्रकाशक के सम्बन्ध में बात कर रहे थे, तब इस पुस्तक का जिक्र हुआ। मराठी में यह पुस्तक सन् 2012 में प्रकाशित हुई थी। उनकी सभी पुस्तकें हिन्दी में आना जरूरी है। क्योंकि 2014 से इस देश की मिट्टी से अभिन्न रूप से जुड़े हुए मुसलमानों को लेकर जहरीला ऐसा प्रचार मीडिया और सत्ताधारी कर रहे हैं। नई पीढ़ी के मन में मुसलमानों के प्रति नफरत और द्वेष फैलाने का व्यवस्थित प्रयत्न चल रहा है। केवल सत्ता हथियाने के लिए। ऐसे समय इस पुस्तक की प्रासंगिकता अधिक निखर कर सामने आती है। इसलिए मैंने यह निर्णय लिया कि यह पुस्तक हिन्दी ही नहीं अन्य सभी भारतीय भाषाओं में आनी चाहिए। उनके प्रति में अपनी श्रद्धांजली भी इस बहाने व्यक्त करना चाहता था।

मुझे विश्वास है कि हिन्दी प्रदेश की नई पुरानी पीढ़ी प्रो. बेन्नूर सर के विचारों से, मुसलमानों की यथार्थ स्थिति से परिचित हो जाएगी तथा हमारे पुरखों ने यहाँ जो गंगा-जमुनी संस्कृति विकसित की थी, उसे और भी पुख्ता बनाएगी।

मैं सर्वाधिक कृतज्ञ हूँ लोकभारती के श्री ग्रोवर जी का जिन्होंने इस पुस्तक को प्रकाशित करने का निर्णय लिया। पाठकों से प्रतिक्रियाओं की उम्मीद।

ठाणे —**सूर्यनारायण रणसुभे**

दि. 12 जुलाई, 2021

प्रकरण-1

जनसंख्या और समाजरचना

भारतीय मुसलमानों का अगर वस्तुनिष्ठ, यथार्थ और सही दिशा में अध्ययन करना हो तो समाजशास्त्र तथा मनुष्य जाति का विज्ञान (एन्थ्रोपॉलोजी) द्वारा प्रस्थापित वैज्ञानिक पद्धति का आधार लेना होगा। समन्वयवादी भूमिका से मुस्लिमों के सम्बन्ध में जो लेखन किया गया है उसका तथा महाराष्ट्र तथा भारत के अध्येताओं ने, ब्रिटिश साम्राज्यवादी इतिहासकारों ने और ओरिएंटालिस्ट इतिहासकारों द्वारा प्रस्तुत और प्रस्थापित किए गए समीकरणों का भी वस्तुनिष्ठ अध्ययन करना पड़ेगा। ऐसे अध्ययन के अभाव में मुस्लिम समाज की, उनके समाजजीवन की यथार्थता और मानसिकता स्पष्ट नहीं हो सकेगी। मुस्लिम मानसिकता समझ लेने के लिए मुस्लिमों की जनसंख्या का, जनजसंख्या के स्वरूप का और उनकी समाजरचना, भाषा, संस्कृति और जीवनशैली तय करनेवाली इकाइयाँ आदि का परामर्श लेना होगा। केवल इस्लाम धर्म के आधार पर भारत के नगरों और गाँवों में बिखरे हुए स्वरूप में जीनेवाले मुस्लिम समाज पर विचार नहीं किया जा सकता। मध्ययुगीन इतिहास के चश्मे से मुस्लिम समाज की ओर देखने की भूमिका अवैज्ञानिक है, ठीक इसी प्रकार 19वीं और 20वीं सदी के राष्ट्रवादी सिद्धान्त के आधार पर मुस्लिम समाज की तथाकथित मानसिकता का किया गया विश्लेषण भी वस्तुनिष्ठ अध्ययन की कसौटी पर कालबाह्य साबित हो जाता है।

मुस्लिम समाज के सम्बन्ध में अनेक प्रकार के भ्रम और समीकरण रूढ़ किए गए। हैं। इस कारण मुस्लिम समाज की मानसिकता का आकलन ठीक से हो नहीं पाता। मुस्लिम समाजरचना की शुरुआत उनकी जनसंख्या के स्वरूप पर से ही करनी होगी। इस सन्दर्भ में यह प्रस्तुति की जाती है कि मुस्लिम समाज नागरी समाज है। भारतीय मुस्लिम जनसंख्या का स्वरूप वैशिष्ट्यपूर्ण है। 1951 में उनकी जनसंख्या का औसत 9.91 था। 1951 से 1971 की कालावधि में

उनकी जनसंख्या में 00.85% की वृद्धि हुई। 1981 में उनकी कुल संख्या का औसत 11.4% रहा। विशेष यह कि 2001 की जनगणना के उपलब्ध आंकड़ों के अनुसार उनकी जनसंख्या 11.9% ही रही।

विशेष यह कि इन 11% में से 71.2% मुसलमान ग्रामीण विभागों में रहते हैं. और केवल 17.5% मुसलमान नगरों में। जम्मू और कश्मिर में मुस्लिमों की जनसंख्या 64% है। लक्षद्वीप पर भी वे बहुसंख्यक हैं। केरल और प. बंगाल में उनका प्रतिशत 21% है। उत्तर प्रदेश में 16% , बिहार में 14% , कर्नाटक में 17% और महाराष्ट्र में 9% से थोड़ा-सा अधिक है। भारत के नौ जिलों में उनकी जनसंख्या 50% अधिक है। 30 जिलों में 20% से अधिक और 50% से कम है।

102 जिलों में उनकी जनसंख्या 5 से 10% इतनी है किंबहुना भारत के 356 जिलों में वे बिखरे हुए हैं। उड़ीसा जैसे राज्य में उनकी जनसंख्या 1.23% इतनी कम है। वास्तविकता यह है कि 71% मुसलमान ग्रामीण विभागों में रहते हैं, बावजूद इसके उन्हें नागरी जमात कहा जाता है। इसके मूल में कुछ कारण है। भारत के कुछ हिस्सों में नागरी मुसलमानों का औसत 27% है और यह औसत राष्ट्रीय औसत से अधिक हो जाने के कारण इस प्रकार की समझ विकसित हुई है। स्वतन्त्रतापूर्व भारत का जो हिस्सा भौतिक सुखसुविधाओं की दृष्टि से विकसित हो चुका था, उन हिस्सों में नागरी मुसलमानों का औसत बढ़ता गया—ऐसा दिखलाई देता है। इसका एक कारण तो यह था कि ब्रिटिशों को सत्ताकाल में सभी प्रकार के पारम्परिक व्यवसाय और रोजी-रोटी के सभी साधन धीरे-धीरे खत्म होते गए। कुछ हिस्सों में लेहनदारी पद्धति पूर्ण रूप से खत्म हो चुकी थी। परिणामस्वरूप पिछड़ी जातियाँ, दलित जातियाँ और लेहनदारी की चौखट में स्थित जातियों ने इस्लाम को स्वीकार किया। ऐसी जातियों का स्थानान्तरण नागरी विभागों में हुआ है, ऐसा दिखलाई देता है। 1857 के बाद ब्रिटिश के सत्ताकाल में जात-जमातवाद की प्रक्रिया शुरू हो जाने के बाद नागरी विभागों में मुसलमानों का केन्द्रीकरण शुरू हो गया। राजनीतिक दृष्टि से संवेदनशील शहरों में मुसलमानों का औसत बढ़ जाने से इस प्रकार का भ्रम निर्माण हुआ है। यूँ देखा जाए तो सभी अल्पसंख्यक जमातों की नागरी जनसंख्या राष्ट्रीय नागरी जनसंख्या के औसत से अधिक है। जैसे 1971 की जनगणना के अनुसार नागरी मुसलमानों का औसत 28.8% था तो ईसाइयों का 25%। इससे जनसंख्या की विशिष्टता का स्वरूप ध्यान में आता है। (सन्दर्भ : पॉप्युलेशन जिओग्राफी ऑफ मुस्लिम्स इन इंडिया, ले. नफीस

अहमद सिद्दीकी, 2. डेमॉग्राफिक आसपेक्ट्स ऑफ पॉप्युलेशन, ले. डॉ. शरीफ 3. इस्लाम इन इंडियन पॉलिटिक्स, ले. डॉ. मोईन शाकिर)

मुसलमानों की यह बिखरी जनसंख्या और विभिन्न राज्यों की जनसंख्या में उनका औसत, उसका परिणाम, उनकी समाजरचना, उनका आचरण और मानसिकता पर हुआ है। भारतीय मुस्लिमों के अध्येता यह जो लिखते हैं कि वह संगठित और एक है, वैसा वह है नहीं। विश्वभर के मुसलमान एक हैं, समान हैं यह घोषणा भी वैश्विक स्तर पर ठीक नहीं है, वैसे ही वह भारतीय स्तर पर भी ठीक नहीं है। भारत की अन्य जातियों या समाजों की तरह यहाँ का मुस्लिम समाज भी वैविध्यपूर्ण है। बहुवैविध्यपूर्ण है। भारतीय मुसलमानों में विश्वभर के इस्लाम में जितने पन्थ-भेद है, वे यहाँ भी है। इसके अलावा भारतीय समाज रचना में से भी कुछ नए पन्थ और पन्थ भेद यहाँ निर्माण हुए हैं। यहाँ के मुसलमानों में शिया सुन्नी, वहाबी जैसे भेद तो हैं ही, उनमें अनेक पन्थभेद भी हैं। अहमदिया, कादियानी और मोहदवी ये पन्थ तो भारत में ही निर्माण हुए हैं। इसके अलावा इस्माईली, दाऊदी बोहरा, खोजा, सुलेमानी खोजा, कच्छी मेमन ये पन्थ भी हैं। इसके अलावा तहलिबी जमात और जमाते इस्लामी जैसे अनेक आन्दोलनों का रूपान्तरण पन्थभेद में होने की सम्भावना निर्माण हुई है। इस कारण पन्थ और धार्मिक दृष्टि से भारतीय मुसलमान कभी भी एकसन्ध नहीं था। न ही है। भारत के इन विभिन्न पन्थों के मुसलमानों में सभी प्रकार के संघर्ष, भेदाभेद दिखलाई देते हैं। कई स्थानों पर इनके धर्मगुरु, धर्म प्रवचन और धार्मिक आचार-विचार भिन्न-भिन्न होते हैं। उनके धर्मशास्त्र और व्यक्तिगत कानून भी भिन्न-भिन्न है। प्रत्येक प्रदेश के भिन्न-भिन्न पन्थों के रीति-रिवाज और सांस्कृतिक जीवन भी भिन्न-भिन्न है। सम्बन्धित भारतीय प्रदेश की भाषा और संस्कृति का विलक्षण ऐसा प्रभाव उन पर दिखलाई देता है। जैसे—दाऊदी और कच्छी मेमन ये पूर्णरूप से कच्छी और गुजराती संस्कृति के होते हैं। वे कच्छी और गुजराती ही बोलते हैं। उनकी केशभूषा-वेश-भूषा अन्य धर्मिय कच्छी-गुजरातियों की तरह ही होती है। इनकी औरतों में माथे पर बिन्दिया, सिन्दूर लगाने की प्रथा है। फिर भी वे शिया मुसलमान ही कहलाते हैं। केरल के मुस्लिम समाज पर मलयाली संस्कृति और मलयाली भाषा का पूर्ण प्रभाव देखा जा सकता है। केरल, तमिलनाडु, आन्ध्र प्रदेश, कर्नाटक और महाराष्ट्र के ग्रामीण इलाकों के मुसलमानों का स्वरूप पूर्णत: प्रादेशिक ही होता है। अहमदिया और मादियाना पन्थ का जन्म उत्तर भारत में हुआ। इस पन्थ द्वारा इस्लाम और कुरान के आधार पर की गई प्रस्तुति अधिकांश सुन्नी धर्मगुरुओं

को मान्य न हो तो भी वैश्विक इस्लाम की दृष्टि से वह महत्त्वपूर्ण मानी गई है। इस्लामी धर्मशास्त्र में उनका योगदान विवादग्रस्त होते हुए भी इस्लाम की उनकी प्रस्तुति उदारमतवादी रही है।

मुस्लिम समाजरचना पर प्रदेश की संस्कृति के दूरस्थ परिणाम हुए हैं। इस सन्दर्भ में प्रो. इम्तियाज अहमद द्वारा किया गया शोधकार्य महत्त्वपूर्ण है। भारत के सभी प्रदेशों के मुसलमानों की समस्याएँ भी एक जैसी नही हैं। डॉ. शाकिर ने यह प्रमाणित किया है कि उत्तर प्रदेश के मुसलमानों की तरह केरल के मुसलमानों के भाषिक और सांस्कृतिक प्रश्न है ही नहीं। इसके अलावा उत्तर और दक्षिण के मुसलमानों की समाचरचना पूरी तरह से भिन्न है। उत्तर के मुसलमानों पर वहाँ के नवाब, रियासतदार, जमींदार और धर्मगुरुओं के अश्रफ संस्कृति का, सामन्ती-व्यवस्था का प्रभाव स्पष्ट रूप से दिखलाई देता है। महाराष्ट्र का मुसलमान यहाँ की मिट्टी के प्रभाव के नीचे है। डॉ. धनंजयराव गाडगिल ने लिखा है कि महाराष्ट्र के ग्रामीण मुसलमानों की भिन्न विशिष्टता बतलाना काफी कठिन है। इसलिए डॉ. मोईन शाकिर की स्थापना रही है कि भारत के मुसलमानों की समस्या राष्ट्रीय स्तर की नहीं है, प्रादेशिक स्वरूप की है।

भारत का मुसलमान एकसंघ, एक है ऐसा भ्रम ब्रिटिशों ने 1885 के बाद अत्यन्त धूर्तता और कुशलता के साथ प्रचारित-प्रसारित किया है। परन्तु डॉ. होरक्लाट और डॉ. विल्यम क्रुक जैसे ब्रिटिश विचारकों ने जाफर शरीफ द्वारा लिखित 'कानून-इ-इस्लाम' इस पुस्तक का अंग्रेजी अनुवाद कर जिन संस्करणों को सम्पादित किया है, उसमें भारत का मुसलमान सजातीय न होकर बहुविवादी है और अरब के मुसलमान से वह पूर्णत: अलग है इसका विस्तृत विवेचन किया है। (जाफर शरीफ कानून-इ-इस्लाम, डॉ. होरक्लाट, विल्यम क्रुक, 1921 कर्झन प्रेस) इस सम्पादित संस्करण में विल्यम क्रुक ने लिखा है कि इस पुस्तक के प्रकाशन का मुख्य प्रयोजन यह है कि भारत का इस्लाम अर्थात यहाँ के मुसलमानों का समूह सजातीय है और उनका धर्म एक जैसे स्वरूप का है और समान श्रद्धा और समान धार्मिक आचरण करनेवाला है—इस गलतफहमी को दूर करना यही रहा है। उन्होंने लिखा है कि भारत के मुस्लिम समाज में प्रदेशों के अनुसार जो फर्क है, वह आश्चर्यचकित करनेवाला है।

विल्यम क्रुक ने अनेक प्रमाणों द्वारा यह प्रमाणित किया है कि ऐतिहासिक घटनाओं के कारण मुसलमानों के भिन्न-भिन्न वंशों के समूह उत्तर भारत और पश्चिम भारत में आते रहे। इस कारण भारत के मुसलमानों में भिन्न-भिन्न वंश

के गुट दिखलाई देते हैं। इसके अलावा भिन्न-भिन्न प्रदेशों की जातियों द्वारा धर्म-परिवर्तन करने के कारण भारत के मुस्लिम समाज की संरचना सजातीय हो ही नहीं सकी है।

दक्षिण भारत के मुसलमान वंश की दृष्टि से पूर्णत: हिन्दू समाज के घटक हैं ऐसा उसने लिखा है। उसके मतानुसार धर्मान्तरित मुसलमानों में जीवात्मवादी (ॲपनिलिझम) और भूतपिशाच विद्या और जादूटोटका ये इकाइयाँ प्रखरता से दिखलाई देती हैं। मूल इस्लाम के, उसके पवित्र धर्मग्रन्थ से भारत का मुसलमान किस तरह भिन्न है इसे विल्यम क्रुक दिखलाते हैं। हमने जो उदाहरण दिए हैं, उससे यह स्पष्ट होता है कि यहाँ के इस्लाम पर स्थानिक, प्रादेशिक प्रभाव स्पष्ट रूप से हुआ है। मूल ग्रन्थ में जाफर शरीफ धर्मपरिवर्तन अथवा भिन्नधर्मीय विवाह के बारे में मौन स्वीकारता है। ठीक इसी प्रकार वह मुसलमानों में स्थित विदेशी और देशी इकाइयों के बारे में भी लिखता नहीं। ठीक इसी प्रकार मुसलमानों की परम्परा पर रीति रिवाजों पर हिन्दुओं के प्रभावों के सम्बन्ध में भी वह लिखता नहीं। यह स्थिति शिक्षित अश्रफ विद्वान की मानसिकता का द्योतक है। परन्तु विल्यम क्रुक इसके संशोधित संस्करण का सम्पादन करते समय मुस्लिमों के सामाजिक रीति-रिवाजों पर हिन्दुओं का कैसे प्रभाव हुआ है इसे स्पष्ट करता है। जैसे—मुस्लिम स्त्री-पुरुषों की वेश-भूषा, आभूषण, अलंकार, कर्णफूल, झुमके, इस पर की भारतीय जीवन पद्धति के प्रभाव को वह स्पष्ट करता है। जाफर शरीफ ने ही लिखा है कि भुत काढ़ना, जादू के मन्त्र-तन्त्र के ताईत लिखना, कुंडली बनाना, भविष्य कहना ये काम तो वह स्वयं करता था। भूत को नियन्त्रित करने हेतु जादू के वृत्त का उपयोग भारत के तान्त्रिकों से मिलता-जुलता रहा है, ऐसा उसने लिखा है। विल्यम क्रुक के मतानुसार जाफर शरीफ ने जादू की विद्या पद्धति के बारे में जो जानकारी दी है, वह हिन्दुओं की पद्धति से ली गई है। जाफर शरीफ और विल्यम क्रुक ने यह स्पष्ट किया है कि भारत का मुसलमान सनातन इस्लाम धर्म से काफी दूर चला गया है। अन्य उपनिवेशवादी इतिहासकारों की तरह विल्यम क्रुक ने भी यही कहा है कि हिन्दुस्तान यह एक-दूसरे से जो भिन्न हैं, ऐसे लोकसमूह का राष्ट्र है। परन्तु उसके साथ ही भारतीय मुसलमानों की समाज संरचना और नृतत्त्वशास्त्रीय संरचना को देखते हुए भारतीय मुसलमान अन्य हिन्दुओं से भिन्न या अलग नहीं है यह भी उसने कहा है। उसका मुख्य मुद्दा यह है कि भारतीय मुसलमान धार्मिक और वंश की दृष्टि से हिन्दुओं से बहुत भिन्न नहीं हैं।

1912 में सर एडविन मॉंटेग्यु ने ब्रिटिश कॉमन सभागृह में बोलते हुए कहा था कि मुसलमानों को एकसंध राष्ट्र (यूनियन) कहना पूर्णत: गलत है। (सं. मुशीरुल हक : ईस्लाम इन साऊथ एशिया : थिएरी एँड प्रॅक्टिस, मनोहर दिल्ली 2008) में सिलविया वांटुक का लेख) 'कानून-इ-इस्लाम' पढ़ने के बाद इस बात का पता चल जाता है कि भारतीय मुसलमान, अरबी मुसलमानों से किस तरह भिन्न है। वे वांशिक दृष्टि से, पारिवारिक, सामाजिक, सार्वजनिक रूढ़ि-परम्परा की दृष्टि से कैसे हिन्दू संस्कृति के प्रभाव के नीचे थे और हैं यह स्पष्ट हो जाता है। डॉ. मोईन शाकिर ने लिखा है कि भारत के मुसलमानों का स्वरूप और उनकी समस्याएँ प्रादेशिक ही हैं। उनकी एका का मिथक ब्रिटिश सत्ताधारी और हिन्दू तथा मुस्लिम जमातवाद ने बाद के कालखंड में फैलाया है।

मुस्लिम मानसिकता को तैयार करनेवली इकाइयों में इस्लाम का प्रभाव भी उतना ही महत्त्वपूर्ण है। प्रो. मुजीब के अनुसार भारत के अधिकांश मुसलमानों के गुट धर्मान्तरित लोगों के हैं। और विशेष रूप में इन धर्मान्तरित गुटों में अतिशूद्र और महात्मा फुले के शब्दों में मूल के शूद्र समूह का हिस्सा काफी बड़ा है। यह धर्मांतरण भिन्न-भिन्न कारणों से और भिन्न प्रकारों में हुआ हो तो भी चातुर्वण्य से छुटकारा पाने हेतु हुए धर्मातरण का हिस्सा सबसे बड़ा रहा है। इस कारण यहाँ के मुसलमानों के जीवन में इस्लाम धर्म का अत्यधिक महत्त्व रहा है। इस्लाम धर्म उनके जीवन का महत्त्वपूर्ण घटक होने के बावजूद उनका अपना खास भारतीय स्वरूप भी है। भारत के इस्लाम में तत्त्व तथा आचरण में अन्तर और विविधता दिखलाई देती है। भारत के मुसलमानों के आचरण में स्थित इस्लाम यह सऊदी अरेबिया अथवा ईरानी इस्लाम से अनेक बातों में भिन्न है। इस्लाम के सूत्र और तत्त्व सभी ओर सरीखे हैं। उन तत्त्वों में कोई अन्तर नहीं और उसमें प्रक्षिप्तता भी नहीं है। वे तत्त्व हैं—एकेश्वरवाद का सिद्धान्त, मुहम्मद पैगम्बर अन्तिम मसीहा हैं—यह सिद्धान्त, कुरान और हदीस (पैगम्बर के आयात) का श्रेष्ठत्व, कलमा, नमाज, रोजा, दानधर्म और हजयात्रा—ये पाँच आचरण के तत्त्व सर्वत्र समान ही हैं। उनमें कहीं पर भी कोई परिवर्तन नहीं होता। संक्षेप में, इस्लाम धर्म के ये ही पाँच सारतत्त्व हैं ऐसा कह सकते हैं।

परन्तु प्रत्येक देश का व्यवहार और मुसलमानों का वर्तन-आचरण—इनमें परिस्थिति साक्षेप भिन्नता दिखलाई देती है। वहाबी पन्थ और तबलीगी जमात का प्रचार तथा उनके आन्दोलन इस भिन्नता को नष्ट कर ग्रान्थियता और मूलतत्त्ववाद लाने के प्रयत्न जारी हैं। भारत के सन्दर्भ में बोलना हो तो प्रो.

इम्तियाज अहमद के शब्दों में "भारतीय इस्लाम पर भारत के सन्दर्भ में ही विचार के किया जाना चाहिए।" प्रसिद्ध इस्लामी इतिहासकार प्रो. मुजिब के अनुसार भारत के अधिकांश मुसलमान धर्मपरिवर्तन कर इस्लाम को कबूल करने से यह भिन्नत्व तो रहेगा ही। उनके अनुसार आक्रमण, स्थलान्तर और धर्मान्तर इन तीन कारणों से भारतीय मुसलमानों में फर्क पड़ गया है। अपनी पुस्तक 'दी इंडियन मुस्लिम्स' के पहले प्रकरण में उन्होंने भारत के विभिन्न प्रदेशों के, विभिन्न विभागों के मुसलमानों की भिन्न-भिन्न आचरण पद्धतियाँ दी हैं। धर्म परिवर्तन के बाद भी हिन्दू देवताओं की भक्ति करनेवाले मुसलमानों के उदाहरण भी उन्होंने दिए हैं। अलवार और भरतपुर (राजस्थान) के मुस्लिम जमात के नाम हिन्दुओं की तरह हो होते हैं। उस मूल हिन्दू नाम के आगे वे खान शब्द जोड़ देते हैं। दीपावली, दशहरा, जन्माष्टमी वे मनाते हैं। भैरव और हनुमान की भक्ति करते हैं। विभिन्न विभागों के मुसलमान वहाँ के सन्तों की भक्ति करते हैं। हुसैनी ब्राह्मण कहलवा लेनेवाले अथर्ववेद को मानते हैं और इमाम हुसेन ही उनके श्रद्धास्थान हैं। बुलढाणा जिले में अनेक देशमुख और देशपांडे मुस्लिम थे। प्रो. मुजीब ने ऐसे दर्जनों उदाहरण दिए हैं। इसी कारण इम्तियाज अहमद का कहना है कि भले ही सभी मुसलमान उपरोक्त दिए गए पाँच तत्त्वों और सिद्धान्तों को मानते हों तो भी भारत में उनके आचरण में भिन्नता है। वे जिस प्रदेश में रहते हैं, वहाँ की संस्कृति का प्रभाव उन पर स्थायी रूप से रहेगा ही।

प्रो. अजीज अहमद इस इस्लामी विचारक को इस प्रकार का धर्म और संस्कृति का मिश्रण और समन्वय का तत्त्व ही स्वीकार्य नहीं है। उनके मतानुसार सन्तों के दरगाह पर जाना भारत की जाति-व्यवस्था का दुष्परिणाम है। इम्तियाज अहमद को उनका यह मत मान्य नहीं है। उन्होंने भारत के 19वीं तथा 20वीं सदी के पुनरुज्जीवनवादी और धर्म सुधार के आन्दोलनों पर विचार किया है। उनके मतानुसार ये पुनरुज्जीवनवादी आन्दोलन होते हुए भी मिश्र और प्रादेशिक श्रद्धा और संस्कृति का प्रभाव आज भी भारतीय मुसलमानों पर पर्याप्त रूप में है। उनके मतानुसार इस्लाम के बुनियादी तत्त्व और प्रादेशिक संस्कृति में आचरण ये दोनों घटक मुसलमानों में दिखलाई देते हैं।

भारत के अधिकांश मुसलमान सूफी सन्तों के दरगाहों के प्रति श्रद्धा रखते हैं। सन्त ये अल्लाह और भक्त के बीच के बिचौलिए होते हैं—ऐसा उनका विश्वास रहा है। वहाबी और तबलगियों का इससे विरोध है। परन्तु उनमें भी अलग-अलग विचार हैं। यह स्वतन्त्र ऐसी किताब का विषय है इसलिए यहाँ

मैंने केवल उसे स्पर्श किया्ा है। रफीउद्दीन अहमद ने लिखा है कि बंगाल में इस्लामीकरण का आन्दोलन शुरू होने के पूर्व बंगाली मुसलमान अल्लाह को याद करते समय श्री भगवान या श्री करीम की भक्ति करते थे, अब उसमें फर्क हो गया है। प्रख्यात इस्लामी विशेषज्ञ जाफर शरीफ ने अपने कानून-इ-इस्लाम इस ग्रन्थ में भारतीय मुसलमानों के सारे मर्मगाह, जन्मविधि, उसके बाद की विधियाँ, शादी... वधू को हल्दी लगाना, शादी के समय का मान-अपमान, बारात आदी से सम्बन्धित विधियाँ दी हैं। इन विधियों पर भारतीय संस्कृति का प्रस्ताव स्पष्ट है। मुहर्रम का त्योहार जिस प्रकार भारत में मनाया जाता है, वैसा अन्य कहीं पर भी मनाया नहीं जाता। ताईत, गंडाधागा, तन्त्रमन्त्र, जादू की पद्धतियाँ विस्तार से वहाँ दी गई हैं। ये सारी बातें कुरान प्रणित इस्लाम में कहीं पर भी नहीं हैं।

'इब्न अरबी' इस धर्मपंडित द्वारा प्रस्तुत इस्लाम में पारलौकिकता पर बल दिया गया है। और अधिक भौतिकता पर प्रकाश डालनेवाला है। यह विश्व अल्लाह का रूप है ऐसा सिद्धान्त उन्होंने प्रस्तुत किया है। इब्न तिमिय्या इस मूलतत्त्ववादी धर्मपंडित ने भौतिकवादी दृष्टि से इस्लाम पर विचार किया है। इसी में से वहाबी पन्थ का विचार विकसित हुआ है। केवल 20वीं सदी के इस्लामविषयक प्रस्तुति करनेवाले धर्मपंडितों पर भी विचार करें तो उनकी प्रस्तुति और अन्वय में प्रचंड ऐसी विविधता, विसंगतियाँ, दरारें मिलेंगी। सर सय्यद अहमद की इस्लाम से सम्बन्धित प्रस्तुति भिन्न है। तो मौलाना मुहम्मद अली, मौलान आजाद, अब्दुल्ला यूसुफ अली, मौलान मौदुदी द्वारा इस्लाम से सम्बन्धित जो प्रस्तुति है और कुरान का जो अर्थ उन्होंने लगाया है, उसमें भी काफी भिन्नता है।

2006 में केम्ब्रिज प्रकाशनगृह से 'इंटरप्रिंटिंग द कुरान' अब्दुल्ला सईद द्वारा लिखा ग्रन्थ प्रकाशित हुआ है। अब्दुल्ला सईद ये सुलतान ऑफ ओमेन, प्रोफेसर ऑफ अरबी एंड इस्लामिक स्टडीज के प्राध्यापक हैं, मेलबॉर्न वि.वि. (ऑस्ट्रेलिया) में इस्लामी स्टडीज के डायरेक्टर हैं। उन्होंने कुरान का अर्थ किस प्रकार से लगाया जाता है और लगाया गया है इससे सम्बन्धित सिद्धान्त दिए हैं। इन सिद्धान्तानुसार परम्परा और ग्रन्थप्रामाण्य इस पर आधारित अन्वयार्थ, तर्क और विवेक पर आधारित अन्वयार्थ, कालसापेक्षता पर आधारित अन्वयार्थ, समाजशास्त्रीय और ऐतिहासिक सन्दर्भ पर आधारित अन्वयार्थ, नीतिशास्त्र और कानून पर आधारित अन्वयार्थ ऐसे अनेक प्रकार दिए हैं। इस कारण मौलाना आजाद से लेकर मौलाना मौदुदी तक अनेकों ने कुरान का विवेचन

अनेक प्रकार से किया है। इस कारण किसी एक द्वारा लगाया गया अन्वयार्थ ही अन्तिम और एकमात्र ऐसा दावा नहीं किया जा सकता।

प्रत्येक ने अपने-अपने दर्शन के अनुसार अर्थ लगाए हैं। इस प्रकार कुरान के अन्वयार्थ में अनेक विवाद हैं। व्यक्ति किसी एक का अन्वयार्थ अधिकृत रूप में स्वीकार कर सकता है।

इसका सीधे परिणाम भारतीय मानसिकता पर हुआ है। भारतीय मुसलमान सऊदी अरेबिया के मुसलमानों की तरह पूर्ण रूप से ग्रान्थिक अथवा मूलतत्त्ववादी नहीं हैं। मूलतत्त्ववाद के आन्दोलन भारत में चलते रहे हैं, परन्तु उनका प्रभाव मुट्ठी भर मुसलमानों पर ही होता है। वहाबियों का आक्रमक सलाफीवाद स्वीकारनेवाले यहाँ बहुत थोड़े हैं। भारतीय मुसलमानों में धार्मिक समन्वय का प्रभाव स्पष्ट रूप से दिखलाई देता है। आज भी एकादशी करनेवाले, नवरात्र में उपवास रखनेवाले मुसलमान यहाँ दिखलाई देते हैं।

इस फर्क के मूल में भारत में इस्लाम के दो रूप मिलते हैं। एक ग्रन्थप्रामाण्य-उलेमाओं का इस्लाम और दूसरा सूफियों का और धर्मान्तरित जाति-जमातियों का इस्लाम। इस्लाम मूलत: द्वैतवादी धर्म है। परन्तु सूफी सन्तों ने इब्न अरबी के प्रस्तावान्तर्गत और भारत के अद्वैतवाद के प्रभावान्तर्गत करीब-करीब अद्वैतवाद को स्वीकार कर लिया है। सूफियों का इस्लाम अध्यात्मवाद पर बल देनेवाला, पारलौकिकता को महत्त्व देनेवाला, अल्लाह की शक्ति में विलीन होने का विचार प्रस्तुत करनेवाला है। इस विचार में द्वैत करीब-करीब खत्म ही हो जाता है। भारत के अनेक सूफियों ने राम और कृष्ण को मसीहा प्रेषित माना है। सगुण पूजा ही पहली सीढ़ी है और वह निर्गुण की ओर ले जानेवाली है ऐसा भी एक विचार उन्होंने प्रस्तुत किया है। यह प्रतिपादन क्रान्तिकारक था और है। धर्मान्तरित जातियों ने भले ही इस्लाम कबूल किया हो तो भी, सामाजिक और सांस्कृतिक दृष्टि से वे भारतीय संस्कृति के ही घटक हैं। इसी कारण तो वहाबी और तबलीग जमात के लोग 1920 से भारतीय मुसलमानों में स्थित ये गैरइस्लामी प्रथाएँ और प्रभाव पोंछ देने का प्रयत्न कर रहे हैं। परन्तु भारत के अधिकांश मुसलमानों का वहाबी और तबलीगी आन्दोलनों को विरोध ही रहा है। सूफी सन्तों के दरगाहों का विरोध करनेवाला तबलीगी आन्दोलन यहाँ पर्याप्त रूप से सफल नहीं हो सका है।

उलेमाओं का इस्लाम यह ग्रन्थनिष्ठ है, शब्दों को चिपक कर रहता है। उलेमाओं के इस्लाम में बिगर मुस्लिमों का विरोध होता है। उलेमाओं का इस्लाम भातीय मुसलमानों का अरबीकरण अथवा वहाबीकरण करने का प्रयत्न

करते रहता है। परन्तु भारत में उलेमाओं का मूलतत्त्ववाद और वहाबियों का सलाफीवाद जड़ पकड़ नहीं पाया। उनके कुछ मुट्ठीभर अनुयायी छोड़ दें तो बहुसंख्यक मुसलमानों का उन्हें विरोध ही रहा है।

मुस्लिम मानसिकता की बुनावट करने में मुस्लिम समाज की वर्गरचना का घटक अत्यन्त महत्त्वपूर्ण रहा है। यहाँ वर्ग शब्द का प्रयोग केवल अर्थशास्त्रीय पद्धति से अथवा मार्क्सवाद की वैचारिकी से प्रयुक्त नहीं किया गया है क्योंकि उस अर्थ की वर्गरचना भारतीय मुस्लिम समाज में अभी तक तो अधिक संख्या में निर्माण नहीं हो पाई है। इसलिए साधारणतया सामन्ती, जमींदारी व्यवस्था और आधुनिक शिक्षा पद्धति में से उभरा शिक्षित मुसलमानों का घटक इस अर्थ में वर्गरचना पर यहाँ विचार किया गया है। भारतीय मुस्लिम समाज पर साधारणतया, जमींदार वर्ग और उच्चवर्णीय घटक—इनका प्रभाव स्पष्ट रूप से दिखलाई देता है। स्थूल रूप में इसमें वरिष्ठ वर्गीय अश्रफ वर्ग, नवाब, जमींदार, सत्ताधारी अभिजन वर्ग और धर्मगुरुओं का समावेश होता है। उत्तर भारत के पंजाब, सिन्ध, उत्तर प्रदेश, बंगाल और मध्य प्रदेश के कुछ हिस्सों पर मुस्लिम बादशाह, रियासतों, के प्रमुख नवाब और जमींदार थे। इन प्रदेशों में जो अश्रफ वर्ग था उनका विघटन ब्रिटिश सत्ता के कारण भले ही हुआ हो, तो भी अश्रफ संस्कृति का अस्तित्व और प्रभाव यहाँ के मुसलमानों पर स्पष्ट रूप से दिखलाई देता है। उसी के परिणामस्वरूप पाकिस्तान की माँग आगे आई थी। इन अश्रफ मुसलमानों ने 1857 के बाद अपनी गई हुई सत्ता को प्राप्त करने हेतु देश विभाजन की माँग की। परन्तु दक्षिण भारत अथवा महाराष्ट्र में अश्रफ मुसलमानों की संख्या नहीं के बराबर ही थी। (अपवाद: हैदराबाद रियासत) किसी भी समाज की वर्ग रचना में मध्यवर्गियों का निर्माण महत्त्वपूर्ण होता है। मुस्लिम समाज में मध्यवर्ग का निर्माण अब तक पूर्ण रूप से हो नहीं पाया है। पिछले 15-20 वर्षों से उनका अस्तित्व महसूस हो रहा है। उत्तर भारत का, अंग्रेजी शिक्षा ग्रहण कर चुका शिक्षितों का तथाकथित मध्यवर्ग वास्तव में विघटन हो चुके अश्रफ लोगों का ही था। ब्रिटिशों के काल में जमींदार, खानदानी घरानों का और उच्चवर्णीय घटकों का कंगालीकरण हो चुका था। उन्हीं लोगों में से सर सय्यद अहमद जैसे शिक्षित अभिजनों का उदय हो चुका था। इस वर्ग के अश्रफ मुसलमानों ने उन दिनों उच्च शिक्षा ग्रहण की और ब्रिटिशों के न्याय विभाग में और सरकारी नौकरियों में स्थान प्राप्त किया। इन्होंने ही भारत के मुसलमानों के राजनीति की बागडोर सम्हाली। इस कारण अभी तक मुस्लिम समाज में सचमुच के मध्यवर्ग का निर्माण नहीं

हो सका है। स्वतन्त्रता पूर्व राजनीति और ब्रिटिशविरोधी भूमिका के कारण मुस्लिम धर्मगुरुओं ने ब्रिटिशों की आधुनिक शिक्षा पद्धति का विरोध किया था। इस कारण मुसलमान शिक्षा के क्षेत्र में हिन्दुओं से पिछड़ गए। महत्त्वपूर्ण बात यह कि अश्रफ वर्ग के अभिजनों ने और सत्ता की राजनीति करनेवाले मुस्लिम नेताओं ने खुद पश्चिमी शिक्षा ग्रहण की और अपने राजनीतिक स्वार्थ के लिए इस्लाम धर्म, परम्परा, इस्लामी संस्कृति, उर्दू भाषा तथा धार्मिक शिक्षा का प्रचार सर्वसामान्य मुसलमानों में करते रहे। और इसके द्वारा मुसलमानों की भिन्न आयडेंटिटी निर्माण करने का प्रयत्न करते रहे। अश्रफ वर्ग के और धर्मगुरुओं के दांवपेचों के कारण सर्वसामान्य पिछड़े मुस्लिम आधुनिक शिक्षा से वंचित रहे। स्वतन्त्रता पूर्व के अश्रफों के तथाकथित मध्यवर्ग ने अपने राजनीतिक स्वार्थ के लिए जमातवाद का उपयोग करना शुरू किया।

भारतीय मुसलमानों में स्थित श्रमिक वर्ग का स्वरूप भी बड़ा विचित्र-सा है। मुस्लिमों में संघटित स्वरूप का श्रमिक वर्ग है ही नहीं। कुशल और प्रशिक्षित कामगारों का औसत भी बहुत कम है। भारत के छोटे-बड़े उद्योग, कारखाने और औद्योगिक परियोजनाएँ निजी पूँजीपतियों के हाथों में हैं। और अधिकांश निजी पूँजीपति सिन्धी, पंजाबी, गुजराती, मारवाड़ी जैसे बनिया वर्ग से हैं। सभी वैश्य या बनिया जातियाँ हिन्दुत्व के प्रभावान्तर्गत हैं। इस कारण उनकी ओर से निजी उद्योगों में मुस्लिम कारीगरों की नियुक्ति का औसत भी अत्यन्त अल्प है। दूसरी बात यह कि आधुनिक शिक्षा न होने के कारण आधुनिक तकनीकी कुशलता पात्र मुसलमानों की संख्या भी कम है। मुस्लिमों की जनसंख्या में से ८0% से अधिक समाज बड़े, मध्यम और छोटे शहरों में मामूली से काम करनेवाले अकुशल कारीगरों का है। छोटे-बड़े रिपेयरिंग का काम यही उनका सबसे बड़ा व्यवसाय है। अधिकांश मुसलमान जो भी मोलमजदूरी का काम मिलता है, उसे करते रहते हैं। छोटी-छोटी दुकाने चलाकर अपनी रोजी-रोटी की व्यवस्था कर लेते हैं। ऐसे मजदूरों की संख्या ८0% से अधिक हैं। मजदूरों का यह वर्ग अशिक्षित या अल्प शिक्षित होता है। यह वर्ग आर्थिक विवंचना के कारण स्थायीरूप में असुरक्षितता की भावना से पीड़ित रहता है। इनमें से अधिकांश घटक दरिद्री रेखा के नीचे के होते हैं। और सभी प्रकार की अन्धश्रद्धाओं को लेकर जीते रहते हैं। यह पूरी जमात अश्रफ वर्ग और मुल्ला-मौलवियों के हाथों की कठपुतली ही बनी है। ये सभी श्रमिक घटक मुस्लिमों की पिछड़ी व्यावसायिक जमात से ही सम्बन्धित होते हैं। जैसे— बागबान, मोमीन, जुलाहा, नदाफ, ताम्बोली, अत्तार, मणियार, खटिक आदि। मतलब

ये सारे समूह एक दृष्टि से ग्रामीण विभाग के रेहनदारी करनेवाले, धर्मान्तरित लोक-समुदायों में से हैं। ग्रामीण विभाग के मुसलमानों में किसानी करनेवाले भी कम ही है। वे खेतीहार मजदूर अथवा ग्रामीण विभाग में रेहनदारी का व्यवसाय करनेवाले होते हैं। इस्लाम को स्वीकार करने के बाद ग्रामीण तथा शहरी विभाग के मुस्लिम जाति-जमातियों के व्यवसायों के और संस्कृति के स्वरूप में किसी भी प्रकार का गुणात्मक अन्तर दिखलाई नहीं देता। धर्मान्तरित भारतीय मुसलमानों में जाति-व्यवस्था नष्ट नहीं हो सकी है। इन मुसलमानों में रोटी व्यवहार भले ही होता हो, पर बेटी व्यवहार नहीं होता। विश्व के सभी मुसलमान एक हैं, समान हैं, ऐसा कहनेवाले मुसलमान उनमें स्थित जातिभेद को शायद भूल गए हैं।

इस वर्ग के मुसलमान भारत में सर्वत्र बहुसंख्यक रूप में है। और वे सभी अर्थों से पिछड़े हुए, अन्धश्रद्धा से भरपूर टूटी-फूटी उर्दू अर्थात् दखनी बोलनेवाले, धर्मसम्बन्धी असंख्य गलतफहतियाँ लेकर जीते रहते हैं। आर्थिक, शैक्षिक, सामाजिक और सांस्कृतिक पिछड़ेपन के कारण और धर्मसम्बन्धी आधी-अधूरी जानकारी के कारण इन्हें मुल्ला-मौलवी अपने नियन्त्रण में रखते हैं। धार्मिक दंगों में सर्वाधिक नुकसान इसी वर्ग का होता है। इन्हें इस्लाम के सम्बन्ध में आधी-अधूरी तथा गलत जानकारी होने के कारण मुल्ला-मौलवियों के और धूर्त अश्रफ मुसलमानों के नेताओं के प्रचार में यही उनके शिकार हो जाते हैं। इन्हें भारत के कुल स्थिति की अथवा इस्लाम की अधिक जानकारी नहीं होती। इनके अज्ञान का, अंधश्रद्धा का, भोलेपन का और असुरक्षितता की भावना का सर्वाधिक फायदा मुस्लिम नेताओं ने लिया है।

भारतीय मुसलमानों के धर्म की तरह, उनकी उर्दू भाषा का प्रश्न भी राजनीतिक हो चुका है। सामाजिक, सांस्कृतिक दृष्टिकोन से इन दोनों प्रश्नों के उत्तर अलग-अलग दिए जा सकते हैं, दिए जाते हैं। भारतीय मुसलमानों की भाषा कौन-सी है इस पर इस देश में प्रचंड ऐसी अराजकता की स्थिति है। इन सम्बन्ध में परस्पर विरोधी मत दिए जाते हैं। उत्तर भारत के कुछ शहरों के मुसलमान छोड़ दे तो शेष प्रदेशों के लोग सम्बन्धित प्रदेश की भाषा ही बोलते हैं। भारत के कुछ हिस्से, बिहार, मध्य प्रदेश, उत्तर प्रदेश के कुछ शहर, लखनऊ, अवध, हैदराबाद जैसी रिसायतें छोड़ दें तो शेष प्रदेशों के मुसलमानों की भाषा उर्दू है क्या, यह एक महत्त्वपूर्ण समाजशास्त्रीय प्रश्न है। मूलत: उर्दू यह पूर्णत: भारतीय भाषा ही है। हिन्दी और पर्शियन संस्कृति के समन्वय से उर्दू भाष का जन्म भारत में ही हुआ है। यूँ देखा जाए तो पर्शियन भाषा का विकास

भले ही ईरान में हुआ हो, तो भी वह भाषा संस्कृत भाषा की बहन ही है।

नृतत्वशास्त्र का अध्ययन करनेवाले इतिहासकारों के अनुसार आर्यों के कुछ दल भारत में आए और कुछ ईरान में गए। इतिहासारों और भाषा वैज्ञानिकों ने इन दोनों में स्थित साम्य को प्रमाणित किया है। इस दृष्टि से पर्शियन और उस काल में बोली जानेवाली खड़ी बोली, पंजाबी, मैथिली जैसी बोलियों का उपयोग करनेवाली सर्वसामान्य जनता के और मुस्लिम सैनिकों की व्यावहारिक जरूरत के कारण उर्दू भाषा का जन्म हुआ है। उसमें दखनी ने महत्त्वपूर्ण योगदान दिया है।

भारत के बाहर का एक भी मुसलमान उर्दू नहीं बोलता। यह भाषा केवल भारत द्वीप में ही अस्तित्व में है। परन्तु स्वतन्त्रता आन्दोलन के कार्यकाल में भाषा और धर्म के आधार पर राष्ट्रवाद का सिद्धान्त, हिन्दू और मुसलमानों के अभिजन वर्ग ने प्रस्तुत किया। इससे धर्म और भाषा दोनों का राजनीतिकरण हुआ। उर्दू और इस्लाम ये मुसलमानों के और हिन्दी और हिन्दू धर्म हिन्दुओं का इसलिए ये दोनों भिन्न राष्ट्र हैं ऐसी प्रस्तुति 19वीं सदी के उत्तरार्ध में होने लगी। हिन्दुओं में स्थित ब्राह्मणी अभिजन वर्ग ने शुद्धिकरण की मुहिम शुरू करके खड़ी बोली में प्रयुक्त उर्दू शब्दों के स्थानों पर संस्कृत शब्दों को प्रस्तुत कर संस्कृत प्रचुर हिन्दी का निर्माण शुरू किया। मूल खड़ी बोली को हिन्दी भाषा में से नष्ट करने में इस हिन्दुत्ववादी गुट को काफी सफलता मिल गई और उन्होंने ही उर्दू मुसलमानों की भाषा है, यवनी और म्लेंछ भाषा है, वह विदेशी भाषा है इस प्रकार का प्रचार शुरू किया। यह प्रचार अभी भी खत्म नहीं हुआ है। विश्व हिन्दू परिषद के तत्कालीन अध्यक्ष अशोक सिंघल और किसी एक शंकराचार्य ने बाबरी मस्जिद के ध्वंस के बाद 'फ्रंटलाईन' इस अंग्रेजी साप्ताहिक को दिए गए साक्षात्कार में कहा है कि उर्दू विदेशी और म्लेंछीं भाषा है। उर्दू भारत के बाहर कोई भी नहीं बोलता इस पर कोई विचार ही नहीं करता। भारत के मुस्लिम उर्दू बोलते हैं, उनका धर्म इस्लाम बाहर का होने के कारण उनकी यह भाषा भी बाहर की है—ऐसा सामान्यीकरण हिन्दुत्ववादियों ने तैयार किया है।

यह वास्तविकता है कि उर्दू केवल मुसलमानों की भाषा नहीं थी और न है। तुर्की, पठान, मोंगल, अफगानी सैनिक तथा भारत के जनसामान्यों के भाषिक आदान-प्रदान से उर्दू भाषा निर्माण हुई है। यह भाषा जनसामान्य के व्यवहार की भाषा थी। इसकी लिपि पर्शियन है। क्योंकि पर्शियन यह मुगलों की राजभाषा थी। मध्ययुग के किसी भी मुस्लिम सत्ताधारी ने उर्दू को राजभाषा के रूप में स्वीकारा नहीं किया था। 1857 के समय मुगल तथा लखनऊ दरबार

में फारसी मिश्रित उर्दू तैयार की गई और उसे काव्यभाषा के रूप में प्रस्तुत किया गया। ब्रिटिश काल में जिस प्रकार खड़ी बोली पर संस्कृत का आरोपण कर हिन्दू अभिजनों ने ग्रान्थिक और ब्राह्मणी हिन्दी तैयार की ठीक उसी प्रकार उत्तर भारत के राजनीतिज्ञों ने और मुस्लिम लीग ने राजनीतिक स्वार्थ के लिए उर्दू को मुसलमानों की भाषा के रूप में प्रायोजित किया और तबसे उर्दू और मुसलमान ऐसा समीकरण प्रस्तुत हुआ। उत्तर भारत के गैर-मुस्लिम भी उर्दू का उपयोग दैनंदिन जीवन में और लेखन में कर रहे थे। इतना ही नहीं सिन्धी, पंजाबी बोलनेवालों ने भी अपनी भाषाओं के लिप्यन्तरण के लिए पर्शियन लिपि को स्वीकार किया था। यह समन्वय जनसामान्य के स्तर पर हुआ था। परन्तु हिन्दू और मुसलमानों में स्थित अभिजन वर्ग ने अपने राजनीतिक स्वार्थ के लिए भाषा और धर्म के आधार पर लोगों में स्थित एका को भंग कर दिया। समन्वय नष्ट कर जमातवाद फैलाया। भाषा और भाषा की राजनीति हिंसात्मक दंगों के साधन बन गए।

बार-बार मैं दुहरा रहा हूँ कि भारत के बाहर के मुसलमान उर्दू नहीं बोलते तो सम्बन्धित देश-प्रदेश की भाषाएँ ही बोलते हैं। उर्दू को धर्मभाषा बनाने का प्रयत्न पिछले 70-80 बरसों से मुस्लिम अभिजन वर्ग ने किया है। हालाँकि इस्लाम की धर्मभाषा अरबी है। इन अश्रफ मुसलमानों की कथनी-करनी में हमेशा अन्तराल रहा है। उर्दू यह भारतीय भाषा है, वह सबकी है ऐसा कहते जाना और ठीक उसी समय उर्दू को मुसलमानों की धर्मभाषा के रूप में प्रस्तुत करते जाना उनकी आदत-सी हो गई है। अपने राजनीतिक स्वार्थ के लिए जो मुसलमान जातियाँ खड़ी बोली, व्रज, अवधी, भोजपुरी आदि अपने प्रदेश की भाषाएँ बोलते हैं, उनमें उर्दू का प्रचार कर उन्हें यह समझाना कि उनकी मातृभाषा उर्दू ही है, ऐसा पाखंडी व्यवहार मुस्लिम नेता और धर्मगुरु आज तक करते आ रहे हैं।

सचमुच उर्दू भारत के सभी मुसलमानों की भाषा है क्या यह महत्त्वपूर्ण प्रश्न है। इसे पहले ही बतलाया गया है भारत के कुछ ही शहरों के मुसलमान उर्दू का प्रयोग मातृभाषा की तरह करते हैं। उत्तर प्रदेश का यह यथार्थ है कि वहाँ के अधिकांश मुसलमानों ने उर्दू को करीब-करीब छोड़ ही दिया है। उत्तर प्रदेश की अपेक्षा बिहार में उर्दू का अधिक उपयोग होता है। उत्तर प्रदेश तथा बिहार की 10वीं तथा 12वीं की परीक्षाओं में उर्दू माध्यम के छात्रों के अनुत्तीर्ण होने का औसत 70 प्रतिशत रहा है। बिहार में लालूप्रसाद यादव ने उर्दू स्कूलों में शिक्षक भरती का जब आदेश निकाला, तब उर्दू शिक्षक ही उपलब्ध नहीं हो

रहे हैं। यह वास्तविकता सामने आई। उर्दू भाषिकों की यह करुण वास्तविकता है। इस पर से भी उर्दू का स्वरूप, उसकी हैसियत स्पष्ट हो जाती है। पिछले 30-40 बरसों में उत्तर प्रदेश के देवबन्द, रामपुर, लखनऊ, बिहार शरीफ जैसी धार्मिक शिक्षा देनेवाली संस्थाओं में से निकले प्रशिक्षित मुल्ला-मौलवी भारतभर में फैलते हैं और उनके प्रोत्साहन से उर्दू माध्यम के विद्यालय निकलते हैं। देवबन्द पीठ तो अर्धशिक्षित पोथीनिष्ठ मौलवियों की आपूर्ति देशभर में फैलाने का कारखाना ही खोल रखा है। इस प्रक्रिया के परिणाम मुस्लिम समाज में होते रहते हैं। उत्तर भारत, बिहार, मध्य प्रदेश, तेलंगाना, महाराष्ट्र आदि प्रदेशों में 'मदरसे' अर्थात् धार्मिक शिक्षा देनेवाली पाठशालाएँ शुरू हैं। यहाँ उर्दू का ही उपयोग किया जाता है। यह धार्मिक शिक्षा लेनेवाले हैं कौन? श्रमिक, दरिद्री, गरीब, रोटी के लिए लालायित बच्चों को इन मदरसों में डाला जाता है। कारण इतना ही कि यहाँ उनके निवास और भोजन की नि:शुल्क व्यवस्था हो जाती है। गरीब मुसलमान के लिए यह बहुत बड़ी बात लगती है। शिक्षित, सम्पन्न मध्यवर्ग के मुसलमानों के लड़के-लड़कियाँ शहर के सबसे महँगे स्कूलों में शिक्षा लेते रहते हैं। इस वर्ग ने तो अब अंग्रेजी माध्यम को ही स्वीकारा है। तहसील के स्थानों पर अथवा किसी बड़े देहात में उर्दू माध्यम के स्कूलों में शिक्षा लेनेवालों का भी एक वर्ग मुसलमानों में है। ये निम्न मध्यवर्ग से आते हैं। इन्हें मैट्रिक के बाद उर्दू माध्यम से शिक्षा देनेवाले विद्यालय नहीं मिलते। दूसरी-तीसरी, चौथी या अधिक-से-अधिक सातवीं तक की शिक्षा लेने के बाद ये बच्चे माँ-बाप की आर्थिक सहायता करने लगते हैं। यह अकारण नहीं है कि उर्दू माध्यम के विद्यालयों में बीच में ही शिक्षा छोड़ देनेवालों का औसत 80% से अधिक है।

ऐसा केवल गरीबी, निरक्षरता अथवा उर्दू माध्यम से उच्चशिक्षा की व्यवस्था न होने के कारण होता है क्या? यह अत्यन्त महत्त्वपूर्ण प्रश्न है। उपरोक्त कारण तो हैं ही, इन सबसे भिन्न और सम्भवत: सबसे महत्त्वपूर्ण यह कारण रहा है कि समाज के निचले स्तर से ग्रामीण या शहर के विभाग से आए हुए गरीब मुसलमानों के लड़के-लड़कियों के लिए इन स्कूलों में सिखलाई जानेवाली उर्दू भाषा के आकलन में उन्हें दिक्कतें आती है। क्योंकि इनकी मातृभाषा, परिवेश की भाषा यह उर्दू नहीं होती। उल्टे ग्रामीण विभाग के छात्रों तथा शहर की झोपडपट्टियों या निम्न वर्ग की बस्तियों में जी रहे इन मुसलमान लड़के-लड़कियों को उस प्रदेश की मराठी, कन्नड़, कोंकणी आदि प्रादेशिक भाषाएँ ही निकट की लगती हैं। इसका कारण यह है कि गरीब मुसलमान इस फसी

उर्दू का प्रयोग करते ही नहीं। तो फिर वे कौन-सी भाषा बोलते हैं? वे जो भाषा बोलते हैं, दखनी उस भाषा का मजाक किया जाता है। अशिक्षित मुसलमानों की भाषा कहकर उसे गंवार आदि कहा जाता है। वास्तविकता क्या है?

एक तो ग्रामीण और निम्नवर्गीय मुसलमान जिन प्रदेशों में रहते हैं, उन्हीं प्रदेशों की भाषा बोलते हैं। उर्दू का आग्रह तो बहुत बाद का है। कोंकण का मुस्लिम कोंकणी, आन्ध्र-कर्नाटक में तेलुगु कन्नड़, केरल-तमिलनाडु में मलयालम तमिल, उत्तर भारत में हिन्दी आदि भाषाएँ वह बोलते रहता है। बहुसंख्यक मुसलमान जो भाषा बोलते हैं वह या तो उस प्रदेश की भाषा होती है या दखनी। दखनी का उपयोग वे अपने परिवारों में—नाते-रिश्तेदारों में करते हैं। सार्वजनिक जीवन में प्रदेश की भाषा का। इस कारण अन्य किसी भी गैर-मुस्लिम की तरह अरबी और पर्शियन मिश्रित उर्दू भाषा समझने में उन्हें कठिनाई होती है। उल्टे ऐसा अनुभव है कि उन्हें उर्दू की अपेक्षा उनकी अपनी प्रदेश की भाषा अधिक अच्छी आती है। उनका आकलन भी इसी भाषा से बढ़ता है। इस वास्तविकता की ओर अध्येताओं का ध्यान ही नहीं गया है।

कारण (1) सबने यह ग्रहित पकड़ लिया है कि सभी मुसलमानों की मातृभाषा उर्दू ही होती है। उनकी दखनी गँवार, निरक्षर मुसलमानों की भाषा है। (2) मुसलमानों की भाषा का प्रश्न राजनीतिक हो जाने के कारण इस ओर कोई गम्भीरता से न देखता है न सोचता है। (3) देश-विभाजन और जमातवादी राजनीति के कारण मुस्लिमों के प्रश्नों की ओर कोई गम्भीरता से देखना, समझना नहीं चाहता। चार तथाकथित राष्ट्रवादी और हिन्दुत्ववादियों के प्रचार के कारण सभी मुसलमान गद्दार, देशद्रोही और इस देश के लिए खतरनाक है, ऐसा समझाया गया है। और इसीलिए मुसलमानों को चाहिए कि वे आधुनिक शिक्षा ग्रहण करें। उर्दू तथा विश्वभर में फैलनेवाले हिंसात्मक इस्लाम को छोड़ दे, सूफियों के इस्लाम को स्वीकारें तभी उनमें सुधार होगा। ऐसी भूमिका प्रगतिशील विचारों के मुसलमान ले रहे हैं। सर्वसामान्य मुसलमानों की दखनी भाषा और प्रदेश की भाषा की निकटता की विशेषताएँ और उसका महत्त्व अध्येताओं ने ध्यान में ही नहीं लिया है।

दखनी भाषा और मुसलमान

दखनी को लेकर अध्येताओं ने अनेक प्रकार के परस्पर विरोधी मतों को व्यक्त किया है। कुछ वर्षों पहले हैदराबाद के एक अध्येता प्रो. श्रीधर रंगनाथ कुलकर्णी जी का दखनी पर किया गया अनुसन्धान अत्यन्त महत्त्वपूर्ण रहा है।

उनके मतानुसार हिन्दी और उर्दू इन दोनों भाषाओं के पंडितों ने दखनी भाषा का स्वरूप समझ लेने का प्रयत्न अपने-अपने दृष्टिकोण से किया है। उर्दू पंडितों ने यह साबित किया है कि दखनी प्राचीन उर्दू है। तो हिन्दी के पंडित दखनी को प्रदेश की हिन्दी मानते हैं। ये दोनों धारणाएँ इस भाषा की जड़ तक नहीं पहुँच पाते। उर्दू और आज लिखी और पढ़ाई जानेवाली हिन्दी का जन्म 19वीं सदी में हुआ। और ब्रिटिश राजनीति यही इन दो भाषाओं की निर्मिति का कारण रही है। (सुनीतिकुमार चटर्जी) इस कारण दखनी का सम्बन्ध न तो उर्दू के साथ लगाया जा सकता है और न हिन्दी के साथ। प्रो. कुलकर्णी के मतानुसार हिन्दी की एक बोली के रूप में देखनी का अर्थ ले भी लें तो भी हिन्दी की अन्य बोलियों में साहित्य निर्माण होने के पूर्व से ही दखनी में साहित्य निर्माण हो रहा था। अध्येताओं को मुश्किल में डालनेवाली अनेक विशेषताएँ इस भाषा में हैं। लिपि पर्शियन होने में उर्दू भाषा का यह प्राचीन रूप है ऐसा समझकर अध्ययन करें तो केवल उर्दू भाषा का ज्ञान इस साहित्य के आकलन के लिए कम पड़ता है। पर्शियन लिपि में लिखी गई यह हिन्दी है इस दृष्टि से अध्ययन करना चाहेंगे, तो फिर पग-पग पर मराठी शब्द आने लगते हैं। इस कारण अध्येता संकट में पड़ जाता है। दखनी का आज तक का अध्ययन इसी सम्भ्रमावस्था से हुआ है। (दखनी साहित्याचे अन्तरंग श्रीधर रंगनाथ कुलकर्णी पंचधारा, हैदराबाद विशेषांक, जुलाई-दिसम्बर 1991) श्रीधर कुलकर्णी जी के मतानुसार दखनी भाषा सिद्ध, साधक, साधु और बैरागियों ने निर्माण किया है। उस साहित्य की प्राकृत और अप्रगल्भ भाषा से परिणत हुई यह भाषा है। विशिष्ट सांस्कृतिक जरूरत की पूर्तता के लिए यह महाराष्ट्र में आई। शब्दसम्पत्ति से लेकर व्याकरण पद्धति तक मराठी भाषा के जन्मचिह्नों को लेकर दखनी भाषा का जन्म हुआ है। कुलकर्णी जी के मतानुसार 'लीकाचरित्र'[1] में वर्णित बैरागी भाषा यही दखनी है। नाथ सम्प्रदाय के साधु-सन्तों ने अपने विचारों के प्रचार-प्रसार के लिए इस भाषा का स्वीकार किया था। वारकरी सम्प्रदाय ने भी मराठी के साथ-साथ इस भाषा में भी काव्य किया है। सन्त नामदेव के दखनी भाषा के पद प्रसिद्ध हैं ही। सन्त तुकाराम, सन्त एकनाथ ने भी दखनी में लिखा है। इसी काल में सूफी सन्तों का आगमन महाराष्ट्र में होता है। उस वक्त उनके सामने प्रश्न था कि अपने पन्थ का प्रचार करने के लिए किस भाषा का प्रयोग करें। सूफियों की धर्मभाषा अरबी, तो सूफी साहित्य फारसी में इन दोनों भाषाओं के

1. लीकाचरित्र : मराठी भाषा का प्राचीनतम ग्रन्थ।

द्वारा दक्षिण के जनसामान्य से तो संवाद सम्भव ही नहीं था। महाराष्ट्र में घूमते समय उनके यह ध्यान में आया कि आध्यात्मिक चर्चा और विचार-प्रसार के माध्यम के रूप में मराठी के अलावा यहाँ बैरागी भाषा भी प्रचलित है और उसे प्रतिष्ठा भी प्राप्त है। इस कारण सूफियों ने इसी भाषा का उपयोग अपने पन्थ के प्रचार-प्रसार के लिए किया। लेखन के सुविधा के लिए।

जिस लिपि में उनकी गति थी उस पर्शियन लिपि को स्वीकारा। यह भाषा भारतीय थी, इसीलिए इसे उन्होंने हिन्दवी कहा। सूफी सन्तों के साहित्य लेखन के बाद यह भाषा दो लिपियों में लिखी जाने लगी। फारसी और नागरी में। देवनागरी लिपि का साहित्य बाद में हिन्दी भाषा में लिखा गया कहलाया। तो पर्शियन लिपि में लिखा गया—उर्दू कहलाया। भाषा एक ही नाम दो। आदिलशाही और कुतुबशाही की सत्ता में इस भाषा को राजाश्रय प्राप्त हुआ। सूफी सन्तों की तरह दरबारी कवि भी इसी भाषा में साहित्य रचने लगे। उस काल से लेकर आज तक यह भाषा दक्षिण के नागरिकों में बोली भाषा के रूप में जीवन्त है। दखनी भाषा की ध्वनि व्यवस्था, श्रीधर कुलकर्णी, पंचधारा, आक्टो 94)

दखनी भाषा के सम्बन्ध में डॉ. श्रीधर कुलकर्णी द्वारा प्रस्तुत विश्लेषण समाजशास्त्रीय दृष्टि से अत्यन्त महत्त्वपूर्ण है। उन्होंने लिखा भी है कि दक्षिण के कई समूहों में बोली भाषा के स्वरूप में दखनी का आज भी अस्तित्व में है। दक्षिणात्य समूह या जमात मतलब कौन इसका स्पष्टीकरण उन्होंने नहीं किया है। इन दिनों प्रमुख रूप से दखनी नामक यह बोलीभाषा दक्षिण के सभी प्रदेशों के ग्रामीण और शहरी मुसलमान, सभी तबकों के मुसलमान घरों में बोलते हैं। अल्प मात्रा में कुछ विमुक्त जनजातियों में दखनी शब्दों की विपुलता से युक्त कुछ अन्य बोलीभाषाएँ भी अस्तित्व में हैं। परन्तु प्रमुख रूप से इस भाषा को नीचे के तबके के मुसलमान ही बोलते हैं। मतलब दखनी पिछड़े, नीचे के तबके के मुसलमानों की भाषा है। दखनी का जन्म ही सिद्ध, साधक-साधू, सन्तों की भाषा से हुआ है। उनके द्वारा विकसित बैरागी भाषा को सन्तों ने स्वीकारा ऐसा डॉ. कुलकर्णी का प्रतिपादन है। इसकी प्रक्रिया भी अत्यन्त महत्त्वपूर्ण है। प्रश्न है कि इन सिद्धों, बैरागियों साधकों का कार्य चल कहाँ रहा था। बैरागी, साधू-सन्तों का सम्बन्ध वरिष्ठवर्गीय ब्राह्मण लोकसमुदाय से बहुत कम आता था। उनका सम्बन्ध अधिक रूप में जनसामान्यों से, नीचे के तबकों से, शूद्र और अतिशूद्रों से ही आता था। सनातन धर्म के कर्मकांडों और चातुर्वण्यों के आचार-विचारों से दूर रहकर, अपनी ओर से जितना हो सके,

उतना से मानवता का सन्देश देने का प्रयत्न कर रहे थे। मतलब यह बैरागी भाषा निचले वर्ग की और उनके लिए ही थी। ब्राह्मणी वर्चस्व, कर्मकांड और चातुर्वर्ण्य की अत्याचारी, मनुज-विरोधी दादागिरी में से छुटकारा कर लेने की कोशिश इन लोकसमुदायों में चल रही थी। हिन्दू साधु-सन्तों ने मोक्ष और मुक्ति का सन्देश देने के बावजूद चातुर्वर्ण्य, अस्पृश्यता, जातियों-जमातों में स्थित कर्मकांड वे नष्ट नहीं कर पाए। मराठी के सन्त चोखोबा ने तो इस काम में अपनी असफलता, असहाय्यता व्यक्त की है। और अधिकांश सन्तों ने इस व्यवस्था को ईश्वर की देन के रूप में स्वीकारा। ऐसे विशिष्ट परिवेश में सूफियों ने समता का, बन्धुत्व का और मानवता का सन्देश देकर अपना कार्य शुरू किया। परिणामत: अस्पृश्यता और चातुर्वर्ण्य के अत्याचारों से मुक्ति का मार्ग इन लोगों को महसूस हुआ।

बाद में डॉ. श्रीधर कुलकर्णी जी ने दखनी भाषा पर का अपना शोधकार्य पूर्ण किया तो उनका यह शोधकार्य पुस्तक रूप में महाराष्ट्र राज्य मराठी विकास संस्था, मुम्बई की ओर से प्रकाशित हुआ। शीर्षक—दखनी भाषा—मराठी संस्कृतीचा आविष्कार' दखनी में लिखनेवाले मुस्लिम सूफियों के सम्बन्ध में उन्होंने लिखा है कि ये सभी साहित्यकार जन्म से मुसलमान थे और इनमें से अनेकों का जन्म भारत के बाहर हुआ था। बावजूद इसके भारत के सांस्कृतिक जीवन से उन्होंने विलक्षण ऐसी एकरूपता स्थापित की। भारत के सांस्कृतिक जीवन के बिम्ब और यहाँ के प्राचीन ग्रन्थों में व्यक्त कला और संकेतों का दखनी साहित्य में मुक्त रूप से प्रयोग हुआ है। जैसे— 'सबरस' इस ग्रन्थ का उल्लेख किया जा सकता है। लेखक सूफी है तो भी रामकथा की अनेक घटनाओं, पात्रों का उपयोग दृष्टान्त की तरह यहाँ किया गया है। 'सब मुर्शिद है। मुसलमानों में पीर मुर्शिद होएगा... हिन्दुओं में जंगम सद होएगा। हम हिन्दू तुझसे बात पाकर मानेंगे। हम मुसलमान तुझे बड़ा कर जाएँगे। एक कलम का फर्क है। बाकी सब खुदा की वहिदानित में हिन्दू-मुसलमान गर्क हैं।' (सबरस 10)

डॉ. श्रीधर कुलकर्णी लिखते हैं कि हिन्दू और मुसलमान ये दो धर्म भिन्न हों तो भी इन धर्मों को अभिप्रेत परमात्मा एक ही है—ऐसा उपरोक्त पंक्तियों का अर्थ है। (दखनी भाषा—पृ. 28, 29, 32) प्रो. श्रीधर कुलकर्णी जी ने 1998 में 'साहित्य सेतु' शीर्षक से एक अन्य ग्रन्थ भी लिखा है। वह ग्रन्थ भी राज्य मराठी विकास संस्था, मुम्बई ने प्रकाशित किया है। उसमें उन्होंने फिर यही मुद्दा उठाया है। वे लिखते हैं, 'साधु सन्तों के विचारों के प्रचार-प्रसार के माध्यम

के रूप में प्रतिष्ठा प्राप्त इसी भाषा (दखनी) का चुनाव दक्षिण में स्थित सूफी सन्तों ने अपने विचारों के प्रचारार्थ किया। नागरी लिपि उन्हें असुविधाजनक लगी इसलिए उन्होंने अपना साहित्य इसी भाषा में पर पर्शियन लिपि में लिखा। बाद के कालखंड में पर्शियन लिपि में लिखी यह भाषा दखनी नाम से ख्यात हुई। इस भाषा में करीब तीन सौ वर्षों तक उत्कृष्ट साहित्य का निर्माण हुआ है। आज यह दखनी भाषा बोली के रूप में अस्तित्व को बनाए रखने की कोशिश में हैं।' (साहित्य सेतु, पृ. 32)

सूफियों के प्रभाव के कारण हिन्दुओं में स्थित शूद्रों, अतिशूद्रों तथा विमुक्त जनजातियों ने और रेहनादारी पद्धति में स्थित जातियों ने इस्लाम कबूल किया। ग्रामीण विभागों और शहरों में स्थित गरीब मुसलमान ये इसी प्रक्रिया से निर्माण हुए है। इसीलिए सूफियों द्वारा स्वीकृत बैरागियों की यह भाषा आम मुसलमानों में 'दखनी' कहलाई। अर्थात् मध्ययुग के साधु-सन्त, बैरागी, नाथ सम्प्रदायी साधु, और सूफी—इनके आध्यात्मिक, सांस्कृतिक, धार्मिक समन्वय के प्रयत्नों में से इन तबकों का निर्माण हुआ है। इसलिए दक्षिण के सभी मुसलमान दखनी ही बोलते हैं क्योंकि ये मुसलमान भारतीय समाज की अविभाज्य इकाइयाँ रही हैं। वे भारत की निचली जाति-जमातियों में से ही हैं। वे जो भाषा बोल रहे हैं वही इसका सबूत है। इसलिए सभी मुसलमानों की भाषा उर्दू है यह उपपत्ति ही, गलत है। भारत के मुसलमान अपने प्रदेश की ही भाषा बोलते हैं। अथवा दक्षिण भारत में दखनी बोलते हैं। इसलिए उर्दू भारत के सभी मुसलमानों की मातृभाषा नहीं कहलाई जा सकती। बाद के काल में अलबत्ता वह शिक्षा का माध्यम हुई।

उत्तर भारत के कुछ शहरों, कस्बों को छोड़ दें तो वहाँ के मुसलमान हिन्दी भाषा का ही उपयोग करते हैं। इस सन्दर्भ में डॉ. सूर्यनारायण रणसुभे का यह स्पष्ट विचार है कि हिन्दी भाषिक प्रदेशों के मुसलमानों को महाराष्ट्र अथवा कर्नाटक के मुसलमानों की तरह दखनी बोलने का प्रश्न ही नहीं उठता। क्योंकि हिन्दी यह दखनी और उर्दू से निकटता बतलानेवाली भाषा है। उत्तर का सामान्य मुसलमान उस प्रदेश की बोली भाषा को ही खुद की भाषा के रूप में चिह्नित करता है। हिन्दी की अठारह बोलियों में से किसी एक को स्वीकार करते हुए वह जी रहा है। डॉ. राही मासूम रजा के आधा गाँव उपन्यास से इसका सुन्दर चित्रण हुआ है। (देखें हिन्दी साहित्यास मुस्लिम लेखकांचे योगदान— डॉ. सूर्यनारायण रणसुभे मुस्लिम मराठी साहित्य पत्रिका द्वितीय अधि. 1992 नागपुर) इससे यह प्रमाणित हो जाता है कि उर्दू और मुसलमान यह उपपत्ति

ही गलत है। यह आरम्भ में जैसे कहा गया है कि मुसलमानों पर राजनीतिक दृष्टि से ही विचार होते रहने के कारण उनकी मातृभाषा के यथार्थ को ध्यान में ही नहीं लिया गया।

जातिजमातियों के धर्मसंकट से तथा धर्मपरिवर्तन से मुसलमान समाज ने आकार धारण किया है। यहाँ के मुसलमानों का जीवन इसी भूमि पर फला-फूला है। यहाँ की मिट्टी ने ही उनका निर्माण किया है। सभी अर्थों में भारतीय मुसलमान सिर्फ भारतीय और भारतीय ही हैं। यहाँ के उपेक्षित, अस्पृश्य और शूद्रों के द्वारा, इस्लाम कबूल करने के बाद ही यहाँ के मुसलमानी समाज का निर्माण हुआ है। मतलब यह कि भारत के मुसलमान वास्तव में यहाँ की प्रादेशिक उपेक्षित जातियाँ ही है। इसी कारण तो मुसलमानों में नियुक्त गुनहगार जातियाँ हैं, तेली ताम्बोली, तुहार, बढ़ई जैसी प्रदेश निहाय जातियाँ हैं। प्रादेशिकता और जाति-उपजातियों के माध्यम से वे भारतीयत्व से जुड़ गए हैं। वास्तविकता यह ऐसी है। इसी कारण मुस्लिम धर्मगुरु और नेता उनमें जमातवाद रोपने हेतु उन्हें समझाते हैं कि वे पहले मुस्लिम हैं और बाद में भारतीय। मुसलमानों की दखनी भाषा उनके इस मत को छेद देती है।

प्रकरण-2

मुसलमानों में जाति और वर्ण

भारतीय मुसलमानों का प्रादेशिक और सम्मिश्र संस्कृति का स्वरूप बहुत बड़े पैमाने पर मुसलमानों में स्थित समाचरचना में दिखलाई देता है। महाराष्ट्र के मुसलमानों की समाज संरचना अगर ध्यान में लें तो यह बात स्पष्ट हो जाती है। इस्लाम के तत्त्वानुसार मुसलमानों में वर्णभेद, उच्च-नीच और जातिभेद हो ही नहीं सकता। मूल इस्लाम में जातिव्यवस्था नहीं है। परन्तु भारतीय मुसलमानों में वह है। निचले तबकों के हिन्दुओं में जितनी जातियाँ उपजातियाँ होती हैं, ये सब महाराष्ट्र के मुसलमानों में मिलती हैं। दो बातों के कारण ऐसा हुआ है। एक इस्लाम कबूल करने के बाद, धर्मांतर करने के बाद मूल जाति की व्यवस्था, रीति-रिवाज और जीवनशैली ये जातियाँ छोड़ नहीं सकी। उनका धर्मपरिवर्तन वास्तव में मात्र उपासना पद्धति में परिवर्तन तक ही सीमित रहा। इस्लाम को स्वीकार करने के बाद ब्राह्मणशाही के प्रत्यक्ष अत्याचारों से छुटकारा मिल सकता है, इतने मानसिक समाधान तक वे गए। जड़ में स्थित जातिव्यवस्था की मानसिकता इतनी गहराई में गई थी, कि वे उसे पूर्ण रूप से नष्ट नहीं कर सके। मुस्लिम सत्ताधारियों ने और वरिष्ठ वर्णों ने अपने राजनीतिक स्वार्थ के लिए उनका केवल उपयोग कर लेते रहे। उनमें बुनियादी परिवर्तन करने का काम उन्होंने नहीं किया।

दूसरी बात यह कि धर्म बदलने के बाद भी भाषा और जीवनशैली तो वही पुरानी रह गई। विकल्प रूप में उन्हें धर्म तो दिया गया परन्तु वैकल्पिक अर्थव्यवस्था और रोजी रोटी के अलग संसाधन तो दिए नहीं गए। इसलिए धर्म इस्लाम परन्तु व्यवसाय तथा सामाजिक हैसियत हिन्दुओं की निम्न जाति की ही तरह ऐसी स्थिति इतिहास काल से अब तक रही है। इस कारण मुसलमानों में भिन्न प्रकार से क्यों न हो जातिव्यवस्था तो रही ही है। इसके साथ ही इस प्रक्रिया की एक और इकाई भी महत्त्वपूर्ण है। जैसे कुछ स्थानों पर हिन्दू

रीति-रिवाजों का अनुकरण कर कुछ विशिष्ट व्यवसाय करनेवाले मुस्लिम व्यावसायिक गुटों का रूपान्तरण यथार्थ के स्तर पर 'जातिसमूह' में हो गया है। इन व्यावसायिक जातियों में रोटी बन्दी न भी हो तो बेटी बन्दी तो है ही। जैसे— बागवान, नदाफ, जुलाहा आदि। ये व्यावसायिक जातियाँ हैं। परन्तु इनका रूपान्तरण जाति में हुआ। यह अनुकरण और प्रभाव इस कारण जैसे घटित हुआ, वैसे ही हिन्दू और मुसलमानों में स्थित व्यवसाय के कारण भी हुआ है। एक और महत्त्वपूर्ण बात कि इस्लाम में भले ही न हो तो भी भारतीय मुसलमानों में वर्णव्यवस्था आई ही है। बहुत ओर से यह सब हुआ है। अरब, तुर्क, मुगल, पठान ये खुद को श्रेष्ठ समझते रहे हैं। जिनके पास सत्ता नहीं थी, उनकी ओर वे हीनता की दृष्टि से देखते। प्रत्येक काम में वर्णश्रेष्ठता का अहंकार मुस्लिम सत्ताधारियों में रहा है। इसी वर्ग को 'अश्रफ वर्ग' कहा जाता है। इन्होंने ही वरिष्ठ वर्णीय नवाबी संस्कृति का निर्माण किया। इसी वर्ग ने भारत में ईरानी, तुर्की, अरबी संस्कृति का अनुकरण शुरू किया। पर्शियन भाषा में स्थित विचारों की सारी बातें भारत में इसी वर्ग ने लाईं। इसी वर्ग ने भारत के धर्मान्तरित मुसलमानों की ओर हमेशा हीनता, तुच्छता की दृष्टि से देखा। उन्हें हीन ठहराया। इन दोनों में स्थित संघर्ष भारत के मुस्लिम इतिहास में कई स्थानों पर देखा जा सकता है। इसी वरिष्ठ वर्ग और वरिष्ठ वर्णीय तथाकथित खानदानी नवाबी और जमींदार मुसलमानों के वंशजों ने 1890 के बाद भारत में अलगाववादी राजनीति की शुरुआत की। मुस्लिम वर्ग की स्थापना भी इसी वर्ग ने की। द्वि-राष्ट्रवाद का सिद्धान्त भी इन्होंने ही प्रस्तुत किया और अपने इस राजनीतिक स्वार्थ के लिए इस्लाम के नाम पर निचले तबके के निरक्षर और गरीब मुसलमानों का उपयोग किया।

इस प्रक्रिया की एक अन्य इकाई की ओर अध्येताओं का ध्यान नहीं गया है। वह यह कि कुछ मात्रा में हिन्दुओं में स्थित वरिष्ठ वर्णीय और वरिष्ठ वर्गिय जातियों ने भी इस्लाम कबूल किया था। इनमें से कुछ धर्म परिवर्तन जबर्दस्ती से हुए और कुछ राजनीतिक स्वार्थ की पूर्तता हेतु हुए। जिन वरिष्ठ वर्णिय जातियों ने इस्लाम कबूल किया वे कर्मठ मूलतत्त्ववादी हो गए—ऐसा दिखलाई देता है। उन्होंने इस्लाम में भी ब्रांह्मणशाही की स्थापना की। इस इकाई के मुल्ला-मौलवियों के तथा अश्रफ मुसलमानों के हितसम्बन्ध एक ही प्रकार के रह गए। इसलिए कुरान का अर्थ लगाने से लेकर सभी प्रकार के धार्मिक, आध्यात्मिक बातों तक इन्होंने सकुंचितता ला ली और इन्होंने ही निरक्षर गरीब मुसलमानों को स्थायी रूप से अज्ञान में रखा।

तत्कालीन राजनीति, सत्ता और अर्थव्यवस्था यह सब इसी वर्ग के हाथों में रही। और आज तक इसी वर्ग की राजनीति और समाजनीति यह भारत के मुसलमानों की राजनीति है—ऐसा गणित तैयार हुआ है। डॉ. मुहम्मद इकबाल ये मूलतत्त्ववादी और पैन-इस्लामबादी थे। उनका परिवार धर्मान्तरित ब्राह्मण परिवार था और उन्होंने ही इस्लाम की श्रेष्ठता का और पाकिस्तान की माँग का विचार रखा। जिना भी धर्मान्तरित परिवार के थे। उनका परिवार मूलत: लोहाना जाति का हिन्दू परिवार था। राजकोट (गुजरात) के निकट के पतेली गाँव में यह धर्मान्तरित परिवार रहता था। उनके दादा पूँजीभाई ठक्कर, उनका बेटा जेनाभाई और जेनाभाई का बेटा महमूद अली जिना। जेनाभाई ने खोजा पन्थ को ग्रहण किया। जेनाभाई इस बाप के नाम से मुहम्मद अली ने अपना उपनाम बनाया जिना। ऐसे सैकड़ों उदाहरण दिए जा सकते हैं। मेरी उपपत्ति को स्पष्ट करने के लिए इतना पर्याप्त है। मतलब यह कि वरिष्ठ वर्णीय मुसलमानों ने और इस्लाम धर्म को स्वीकार कर चुके वरिष्ठ वर्णीय हिन्दू जो बाद में मुसलमान ही कहलाए दोनों ने भारतीय इस्लाम में ब्राह्मणशाही ला दी। मुसलमानों में स्थित इस ब्राह्मण मानसिकता ही पैन इस्लामीज़्म, विश्व के सारे मुसलमान एक हैं, इस्लाम का श्रेष्ठत्व, इस्लामी राष्ट्रवाद आदि सिद्धान्त प्रस्तुत करती रही और दूसरी ओर भारत के सर्वसामान्य मुसलमानों में जातिव्यवस्था को पुख्ता बनाते गए।

मुसलमानों में स्थित जाति-रचना

भारतीय मुसलमानों की समाज-संरचना में जाति यह महत्त्वपूर्ण घटक रहा है। मूल इस्लाम में न चातुर्वर्ण्य है और न जातिसंस्था का तत्त्व। श्रेणीबद्ध समाजरचना वहाँ है ही नहीं। परन्तु भारतीय मुसलमानों में अलबत्ता जाति रचना है। भारतीय मुसलमानों पर विचार करते समय यह ध्यान में रखना होगा कि 90% मुसलमान धर्मान्तरित हैं। अधिकांश अध्येताओं ने इसे अनेक सबूतों द्वारा प्रमाणित किया है। मेरे मतानुसार 90% नहीं अपितु 95% भारतीय मुसलमान धर्मान्तरित है। 12वीं सदी के उत्तरार्ध से भिन्न-भिन्न कारणों से भारत की लेहनदारी की जातियाँ, उत्पादक तथा पिछड़ी जातियाँ और नियुक्त जातियों ने इस्लाम कबूल किया है। भारत के अधिकांश मुसलमान विभिन्न जातियों से आए हैं। अलबत्ता पंजाब, सिन्ध, उत्तर प्रदेश और बंगाल का कुछ हिस्सा, दिल्ली के आसपास का प्रदेश, कोंकण, केरल तथा हैदराबाद के निजाम रियासत के कुछ हिस्सों में बाहर से आए हुए और स्थायी रूप से वहीं आबाद

हो चुके कुछ मुसलमान परिवार मिलते हैं। उनका औसत 2% से 10% तक का है—ऐसा अध्येताओं का कहना है। शेष सभी मुसलमान भारत की विभिन्न जातियों की धर्मान्तरित जातियाँ ही हैं।

केवल महाराष्ट्र ही नहीं अपितु भारत के सभी मुसलमानों में जातिसंस्था की ही तरह सामाजिक संरचना है। इस कारण इस्लाम में जातिव्यवस्था स्वीकृत न होना और भारतीय मुसलमानों में जाति की संरचना का होना सिद्धान्त और प्रत्यक्ष व्यवहार इनमें स्थित दरार मुसलमान समाज की सबसे गम्भीर समस्या है। फर्क केवल इतना हुआ कि पिछले कुछ वर्षों से भारतीय मुसलमान अपने समूह के लिए जाति शब्द का उपयोग न करते हुए जमात या बिरादरी कहने लगे हैं। जैसे नदाफ या बागवान जमात या बिरादरी इस जमात या बिरादरी में जाति-व्यवस्था की सभी इकाइयाँ स्पष्ट रूप से दिखलाई देती है। ये इकाइयाँ हैं—इंडोगामी, जन्म से ही जाति और धर्म तय होना, वैवाहिक सम्बन्ध, रोटी-बेटी व्यवहार, श्रेष्ठ-कनिष्ठ स्तर, विशिष्ट जातियों के विशिष्ट व्यवसाय, वेश-भूषा, गलियाँ और मोहल्ले—इतना ही नहीं तो भिन्न-भिन्न मुस्लिम बिरादरियों की भिन्न-भिन्न मस्जिदें भी दिखलाई देती हैं। परिणामस्वरूप, हिन्दू समाज में दिखलाई देनेवाली सभी जातियाँ भारतीय मुसलमानों में दिखलाई देती हैं। उत्तर प्रदेश और बिहार जैसे राज्य में तो मुसलमानों में दलित-जातियाँ तक दिखलाई देती हैं। इस जातिव्यवस्था की दखल अध्यताओं ने आज तक नहीं ली है। 1901 की जनगणना के जो रिपोर्ट्स (अहवाल) हैं उसमें मुसलमानों की जातियों का उल्लेख है। और उनकी प्रदेशनुसार संख्या भी दी गई है। अशरफ, अजलफ और अरजल ये तीन प्रकार भी दिए गए हैं। उपरोक्त जनगणना में जुलाहा, धुणिया, कुकुंजरा, हज्जाम, दर्जी जैसी जातियाँ भी दी गई हैं। हिन्दुओं के अत्यधिक पिछड़ी जातियों ने जो धर्मांतर किया था, उसका भी समावेश इसमें हुआ है। इसमें हलालखोर, लालबंगी, अवदल, बेडिया का समावेश है। केरल की मोपलाओं की पाँच जातियाँ वहाँ दर्ज हैं। 1911 की जनगणना में यह दर्ज है कि उत्तर प्रदेश के मुसलमानों में 102 जातियाँ हैं। उनमें से 97 जातियाँ अजलफ या रज्ञब है। इनमें ये कई जातियाँ हिन्दुओं और मुसलमानों में समान हैं। अधिकांश प्रदेश की सरकारों ने पिछले दशक में पिछड़ी मुसलमान जातियों का समावेश ओ.बी.सी. प्रवर्ग में किया है। इनमें से लालबंगी, अवदल, गाय कसाब जैसी पिछड़ी जातियाँ वास्तव में हिन्दुओं में स्थित अस्पृश्यों की तरह ही हैं।

1950 में डॉ. राजेन्द्र प्रसाद जब राष्ट्रपति थे, तब तक एक आदेश निकाला

गया था कि शेड्यूल्ड कास्ट अर्थात् एस.सी. का दर्जा केवल हिन्दू और सिक्ख धर्म की जातियों को ही दिया जाएगा। परिणामस्वरूप मुसलमान भंगी, मेहतर, गाय कसाब कहीं के नहीं रहे। कुछ दिनों पहले गायकसाब को ओ.बी.सी. का दर्जा दिया गया है। 1950 का यह आदेश नवबौद्धों के लिए संशोधित किया गया। इससे मुसलमान समाज की स्थिति स्पष्ट हो जाती है। 1955 के कालेलकर अहवाल में 2399 जातियों का समावेश ओ.बी.सी. में किया गया था। उनमें से अनेक जातियाँ मुस्लिम, सिक्ख और ईसाई हैं। 1980 में मंडल आयोग द्वारा प्रस्तुत अहवाल में 3743 जातियाँ ओ.बी.सी. बतलाई गई हैं। उनमें से 82 मुस्लिम जातियों को दर्ज किया गया है। इन सभी आयोगों के अहवालों में अजलफ और अरजल इन दोनों प्रकार की जातियों को ओ.बी.सी. में समाविष्ट कर लिया गया है। यह पूर्णत: गलत है ऐसा मंडल आयोग ने कहा है। परन्तु 1950 के राष्ट्रपति के आदेश के कारण मुसलमानों को एस.सी. का दर्जा देने में दिक्कत आ रही थी और इसी कारण यह स्थिति पैदा हो गई थी। 1950 के उस आदेश से स्पष्ट है कि भारतीय संसद और संविधान सभा का मुसलमानों के प्रति नजरिया क्या है।

विशेष बात यह कि 1901 से निरन्तर मुसलमानों में स्थित जातियों का उल्लेख जनगणना के अहवालों में किया जा रहा था। तो भी ब्रिटिश सरकार तथा बाद में स्वतन्त्र भारत ने मुस्लिमों में स्थित जाति-व्यवस्था को नकारा ही है। ब्रिटिश अध्येताओं ने भी इसे नकारा। स्वतन्त्र भारत में भी मंडल आयोग आने तक और उसके बाद भी मुसलमानों में जातियाँ हैं इसे स्वीकारा नहीं गया है। अलबत्ता पिछले दशक से मुसलमानों में कुछ ओ.बी.सी. जातियाँ हैं। इसे स्वीकारने हमारे सत्ताधारी तैयार हुए हैं।

इसका एकमात्र कारण यह रहा कि स्वतन्त्रता आन्दोलन के दिनों से ही ब्रिटिश साम्राज्यवादी विचारकों ने, अध्येताओं ने धर्म यही समाज संरचना की नींव है ऐसा माना। सामाजिक शक्ति के रूप में धर्म की तात्त्विक, ऐतिहासिक भूमिका मान्य ही नहीं की गई। वस्तुत: धर्म का स्वरूप सामाजिक शक्ति का होता है और समाज की संरचनाएँ भिन्न-भिन्न होती हैं। भारतीय समाज संरचना की नींव ही जातिव्यवस्था है—इस यथार्थ की उपेक्षा की गई। क्योंकि एक बार धर्म को समाज संरचना की नींव मान लेने पर वर्णव्यवस्था और जातिव्यवस्था के प्रश्न हाशिए में चले जाते हैं इसे ध्यान में रखकर ही भारत के हिन्दू और मुसलमान अभिजनों ने अपनी रणनीति तैयार की है। धर्म यही सामाजिक संरचना के रूप में आगे आने के बाद, धर्म और संस्कृति पर

आधारित राष्ट्रीयत्व का विचार प्रस्तुत कर बहुजनों की सामाजिक क्रान्ति को रौंदना आसान हो जाता है। इसलिए ब्रिटिश साम्राज्यवादियों द्वारा प्रस्तुत हिन्दू मुसलमानों के मोनोलिथ को तथा उनमें स्थित धार्मिक शत्रुत्व के रूढ़ किए गए सिद्धान्त का यहाँ के राष्ट्रवादी विचारकों ने पूर्ण रूप से स्वीकारा। हिन्दू धर्म के विरुद्ध आक्रामक और अत्याचारी इस्लाम है, इस भ्रम को रुढ़ किया तथा मुसलमानों को आक्रमक और विदेशी ऐसा मिथक जारी किया। ऐसा करने से हमारे अपने हितसम्बन्ध सुरक्षित रह सकते हैं यह उनके ध्यान में आया। इसी प्रक्रिया में से एकसंघ मुस्लिम समाज का मिथक निर्माण हुआ और मुसलमानों में स्थित जातिव्यवस्था के प्रश्न की घोर उपेक्षा हुई।

मुसलमानों में स्थित अभिजन वर्ग के लिए ऐसी प्रस्तुति सुविधाजनक थी।

क्योंकि सुलतानशाही के काल से मुस्लिम सत्ताधारी और धर्मगुरुओं ने अपनी सुविधानुसार इस्लामी तत्त्वों का अर्थ लगाकर इस्लाम के नाम से ही यहाँ के मुसलमानों पर अपनी सत्ता बनाए रख सके थे। एक बार इस्लाम धर्म ही समाज रचना के रूप में आगे आ गया कि मुसलमानों में स्थित वांशिक, जातीय और सांस्कृतिक भेदों की उपेक्षा हो जाती है और धर्म यही एकमात्र राष्ट्रीयत्व का आधार हो जाता है। इस कारण मुस्लिम अभिजनों ने ही मुस्लिमों के जाति प्रश्नों की घोर उपेक्षा की। ब्रिटिशों के लिए भी यह सुविधाजनक था क्योंकि इससे ब्रिटिशों को हिन्दू और मुसलमानों में धर्म के निकष पर ये अलगाव बढ़ाना आसान था। आज भी मुस्लिमों में स्थित अभिजन पुरानी ही मानसिकता में जी रहे हैं। मुसलमानों में स्थित जाति प्रश्न को वे हाथ लगाने को तैयार नहीं हैं।

1901 की जनगणना को लेकर कालेलकर और मंडल आयोग तक में मुसलमानों में स्थित पिछड़ी जातियों का उल्लेख है। एक ओर सभी मुसलमान एक हैं का मिथक तैयार किया जा रहा था, तो दूसरी ओर उनमें जातियाँ भी अस्तित्व में थीं। इस स्थिति का तीव्रता से अहसास 1980 के बाद के कालखंड में सामाजिक आन्दोलन में सक्रिय मुस्लिम कार्यकर्ताओं को होने लगा। उन्हें मुसलमानों में स्थित जाति-व्यवस्था, विषमता और बेटी बन्दी स्पष्ट रूप से दिखलाई दे रही थी। 1980 के बाद के मुस्लिम मराठी लेखकों की भी मुसलमानों की समस्याओं से रु-ब-रु होते समय इस यथार्थ का अहसास होने लगा। मुसलमान मराठी लेखकों के लिए कोई मंच हो, इस दृष्टि से सोलापुर (महाराष्ट्र) में 1989 में 'मुस्लिम मराठी साहित्य परिषद' की स्थापना की गई। इस परिषद की स्थापना करने की प्रेरणा महाराष्ट्र के एक ख्यात सामाजिक

कार्यकर्ता विलास सोनवणे ने दी। प्रो. बेन्नूर, अजिज नदाफ, फ.म. शहाजिन्दे, मुबारक शेख, बशरत अहमद, कवि ए. के. शेख ये सब इकट्ठे होकर, मुस्लिम मराठी लेखकों को संगठित करने के प्रयत्न में लगे। 1990 में सोलापुर में पहला मुस्लिम मराठी साहित्य सम्मेलन लेकर मुस्लिम मराठी साहित्य के आन्दोलन की शुरुआत हो जाती है।

1992 में नागपुर में सम्पन्न द्वितीय मुस्लिम मराठी साहित्य सम्मेलन के मंच से पहली बार मुसलमानों में स्थित जातिव्यवस्था की समस्या पर बहस शुरू हुई। इस समस्या का तीव्र अहसास नागपुर विभाग के मुसलमानों में स्थित जातिव्यवस्था की प्रखरता के कारण हुआ। महाराष्ट्र में और पूरे भारत में जातिव्यवस्था का प्रश्न केवल हिन्दू धर्म के अन्तर्गत है ऐसी धारणा जैसे सरकार की थी वैसे लोगों को थी। इस्लाम में जाति-व्यवस्था की संरचना ही नहीं है इस कारण भारतीय मुसलमानों की जातिगत समस्याओं पर विचार करने कोई तैयार ही नहीं था। 1973 में प्रो. इम्तियाज अहमद ने भारतीय मुसलमानों में स्थित जातिव्यवस्था की समस्या पर अध्ययन पूर्ण ग्रन्थ लिखकर उस पर प्रकाश डाला था। तब से हम लोग इससे सम्बन्धित आन्दोलन पर विचार कर रहे थे। 1993 में रत्नागिरी में सम्पन्न तीसरे मुस्लिम मराठी साहित्य सम्मेलन के समय मुसलमानों में स्थित जाति के प्रश्न पर काम करने हेतु चर्चा और प्रारूप तैयार किया गया और प्रत्यक्ष आन्दोलन शुरू करने का निर्णय लिया गया।

मुसलमानों में स्थित जाति की समस्या पर आन्दोलन खड़ा करना कठिन काम था क्योंकि इस्लाम में हिन्दू धर्म की तरह जातिव्यवस्था नहीं है। परन्तु भारत के मुसलमानों में सभी प्रकार की जातियाँ हैं। अनुसूचित जातियाँ भी हैं। दूसरी दिक्कत यह थी कि मुसलमान अपने जातिसमूह को 'जमात' या बिरादरी शब्द का प्रयोग करता है, जाति शब्द का नहीं। महाराष्ट्र में और भारत में मुसलमान ओ.बी.सी. की संख्या 80% के आसपास है। विलास सोनवणे के साथ इस पर लम्बी चर्चाएँ हुई। विलास सोनवणे, मैं, बशारत अहमद आदि प्रमुख व्यक्तियों ने मुसलमानों में स्थित ओ.बी.सी. मतलब श्रमिक जातियाँ। उत्पादक और व्यावसायिक जातियों की समस्याओं पर पहले आन्दोलन करने का निर्णय लिया। उसी में से हमारे 'ओ.बी.सी. मुस्लिम आन्दोलन' की शुरुआत हुई। मु.म.सा.प. के प्रमुख पदाधिकारियों ने मुस्लिम ओ.बी.सी. संघटना की स्थापना की। विलास सोनवणे ने इस सम्बन्ध में पूरे महाराष्ट्र का दौरा किया। मैंने और मेरे उपरोक्त मित्रों ने पश्चिम महाराष्ट्र के सांगली, सातारा और कोल्हापुर जाकर वहाँ के कार्यकर्ताओं से चर्चा की।

1993 से हमारी मुहिम शुरू हो गई। इस वक्त एक दूसरी बात हमारे ध्यान में आ गई कि भारत के संविधान के अनुच्छेद 340 (1) के अनुसार पिछड़ी सामाजिक इकाइयों के पिछड़ेपन को ध्यान में लेकर उनके विकास करने के तत्त्व और आदेश दिए गए हैं। उसके लिए आयोग नियुक्त करने की सूचना भी दी गई है। इसके अनुसार ही नियुक्त कालेलकर आयोग ने भारत की निम्न गरीब जातियों का पिछड़ापन जातिनिर्मित प्रश्न कहकर उससे किनारा किया था। इस कारण धर्म द्वारा निर्मित जातियों पर विचार वहाँ होना सम्भव ही नहीं था। किम्बहुना सभी ओर आर्थिक निकषों की ही चर्चा होती रही। ठीक इसी प्रकार जाति का प्रश्न यह हिन्दू धर्म का प्रश्न है के रूप में सर्वमान्य हो चुका था। अनुच्छेद 340 (1) के अनुसार गठित हुए मंडल आयोग ने निचले तबकों के लोक समूह के सामाजिक और शैक्षिक पिछड़ेपन का प्रश्न यह केवल आर्थिक पिछड़ेपन का परिणाम नहीं है, वह जातिव्यवस्था के कारण निर्माण हुआ है और हिन्दू धर्म के अलावा अन्य धर्मों के लोकसमूहों की जातियों का; विकास की प्रक्रिया में समावेश किया जाना चाहिए ऐसी भूमिका लेकर आयोग ने अपना अहवाल प्रस्तुत किया। वास्तव में डॉ. बाबासाहेब आम्बेडकर जी ने अनुच्छेद 340 (1) की प्रस्तुति के समय यह स्पष्ट किया था कि कमजोर घटकों के शोषण का तथा पिछड़ेपन का प्रश्न केवल धार्मिक न होकर जातिव्यवस्था व समाज संरचना का परिणाम है। मंडल आयोग ने भी यही मुद्दा लिया। मंडल आयोग के हिन्दू धार्मिक समूह के बाहर जो अन्य धार्मिक गुट हैं, उनकी भी जातियों का सर्वे कर अपना अहवाल उन पर भी लागू किया था। मतलब 190अ में मुसलमानों में स्थित जातिसम्बन्धी अहवालों को मंडल आयोग से प्रथमत: अधिकृत रूप में संविधान के अनुच्छेद 340 (1) को उन पर लागू किया था। यह बात हमारे ओ.बी.सी. आन्दोलन की दृष्टि से उत्साहवर्धक थी। हमारे इस आन्दोलन को संविधान का आधार प्राप्त हुआ। इसके पूर्व गोपालसिंह समिति ने सर्वेक्षण कर मुसलमानों के पिछड़ेपन की प्रस्तुति की ही थी। और कुछ सिफारशें भी की थीं। पहली बात यह कि गोपालसिंह के अहवाल को प्रगट किया ही नहीं गया। दूसरी बात 1980 के बाद शुरू हो चुके जमातवादी राजनीति के कारण किसी ने भी इसकी ओर ध्यान भी नहीं दिया। मंडल आयोग द्वारा इसे स्वीकारने के बाद उस पर पूरे देश में चर्चा शुरू हुई। और उसके समर्थन में आन्दोलन भी शुरू हुए। परन्तु इन आन्दोलनों का मुख्य मुद्दा हिन्दू धर्मान्तर्गत पिछड़ी जातियों के सन्दर्भ में ही था। इस कारण मंडल आयोग द्वारा दर्ज इस्लाम धर्मीय मुसलमानों में स्थित ओ.बी.सी. लोकसमूह के प्रश्नों के

लिए स्वतन्त्र संघटना और आन्दोलन की जरूरत निर्माण हुई थी। उसी कारण हमने मुस्लिम ओ.बी.सी. आन्दोलन की शुरुआत की।

हम लोगों ने महाराष्ट्र के विभिन्न शहरों में मु. ओ.बी.सी. संघटना की शाखाएँ शुरू कीं। इस आन्दोलन के कारण कोल्हापुर में गनी आरेकर, कन्हाड में आरिफ बागवान, सांगली में फकीर डी.जी., पुणे में गुलाम हुसेन ताम्बोली, नागपुर में जावेद कुरेशी ऐसे युवा कार्यकर्ता आगे आए। इन सबने मिलकर एक मई 1994 में जालना में असगर अली इंजीनियर की अध्यक्षता में महाराष्ट्र स्तर की मु.ओ.बी.सी. परिषद ली। जून 1994 में उस्मानाबाद में एक सभा ली गई। 4 सितम्बर, 1994 में सोलापुर में मुस्लिम ओ.बी.सी. और ईसाई ओ.बी. सी. की महाराष्ट्र स्तर की परिषद ली। 1994 में हमारे आन्दोलनों के दबाव के कारण महाराष्ट्र सरकार ने मुस्लिम ओ.बी.सी. के सन्दर्भ में विचार करना शुरू किया।

हमारा यह आन्दोलन शुरू हो जाने के बाद मुसलमानों में स्थित अश्रफ वर्ग तथा धर्मगुरुओं ने और उनके समर्थकों ने जो इस्लाम में जाति व्यवस्था है ही नहीं ऐसी टीका शुरू की जातिव्यवस्था से ओ.बी.सी. वो लाना चाह रहे हैं ऐसी टीका टिप्पणी शुरू की। अनेक गाँवों में हमें उनके विरोधी प्रचार का सामना करना पड़ा। सर्वसामान्य मुसलमानों पर मुल्ला-मौलवी का प्रभाव होने के कारण हमें मुसलमानों में स्थित जातिव्यवस्था को समझाना कठिन लग रहा था। उधर हिन्दू मूलतत्त्ववादियों ने यह प्रचार शुरू किया कि मुसलमानों को आरक्षण देने का अर्थ है, नए पाकिस्तान का निर्माण। सर्वसामान्य मुसलमान जमात और बिरादरी जानते थे; ये बीसी, ओ.बी.सी. मुसलमान कौन-सी नई जमात है ऐसा प्रश्न उनके मन में उठने लगा। उन्हें प्रयत्नपूर्वक जमात या बिरादरी में स्थित जाति के यथार्थ को समझाना पड़ रहा था। यह कठिन काम हमारे कार्यकर्ताओं ने किया। मूल इस्लाम में जाति-व्यवस्था ही नहीं है, इसलिए भारतीय मुसलमानों में स्थित जाति-व्यवस्था को निकाल देने के लिए मंडल आयोग द्वारा की गई सिफारशों को कार्यान्वित करना होगा—ऐसी प्रस्तुति हम निरन्तर करने लगे। मंडल आयोग की माँग जोर पकड़ने के बाद सत्ता की राजनीति के लिए विभिन्न प्रदेशों के मन्त्रिमंडलों ने ओ.बी.सी. के लिए आरक्षित जगहों की घोषणा करने की नीति अपनाई। परन्तु प्रशासकीय पद पर जो हिन्दू और मुसलमान मन्त्री और अधिकारी थे उन्होंने यह कहना शुरू किया कि इस्लाम में जाति-व्यवस्था न होने के कारण मुसलमानों को मंडल आयोग लागू नहीं हो सकता। बाद में, केन्द्र सरकार और प्रदेश सरकारें बाबरी मस्जिद

के पतन के बाद उनके विरोध में गए मुसलमानों को आरक्षित स्थान देकर, खुश किया जा सकता है क्या इस दिशा में सोचने लगे।

बदलते हुए हालात में राजनीतिक सम्भावनाएँ देखकर मुसलमानों में स्थित अश्रफ नेताओं में सभी मुसलमानों को पिछड़ा वर्ग का समझकर आरक्षित स्थान लागू करें ऐसी माँग शुरू की। इस माँग के अनुसार अगर इस प्रकार के आरक्षित स्थान लागू हो जाएँ तो मुसलमानों में स्थित जो जातियाँ पिछड़ी हुई हैं, वे पिछड़ी ही रहेंगी ऐसा इसका अर्थ हो जाता है। इसलिए मुस्लिम ओ.बी.सी. आन्दोलन में उनकी इस माँग का विरोध किया तथा आर्थिक और सामाfजक दृष्टि से जो पिछड़े हैं उन्हीं जमातों (जाति) को मंडल आयोग लागू किया जाए ऐसी माँग बनाए रखी। मुस्लिम ओ.बी.सी. आन्दोलन के दबाव के कारण 7 दिसम्बर, 1994 को महाराष्ट्र शासन ने अध्यादेश निकाला। यह आदेश निकालते समय वह कार्यान्वित कैसे नहीं होगा, इसकी पूरी सावधानी तत्कालीन मुख्यमन्त्री श्री शरद पवार ने बरती। दूसरी बात यह कि उस अध्यादेश में केवल 36 मुसलमान जातियों का समावेश किया गया है। इस प्रकार आदेश निकालने के मूल में राजनीतिक षड्यन्त्र तो था ही, इस कारण मुस्लिमों में स्थित जातियों का प्रश्न और उनके आर्थिक-सामाजिक विकास का प्रश्न जटिल का जटिल ही रहा। सत्ताधारियों का दृष्टिकोण संकुचित रहा, इस कारण मुस्लिम ओ.बी. सी. जातियाँ और दलितों के विकास का प्रश्न अधिक जटिल हुआ।

यथार्थ स्थिति यह है कि भारतीय मुसलमानों में जाति-व्यवस्था है, उनमें ओ.बी.सी. और अति पिछड़ी जातियाँ हैं। देश के सभी प्रदेशों के मुसलमानों में श्रेणीबद्ध जातियाँ हैं। जाति-व्यवस्था के सभी गुणधर्म उनमें हैं। कुछ जातियाँ श्रेष्ठ, श्रेष्ठतम और कुछ नीच मानी जाती हैं। डॉ. इम्तियाज अहमद 1973 से इस विषय पर पुस्तकें लिख रहे हैं। मुस्लिम ओ.बी.सी. आन्दोलन के प्रचार के परिणामस्वरूप भारत के सभी प्रदेशों के मुसलमानों की जातियों पर लेखन शुरू हुआ, आन्दोलन शुरू हुए। दिल्ली के 'देशकाल सोसायटी' नामक संस्था ने दलित मुसलमानों पर दो दिनों का राष्ट्रीय स्तर पर सेमिनार लिया। इस सेमिनार में मुसलमानों में स्थित दलित जातियों पर चर्चा हुई। इस संस्था ने इस विषय पर एक पुस्तिका भी प्रकाशित की। उत्तर भारत के मुस्लिम ओ.बी.सी. आन्दोलन के नेता सांसद अली अन्वर जो पिछड़े मुसलमानों पर एक मासिक पत्रिका भी निकालते हैं। इस विषय पर उनकी एक पुस्तक भी उपलब्ध है। मुसलमानों में हिन्दू समाज की तरह अछूत जैसा आचरण जिनके साथ किया जाता है, ऐसी जातियाँ भी हैं। जैसे— मुस्लिम भंगी, मेहतर, हलालखोर, गाय खाटिक, कुरेशी,

हज्जाम, इन जातियों के साथ अस्पृश्यों की ही तरह आचरण किया जाता है। इसके अलावा तड़वी के आदिवासी, चित्ता पारधी अथवा चित्तेरखान, ताकणकर अथवा टकियार, महात, शिकारी, उंटवाले, सय्यद, फकीर, दरवेश, मकानदार, गोंदा फकीर, कादरिया, हमीम, तकिलदार, घड़ई, जातकार, अस्वलवाले, बन्दरवाले ये विमुक्त जनजातियाँ हैं। पुलाहा और अन्सारी ये ओ.बी.सी. हैं। मुजावर इसमें से कहीं पर भी नहीं थे। अब इन्हें ओ.बी.सी. में डाला गया है। सांगली के एक कार्यकर्ता डी. जी. फकीर ने इस पर काफी लिखा है। कामवात यह जाति अनुसूचित होते हुए भी, उसका कहीं पर भी उल्लेख नहीं। डी.जी. फकीर ने गॅजेटियर, 1943 की सरकारी डायरी, बंगाल और पहारा के जनगणना अहवाल आदि साधनों में से जानकारी इकट्ठी की है। 1901 की जनगणना में अशरफ और अजलफ जातियों का उल्लेख है। ठीक इसी प्रकार शेख, मोची धोबी इन रझिल जातियों का उल्लेख भी इसमें है। महाराष्ट्र की ओ.बी.सी. की सूची में मोमिन या अन्सारी, बागवान, कुरेशी खाटिक, कासार, हज्जाम, रंगरेज, भिस्ती, भटियारा, धोबी, लुहार, जोहरी, नदाफ, मणियार, ताम्बोली, तेली, अत्तार, दर्जी, तोंडील, तांबट, बढ़ई, बेलतार, छप्परबन्द, फकीर, टकारी, शिकलगार, संगतराश, तड़वी, कुम्हार, हलवाई, मच्छीमार, मल्लाह, दालदी आदि जातियों का समावेश किया गया है।

भारतीय मुस्लिम जाति-व्यवस्था की कुछ अपनी विशेषताएँ हैं। भिन्न-भिन प्रदेश के मुसलमानों में भिन्न-भिन्न जातियाँ हैं। कुछ प्रदेशों में कुछ जातियाँ नीच (कमजात) और दलित मानी जाती हैं। कुछ प्रदेशों में इन्हीं जातियों का समावेश ओ.बी.सी. में हुआ है। जैसे महाराष्ट्र में धोबी, दर्जी, भटियारा, कलाल, नदाफ, बागवान ये व्यावसायिक जातियाँ ओ.बी.सी. मानी गई हैं तो बिहार, उत्तर प्रदेश में ये जातियाँ दलित मानी गई हैं। जैसे—इन प्रदेशों में मलाल, भटियारा, मेहतर अथवा हमालखोर ये नीच और गन्दे माने जाते हैं। अश्रफ वर्ग इनके साथ अस्पृश्य की तरह आचरण करता है। डॉ. इम्तियाज के अनुसार मुसलमानों की जातिव्यवस्था का स्वरूप स्थानिक / लोकल है। सम्बन्धित प्रदेश की स्थानिक स्थितिनुसार जातियों का स्वरूप बदलता जाता है।

भारतीय मुसलमानों में इन जातियों की उपस्थिति के मूल में कुछ महत्त्वपूर्ण कारण हैं। उसका इस्लाम से कोई सम्बन्ध नहीं है। मुसलमानों में स्थित यह जाति-संरचना भारतीय समाज के यथार्थ के कारण निर्मित हुई हैं। भारतीय समाज संरचना की मूल नींव ही जाति है। इस जाति का स्वरूप आर्थिक, वर्गीय, सामाजिक और सांस्कृतिक है। जातिव्यवस्था वास्तव में एक उत्पादन व्यवस्था

थी और है। उत्पादन व्यवस्था के अनुसार हुआ श्रम विभाजन और यह श्रम विभाजन ही जाति को निश्चित करता है। इस कारण भारत में केवल हिन्दुओं में ही जातिव्यवस्था दिखलाई नहीं देती, तो भारत में स्थित अन्य धार्मिक समूहों में भी जातियाँ दिखलाई देती हैं। क्योंकि भारत में धर्म बदल जाने के बाद भी जाति नहीं बदलती, क्योंकि उसका व्यवसाय भी नहीं बदलता। हिन्दू, मुस्लिम, सिक्ख, जैन, लिंगायत—इन सभी धर्मियों में किसी-न-किसी प्रकार से जातिव्यवस्था है ही। कुछ स्थानों पर वे नए रूप में उभरी है। इस देश के बहुजन और पिछड़ी जातियों ने ब्राह्मणी आतंक से तंग आकर उससे छुटकारा प्राप्त कर लेने के लिए भले ही इस्लाम कबूल किया हो तो भी, उस स्थान्ािक धर्मान्तरित मुसलमानों में उनके मूल के व्यवसाय तो उनके साथ आए हैं। भारत के जिन प्रदेशों में ओ.बी.सी., पिछड़े, दलित व्यावसायिक और रेहमदारी जाति के लोगों का जो सामाजिक स्वरूप था, यही स्वरूप बाद में इस्लाम कबूल करने के बाद भी रहा।

उत्तर भारत के अश्रफ वर्ग में सामन्ती और पुरुष सत्ता वर्चस्व अत्यन्त प्रबल थे और हैं। मुगलकाल से वंश श्रेष्ठत्व और नवाबीयत अश्रफ वर्ग में प्रभावपूर्ण होते है। इसलिए यहाँ के अश्रफ वर्ग को श्रम और सेवा के काम हमेश नीच स्वरूप के लगते हैं। इसलिए ये निम्न स्तर पर जीनेवाली मुस्लिम जातियों को 'कमजात' और 'गन्दे लोग' कहते हैं। महाराष्ट्र जैसे प्रदेश में जहाँ, मुस्लिम सामन्ती और जमींदारी का स्वरूप ही बहुत अल्प और कमजोर रहा, यहाँ श्रम तथा सेवा का काम करनेवाली और व्यावसायिक जातियों को दलित जातियाँ नहीं माना गया। परन्तु गन्दगी उठाने का काम करनेवाले मेहतर के साथ दलित की ही तरह व्यवहार किया जाता रहा है।

इस प्रकार अश्रफ मुसलमान और मुस्लिम धर्मगुरु भले ही कहते हों कि मुसलमानों में जातिव्यवस्था नहीं है तो भी प्रत्यक्ष जीवन में तो जाति-व्यवस्था है ही। इस पर अनेक अध्येताओं ने लिखा भी है। प्रो. गौस अन्सारी, अग्रवाल, प्रो. हार्डी, प्रो. माइल्स, रणजित भट्टाचार्य आदि ने इस पर विपुल लेखन किया है। महाराष्ट्र में करीब 125 ओ.बी.सी. जातियाँ हैं। खत्री कमिशन द्वारा की गई सिफारिशों के अनुसार 4 जनवरी 2001 में इन 125 में 93 नई पिछड़ी जातियों का समावेश किया गया है। पश्चिमी समाजवैज्ञानिकों ने जाति यह सांस्कृतिक समूह है अथवा रचनात्मक समूह है इस पर विवाद पैदा किया है। मैक्स वेबर ने जाति की ओर केवल हिन्दू धर्म की एक इकाई के रूप में देखा है। वास्तव में भारत में स्थित सभी धार्मिक समूहों में जातियाँ हैं ही। समता का प्रचार

करनेवाला इस्लाम और ईसाई धर्म भी इसमें से छूटा नहीं है। कुछ अध्येताओं ने यह प्रस्तुति की है कि मुसलमानों में स्थित ये गुट जाति का भ्रम मात्र निर्माण करते हैं। प्रो. हार्डी ने तो मुसलमानों में स्थित जाति के अस्तित्व को ही नकारा है। उनके मतानुसार मुसलमानों में जाति-व्यवस्था नहीं है, पर जाति-व्यवस्था का आभास (भ्रम) निर्माण करनेवाली 'किनशिप' है। इम्तियाज अहमद ने उनके इस मत का खंडन किया है। उनका प्रतिपादन यह है कि हिन्दू समाज की सभी इकाइयाँ और विशेषताएँ मुसलमानों में है। उनका यह भी कहना है कि मुसलमानों में जातियाँ होने के बावजूद जाति की ये इकाइयाँ कमजोर हैं। उनके मतानुसार इस्लाम में जाति का सिद्धान्त नहीं है परन्तु इंडोगामी की पद्धति तो है। जाति के आयाम तीव्र नहीं हैं। शुद्ध जाति और अशुद्ध जाति ऐसा भी प्रकार यहाँ नहीं है। ब्राह्मणों की तरह यह जाति-व्यवस्था कठोर नहीं है।

इम्तियाज अहमद जैसे अध्येताओं की कुछ महत्त्वपूर्ण ऐसी बातों की घोर उपेक्षा हुई है। उन्होंने जाति-व्यवस्था को धर्मान्तर्गत रचना माना है। मुसलमानों में वे जाति-व्यवस्था तो बतला रहे हैं तो आगे यह भी बतला रहे हैं कि इस्लाम में इसे धर्मतत्व का आधार न होने से उसका स्वरूप कमजोर है। यह कहते समय वे इस्लाम धर्म का विचार संरचना (सोशियल स्ट्रक्चर) के रूप में कर रहे हैं, इसे शायद वे भूल गए हैं। अथवा उन्होंने इस मुद्दे पर विचार ही नहीं किया है, ऐसा कहना पड़ेगा। क्योंकि एक बार धर्म को सोशियल स्ट्रक्चर मान लें कि धर्म का मोनोलिथ तैयार होता है और उस समाज की वास्तविक स्थिति की घोर उपेक्षा शुरू हो जाती है। धर्म यह संरचना का हिस्सा नहीं है। जातियाँ अथवा वर्ग में से संरचना निर्माण होती रहती है। धर्म का जन्म सामाजिक-सांस्कृतिक शक्ति के रूप में होता है। इस्लाम का जन्म सामाजिक शक्ति के रूप में हुआ। इसलिए इस्लाम जिन प्रदेशों में गया वहाँ के वंश और जमात, उनकी भाषाएँ और सामाजिक संरचना जैसी की तैसी रह गई। केवल उपासना पद्धति, अध्यात्म, धार्मिक आचरण और कुरान प्रणित शरीयत कानून का निर्माण हुआ। इस प्रकार भाषा, इस्लाम धर्म, संस्कृति और जाति-व्यवस्था इन उपरोक्त यथार्थों से मुस्लिम समाज की मानसिक और राजनीतिक बुनावट पिछले सौ वर्षों में भिन्न-भिन्न प्रकार से हुई है। स्वातन्त्र्योत्तर भारतीय मुसलमानों की मानसिकता और राजनीति का स्वरूप ध्यान में रखना जरूरी है। इसलिए भाषा, संस्कृति और जातीय संरचना पर यहाँ संक्षेप में विचार किया गया है। यह पूरी जानकारी पूर्ण न होकर सीमित स्वरूप की है। पूरे भारत में पिछड़े मुस्लिम समाज की संघटनाएँ स्थापित हुई हैं। उत्तर भारत में अली

अनवर ने बड़े पैमाने पर दलित और ओ.बी.सी. की मुहिम शुरू कर दी है। देश के सभी प्रदेशों के मन्त्रीमंडल के सम्मुख अहवाल और माँगे प्रस्तुत की गई हैं। दिल्ली में बड़ी सभाएँ ली गई हैं। बाद में केन्द्र में आए भाजपा सरकार ने भारतीय मुसलमानों की आर्थिक, सामाजिक और शैक्षिक प्रगति की पूर्ण रूप से उपेक्षा की है। 2007 के आम चुनाव में विभिन्न राज्यों में पिछड़ी और ओ.बी.सी. मुस्लिम संघटनाओं ने मुस्लिमों के विकास का प्रश्न तथा शिक्षित मुसलमानों को सरकारी नौकरियों में अवसर सम्बन्धित प्रश्न पर जोर दिया। काग्रेस ने अपने घोषणापत्र में उस प्रश्न पर विचार कर विकास का ब्लू प्रिंट तैयार करने का आश्वासन दिया। उसके अनुसार न्यायमूर्ति सच्चर की अध्यक्षता में एक आयोग का निर्माण किया गया। उस आयोग ने अखिल भारतीय स्तर पर मुसलमानों की स्थिति का सर्वेक्षण किया और अपना अहवाल सच्चर समिति के अहवाल शीर्षक में प्रस्तुत किया। इस अहवाल के पन्ने-पन्ने पर मुसलमानों की जातियाँ जमातियाँ और उनके समस्याओं की सारांश रूप में जानकारी दी गई है। उस पूरी जानकारी की पृष्ठभूमि भी है। सच्चर समिति का यह अहवाल अखिल भारतीय स्तर पर मुसलमानों की यथार्थ स्थिति की दखल लेनेवाला पहला अहवाल है। इस अहवाल में सुझाए गए उपायों को कहाँ तक ईमानदारी से क्रियान्वित किया जाएगा इस प्रकार का सन्देह यह सबकुछ लिखते समय मेरे मन में रहा है। हिन्दुत्ववादी पार्टियों ने मुसलमानों का अनुनय करनेवाला यह अहवाल है—ऐसा जोरदार प्रचार शुरू किया है। भाजपा, संघ परिवार और विश्व हिन्दू परिषद को मुसलमानों पर अस्पृश्यों की तरह गुलामी थोंपना है। गुजरात से उनका यह परीक्षण शुरू हुआ है। ऐसी स्थिति में सच्चर समिति के अहवाल के कार्यान्वयन को लेकर एक बड़ा प्रश्नचिह्न खड़ा हो जाता है।

प्रकरण-3

भारतीय मुसलमानों की संस्कृति

भाषा की तरह भारतीय मुस्लिमों की संस्कृति कौन-सी है यह एक विवादास्पद प्रश्न है। भारत के सभी प्रतिगामी हिन्दुत्ववादियों ने इस्लाम यह विदेशी, बाहर का धर्म होने के कारण मुस्लिमों की संस्कृति भी विदेशी है। इतना ही नहीं तो भारत के मुसलमान विदेशी हैं, बाहर के है ऐसी प्रस्तुति निरन्तर की है। खुद को सेक्यूलर कहलानेवाले प्रो. अ.भि. शहा, प्रभाकर पाध्ये, नरहर कुरुन्दकर के अलावा द्वा. भ. कर्णिक, मे. पु. रेगे, हमीद दलवाई जैसे विद्वानों ने भी इसी निष्कर्ष को स्वीकार कर लिखा है कि मुसलमान इस देश के राष्ट्रीय प्रवाह में शामिल हो जाए और ये भारतीय संस्कृति को स्वीकार करें ऐसा ये लोग निरन्तर लिखते-बोलते रहे हैं। संस्कृति की एक प्रमुख इकाई धर्म है ऐसा इन लोगों ने माना है और इसी प्रकार के विश्लेषण की ब्राह्मणी पद्धति को, वैचारिक चौखट को स्वीकारा है, उसका यह परिणाम है।

ऑक्सफर्ड डिक्शनरी ऑफ सोशियालोजी (2005) में संस्कृति इस अवधारणा का विस्तृत ऐसा विश्लेषण प्रस्तुत है। वह इस प्रकार ''समाज विज्ञान के अनुसार संस्कृति में मनुष्य समाज की सभी बातों का समावेश होता है। उसका स्वरूप जैविक न होकर सामाजिक होता है। रूढ़िनुसार संस्कृति इस शब्द का प्रयोग कला के योगदान के सम्बन्ध में होता है। संस्कृति शब्द मनुष्य समाज की जो प्रतिकात्मक और ज्ञानविषयक इकाइयाँ होती हैं, उन पर लागू पड़नेवाला सर्वसामान्य शब्द है।'' एडवर्ड टेकार इस सामाजिक नृतत्त्व वैज्ञानिक' ने (सोशियल एन्थ्रोपोलोजी) लिखा है कि, 'संस्कृति यह ज्ञान, विश्वास, कला, नीतिमत्ता, कानून, रूढ़ी-परम्परा इनका संकल्पित स्वरूप है।' जर्मन अध्येताओं ने संस्कृति (कल्चर) और सभ्यता (सिविलिजेशन) में फर्क किया है। मॉर्गन इस समाजवैज्ञानिक के अनुसार संस्कृति यह मनुष्य के विवेक की निर्मिति होती है। इसका निर्माण वह पूरी जिम्मेदारी और अहसासपूर्वक

करता है। (पृष्ठ क्र. 132-133) अधिकांश अध्येताओं ने धर्म को संस्कृति का एक गौण घटक माना है।

उपरोक्त डिक्शनरी में धर्म की व्याख्या भिन्न पद्धति से की गई है। उसके अनुसार 'पवित्रता (सक्रेड) की कल्पना पर आधारित श्रद्धा, प्रतीक और कर्मकांड का संकल्पित रूप ही धर्म है।' (पृ. 560)

धर्म तथा संस्कृति का यह स्वरूप ध्यान में लेने के बाद धर्म ही संस्कृति का केन्द्रबिन्दु नहीं होता यह स्पष्ट हो जाता है। परन्तु भारत के तथाकथित प्रगतिशील विचारकों ने हिन्दू धर्मवादियों की तरह मुसलमानों का धर्म ही उनकी संस्कृति का केन्द्रिभूत मुद्दा माना है। मुसलमानों के धर्मगुरुओं, सत्ताधारियों ने मुस्लिम समाज में विभिन्न प्रकारों से व्यक्त होनेवाली संस्कृति पर विचार न करते हुए धर्म को ही प्रधानता दी है। इसका प्रतिपादन औरों ने भी किया है। मुसलमानों का धर्म अलग इसलिए कि उनकी संस्कृति अलग ऐसी उनकी प्रस्तुति है। इसलिए वे बार-बार कहते हैं कि मुसलमानों को राष्ट्रीय प्रवाह में शामिल हो जाना चाहिए। अब प्रश्न है कि भारत का राष्ट्रीय प्रवाह क्या है? उसके प्रतीक, उसके मूल्य कौन से हैं? यह तो जटिल प्रश्न है। हिन्दुत्ववादियों का राष्ट्रीय प्रवाह धर्माधिष्ठित ही है। प्रगतिशीलों के राष्ट्रीय प्रवाह के सम्बन्ध में जो विचार है उनमें अराजकता है, अस्पष्टता है। भारत के राष्ट्रीय प्रवाह में भारत की जो हजारों जातियाँ, घुमन्तु, आदिवासी हैं उनकी विभिन्न प्रकार की श्रद्धाएँ और आदिम अहसासें हैं, उनकी अभिव्यक्ति नहीं हो पाई है। ठीक इसी प्रकार उनके योगदान का, बोली भाषाओं का, मौखिक साहित्य का, उनके द्वारा प्रस्तुत मूल्यों का समावेश हमारे राष्ट्रीय प्रवाह में कहाँ तक हैं यह प्रश्न भी उठाया जा सकता है।

संस्कृति केवल धर्म के कारण तय नहीं होती। संस्कृति यह लोकसमूह के सृजनशील जीवन की निष्पत्ति होती है। समाजजीवन जीते समय सम्बन्धित लोकसमुदाय से विकसित संस्थाएँ, सार्वजनिक जीवन, कला, विचार, रीति-रिवाज, धर्म, भाषा और दर्शन और विभिन्न लोकसमुदायों में स्थित परस्पर सम्बन्ध इसमें से संस्कृति निर्माण होती है। संगीत, साहित्य, धर्म, परम्परा, आचरण की सहायता में निर्माण की गई कला और दर्शन यह भी संस्कृति का हिस्सा होता है। संस्कृति उन समस्त लोकसमुदायों की जीवन पद्धति होती है। संस्कृति यह सहभाग और सहजीवन पर आधारित होती है। भारतीय मुसलमानों की संस्कृति भारत के विभिन्न प्रदेशों में उनके निवास के कारण विकसित हुई है। मुसलमानों की पूरी जनसंख्या में से 5% मुसलमान भी बाहर से नहीं आए

है। केरल, कोंकण, पंजाब और सरहद पर के बाहर से आए मुसलमानों का औसत 2% से 10% है। शेष सभी मुसलमान यहाँ के मूल निवासी ही हैं। इस कारण धर्मपरिवर्तन के पूर्व उनमें स्थित मूल जीवन के सभी चिह्न, उदरनिर्वाह के साधन, व्यवसाय, आर्थिक जीवन, जाति-बिरादरी को विशेषताएँ, सामाजिक और सांस्कृतिक घटक, जातिव्यवस्था आदि सभी घटकों का प्रभाव मुसलमानों पर दिखलाई देता है। भाषा के सन्दर्भ में भी सामाजिक-सांस्कृतिक दृष्टिकोण से भी भारतीय मुस्लिम समाज में परस्पर विरोधी प्रवाह दिखलाई देते हैं। इसके पूर्व हमने देखा है कि उत्तर भारत के कुछ विभागों का अपवाद कर दें तो भारत के सारे मुसलमान प्रदेश की बोली भाषा ही बोलते रहते हैं। उर्दू का प्रचार-प्रसार यह पिछले कुछ वर्षों से हो रहा है। उर्दू भी तो पूर्णत: भारतीय भाषा ही है। उर्दू को केवल मुसलमानों की धर्मभाषा करने का प्रयत्न इथर के कालखंड में हुआ है। पर वह पूर्णत: सफल भी नहीं हो सका है। उर्दू और दखनी दो अलग-अलग भाषाएँ हैं। संस्कृति की शुरुआत ही भाषा से होती है तो फिर भाषा के निकष पर भारत के मुसलमानों की संस्कृति विदेशी है—धर्म के आधार पर किया गया यह प्रतिपादन ही गलत है।

भारतीय मुसलमानों की तथाकथित इस्लामी संस्कृति का स्वरूप अत्यन्त जटिल है। भारत में हम धर्म और उनकी भाषा इन दोनों का एकत्रीकरण कर उस आधार पर लोगों को बाँट देते हैं। भाषा को धर्म से चिपका देते हैं। मुस्लिमों के सांस्कृतिक जीवन में धर्म यह महत्त्वपूर्ण घटक हों तो हिन्दुओं के जीवन में भी धर्म उतना ही महत्त्वपूर्ण घटक है। इसका अहसास रखते हुए ही हिन्दुत्ववादी गुटों ने श्रीराम जन्मभूमि का प्रश्न निर्माण कर सत्ता प्राप्त की है। संस्कृति का निकष तय करनेवाला केवल धर्म घटक नहीं हो सकता। प्रदेश और भाषा पर अगर विचार करें तो दक्षिण भारत के मुसलमान पंजाबी या पठानी मुसलमान से एकदम भिन्न हैं।

मध्य और पूर्व एशिया के मुस्लिम सत्ताधारियों का भारत में आगमन होकर एक हजार वर्ष बीत गए। यहाँ के बहुसंख्यक मुसलमान यहाँ के मूल निवासी हैं। धर्मान्तरित जातियाँ हैं। और जो भी मुसलमान बाहर से आए उनका भी भारतीयकरण पिछले 700-800 वर्षों में हो चुका है। इसी कारण तो भारतीय मुसलमानों के इस्लाम में और ईरान अरबस्तान के इस्लाम में काफी अन्तर दिखलाई देता है। यहाँ के मुसलमानों के त्योहार, उत्सव, धार्मिक समारोह, जन्म, विवाह आदि की संस्कार सम्बन्धी पद्धतियाँ अन्यों से भिन्न हैं। इससे सम्बन्धित अनेक उदाहरण दिए जा सकते हैं। विस्तार भय के कारण दो एक

उदाहरण ही दे रहा हूँ। भारत में मनाया जानेवाला मोहर्रम यह प्रकार केवल भारत में ही है। सूफी सन्तों की दरगाह, उनके सम्मुख की जानेवाली मनौतियाँ और प्रत्येक दरगाह के विभिन्न प्रकार, ये सब भारतीय इस्लाम में ही आ जाएँगे। बंगाल, उत्तर भारत और तमिलनाडु के मुसलमानों की विवाह पद्धतियाँ और विवाह समारोह में प्रस्तुत रीति-रिवाज पूर्णत: भिन्न हैं। भारत के खोजा मुसलमानों ने भारत के इस्लाम का हिन्दूकरण करने का प्रयत्न किया है। उन्होंने 'ओम' और 'अली' में साम्य बतलाने का प्रयत्न किया है। हिन्दू संस्कृति में स्थित अवतार कल्पना को स्वीकार कर इस्लाम के मसीहा (प्रेषित) ये दसवें कलकी अवतार हैं—इस प्रकार का प्रतिपादन करने तक वे गए हैं। प्रख्यात सूफी कवि जान जानम मजहर ने मूर्तिपूजा यह इस्लाम में स्थित जिक्र की तरह उपासना की एक पद्धति है—ऐसा कहकर मूर्तिपूजा का गुणगान किया है। अद्वैत की अवधारणा से मिल-जुलनेवाली वहतुल वजूद की अवधारणा सूफी सन्तों ने प्रस्तुत की। सूफी सन्तों ने भक्ति सम्प्रदाय का केवल अनुकरण ही नहीं किया अपितु उसमें मौलिक योगदान भी दिया है। धार्मिक व्यवहार में नारियल, पान-सुपारी, चावल और हल्दी के उपयोग ये सूफियों की धार्मिक प्रथाओं में दिखलाई देता है। ये सभी रीति-रिवाज पूर्ण रूप में हिन्दू धर्म के हैं। ऐसे सैकड़ों उदाहरण भारतीय इस्लाम के प्रत्येक घटक के सन्दर्भ में दिए जा सकते हैं। इस तरह भारतीय इस्लाम का स्वरूप पूर्ण रूप से हिन्दुस्तानी है। सूफी सन्तों की शिक्षा, सन्त कबीर जैसे सन्त ये हिन्दू और इस्लामी संस्कृति के समन्वय में से जन्म ले चुके हैं। तो फिर यहाँ के मुसलमानों की संस्कृति भिन्न कैसे हो सकती है? ग्रामीण मुसलमान तो दरगाह के साथ-साथ हिन्दुओं के त्योहारों में, समारोहों में अपनी उपस्थिति दर्ज करता है। ताईत गंडे, धागे बाँधता है। भाषा, चित्रकला, शिल्पकला, संगीत, गायन, रीति-रिवाज और वेश-भूषा इन सबमें हिन्दू और मुसलमानों में इतना समन्वय हो चुका है कि धर्म के आधार पर इन दोनों के अलगाव का प्रयत्न पूर्णत: गलत और तर्कदुष्ट है। कला, संस्कृति, गायन, चित्रकला, शिल्पकला आदि घटक संस्कृति निर्माण करनेवाली महत्त्वपूर्ण इकाइयाँ होती हैं। इन क्षेत्रों में मुसलमानों का काम यह पर्शियन और भारतीय संस्कृति के समन्वय में से निर्माण हुआ है। इसका आरम्भ अमीर खुसरो से होता है। क्या उत्तर हिन्दुस्तानी संगीत इस्लामी संगीत है? भारतीय मुसलमानों की शिल्पकला तुर्की, मंगोल और मध्य एशिया के प्रदेशों की कला और भारतीय कला इन दोनों के समन्वय से विकसित हुई है। मुसलमानों का धर्म इस्लाम—यह बाहर का है और इस्लाम में पवित्र माने

जानेवाले सभी स्थान भारत के बाहर हैं इसलिए मुसलमानों के भारतीयत्व को नकारना यह यथार्थ को ही नकारने जैसा है।

उत्तर हिन्दुस्तान के मुसलमान गायकों का उत्तर हिन्दुस्तानी संगीत भारत की गंगा-जमुनी संस्कृति का परिणाम है। इस्लामी संगीत नामक कोई भी संगीत परम्परा स्वतन्त्र रूप से अस्तित्व में नहीं थी ऐसा कह नहीं सकते। पैगम्बर के पूर्व बदायुनी का संगीत अत्यन्त प्राथमिक स्वरूप का था। उस काल में तथा बाद में भी गेय रूप में गीतों को गाया जाता था। पवित्र कुरान का पठन और गायन विशिष्ट लयबद्ध पद्धति से करना इतना ही तथाकथित इस्लामी संगीत की परम्परा वहाँ थी। संगीत की यह धरोहर इरान, तुर्किस्तान और समरकन्द जैसे प्रदेशों से विकसित हुई। उसे इस्लामी संगीत तो कहा नहीं जा सकता। औरंगजेब के काल में कुरान पठन के अलावा सभी प्रकार के संगीत पर प्रतिबन्ध लगाया गया था। संगीत अगर इस्लामी होता तो औरंगजेब उस पर प्रतिबन्ध लगा ही नहीं सकता था। दूसरा उदाहरण पाकिस्तान से दिया जा सकता है। धर्म के आधार पर निर्माण हो चुके पाकिस्तान ने राज्य की विचारप्रणाली के रूप में इस्लाम को स्वीकार किया है। पाकिस्तानी विचारकों के अनुसार इस्लाम पाकिस्तान की विचारप्रणाली है। परिणामत: पाकिस्तान में इस्लामी धर्मवाद ने प्रत्येक क्षेत्र में घुसपैठ की है।

पाकिस्तान को इस्लामी राष्ट्र करने के दुष्परिणाम पाकिस्तान के शास्त्रीय संगीत पर हुए हैं। पाकिस्तान में सारंगी और विचित्रवींणा ये दोनों आभिजात्य वाद्य मृतवत हो चुके है। सम्पूर्ण पाकिस्तान में जिसका नाम लिया जा सकता है ऐसा एक ही वाद्य है— सरोद! एक ही सरोदवादक वहाँ अब है—असद किझिल वास। तरीखान ये एक ही प्रतिष्ठित तबलावादक रह गए हैं। तशरफ शरीफ खान यह एक ही नाम सितारवादक के रूप में प्रसिद्ध है। सलामत अली खान अथवा फतेहअली खान की परम्परा को आगे ले जानेवाली पीढ़ी तैयार नहीं हो पाई है। पाकिस्तान में पटियाली गायकी और शाम चौराशी मृतवत हो गए हैं। मेंहदी हसन और गुलाम अली जैसे गायक वहाँ निर्माण नहीं हो पाए हैं। केवल पीरों के दरगाहों के सामने गाए जानेवाली धार्मिक कव्वाली अलबत्ता वहाँ जीवित है। तथाकथित इस्लामी संगीत का यह हश्र है।

(कम्युनॅलिज्म कोम्बॅट—दिसम्बर 2007 पृष्ठ क्रमांक 30, 31, 32) इस्लामी राष्ट्र सऊदी अरेबिया में किसी भी प्रकार का इस्लामी शास्त्रीय संगीत नहीं है। इससे स्पष्ट है कि भारत के मुसलमान संगीतकार और कलाकार पूर्ण रूप से भारतीय संस्कृति की ही उपलब्धि हैं। इसलिए यहाँ के मुसलमानों के भारतीयकरण को नकारना पूर्ण रूप से गलत है।

यथार्थ में ऐसी स्थिति होने के बावजूद मुसलमानों को विदेशी कहा जाता है। इसके जिम्मेदार वे हैं जो धर्म को राष्ट्रवाद का एक इकाई मानते हैं। धर्म को राष्ट्रवाद से मिलाने के कारण ऐसा होता है। मुस्लिम लीग के समर्थक नेताओं और इकबाल जैसे विचारकों ने इस सम्बन्ध में अनेक भ्रम फैलाए। उनमें से एक बहुत बड़ा भ्रम है—यह है कि इस्लाम और विश्व के सभी मुसलमान एक हैं। इसी नारे के कारण मुसलमानों की तथाकथित इस्लामी संस्कृति का विपर्यास किया जाता है।

भारत की समाज संरचना की सभी इकाइयों पर तटस्थता से विचार करने पर यह स्पष्ट हो जाता है कि भारतीय मुसलमान भारत के हिन्दू से कहीं पर भी अलग नहीं हैं। वह इस्लाम धर्मीय है, इसलिए उसकी उपासना पद्धति अलग है। भारतीय मुसलमानों का जो इस्लामी व्यवहार है, धार्मिक रूढ़ियाँ, प्रथा त्योहार-समारोहों का स्वरूप, जन्म, विवाह की विधियाँ अरबी या तुर्की मुसलमानों से पूर्णत: भिन्न हैं। 95% भारतीय मुसलमान ये धर्मान्तरित हैं। वे इस मिट्टी के अविभाज्य ऐसे घटक हैं। वे मिट्टी के बनों की तरह सजातीय हो चुके हैं और पिछले 800-900 वर्षों में उन्होंने भारतीय संस्कृति और भारतीय समाज संरचना में महत्त्वपूर्ण योगदान दिया है। भारतीय समाज संरचना के प्रत्येक क्षेत्र में उनका योगदान महत्त्वपूर्ण रहा है। उनकी ओर बाहर के, विदेशी के रूप में देखने के दृष्टिकोण के कारण उनका योगदान किम्बहुना उनका भारतीयत्व नकारा जा रहा है।

जैसा कि पीछे कहा गया है कि उपनिवेशवादी इतिहासशास्त्र के और धर्माधिष्ठित राष्ट्रवाद के सिद्धान्त के कारण धर्म का मोनोलिथ (सजातीय धार्मिक समूह) निर्माण किया गया। इस मोनोलिथ के कारण ही एक धार्मिक, सजातीय की अवधारणा रोपी गई। परिणामस्वरूप सामाजिक जीवन की बहुविविधता (प्लूरलिटी) और सम्मिश्र जीवन पद्धति (काम्पोजिट कल्चर) को नकारा गया। इसी कारण भारतीय समाज के एक अविभाज्य घटक के रूप में जो है उनके भारतीयत्व को और उनके योगदान को पिछले कुछ वर्षों से नकारा जा रहा है। भारतीय संस्कृति के विकास में भारतीय मुसलमानों द्वारा दिए गए योगदान पर अगर विचार नहीं किया गया, या उनके योगदान को नाकारा गया तो भारतीय संस्कृति का अध्ययन ही अधूरा रह जाएगा। इसका दूसरा अर्थ होता है भारतीय संस्कृति के सम्मिश्र स्वरूप को और उसकी बहुविविधता को ही नकारना है। भारतीय इस्लाम और भारतीय मुसलमानों का योगदान विविध स्वरूप का है। भारतीय जीवन के प्रत्येक क्षेत्र में उन्होंने महत्त्वपूर्ण योगदान दिया है।

धार्मिक, आध्यात्मिक विचार, उपासना पद्धति, आचार-विचार, साहित्य, कला, संगीत, खाद्य संस्कृति, गायन, वेश-भूषा, सामाजिक और व्यक्तिगत शिष्टाचार, सांस्कृतिक धार्मिक लेन-देन, मुशायरें महफिलें, नृत्य, नाट्यशास्त्र, भाषाओं का निर्माण, प्रदेश की भाषाओं का विकास, स्थापत्यशास्त्र, सूफी परम्परा, भक्ति सम्प्रदाय पर प्रभाव से ऐसी अनेक इकाइयाँ हैं जिनमें इनका योगदान रहा है। इस सन्दर्भ में डॉ. ताराचन्द द्वारा इन्फ्लूअन्स ऑफ इस्लाम ऑन दि इंडियन कल्चर 1976 में लिखा यह ग्रन्थ अत्यन्त महत्त्वपूर्ण है। प्रो. एम. मुजीब द्वारा 1967 में लिखे 'दि इंडियन मुस्लिम' यह ग्रन्थ भी उतना ही महत्त्वपूर्ण है। प्रो. फ्रान्सिस रोबिन्सन, अद्रि विक, रिचर्ड इंटन, बायरा मेटकाफ, एस. बेले, गेल चिनाल्ट, सी. डब्लू. ट्रॉल, आएशा जलाल आदि अध्येताओं ने भारतीय मुस्लिमों के योगदान पर विपुल विवेचन किया है।

पिछले एक हजार वर्ष की भारतीय संस्कृति की बुनावट में मुस्लिमों द्वारा किया गया कार्य अनेक दृष्टि से महत्त्वपूर्ण है। भारत की सम्मिश्र संस्कृति के निर्माण में उनका हिस्सा काफी बड़ा है। यह एक ही बात मुस्लिम संस्कृति पर प्रकाश डालती है। बहुत ही संक्षेप में इसकी प्रस्तुति करने का यहाँ मैंने प्रयत्न किया है। इस सन्दर्भ में सूफी सन्तों के योगदान का विचार संक्षेप में करना औचित्यपूर्ण होगा। यहाँ एक बात पहले ही स्पष्ट कर दूँ कि भारत में सूफी सन्तों का आगमन, उनका धर्मप्रसार और प्रचार का स्वरूप यह अनेक परस्परविरोधी बातों के कारण अत्यन्त जटिल हुआ है। सूफी सन्तों में भी भिन्न-भिन्न विचार प्रणालियाँ हैं। अनेक प्रकार के सूफी संत हैं। जैसे नक्सबन्दी सम्प्रदाय बहुत सनातनी रहा है। कई सूफियों ने राजसता से गठजोड़ कर धर्मप्रसार का कार्य किया है। कुछ सूफी तो सेना में अधिकारी थे। ईटन ने उन्हें लड़ाकू सूफी कहा है। कुछ सूफी दरबारी सूफी थे। सेतु माधवराव पगड़ी (मराठी के इतिहास के अध्येता) ने इनकी कड़ी आलोचना की है। अध्यात्म की अपेक्षा धर्मप्रचार करना और निचले वर्ग के हिन्दुओं को धर्मपरिवर्तन के लिए प्रवृत्त करना इतना ही उनका कार्य था ऐसी भी टीका की गई है। ब्राह्मण इतिहासकारों का, इनकी ओर देखने का दृष्टिकोण पूर्णत: नकारात्मक रहा है। नक्षबन्दी अथवा सुहारवर्दी जैसे सूफी सम्प्रदाय अथवा लड़ाकू सूफी ये धर्मपरिवर्तन की मुहिम पर थे यह बात भी उतनी ही सही है।

सूफियों के मुख्यत: 14 सम्प्रदाय हैं। उनमें से नक्षबन्दी, कादरिया, चिश्तिया, सुहारवर्दी, जुनैदिया ये प्रमुख सम्प्रदाय हैं। और भारत में ये सर्वत्र हैं। इनमें भी चिश्तिया और कादरिया अधिक लोकप्रिय हैं। इनमें से चिश्तिया

सम्प्रदाय के सूफी सत्ता और सत्ताधारियों से हमेशा दूर रहे। इस्लाम धर्म के प्रसार-प्रचार के बजाए अल्लाह की सर्वव्यापकता का—निर्गुण-निराकार का सिद्धान्त लोकप्रिय करना, विश्व के सभी मनुष्य एक ही ईश्वर द्वारा निर्माण किए गए हैं इस कारण मनुष्य-मनुष्य में भेद करना यह अल्लाह की सीख के विरोध में हैं इस बात का प्रचार करना, मनुष्य की एकता, समता और भाईचारे (बन्धुत्व) का प्रचार करना इस पर उन्होंने बल दिया। मनुष्य की एकता और प्रेम का सन्देश लेकर समता और बन्धुत्व पर आधारित सहिष्णु जीवन पद्धति का सन्देश देनेवाले अनेक सूफी भारत के कोने-कोने में फैल गए। दक्षिण भारत में तो ये आठवीं सदी में ही आए। उनके समता, बन्धुत्य और मनुष्य की एकता का सन्देश चातुर्वर्ण्य पर आधारित कालबाह्य कर्मकांडों से ग्रस्त, हिन्दू समाज संरचना पर दूरस्थ पणिाम हो गए चातुर्वर्ण्य को तथा पुरोहितों के वर्चस्व को सूफी सन्तों ने मानो चुनौती ही दी। इसका सीधा प्रभाव भक्ति आन्दोलन पर हुआ। प्रो. ताराचन्द के मतानुसार सूफी सन्तों के इस समतावादी सीख के कारण ब्राह्मणी धर्म में खलबली मच गई। परिणामस्वरूप मूर्तिपूजा का अवडम्बन कम करने और एकेश्वरवाद के आन्दोलन को गति देने का काम हिन्दू सन्त सम्प्रदायों ने शुरू किया। ताराचन्द के मतानुसार आद्य शंकराचार्य के एकतत्त्ववाद (अद्वैत) सिद्धान्त पर सूफी प्रणित इस्लाम का प्रभाव निश्चित रूप से दिखलाई देता है। (ताराचन्द पृ. (90) उनके शिष्य रामानुजम, विष्णु स्वामी, माधवाचार्य, निम्बार्क आदि एकतत्त्व की ओर से एकेश्वरवाद की ओर मुड़े।

प्रो. ताराचन्द के मतानुसार भारतीय अध्यात्म में एकेश्वरवाद की अवधारणा प्राचीन काल से थी। परन्तु बाद के कर्मकांडों के काल में वह दोयम हो गई थी। सूफी इस्लाम ने एकेश्वरवाद को केन्द्र में लाया। ईश्वर भक्ति का महत्त्व, ईश्वर के मार्ग में आत्मार्पण, गुरु-महिमा ये बातें भक्ति आन्दोलन में इस्लाम के प्रभाव के कारण स्वीकार की गई। प्रो. मुजीब ने चैतन्य सम्प्रदाय और आनन्द सम्प्रदाय पर सूफीयत के प्रभाव का विवेचन किया है। कोई इसे स्वीकारें या न स्वीकारे पर यह वास्तविकता है कि गुरुनानक, म. कबीर, दक्षिण भारत के भक्ति सम्प्रदाय, भागवत तथा महाराष्ट्र के वारकरी सम्प्रदायों की सीख पर सूफी सम्प्रदाय का प्रभाव रहा है।

सूफियों के कारण उनकी सीख की दिशा ही बदल गई। वैदिक दर्शन के ब्रह्म अथवा आत्मन और कुरान में उल्लिखित सर्वव्यापी अल्लाह के सिद्धान्त में स्थित साम्य को सूफियों ने पहचाना। अल्लाह की अर्थात् परमेश्वर की सृजनशीलता, दयाघनता, कृपामयता इन गुणों का उन्होंने प्रचार किया। इसका

सीधा प्रभाव भक्ति आन्दोलन पर दिखलाई देता है। कुछ सूफियों ने और महाराष्ट्र के मुस्लिम मराठी सन्तों ने सगुण भक्ति का भी विचार प्रस्तुत किया। मुस्लिम सन्तों के हिन्दू शिष्य, हिन्दू गुरुओं के मुस्लिम शिष्य यह प्रकार भी शुरू हुआ। महाराष्ट्र के अनेक मुस्लिम सन्तों ने मुस्लिम रहकर भी विठ्ठल भक्ति, दत्त सम्प्रदाय, कृष्ण भक्ति को स्वीकार किया था। (देखें रा. चिं. ढेरे मुस्लिम मराठी सन्त कवि) सूफी सन्तों ने सभी प्रकार के कर्मकांडों का विरोध किया है। इस्लाम स्थित उलेमाओं द्वारा प्रस्थापित की गई पोथीनिष्ठता, शब्दप्रामाण्य, इसके विरोध में मानो उन्होंने युद्ध ही छेड़ दिया था। उनके मतानुसार वेद और उपनिषदों में उल्लिखित एकतत्त्ववाद और इस्लाम के एकेश्वरवाद में कोई अन्तर नहीं है। बायजिद-अल-बुस्तानी इस इरानी सूफी ने 'फना' का सिद्धान्त प्रस्तुत किया। फना का अर्थ है ईश्वर साधना में आत्मा का परमात्मा में विलीन हो जाना। 'स्व' को नष्ट करना। भारत के सूफियों का कहना था कि बुद्ध की निर्वाण की अवधारणा और वेदान्त में स्थित एकतत्त्ववाद से फना का तत्त्व मिलता-जुलता है। कुरआन के 'सूरे अकबर' का प्रतिपादन है कि इस्लाम यह नया धर्म नहीं है, अल्लाह के एकत्व और आदमी के एकत्व का जो सिद्धान्त प्रस्तुत किया गया है, उसकी याद सबको करा देने के लिए इस्लाम का जन्म हुआ है। इस प्रतिपादन का आधार लेकर ही सूफियों ने हिन्दू धर्म और इस्लाम में समन्वय स्थापित करने का प्रयत्न किया था। उनका यह प्रतिपादन अरब पोथीनिष्ठता से एकदम भिन्न था। इसी कारण चाँद बोध बोधले इस मुस्लिम नाम को धारण करनेवाले दौलताबाद के हिन्दू सन्त इस समन्वय प्रक्रिया में से निर्माण हुए। इसी कारण उत्तर भारत के अनेक सूफी सन्तों ने श्रीराम और श्रीकृष्ण को मसीहा माना है। परमेश्वर ने ईश्वरी सन्देश देने हेतु, भगवतगीता जैसा ग्रन्थ भेजा है। इस कारण हिन्दू भी मुसलमानों की तरह 'पीपल्स ऑफ़ द बुक' ईश्वरी ग्रन्थ से प्रेरित रहे हैं—इस प्रकार के विचार इन सूफियों ने व्यक्त किए हैं। भारत के सूफियों का हिन्दू और इस्लामी धर्मशास्त्र को दिया गया यह महत्त्वपूर्ण योगदान है। इस विचारधारा को वहाबी और सलाफी मूलतत्त्ववादियों का विरोध है। हिन्दुत्ववादियों का भी इसे विरोध है।

भारतीय संस्कृति को मुसलमानों द्वारा दिया गया महत्त्वपूर्ण योगदान भाषा के सन्दर्भ में भी है। मुस्लिम राजाओं के कार्यकाल में ही भारत की बोलियों को और विभिन्न प्रदेशों की लोकभाषाओं को प्रेरणा, उत्तेजना, प्रोत्साहन मिला। काव्य और साहित्य की रचनाएँ बोली भाषाओं में शुरू हुई। भारत के प्राच्य इतिहास के विशेषज्ञ श्री शरद पाटील ने लिखा है कि मुस्लिम सत्ताधारियों के

समय से ही प्रादेशिक लोकभाषाओं में साहित्य लेखन को प्रेरणा मिलती गई। ब्राह्मणी पुरोहितशाही वर्ग की एकाधिकारशाही को यह चुनौती ही थी। भिन्न-भिन्न सम्प्रदाय के सन्त लोकभाषा में काव्यरचना करने लगे। सबसे निचली श्रेणी की शूद्र और अतिशूद्र जातियों के सन्तों का उदय मुस्लिम सत्ताधारियों के कार्यकाल में ही हुआ। ठीक इसी प्रकार पर्शियन और हिन्दी की बोलियों के समन्वय से उर्दू भाषा का और दखनी का जन्म इनके ही कार्यकाल में हुआ।

सिन्धी, पंजाबी, बंगाली, गुजराती, मैथिली, अवधी इन प्रादेशिक लोकभाषाओं का उपयोग मुस्लिम सूफियों ने अपने विचारों के प्रचारार्थ शुरू किया। बंगाल में तो मुस्लिम सत्ताधारियों ने ही हिन्दू धर्म के संस्कृत में लिखे धार्मिक साहित्य को बंगाली में लाने की मुहिम ही शुरू की। ब्राह्मणों ने इसका प्रचंड विरोध किया। 10वीं, 11वीं, और 12वीं सदी तक ब्राह्मणों के विरोध के कारण हिन्दू धर्मग्रन्थों का बंगाली में अनुवाद हो नहीं सका था। परन्तु बंगाल के मुस्लिम सत्ताधारियों ने संस्कृत, अरबी, पर्शियन भाषा में स्थित ग्रन्थों के बंगाली अनुवाद के लिए प्रोत्साहन दिया। आराकान रियासत के मुस्लिम सत्ताधारियों ने बंगाली अनुवाद को राजाश्रय दिया। 16वीं सदी से 18वीं सदी तक यह कार्य चला। (सन्दर्भ : डी.सी. सेन हिस्ट्री ऑफ बंगाली लँग्वेज एंड लिटरेचर, कोलकाता वि.वि. 1954 पृ. 15)

गौड प्रदेश के बादशाह नासिर शाह ने महाभारत का पहला बंगाली अनुवाद तैयार करवा लिया। (मुजीब पृष्ठ 317) 15वीं सदी का मुस्लिम लेखक यशोराज खान बंगाली में लिखनेवाला पहला मुस्लिम लेखक था। यशोराज खान का 'कृष्ण मंगलम' यह बंगाली खंड काव्य प्रसिद्ध है। (वही पृष्ठ 318) परागलपूल का सत्ताधारी परागल खान अपने महल में महाभारत आख्यान का आयोजन करता था। 17वीं सदी में अलाऊल नामक प्रसिद्ध बंगाली मुस्लिम कवि था। उसने मलिक मुहम्मद जायसी के 'पद्मावत' (मूल अवधी में) का बंगाली अनुवाद किया जो उस समय काफी लोकप्रिय हुआ। उसकी बंगाली भाषा संस्कृतनिष्ठ है। (वही पृ. 319) हिन्दी साहित्य को अमीर खुसरो का योगदान सर्वपरिचित है। अनेक मुस्लिम सूफी कवियों ने खड़ी बोली, मैथिली, अवधी में अपनी काव्य रचनाएँ प्रस्तुत की हैं। विस्तारभय के कारण वह सब यहाँ प्रस्तुत करना सम्भव नहीं है। कुतबन की मृगावती, उस्मान की मधुमालती प्रसिद्ध है। मलिक मुहम्मद जायसी ने तुलसीदास के 34 वर्ष पूर्व 'पद्मावत' यह महाकाव्य को लिखकर अवधी इस लोकभाषा को काव्य भाषा बना दिया था। रसखान का कृष्ण काव्य हिन्दी में प्रसिद्ध है ही। कृष्ण भक्ति में लीन

होकर रसखान वृन्दावन में ही रहा। (सन्दर्भ : रामचन्द्र शुक्ल हिन्दी साहित्य का इतिहास)

सिन्धी भाषा के विकास में शाह अब्दुल लतीफ इस सन्त का योगदान महत्त्वपूर्ण है। (1680-1748) उनके द्वारा सिन्धी भाषा में लिखे गए शाह-जो-रियालों द्वारा सिंधी भाषा में लिखे तत्त्व चर्चा के इस ग्रन्थ को धर्मग्रन्थ का स्वरूप प्राप्त हुआ है। पंजाबी भाषा के विकास में प्रख्यात सूफी सन्त बाबा शेख फरीद के योगदान पर विचार नहीं किया जाता। सन्त नामदेव के अभंगों की तरह बाबा फरीद की पंजाबी रचनाएँ गुरु ग्रन्थ साहिब में समाविष्ट हैं। पंजाबी और सिन्धी भाषा को लोकप्रिय और समृद्ध करने का काम मुस्लिम कवियों और मुस्लिम सन्तों ने किया है। आज भी पाकिस्तान के पंजाबी और सिन्धी मुसलमान घरों में पंजाबी और सिन्धी ही बोलते हैं। भक्त गण शाह लतीफ ये शाह-जो रियालों को धर्म ग्रन्थ मानते हैं। केरल के मुसलमानों में मलयालम अरबी की ही तरह लोकप्रिय है। पंजाबी, सिन्धी और मलयालम भाषाएँ मुस्लिमों ने विकसित किए हैं—यह एक ऐतिहासिक सत्य है।

भाषा की तरह हिन्दुस्तानी संगीत का विकास करने में मुस्लिमों का योगदान अद्वितीय जैसा है। हिन्दुस्तानी संगीत के विकास की प्रक्रिया अमीर खुसरो से शुरू हो जाती है। अमीर खुसरो के योगदान को भी लेकर ज्यादा लिखा नहीं जाता। उसी ने 'सतार' इस वाद्य को विकसित किया है। तबला इस चर्मवाद्य के निर्माण के सम्बन्ध में भी यही कहा जाता है। यमन, जेलाफ, सरपरदा, साज गिरी जैसे राग खुसरो ने तैयार किए। खुसरो ने ख्याल गायकी में महत्त्वपूर्ण योगदान दिया है। दिल्ली, आगरा, जोधपुर शहर के मुस्लिम गायकों ने और संगीतकारों ने हिन्दुस्तानी संगीत को समृद्ध किया है। तानसेन, अदारंग, सदारंग के नाम संगीत जगत में उच्च स्थान पर है। ग्वालियर घराना, जयपुर घराना, किराना घराना तथा अन्य घरानों ने भारतीय संगीत की जो सेवा की है वह अमूल्य है। सतार, सरोद, तबला, शहनाई का विकास यह उनका विलक्षण कार्य है।

ठीक इसी प्रकार छन्दशास्त्र, नाट्यशास्त्र, गायन कला की महफिलें, शायरी, मुशायरे, व्यंग्य काव्य, कथा, पटकथा, सिने संगीत, फिल्मी गीत, गजल गायकी इन सब क्षेत्रों के मुस्लिम योगदान से भारत परिचित है। चित्रकला में भी उनका कार्य विशिष्ट है। मुगल पेंटिंग्ज विश्वप्रसिद्ध हैं। मॉडर्न आर्ट में मुस्लिम चित्रकारों का योगदान विश्व में प्रसिद्ध हैं स्थापत्यशास्त्र पर उनके योगदान पर अनेक ग्रन्थ हैं। उनके कार्यकाल में बाँधे गए भवन स्थापत्यशास्त्र

के आश्चर्यजनक नमूने हैं। (लखनऊ का इमामबाड़ा) 20वीं सदी के दिल्ली, लखनऊ, हैदराबाद, पुणे, मुम्बई, जयपुर, चंडीगढ़ के बाँधकाम पर मुस्लिम स्थापत्यशास्त्र का प्रभाव स्पष्ट है।

मुस्लिम सूफी सन्त, कलाकार, कवि और साहित्यिकों ने भारत में धार्मिक सौहार्द का विचार अपने आचरण और लेखन द्वारा प्रस्तुत किया है। उन्होंने ही समन्वयवादी गंगा-जमुनी संस्कृति को विकसित किया है। पटियाला घराने के वरिष्ठ गायक गुलाम अली खान ने कहा था कि अधिकांश भारतीय घरों के एक लड़के या लड़की को हिन्दुस्तानी शास्त्रीय संगीत अगर सिखाया गया होता तो भारत का विभाजन ही नहीं होता। (मुस्लिम्स इन इंडिया : रत्ना सहाय, पृ. 57)

भारतीय मुसलमानों द्वारा दिए गए गंगा-जमुनी संस्कृति के योगदान का यह अत्यन्त संक्षिप्त ऐसा विवरण है। भारतीय मुसलमानों की विदेशी संस्कृति का किया जानेवाला प्रचार जमातवादी, फासीवादी राजनीति का हिस्सा है। केवल महाराष्ट्र के मराठी मुसलमानों का जीवन, उनकी भाषा, साहित्य, जीवनशैली आदि को उदाहरण रूप में ले तो भी भारतीय मुसलमान का यहाँ की प्रदेश की संस्कृति से उनका जो नाता-रिश्ता है, वह स्पष्ट हो जाता है। मुसलमानों को उर्दू को त्यागकर मराठी स्वीकार करनी चाहिए ऐसा प्रचार करनेवाले तथाकथित पंडित और हिन्दुत्ववादी यह भूल जाते हैं कि शहरी विभागों का अपवाद छोड़ दें तो शेष मुसलमान घरों में जो भाषा बोलते हैं, वह उर्दू है ही नहीं, वह दखनी है। और दूसरी महत्त्वपूर्ण बात यह है कि विदर्भ और मराठवाड़ा को छोड़ दें तो शेष हिस्सों में महाराष्ट्र के मुसलमान 12वीं सदी से ही मराठी में व्यवहार कर रहे हैं। श्रीगोंदा के मुस्लिम सन्त कवि बाबा शेख मोहम्मद ने तो लिखकर रखा है

आम्हीं मुसलमान महाराष्ट्री वचने ऐकती आवडीने।

स्थूल रूप से ऐसा माना जाता है कि अल्लाउद्दीन खिलजी के काल से मुसलमान दक्षिण में आए। परन्तु उनके पूर्व ही यहाँ सूफी सन्त स्थायी रूप से रह रहे थे। और आरम्भ से ही उन्होंने दखनी-मराठी को स्वीकार किया था। डॉ. श्रीधर कुलकर्णी जी के मतानुसार अगर दखनी साहित्य अधिक अभारतीय होता तो चल सकता था क्योंकि उसका स्रोत साहित्य पर्शियन साहित्य था। उनके आदर्श भी फारसी भाषा से ही आए थे। वे आगे लिखते हैं कि 'विशेष आश्चर्य की बात है कि मराठी भाषा और दखनी में जो रूढ़ था, वह सब अरबी, फारसी अपभ्रंश की तरह ही था।' इसमें आश्चर्य की कोई बात तो है नहीं। क्योंकि सूफी सन्तों ने संस्कृति समन्वय का जो प्रयत्न किया था, उसमें से यह सब हुआ था। इस कारण सूफियों के दखनी और मराठी लेखन का स्वरूप

और परिवेश भारतीय ही रहा। मध्ययुगीन महाराष्ट्र में मराठी में लिखनेवाले 72 मुस्लिम सन्त होकर गए इसे कितने लोग जानते हैं? पिछले सात सौ वर्षों से मराठी मुसलमान मराठी का उपयोग कर रहे हैं। मुस्लिम मराठी सन्तों की मराठी भाषा सन्त तुकाराम की मराठी के निकट जानेवाली है। शेख मोहम्मद की यह पंक्ति देखिए

'ओम नमोजी अव्यक्त रामा। परात्पर ते मेघ:श्यामा'

इस पंक्ति में शेख मोहम्मद ने अल्लाह की प्रार्थना करते समय ओम नमोजी शब्द का प्रयोग किया है। ठीक इसी प्रकार उसे अव्यक्त राम कहा है। व्यक्त न होनेवाला, निर्गुण-निराकार राम यही अल्लाह है यह विचार ही विलक्षण है। इसमें इस्लाम के भारतीयकरण करने का प्रयत्न स्पष्ट है।

दूसरे एक सन्त कवि लिखते हैं

शहा मुतबजी ब्रह्मणी
जिन में नहीं मना मनी
पंचीकरण का खोज किए।
हिन्दू-मुसलमान एक कर दिए।

इसमें से भी समन्वय के प्रयत्न का स्पष्ट उल्लेख ज्ञात होता है। उनकी एक और रचना देखिए—

ऐसा पिंड ब्रह्मांडीचा व्यापकु
साक्षरूप परमात्मा ये कु
जनता तुटे कलंक सर्व पापाचा

उपर्युक्त पंक्तियों में मराठी और दखनी का तथा अद्वैत और इस्लामी विचारों का इकट्ठे रूप झलकता है। मंगलवेढा के (जि. सोलापुर) लतीफ शाह के सम्बन्ध में महिपति (मराठी के एक मध्यकालीन कवि) ने लिखा है—

लतिफ शाह मुसलमान / परमभाविक वैष्णजन /

खुद लतिफ शाह लिखते हैं—

आता पूजा कोठे वाहू। पाहता देहयि जाला देवू।

(अब किसकी पूजा करूँ? मेरा तो देह भगवान हो गया है।)

इसी मंगलवेढा के दूसरे सन्त कवि शेख सलीम ने अपने एक अभंग में लिखा है— *''आम्ही जमीये ब्राह्मण, आमये सोयरे मुसलमान''*

हम जाति के ब्राह्मण हमारे रिश्ते मुसलमान।

इन सबकी घोर उपेक्षा हुई है। 13वीं सदी से 18वीं सदी तक महाराष्ट्र में मुस्लिम मराठी सन्त होकर गए। उन्होंने लावनी (श्रृंगार काव्य) तथा शाहिरी

(वीर काव्य) की भी रचना की है। इन मुस्लिम मराठी कवियों द्वारा प्रयुक्त दखनी और मराठी भाषा को ही महाराष्ट्र का मुसलमान बोलता है। जैसे एक मराठी मुसलमान की ये पंक्तियाँ देखिए—

'इले फज्जरपारे जल्दी कैकू आया?' प्रो. फ.म. शहाजिन्दे अपनी गद्य रचनाओं में इसी भाषा का कहीं-कहीं पर प्रयोग करते हैं।

'कैसे हैं ये ठीक है ना?'
अरे, अच्छा है। माँ क्या बोली?
बुड्ढी क्या बोलती चाहे ? अच्छा है बेटा।

सामान्यत: महाराष्ट्र का मुसलमान इसी प्रकार की भाषा घरों में बोलता है। डॉ. श्रीधर कुलकर्णी जी ने दखनी भाषा का आदर्श और उसका परिवेश पूर्णत: भारतीय है—इस पर आश्चर्य व्यक्त किया है। वास्तव में इसमें कोई आश्चर्य नहीं। क्योंकि मुस्लिम सन्त कवियों ने केवल अपने पन्थ के प्रचारार्थ इस बैरागी अथवा दखनी भाषा का स्वीकार नहीं किया था। उनके साहित्य में व्यक्त विचार केवल पंच-प्रचारार्थ थे, ऐसा नहीं कह सकते। क्योंकि उन्होंने जब भारतीय दर्शन और धर्मशास्त्रों का अध्ययन शुरू किया तब उनके ध्यान में आया कि इस्लाम धर्म में व्यक्त अल्लाह की अवधारणा और दर्शन तथा भारत में स्थित धर्म और दर्शन में अद्‌भुत समानता है। फिर उन्होंने उपासना पद्धति के अलगपन को, विशिष्टता को बनाए रखते हुए इस्लाम और भारतीय विचारों में समन्वय कैसे किया जा सकता है, इस पर सोचने लगे। यह सम्भव है, ऐसा उन्हें लगा और उन्होंने समन्वयवादी विचारों की प्रस्तुति की। डॉ. कुलकर्णी ने लिखा है कि निर्गुण निराकार, परब्रह्म का वर्णन किसी वेदान्त के ग्रन्थ में जैसा आता है, वैसा ही दखनी ग्रन्थों में मिलता है। उनके इस वक्तव्य में यह गृहित है कि निर्गुण, निराकार, परब्रह्म की अवधारणा केवल वेदों की और भारतीय ही है। इस कारण इससे सम्बन्धित विचार दखनी ग्रन्थों में देखकर उन्हें आश्चर्य लगता है। इस्लाम में स्थित अल्लाह की अवधारणा निर्गुण-निराकार के निकट की है और ईश्वर सर्वव्यापी है, यह विचार केवल भारतीय दर्शन में ही न होकर इस्लाम में भी है। इसी कारण इस विचार की सहजता से स्वीकृति और अभिव्यक्ति सूफी साहित्य में मिलती है।

राजनीतिक स्तर पर मुस्लिम सत्ताधारी और हिन्दू सत्ताधारियों में सत्ता के लिए संघर्ष चल ही रहा था। इसमें इन दोनों ओर के सत्ताधारियों ने धर्म और पुरोहितों को अपने साथ में लिया। राजनीतिक संघर्ष में धर्म का दुरूपयोग किया जा रहा था। सूफी सन्त इसके विरोध में थे। इस्लाम और भारतीय

दर्शन और धर्मशास्त्र में स्थित साम्य के आधार पर सामाजिक, सांस्कृतिक और आध्यात्मिक स्तर पर हिन्दू और मुसलमानों के सर्वसामान्य लोगों में सामंजस्य और समन्वय का वातावरण निर्माण कर, सम्मिश्र संस्कृति की नींव डाली जा सकती है—इस विचार से सूफियों ने उपरोक्त प्रकार की प्रस्तुति दी। क्योंकि वरिष्ठ वर्णीय तुर्की, अफगानी, ईरानी और मुस्लिम सत्ताधारियों में तथा सर्वसामान्य मुस्लिमों की जीवनशैली में उन्हें काफी अन्तर महसूस हो रहा था। भारतीय मुसलमानों के साथ सत्ताधारियों का बुरा, अपमानास्पद सलूक, भूखे मुसलमानों का झुंड सूफियों के मठों में बड़ी संख्या में आ रहा था क्योंकि वहाँ अन्नदान की व्यवस्था की जाती थी। ऐसे लोगों को वे रोज देख रहे थे। इसके साथ ही चातुर्वर्ण्य व्यवस्था के नाम पर अस्पृश्य तथा पिछड़े हिन्दुओं की ओर वरिष्ठवर्णीय हिन्दू गुलाम की तरह देख रहे थे, इसे भी ये रोज देख रहे थे। इन गरीब, उपेक्षित, व्यथित, पीड़ित जनता के दु:खों को वे महसूस कर रहे थे।

सूफियों द्वारा प्रस्तुत समता, भाईचारा और प्रेम के सन्देश से प्रभावित होकर अस्पृश्यता की चौखट से मुक्त होने हेतु शूद्र, अतिशूद्र, घुमन्तू और रेहनदारी से सम्बन्धित हिन्दू जाति के लोगों ने इस्लाम कबूल करना शुरू किया ये जो मुसलमान हुए थे सभी निचली श्रेणी के लोग मूलत: भारतीय ही थे और उनके द्वारा कबूल किया गया इस्लाम केवल उपासना पद्धति तक ही सीमित था मतलब सूफी सन्त सम्पूर्णत: जो भारतीय थे, उन्ही जातियों के सम्मुख अपने ये विचार व्यक्त कर रहे थे। इस कारण उनकी दखनी में भारतीय परिवेश ही दिखलाई देता है। केवल विचारों के प्रचार के लिए यह तब घटित नहीं हुआ है। अपितु सूफी सन्तों को भारतीय और इस्लामी दर्शन में जो साम्य था, उसे उद्घाटित करना था। ठीक इसके साथ इन दोनों धर्मों के उपेक्षित और गरीब लोगों की जीवनशैली में, सोच में भी उन्हें साम्य दिखलाई दे रह था। यथार्थ में यह संघर्ष वरिष्ठ वर्णीय राजे-महाराजे, बादशाह, सत्ताधारी वर्ग और समाज संरचना की सबसे निचली श्रेणी में जीनेवाले हिन्दू-मुसलमानों में था—इसे वे समझ गए थे। इस्लाम को कबूल करने के बाद भी ये नव-मुस्लिम अपनी भाषा, रीति-रिवाज और जीवन पद्धति प्रदेश की संस्कृति के आधार पर टिकाए रख रहे हैं इसका अनुभव भी उन्हें हो रहा था। इसी कारण इस विशिष्ट परिस्थिति में से एक नई सम्मिश्र संस्कृति को तैयार कर सामाजिक समन्वय प्रस्थापित करने का प्रयत्न उन्होंने किया था। इसका अहसास उनकी रचनाओं की भाषा, विषय और अभिव्यक्ति में से महसूस हो जाता है।

इस कारण मुसलमानों के घरों में जो दखनी और मराठी भाषा बोली जाती है। उसका केवल वातावरण ही भारतीय नहीं है, अपितु वह पूर्णत: प्रादेशिक है। इस कारण आज भी ग्रामीण मुसलमान या तो उस प्रदेश की भाषा बोलता है अथवा दखनी। क्योंकि वह यहाँ की प्रादेशिक संस्कृति का अविभाज्य ऐसा घटक रहा है। मुस्लिम सन्त कवियों ने केवल समन्वयवादी विचारों की अभिव्यक्ति के लिए ही अपना लेखन नहीं किया है, अपितु इस्लाम और वेदान्त में जो एकात्मकता उन्हें महसूस हुई उसे यहाँ की मराठी मिट्टी से, यहाँ के अद्वैत विचारों से तादात्म्य कर, मराठी सन्तों के समानान्तर अपनी अनुभूतियों को व्यक्त करते हुए दिखलाई देते हैं। और इसी कारण यहाँ के मुसलमानों का मराठी में लिखना यह नई घटना नहीं है। वह उपरोक्त दीर्घ ऐसी परम्परा का एक हिस्सा है। यही स्थिति करीब 1970 तक मराठी प्रदेश में थी। उसके बाद उत्तर भारत के मुल्ला-मौलवियों का संचार महाराष्ट्र में शुरू हुआ। गाँव-देहातों में उर्दू माध्यम से विद्यालय निकलने लगे। परिणामत: मध्ययुग से चली आ रही दखनी पर संकट मंडराने लगे। इसी काल में हिन्दुत्ववादी संघटनाएँ और हमीद दलवाई की मुस्लिम सत्यशोधक संघटना यह मुनादी देने लगी कि मुसलमानों को उर्दू छोड़ देनी चाहिए। दलवाई. कुरुन्दकर अ. भि. शाह और हिन्दुत्ववादियों को मुसलमानों से सम्बन्धित भाषा का स्वरूप और आशय एक ही था। सन् 1970 के बाद हिन्दुत्ववादी लेखक, विचारक, समाचारपत्र आदि ने इस्लाम और भारतीय मुसलमानों के विरोध में वातावरण भड़काना शुरू किया। इन दोनों धर्मियों में जो मूलतत्त्ववादी शक्तियाँ सुप्त रूप में थी, वे धीमी गति से प्रकट होने लगी। और जड़ पकड़ने लगी। देश के प्रत्येक राज्य के बहुसंख्यकों ने प्रदेश की अस्मिता के नाम पर जातिवाद की राजनीति शुरू की। इससे स्थूल स्वरूप में दो बातें हुईं। जमात का धार्मिक अस्मिता का आग्रह शुरू हुआ और मुसलमानों में असुरक्षितता की भावना पैदा हुई। क्योंकि इसी कालखंड में देश में हिन्दु-मुसलमानों के दंगे शुरू हुए। और महाराष्ट्र में भी अश्रफी उर्दू का आग्रह शुरू हुआ। तो उदाहरण के रूप में लिए गए महाराष्ट्र के मुसलमानों को संस्कृति का यह रूप है। यह स्थिति केवल महाराष्ट्र में नहीं है अपितु देश के सभी राज्यों के मुसलमानों में रही है। पड़ोस के कर्नाटक प्रदेश 15वीं सदी से, बहामनी सल्तनत की समाप्ति के बाद कन्नड़ भाषा का प्रचार-प्रसार निचले तबके के मुसलमानों में काफी बड़े पैमाने पर शुरू हुआ था। रानी चाँदबीबी का कन्नड़ और मराठी पर अधिकार था। कन्नड़ प्रजा के सम्मुख वह कन्नड़ में ही बोलती थी। इब्राहिम आदिलशाह (दूसरा) कन्नड़ का कवि भी था। 16 सदी

में कन्नड़, मुस्लिम सन्त कवि दिखलाई देते हैं। 1850 से 1950 के बीच उत्तर कर्नाटक में सैकड़ों की संख्या में मुस्लिम लावनीकार थे।

आधुनिक काल में (19वीं सदी) कन्नड़ में सन्त कवि शिसुमाल शरीफ प्रसिद्ध सन्त कवि थे। आन्ध्र प्रदेश में भी करीब-करीब ऐसी ही स्थिति थी। मतलब महाराष्ट्र की तरह दक्षिण भारत के विविध राज्यों के निचले वर्ग के मुसलमानों की भाषा और संस्कृति सम्मिश्र और प्रादेशिक स्वरूप की थी। इस यथार्थ का अहसास मुसलमानों से सम्बन्धित लेखन करते समय तथाकथित प्रगतिशील, समाजवादी, उदारमतवादी और हमीद दलवाई जैसे तथाकथित प्रबोधनवादी विचारक में भी नहीं था।

प्रकरण 4

ब्रिटिशपूर्व कालीन धर्म, इतिहास और मुस्लिम मानसिकता

(सत्ताधारियों द्वारा धर्म का दुरुपयोग तथा संस्कृति समन्वय का प्रयत्न)

हम इसे बार-बार दुहरा रहे हैं कि भारतीय मुस्लिम समाज की संरचना प्रादेशिक स्वरूप की और जातिव्यवस्था से जुड़ी हुई है। ऐसी स्थिति में मुस्लिम मानसिकता को भिन्न स्वरूप कैसे क्या प्राप्त हुआ और इसमें से मुस्लिम जमातवाद की समस्या क्यों निर्माण हुई यह प्रश्न उठता है। ठीक इसी प्रकार भारतीय समाजरचना का जो अविभाज्य घटक है और जो पूर्णत: जातिव्यवस्था से घिरा हुआ है ऐसा मुस्लिम समाज राष्ट्रीय प्रवाह में नहीं है और इसलिए यह समाज राष्ट्रीय पवाह में पूर्णरूप में एकात्म हुए बगैर मुस्लिम जमातवाद का प्रश्न सुलझ ही नहीं पाएगा, इस प्रकार की प्रस्तुति क्यों की जा रही है? इसका एक महत्त्वपूर्ण कारण मिल, इलिएट और डाउसन के काल का इतिहास लेखन है। इसी के परिणामस्वरूप भारत और महाराष्ट्र के हिन्दू विचारक निरन्तर यह प्रस्तुति कर रहे हैं कि मुस्लिम मानसिकता का एकमात्र घटक उनका इस्लाम धर्म ही है, कुरान शरीफ और इस्लाम धर्म की शिक्षा के कारण भारतीय मुसलमान प्रगति-विरोधी पोथीनिष्ठ हो चुका है। इन सभी बुरी बातों के मूल में इस्लाम ही है ऐसी प्रस्तुति सामान्यत: भारत के अधिकांश इतिहासकारों और विचारकों ने की है। इनमें से खुद को प्रगतिशील कहलानेवाले प्रो. शहा, प्रो. कुरून्दकर और दलवाई जैसे भी छुट नहीं पाए हैं। भारतीय मुसलमान पूर्णत: भारतीय होते हुए भी और धर्मान्तरित होते हुए भी इस्लाम धर्म उसे प्रभावित करनेवाला महत्त्वपूर्ण घटक है—ऐसा दिखलाई देता है। परन्तु ये लोग इसे नहीं देखते कि मुस्लिमों में ये जो प्रगतिविरोधी तत्त्व हैं उसका

कारण केवल इस्लाम नहीं है। धर्मश्रद्धा के कारण मनुष्य प्रगतिविरोधी हो जाता है ऐसी स्थापना 19वीं सदी के बुद्धिजीवियों ने की थी। 20वीं सदी के बुद्धिजीवियों ने भी इसे जस के तस रूप में स्वीकारा है। इसका भी प्रभाव उनकी प्रस्तुति पर हुआ है।

भारतीय मुसलमानों पर धर्म का प्रभाव रहा है और है भी। परन्तु इसके मूल में तत्कालीन सामाजिक, सांस्कृतिक, राजनीतिक और ऐतिहासिक कारण है। इस्लाम का नाम लेकर उत्तर भारत पर सर्वप्रथम आक्रमण करनेवाले और बाद में स्थायी रूप में यही रहनेवाली सत्ताधारियों की जमातें तुर्क, पठान, मुगल, अफगान आदि टोलीप्रधान गिरोहप्रधान जमातें थीं। इस्लाम को कबूल करने में उन्हें इस्लाम में विशेष सामाजिक स्तर और एक नयी अस्मिता प्राप्त हुई थी। इन सभी जमात के सत्ताधारियों ने अपनी सत्ता प्राप्ति की वृत्ति पर धर्म का आवरण चढ़ाकर लोकप्रियता और लोकमान्यता प्राप्त करने का प्रयत्न किया ऐसा इतिहास के पृष्ठों में ये दिखलाई देता है। इनमें से कुछ सत्ताधारी ईरान, तुर्किस्तान के सत्ताधारियों के सम्मुख टिक नहीं पाए। इसलिए उन्हें भारत जैसे सुरक्षित और सम्पन्न देश की ओर दौड़ना पड़ा। कुछ को केवल सम्पत्ति की चाहत थी। इन सभी सत्ताधारियों ने सत्ता तथा सम्पत्ति प्राप्त करने के लिए इस्लाम का दुरुपयोग किया था—यह स्पष्ट हो जाता है। इन सत्ताधारियों ने तथा इनका समर्थन करनेवाले मुल्ला-मौलवियों ने इस्लाम के तत्त्वों और क़ुरान शरीफ के महत्त्वपूर्ण वचनों का अर्थ उन्हें जैसा चाहिए था वैसा लगाया और इस्लाम के सम्बन्ध में कुछ खास ऐसे समीकरण तैयार किए। उन्हें लोगों के मन में रोपा भी जैसे मुसलमान अल्लाह द्वारा चुनी हुई खास जमात है। ठीक इसी प्रकार कुरान शरीफ यह पहली और आखिरी किताब है। परिणामस्वरूप इस्लाम धर्म के पूर्व के सभी धर्म और धर्मग्रन्थ खारीज हो जाते हैं। कुरान शरीफ में कालसापेक्ष अर्थ लगाने के सभी दरवाजे इन्होंने बन्द कर दिए। ये सभी समीकरण आम मुसलमानों के दिमाग में धीरे-धीरे बिठाए गए। इन सभी सत्ताधारियों ने इस्लाम का गलत उपयोग अपने विस्तारवादी राजनीतिक दर्शन के रूप में किया और उसमें उन्होंने बन्दिस्तता ला दी। एक दूसरी बात की ओर, इस्लाम धर्म के प्रतिष्ठित अध्येता डॉ. आलम खुदगिरी ने संकेत दिया है कि भारत में आए सभी मुस्लिम सत्ताधारी और उनके आश्रित धर्मपंडित ये इस्लाम के वैचारिक पतन के काल के रहे हैं। इस्लाम में स्थित सातवीं-आठवीं सदी की सृजनशीलता, खुलापन और बौद्धिक परम्परा जब खत्म हो चुकी थी, तब इस्लाम भारत में आया है, इस कारण उनके द्वारा प्रस्तुत

इस्लाम का स्वरूप पोथीनिष्ठ रहा। इस्लाम के नाम पर उन्हें अपनी सत्ता स्थापित करनी थी। इस कारण धर्म का गलत उपयोग ही उनका महत्त्वपूर्ण साधन था।

इन सत्ताधारियों और मुल्ला-मौलवियों के अलावा मुस्लिमों का जो बहुत बड़ा हिस्सा था; वह धर्मान्तरित मुसलमानों का था। सत्ताधारियों द्वारा जबरन किए गए धर्मपरिवर्तन के लोग भी उनमें थे। उनका औसत 5% से अधिक कहीं भी नहीं गया है। अधिकांश मुसलमान हिन्दुओं की निचली जाति के शूद्र, अतिशूद्र और रेहनदारी से सम्बन्धित जातियों के थे। इन लोगों ने सन्तों की शिक्षा के प्रभाव के कारण और यहाँ स्थित चातुर्वर्ण्य अस्पृश्यता, जातियता और ब्राह्मण वर्ग (पुरोहित) के जुल्मो से छुटकारा प्राप्त करने हेतु इस्लाम को स्वीकारा था। इस्लाम को स्वीकार कर पुरोहितों की तथा ब्राह्मणशाही द्वारा लादी गई गुलामी से वे मुक्त हो चुके थे। चींटियों और कीड़ों की तरह ही उनकी जिन्दगी में थोड़ा-सा क्यों न हो सुधार हुआ था। इस कारण इन धर्मान्तरित मुसलमानों के जीवन में धर्म यह अत्यन्त प्रभावपूर्ण घटक बन चुका था। विशेष रूप से सत्ताधारी वर्ग तथा उनकी इस्लाम धर्मसम्बन्धी अस्मिता (आयडेंटिटी) यह बात ही इन धर्मान्तरित जाति के अस्तित्व के लिए महत्त्वपूर्ण हो गई। इस्लाम को कबूल करने से उनका सामाजिक, सांस्कृतिक स्तर भले ही पूर्ण रूप से बदला न हो तो भी व्यवहार के स्तर पर थोड़ा बहुत तो परिवर्तन हुआ ही था। इसी कारण इस सत्ताधारी वर्ग और उनके धर्मगुरुओं द्वारा प्रसारित किए गए समीकरणों को उन्होंने तुरन्त स्वीकारा। उस काल में वह उनकी सामाजिक-सांस्कृतिक जरूरत थी। इसके साथ ही भारतीय सन्तों और सूफी साधुओं द्वारा किए गए प्रयत्नों के कारण यह जमात मानसिक दृष्टि से मुसलमान के रूप में स्थायी रूप से जी रही थी। राजनीतिक दृष्टि से हम सत्ताधारी वर्ग के, धर्म के ही हैं इसे वे बतला सकते थे। इस कारण उनके मूल स्तर में अंतर पड़ता गया। इसी कारण इस्लाम धर्म उनके जीवन का महत्त्वपूर्ण घटक बन गया।

भारतीय इस्लाम में पोथीनिष्ठता और कट्टरता लाने का निरन्तर प्रयत्न राजदरबार के मुल्ला-मौलवियों ने शुरू किया। उदारमतवादी अकबर के बाद जहाँगीर और शहाजहाँ के काल के दरबार के इतिहास से यही बात स्पष्ट होती है। हिन्दी के एक प्रसिद्ध कवि श्री रामधारी सिंह दिनकर ने इसे 'अमृत और विष' का संघर्ष कहा है। मुगल पूर्व राजाओं के इतिहास में भी यही चित्र दिखलाई देता है। औरंगजेब के कार्यकाल में विष विजयी हो जाता है, धार्मिक

कट्टरता बढ़ जाती है। औरंगजेब ने प्रत्येक बात का धार्मिकीकरण किया। इस कारण औरंगजेब के कार्यकाल में इस्लाम का स्वरूप अत्यन्त आक्रामक हो गया। बावजूद इसके सभी सत्ताधारी औरंगजेब की तरह कट्टरवादी नहीं थे। परन्तु औरंगजेब की धार्मिक कट्टरता की नीतियों का बहुत दूरस्थ दुष्परिणाम भारत के बाद के इतिहास पर हुआ और सर्वसामान्यों के स्तर पर धार्मिक और आध्यात्मिक विचारों में जो आदान-प्रदान चल रहा था, वह खंडित होने लगा। समन्वय की इस प्रक्रिया को ब्रिटिस इतिहासकारों ने जान-बूझकर धर्म के चश्मे से इतिहास की ओर देखने की शिक्षा नवशिक्षित हिन्दू-मुसलमानों को, अभिजन वर्ग को दी थी। इस कारण राष्ट्रवाद की प्रस्तुति में भी धर्म को प्रधानता प्राप्त हो गई। प्राचीन और मध्ययुगीन इतिहास के गौरवीकरण के आधार पर हिन्दू और मुसलमानों के राष्ट्रीय अस्मिता के सिद्धान्त प्रस्तुत किए जाने लगे। परिणामत: सम्पूर्ण मध्ययुगीन इतिहास को इस्लाम और हिन्दू धर्म के संघर्ष का स्वरूप प्राप्त हुआ। एक भिन्न अर्थ में धर्म हमारे ऐतिहासिक विश्लेषण का महत्त्वपूर्ण घटक बन गया। हिन्दू और मुस्लिम सत्ताधारियों के प्रत्येक संघर्ष को, लड़ाई को, धार्मिक रंग दिया जाने लगा। बल्बन, अल्तमश, सिकन्दर, लोदी और औरंगजेब इन मुट्ठीभर सत्ताधारियों को छोड़ दें तो कट्टर धार्मिक नीतियाँ किसी भी मुस्लिम सत्ताधारी ने अंमल में नहीं लाई है। वास्तविकता यह है कि किसी भी सत्ताधारी को चाहे वह हिन्दू हो या मुसलमान पूर्णत: धर्मवादी नीतियों को कार्यान्वित करना सम्भव ही नहीं होता—इसे हिन्दू इतिहासकार भूल गए हैं। अल्लाउद्दीन खिलजी जो इतिहास में बदनाम है—उसमें और उसके काझी घियास में हुए संवाद इस दृष्टि से महत्त्वपूर्ण हैं। काझी घियास ने यह शिकायत की कि बादशाह शरीयत के अनुसार राज कारोबार नहीं कर रहे हैं। तब खिलजी ने कहा कि मैं शरीयत से भी ज्यादा जनता का विचार कर राजकारोबार करता हूँ। बल्बन भी शरीयत को महत्त्व नहीं देता था। यह वास्तविकता है कि हिन्दू और मुसलमान राजाओं का संघर्ष केवल सत्ता प्राप्त करने के लिए था। उस संघर्ष को धार्मिक रूप देने का प्रयत्न उस काल के सत्ताधारियों ने किया और आधुनिक इतिहासकारों ने बखर[1] साहित्य और मुस्लिम इतिहासकारों द्वारा अपने बादशाह का एकतरफा चित्रण करनेवाले गौरव इतिहास को पढ़कर उसके आधार पर इतिहास प्रस्तुत किया है। प्रो. पीटर हार्डी के मतानुसार मध्ययुगीन

1. बखर—अपने राजा की स्तुति में कल्पना और इतिहास का समन्वय कर लिखे गए मध्यकालीन मराठी ग्रंथ

इतिहासकारों ने मध्ययुगीन इतिहास को धर्मशास्त्र का रूप देने का प्रयत्न किया था। इस कारण धर्म को इतिहास के एक महत्त्वपूर्ण घटक के रूप में प्रस्तुत किया गया।

यथार्थ स्थिति यह है कि सम्पूर्ण मध्ययुग के सत्ताधारियों के आपसी संघर्ष का स्वरूप कभी भी धार्मिक नहीं था। अगर वैसा होता तो मुस्लिम सत्ताधारियों के प्रशासन में महत्त्वपूर्ण पदों पर हिन्दू सरदार कभी भी दिखलाई नहीं देते। ठीक इसी प्रकार हिन्दू सत्ताधारियों के साथ मुस्लिम बादशाह के विरुद्ध लड़ने हेतु मुसलमान सरदार आए न होते। आरम्भ से ही ऐसा चित्र मध्ययुगीन इतिहास में दिखलाई देता है। तुर्क, अफगान, पठान, मुगल, तुराणी, ईरानी सरदार और बादशाह एक-दूसरे के खिलाफ लड़ते हुए दिखते हैं और इसके लिए वे हिन्दू राजाओं से सहायता माँगते थे, वे देते भी थे। ठीक इसी प्रकार जाट, रजपूत और बाद के कालखंड में सिक्ख और मराठे भी अपने राजनीतिक स्वार्थ के लिए मुस्लिम सत्ताधारियों से सहायता ले रहे थे और उनके साथ चाहे जैसे समझौते भी कर रहे थे। यह सब मोहम्मद-बिन-कासिम के काल से घटित हो रहा था। हिन्दू इतिहासकारों ने मुस्लिम सत्ताधारियों के साथ हाथ मिलानेवाले जयचन्द जैसे सरदार को देशद्रोही के रूप में चित्रित किया है। परन्तु उस काल में इस प्रकार की घटनाएँ सर्वत्र रूढ़ थी। उस काल में स्वामीनिष्ठा ही सबसे बड़ा मूल्य था। वास्तविकता यह है कि मध्ययुग के सत्ताधारी धर्म के लिए लड़ ही नहीं रहे थे। देश की अपेक्षा अपनी-अपनी सत्ता को बनाए रखने के लिए वे लड़ रहे थे। अकबर के साथ मानसिंग, राणाप्रताप के साथ हकीमखान सूर और ताजाखान जैसे सरदार—ऐसे सैकड़ों उदाहरण दिए जा सकते हैं। इसी कारण तो संग्रामसिंह बाबर को बुलाता है। मुगल बादशाह की सहायता के लिए 1761 के तीसरे पानीपत की लड़ाई के लिए अब्दाली के विरोध में लड़ने के लिए पुणे के पेशवे चले जाते हैं। पहला बाजीराव पेशवा मुगल दरबार की राजनीति चलाता था। अहमदशाह अब्दाली तो नजीब खान के निमन्त्रण पर भारत आया था। और नजीब खान और मराठे में शत्रुता आने का कारण यह था कि मराठे इमाद-उल-मुलुक की ओर से खड़े थे। मुगलों को ईरान की ओर से होनेवाले आक्रमण का डर रहता था। औरंगजेब ने दक्षिण के शियापन्थियों के राज्यों को खत्म कर दिया था। सम्भाजी को जान से मार डालनेवाले औरंगजेब ने उसके नियन्त्रण में स्थित शाहू महाराज पर इस्लाम लादा नहीं था। थोड़ी देर के लिए हम यह मान भी लें कि औरंगजेब के काल में हिन्दू और मुस्लिम सत्ताधारियों के संघर्ष को धार्मिक संघर्ष का स्वरूप प्राप्त हुआ था। परन्तु औरंगजेब के

बाद मुगल बादशाही कमजोर हो गई थी। तब उसे खत्म कर वहाँ दिल्ली में हिन्दू राज्य निर्माण करने का प्रयत्न किसी ने नहीं किया था। उल्टे मुगलों की सत्ता मुस्लिम सरदारों ने ढीली-ढाली कर दी। तो हिन्दू सत्ताधारियां ने दिल्ली तथ दिल्ली के आसपास के प्रदेश तक सिमट गई मुगल सत्ता के अस्तित्व को टिकाए रखने की कोशिश की थी ऐसा दिखलाई देता है। राजपूतों ने अपने राजनीतिक स्वार्थ के लिए मराठों से मित्रता की थी। राजपूतों ने पाच सौ वर्षों तक मुस्लिम सत्ताधारियों के वर्चस्व को स्वीकार किया था। और मराठे तो हिन्दू थे, परन्तु उनके वर्चस्व को स्वीकारने की तैयारी राजपूतों की नहीं थी। इसका कारण इतना ही था कि जैसे मुगल बादशाह ने राजपुत सामन्तों की घरानेशाही को, राजवंशों को खादपानी देकर उनकी सामन्ती वृत्ति का पोषण ही किया था। इसमें धर्म का कोई स्थान नहीं था और बाद में तो शिन्दे, होलकर, और भोसले उत्तर हिन्दुस्तान की राजनीति में सक्रिय हो गए थे। इस प्रकार की घटनाएँ घटित होने के मूल में केवल इतना ही कारण था कि उस काल में सामन्त और सामन्तों में स्थित सत्ता स्पर्धा को महत्त्व प्राप्त हो गया था। और भारत में आकर स्थायी रूप से यहाँ रहनेवाले मुस्लिम सत्ताधारियों को सैकड़ों वर्ष हो चुके थे। इस कारण मुगल बादशाह के साथ सभी मुस्लिम सत्ताधारियों का रूपान्तरण हिन्दुस्तान के सामन्ती वर्ग में हो गया था। इसलिए, जाट, मुस्लिम, मराठे, मुगल बादशाह के साथ अन्य मुस्लिम सत्ताधारियों की ओर इस्लाम धर्म के सत्ताधारी के रूप में देखने के बजाए, सत्ता स्पर्धा के एक घटक के रूप में ही देख रहे थे। इसी कारण अब्दाली का बन्दोबस्त करने के लिए मराठे उत्तर की ओर निकलते हैं। तो महादजी शिन्दे मुगल बादशाह के मुसलमान शत्रु गुलाम कादर से दो हाथ करते हैं। इसका अर्थ ही हुआ कि मुस्लिम सत्ताधारी और उनके हिन्दू प्रतिस्पर्धी इन दोनों में, हिन्दू और मुस्लिम के रूप में सत्ता संघर्ष की स्पर्धा शेष न रहने उतना परिवर्तन भारत की राजनीतिक और सामाजिक स्थितियों में हो चुक था। मतलब यह कि आरम्भ में इन दोनों सत्ताधारियों में स्थित संघर्ष अपने मूल रूप में अब नहीं रहा था क्योंकि सैंकड़ों वर्षों से यहाँ रहने के कारण मुस्लिम सत्ताधारियों का भारतीयकरण हो चुका था। ठीक इसी प्रकार राजनीतिक स्तर पर भी समन्वय की प्रक्रिया शुरू हो चुकी थी ऐसा कहना गलत नहीं होगा।

इस प्रक्रिया का एक अन्य महत्त्वपूर्ण आयाम यह था कि पूरे मध्ययुगीन इतिहास में स्थित संघर्ष यह मुस्लिम सत्ताधारियों द्वारा भारत के सभी सत्ताधारियों को पराजित कर अथवा उन्हें अपने अधीन कर अपनी एकमात्र सत्ता स्थापन

करने के प्रयत्न हेतु हुआ था। औरंगजेब के बाद मुगल बादशाहों की सत्ता कमजोर हो जाने के कारण ऐसा प्रयत्न करना अब सम्भव नहीं था। उल्टे हिन्दुस्तान के अनेक सामन्तों की सत्ता की तरह अपना अस्तित्व बनाए रखने तक ही उनकी शक्ति सीमित हो चुकी थी। इसलिए मुगल बादशाह अथवा अन्य मुस्लिम सत्ताधारी हिन्दुस्तान के राजाओं के बराबरी का हो जाने के बाद राजनीतिक आदान-प्रदान शुरू हो जाता है। और औरंगजेब के काल में जो शत्रुभाव पैदा हुआ था, वह बाद के काल में कम हुआ था ऐसा चित्र दिखलाई देता है। इसी कारण तो मुगल बादशाह और उसका ध्वज 1857 के ब्रिटिश विरोधी स्वतन्त्रता की लड़ाई में भारत की स्वतन्त्रता का प्रतीक बन गया था। इतना महत्त्वपूर्ण परिवर्तन सात-आठ सौ वर्षों के प्रदीर्घ इतिहास में तथाकथित हिन्दू-मुस्लिम सत्ताधारियों में घटित हुआ था। इन यथार्थ स्थितियों का विकृतिकरण ब्रिटिश इतिहासकारों ने जान-बुझकर अपने राजनीतिक स्वार्थ के लिए किया और धर्म के आधार पर राष्ट्रवाद का सिद्धान्त प्रस्तुत करनेवाले सभी हिन्दू इतिहासकारों ने इसे दोहराया। प्रो. मुखिया जी के मतानुसार खुद को प्रगतिशील और राष्ट्रवादी इतिहासकार भी इससे अछूते रह नहीं पाए। एक बात अलबत्ता निश्चित रूप से कही जा सकती है कि ब्रिटिशों के आगमन के समय हिन्दू और मुसलमानों में स्थित शत्रुत्व खत्म होकर एक भिन्न स्तर पर उनमें राजनीतिक आदान-प्रदान की शुरुआत हो चुकी थी।

समन्वय की और धार्मिक वैचारिक लेन-देन की प्रक्रिया केवल ओरंगजेब के बाद ही मुगलशाही के काल से शुरूनहीं हुई थी, तो जिस काल में बाहर से आए तुर्की, और मुगल मुस्लिम सत्ताधारी और हिन्दू सत्ताधारी इन दोनों में जब सत्ता संघर्ष तीव्र स्वरूप का था, और मुस्लिम सत्ताधारी इस्लाम धर्म का नाम लेकर अपनी सत्ता इस देश के लोगों पर लादने का प्रयत्न कर रहे थे, उस काल में भी, हिन्दू-मुस्लिम समन्वय की प्रक्रिया थी और वैचारिक लेन-देन की शुरुआत हो चुकी थी। इस सन्दर्भ में महमूद गजनी के साथ आया अल्बेरुनी और आरम्भ के सुलतानशाही के काल के अमीर खुसरो का उदाहरण महत्त्वपूर्ण है। अमीर खुसरो छह सुलतानों की सत्ता को देख चुका था। वह एक ओर दरबारी कवि था, एक प्रतिष्ठित सामन्त के रूप मे वह जीया, उसने सुलतान की प्रशंसा में रचनाएँ प्रस्तुत की परन्तु इसके साथ-साथ सूफी निजामुद्दीन के साथ भारत के लोगों के जीवन को जान लेने का प्रयत्न भी किया। खड़ी बोली में काव्यरचना की और असली हिन्दुस्तानी जीवन से समरस हो गया।

उसकी रचनाएँ और उसके गीत पिछले 750 वर्षों से भारतीय संस्कृति के एक अविभाज्य इकाई के रूप में रही हैं। जैसे— बहुत कठिन है, डगर पनघट की अथवा उसका प्रसिद्ध बाबुल का गीत काहे को बिहावे विदेश उत्तर भारत के जीवन का हिस्सा बन चुका है।

साहित्य और संगीत द्वारा उसने इस्लामी और भारतीय संस्कृति में समन्वय स्थापित करने का प्रयत्न किया है। नूर सिपहर और मसनवी इन काव्य प्रकारों में उसने तत्कालीन भारत की महानता का वर्णन किया है। वह और उसके गुरु निजामुद्दीन औलिया ने सूफी रहस्यवाद और मानवता का समन्वय भारतीय विचारों से कहने का प्रयत्न किया है। अपने मठ की छत पर से जब उन्होंने अपने हिन्दू भक्तों को अपने देवी-देवताओं की पूजा करते देखा, तब वह अपने शिष्य खुसरो से कहता है कि देखो, प्रत्येक धर्म का अपना एक प्रस्थापित मार्ग होता है। उनकी खुद की धार्मिक और उपासना पद्धति होती है। आरम्भ के काल में अनेक सूफी सन्तों ने भी हिन्दुओं की पूजा पद्धति यह ईश्वर भक्ति की भारतीय पद्धति है ऐसा अलग-अलग स्थानों पर रहा है। दिल्ली की सत्ता से हकाल दिया गया हुमायूँ भटकता रहा, भूखा था फिर भी हिन्दुओं को बुरा लगेगा इसलिए उसने गोमांस खाने को नकारा इसे इतिहासकारों ने लिख कर रखा है। (ईश्वरी प्रसाद, हुमायूँ, पृष्ठ 105)

महमूद गजनी के साथ आया अल्वेरुनी द्वारा लिखित 'किताब-ए-हिन्द' में भारतीय संस्कृति को समझ लेने का एक उल्लेखनीय प्रयत्न है। महमूद गजनी की वह आलोचना भी करता है। महमूद गजनी का मूर्तियों को तोड़ देने का काम उसे मान्य नहीं था। उसके इन मतों के कारण महमूद गजनी के यह करीब-करीब नजरकैद में ही था। अनेक मुस्लिम धर्म पंडितों ने मूर्ति भंजन के कृत्य की कड़ी आलोचना की है। खलिफा अबू बकर अपने इरान की मुहिम में नमाज अदा करते समय वहाँ जो चित्र थे उसे बरकरार रखने का आदेश दिया था। ठीक इसी प्रकार इजिप्त की मुहिम में पैगम्बर साहब के सहकारियों को वहाँ की मूर्तियाँ तोड़फोड़ करने से मनाही की थी। इस प्रकार के अनेक उदाहरण देकर मुस्लिम बादशाहों के मूर्ति और मन्दिर फोड़ने की कृति को उत्तेजना देनेवाले धर्मगुरुओं की उसने टीका की है।

खड़ी बोली में लिखनेवाला अमीर खुसरो अथवा उपनिषदों का अनुवाद करनेवाला दारा शुकोह उस काल के अपवादात्मक उदाहरण नहीं हैं। सूफी सन्तों के आन्दोलन के कारण ही भारत की प्रादेशिक भाषाओं का प्रभाव बढ़

गया इस यथार्थ को अनेक अध्येताओं ने स्वीकारा है। सूफी सन्तों ने इस प्रादेशिक भाषाओं का स्वीकार इसलिए किया क्योंकि उन्हें यहाँ के सामान्य लोगों में इस्लाम का प्रचार-प्रसार करना था ऐसी हिन्दुत्ववादी अध्येताओं की प्रस्तुति होती है। सूफियों का मुख्य उद्द्देश्य परमेश्वरवाद और भेदविरहित भाईचारा के प्रचार का था। ईश्वर या अल्लाह एक है—प्रत्येक मजहब या जमात की शरीयत यह भिन्न परिस्थितियों के कारण तैयार होती रहती है ऐसा विचार अनेक सूफियों ने व्यक्त किया है। इसी कारण तो धर्म का गलत उपयोग करनेवाले सुलतान और मनुष्य की एकता का सन्देश देनेवाले सूफी इनमें निरन्तर ऐसा संघर्ष उस काल में दिखलाई देता है। मुसलमानों ने वेदों से लेकर उपनिषदों तक के हिन्दुओं के सभी महत्त्वपूर्ण ग्रन्थों का अनुवाद किया था और वे हिन्दुओं का धर्मशास्त्र जानने के लिए प्रयत्नशील थे। हिन्दुओं को प्रिय ऐसे विषयों पर उन्होंने सम्बन्धित प्रदेश की भाषाओं में भक्ति काव्य लिखा। बंगाल के 15वीं सदी के 'कृष्ण मंगला' काव्य को तथा 'मृगावती, मधुमालती, चित्रावली, ग्यानदीप' लिखनेवाले कुतबन, उस्मान अथवा शेख नबी की जानकारी कितने लोगों को है? (मुजीब-318) हम लोग केवल जायसी के पद्मावत को जानते हैं। अकबर के काल से ही साहित्य और विचारक्षेत्र में लेन-देन बढ़ता गया है। इसके सैंकड़ों उदाहरण दिए जा सकते हैं। दक्षिण में बीजापुर (अब्र के विजयपुर) के इब्राहीम आदिलशाह सरस्वती की स्तुति में काव्य लिखे गए हैं। वे दखनी और मराठी का उपयोग सहजता से करते थे। इब्राहीम आदिलशाह दूसरा उन्हें जगतगुरू कहता। इनके समन्वय के कार्य को पूर्ण रूप से भुलाया गया। बीजापुर के बादशाहों ने कृष्ण भक्ति का मार्ग स्वीकारा था। शाहजी राजे और शिवाजी महाराज से सत्तासंघर्ष करनेवाले आदिलशाह का यह दूसरा आयाम भी है। शिवाजी महाराज ने औरंगजेब को जो पत्र लिखा है उसमें उन्होंने अकबर बादशाह को जगतगुरु कहा है।

ठीक इसी प्रकार मुस्लिम सत्ताधारियों ने अनेक हिन्दू परम्पराओं को, रीति-रिवाजों को स्वीकार किया था। राजपूतों की जौहर पद्धति को मुस्लिमों ने स्वीकारा था इसके अनेक उदाहरण बाहरीस्तान-ए-गैबी इस पुस्तक में दिए गए हैं। (चिटणीस और मुहम्मद यासीन) अकबर के काल में घर के किसी सदस्य की मौत हो जाने पर शोक सन्तप्त काल में बाल, दाढ़ी, मूँछे सफाचट करने की पद्धति को मुसलमानों ने स्वीकारा है ऐसा 'अकबरनामा' में दर्ज है। मुसलमानों में जातिव्यवस्था है ऐसा मनुची ने भी दर्ज किया है। होली-दीपावली

में हिन्दुओं के त्योहारों को मुसलमान बड़े पैमाने पर मनाते थे। ठीक इसी प्रकार अनेक हिन्दू सूफी सन्तों के शिष्य हो जाते थे। ठीक इसी प्रकार अनेक मुस्लिमों ने हिन्दू साधुओं के शिष्यत्व को स्वीकारा था। इसके अनेक उदाहरण दिए जा सकते हैं। कबीरपन्थी साधू—मिर्जा सालेह और मिर्जा हैदर के पन्थ पर विष्णु भक्ति का प्रभाव दिखलाई देता है। ठीक इसी प्रकार वैष्णव पन्थ का प्रचार भी उत्तर भारत की विभिन्न मुस्लिम जातियों में हो गया था। बीजापुर के आदिलशाह ने दत्तात्रेय भक्ति के प्रति आदर व्यक्त करने के लिए गुरुवार यह छुट्टी का दिन घोषित किया था।

भारत की मुस्लिम मानसिकता के गठन के लिए जिम्मेदार घटकों पर विचार करते समय उपरोक्त दो प्रकार की प्रक्रियाएँ दिखलाई देती हैं। पहली प्रक्रिया यह हिन्दू-मुस्लिम सत्ताधारियों में स्थित तीव्र सत्ता स्पर्धा थी। औरंगजेब के बाद धीमी पड़ती गई धार्मिक और राजनीतिक स्पर्धा की और शत्रुत्व की है। दूसरी प्रक्रिया अर्थात् समन्वय की है। उत्तर में इस्लाम के आगमन के आरम्भिक काल में इस्लामी अध्येता और सूफी सन्तों द्वारा किए गए समन्वय की यह प्रक्रिया है। इससे सम्बन्धित अध्येताओं में भी दो गुट हैं। एक गुट वरिष्ठ वर्णीय सामन्ती पद्धति के अध्येताओं का है। दूसरा गुट अमीर खुसरो अथवा शेख मुहमूद जैसों का है। इस सम्पूर्ण कालखंड में धार्मिक, आध्यात्मिक और सांस्कृतिक स्तर पर समन्वय का जो प्रयत्न हुआ है, वह अत्यन्त बुनियादी स्वरूप का है।

पिछले प्रकरण में ऐसे समन्वय के प्रयत्न के उदाहरणस्वरूप मुस्लिम मराठी सन्त कवियों की कुछ काव्य पंक्तियाँ प्रस्तुत की गई थीं। उनकी पुनरावृत्ति न करते हुए समन्वय के प्रयत्न में से कुछ और मुद्दों पर विचार करना जरूरी है। विशेष रूप से हिन्दू और मुस्लिम सन्तों से ऐसे प्रयत्न दोनों ओर से किए गए ऐसा दिखलाई देता है। दक्षिण भारत में तो मुस्लिम सत्ताधारियों की कट्टरता धीरे-धीरे कम होती गई है। कुछ बहमनी बादशाह इसके उदाहरण हैं। उत्तर भारत के उदाहरण देते समय इतिहासकारों ने गुरुनानक, सन्त कबीर, चैतन्य महाप्रभु, सूफी निजामुद्दीन का उल्लेख किया है। कृष्ण भक्त रसखान, महाराष्ट्र में बाबा शेख अहमद, कर्नाटक के माणिक प्रभु, अजमेर के गरीब नवाज ऐसे अनेकों का उल्लेख समन्वय की प्रक्रिया को महत्त्वपूर्ण भक्ति के रूप में किया जाता है। ठीक इसी प्रकार दरगाहों और पीरों की सहायता करनेवाले और उन्हें जहागिरी देनेवाले हिन्दू सत्ताधारी तथा हिन्दू साधु सन्तों के मठों, मन्दिरों को जमीन (वतन) देनेवाले मुस्लिम सत्ताधारी इनका उल्लेख तो हिन्दू इतिहासकारों ने ही

किया है। मलिक अम्बर ने पेडगाँव के साधु को सहायता पहुँचाई थी—ऐसा उल्लेख मिलता है। बीजापुर के सत्ताधारी ने चिंचवड के मोरया गोसी को इनाम में जमीन दी थी। और इसी बीजापुर के दूसरे बादशाह ने शृंगेरी के जगतगुरु शंकर भारती और कुदलगी के मठाधिपति को सनद दी थी। विशेष यह कि ऐसे मूर्तिपूजक पाखंडी (इस्लाम के अनुसार) संस्थानों को सहायता करना सम्भवत: इस्लाम धर्मियों को स्वीकृत था, ऐसा दिखलाई देता है। जिन मुस्लिम सरदारों ने ऐसी सहायता के लिए विरोध किया था, वे पवित्र कुरान और खुदा रुसुल के हुक्म का उल्लंघन कर रहे है ऐसा उन सत्ताधारियों द्वारा घोषित किया गया ऐसे भी उदाहरण हैं। 1764 में लिखे गए दस्तावेजों में नवाब मिजाज अलीखान ने अम्बड और पैठण परिक्षेत्र के ब्राह्मणों को रोज का भत्ता मंजूर किया था, ऐसा उल्लेख मिलता है। (चिटणीस 461-467)

यह लेन-देन केवल आर्थिक या प्रतीकात्मक स्वरूप का ही नहीं था। सन्तों ने एक दूसरो की साधना पद्धति और उपासना पद्धतियों को तक स्वीकार किया था। गुरु-शिष्य परम्परा और वैचारिक आदान-प्रदान का मुद्दा स्पष्ट करने हेतु प्रसिद्ध इतिहासकार बा.सी. बेंद्रे जी द्वारा बाबा शेख पर किए गए शोधकार्य के लेखन का उल्लेख करना औचित्यपूर्ण होगा। उनके द्वारा सम्पादित बाबा शेख अहमद कृत 'योग संग्राम' की प्रस्तावना में उन्होंने लिखा है कि मराठी के प्रसिद्ध सन्त एकनाथ के गुरु सन्त जनार्दनपन्त ये बाबा शेख मोहम्मद की तरह चाँद बोध नामक मुस्लिम नाम धारण करनेवाले हिन्दू सन्त के शिष्य थे। महिपति बाबा द्वारा लिखित 'भक्ति विजय' का सन्दर्भ यहाँ दिया गया है। अनेक मुस्लिमों ने हिन्दू बैरागी पन्थ को स्वीकार किया था, इसका उल्लेख आया ही है। बा.सी. बेंद्रे ने लिखा है कि यह सबूत (प्रमाण) इतना असली है कि इस पर सन्देह नहीं किया जा सकता। (योग संग्राम, पृष्ठ 28) बेंद्रे जी ने बाबा शेख अहमद का जो काव्यसंग्रह सम्पादित किया है, उसकी प्रस्तावना में उन्होंने कुछ महत्त्वपूर्ण मुद्दे दिए हैं। संन्यासाश्रम में प्रत्येक संन्यासी अपनी आत्मा का नामकरण स्वीकारता है और परात्म ज्ञान के अनुभव को कहते समय गुरु के संन्यासाश्रम के नाम का उल्लेख करता है। भक्ति योग में आत्मा का नामकरण किया नहीं जाता। गुरु अथवा सद्गुरु अथवा मनुष्य और ईश्वर ऐसा उल्लेख करते हैं। शेख मोहम्मद ने अपने गुरु का उल्लेख दत्त दिगम्बर अथवा दिगम्बर इस नाम से किया है। (उपरोक्त पृ. 29) बेंद्रे जी ने लिखा है कि भक्ति बोध में शेख मोहम्मद की 87 कविताएँ हैं, और उसमें व्यक्त विचारधारा हिन्दू पराधर्म पद्धति से सम्बन्धित हैं। क्रमांक 70 की कविता में निर्गुण परमेश्वर के

जो वर्णन है, वह कुरान के अनुसार है। (पृष्ठ 29) आगे बेंद्रे जी लिखते हैं कि कुरान के अनुयायियों को ब्रह्मतत्त्व अथवा भक्तियोग में उल्लेखित विराट के पुरुष के स्वरूप को लेकर उनमें कुछ व्यक्तिगत भावना हो इसका भी कोई कारण नहीं। बावजूद इसके इस्लामी धर्म के अनुशासन के अन्तर्गत तैयार हुए इन सन्तों ने अष्टांग योग में काफी प्रगति कर दिखलाई है। वे अष्टसिद्धि को भी प्राप्त कर गए। (काव्यसंग्रह पृ. 30-31) बेंद्रे जी के इस विवेचन से स्पष्ट है कि मुसलमान सन्तों ने उन्हें निकट के लगनेवाले हिन्दू विचारों, आध्यात्मिक विचारों और उसकी परम्पराओं को स्वीकार कर इस्लाम को एक भिन्न भारतीय रूप देने का प्रयत्न किया था। इसी पुस्तक के पृष्ठ 32 पर बेंद्रे जी लिखते हैं कि शेख मोहम्मद की समग्र कविताओं व्यक्त तत्कालीन जानकारी के कारण 17वीं सदी की धार्मिक और सामाजिक परिस्थिति का व्यवस्थित बोध होता है। तत्कालीन राजनीतिक परिस्थितियों में जैसे स्थानिक हिन्दू-मुसलमानों के सम्बन्ध सामाजिक दृष्टि से शत्रुत्व के नहीं रहे थे, वैसे ही धार्मिक समझ में भी उनके मतभेद तीव्र स्वरूप के नहीं थे। उस काल में अपने धर्मग्रन्थों को मुसलमानों को समझा देने की हिन्दू विद्वान सन्त-महन्तों की जैसी प्रवृत्ति थी, वैसी ही मुसलमानों की भी हिन्दू संस्कृति को जान लेने की थी। इस प्रकार 17वीं सदी से हिन्दू-मुस्लिम समन्वय की प्रक्रिया में तेजी आती गई ऐसा दिखलाई देता है। सन्त एकनाथ लिखित हिन्दू-तुर्क संवाद इस प्रक्रिया का उदाहरण है। बेंद्रे जैसे तटस्थ और वस्तुनिष्ठ अध्येता ने यह सब स्पष्ट किया है। मुस्लिम सन्तों द्वारा भिन्न प्रकार से स्वीकारा गया अद्वैतवादी सिद्धान्त यह इस्लामी धर्मशास्त्र की महत्त्वपूर्ण घटना है। क्योंकि इस्लाम द्वैतवादी है।

केवल आध्यात्मिक दर्शन में समन्वय का प्रयत्न यहाँ नहीं था, तो सूफियों ने काफी बड़े पैमाने पर भारतीय परम्पराओं को स्वीकार किया था। नाथपन्थीय साधू और बैरागी और सूफी सन्त इनके नामस्मरण की पद्धतियाँ, दिव्य करने के प्रकार, मधुरा भक्ति, संगीत में गायन का उपयोग, ब्रह्मचर्य और गुरु-शिष्य परम्परा में शिष्य की परीक्षा लेने की पद्धति और प्रकार—इन सब में काफी बड़े पैमाने पर साम्य दिखलाई देता है। मनौती माँगना, दरगाह में नारियल भेंट करना, बकरी या मुर्गी माँरना, गंडे-ताविज बाँधना, चन्दन का उपयोग करना, उरूस मनाना, उरूस में गाना-बजाना आदि प्रकार भारतीय प्रभावों से दरगाहों में आए हैं। इसलिए वहाबी पन्थ के लोग और मूलतत्त्ववादी इसे गैर-इस्लामी कहकर विरोध करते हैं।

सूफी सन्तों का हिन्दू संस्कृति पर प्रभाव

अनेक इतिहासकारों ने यह प्रमाणित किया है कि सूफी सन्तों के आन्दोलन के कारण हिन्दू संस्कृति पर हुए अनेक प्रभावों में से एक महत्त्वपूर्ण प्रभाव यह है कि हिन्दू सन्तों ने अध्यात्म और भक्ति योग को समझाने के लिए प्रदेश की भाषाओं का उपयोग शुरू किया। (के. एल. पण्णीकर, पृ. 132, जदुनाथ सरकार, पृ. 247) कुछ इतिहासकारों ने लिखा है कि भारत में बड़े पैमानों पर इसी प्रभाव के कारण एकेश्वरवाद का प्रचार-प्रसार शुरू हुआ। तो अन्य इतिहासकारों ने लिखा कि एकेश्वरवाद का सिद्धान्त भारत के लिए नया नहीं था; परन्तु सूफियों के कारण यह विचार तेजी से फैला। तो कुछ ने कहा कि केवल सूफियों के कारण ही भारत में भक्ति सम्प्रदाय की शुरुआत बड़े पैमाने पर शुरू हुई। सूफी सन्तों ने एकेश्वरवाद के साथ-साथ जातिभेद विरहित बन्धुत्व का भी समर्थन किया था। भाषा तथा उपासना पद्धति भिन्न-भिन्न हों तो भी भक्ति सगुण पूजा की हो या निर्गुण पूजा की ईश्वर और सत्य एक ही है, इस तत्त्व का उन्होंने जोरदार प्रचार किया। महाराष्ट्र के प्रतिष्ठित अध्येता श्री शरद पाटील के मतानुसार देवगिरी के यादवों के काल में कनिष्ठ जातियों के सन्तों को कोई स्थान नहीं था। महाराष्ट्र में बहमनी राज्य की स्थापना और सूफी सन्तों के आगमन के बाद सन्त आन्दोलन ने जोर पकड़ा। ब्राह्मणेतर सन्तों ने कितने भी जोर-शोर से ईश्वर भक्ति का प्रचार किया हो तो भी उनकी समता आध्यात्मिक स्तर तक ही सीमित रही। शूद्र और अतिशूद्र जाति के सन्त जाति के बन्धन तोड़ नहीं पाए। परन्तु मुस्लिम सूफी सन्त अलबत्ता सभी जातियों में घुल-मिल जाते थे। इस कारण भक्ति सम्प्रदाय में समता के तत्त्वको महत्त्व प्राप्त हो गया। कर्मकांड और जातिव्यवस्था से ग्रसित हिन्दू विचारों पर वास्तव में यह बहुत बड़ा प्रहार था। इतिहासकार क्षितिमोहन सेन के मतानुसार भारत में सूफी सन्तों के आने के पूर्व हिन्दू भक्ति पन्थ केवल उच्चवर्णीयों, उच्च जातियों तक ही सीमित था। उसे व्यापक स्वरूप सूफियों के कारण प्राप्त हुआ। (क्षितिमोहन सेन : मीडिवल मिस्टिसिजम ऑफ इंडिया, 1935, पृष्ठ 3-4) इसका अर्थ हुआ कि सूफियों के प्रभाव के कारण भिन्न जातियों में सन्तों की परम्परा शुरू हो गई, यह बात समन्वय की प्रक्रिया में एक महत्त्वपूर्ण घटना के रूप में दर्ज कर सकते हैं।

यह समन्वय की प्रक्रिया केवल धार्मिक, आध्यात्मिक स्तर तक ही सीमित नहीं थी। 1880 के बाद भारत में ब्रिटिशों की प्रेरणा से इतिहास लेखन की जो परम्परा शुरू हुई और इलियट डाऊसन ने इतिहास के माध्यम से जो मानसिकता तैयार की, उसके परिणामस्वरूप आर. सी. मजूमदार अथवा जदुनाथ सरकार

जैसे इतिहासकारों ने भी उपरोक्त प्रक्रिया की उपेक्षा की है। तथाकथित राष्ट्रवादी और हिन्दुत्ववादी इतिहासकारों ने पूर्ण रूप से विकृत चित्र खड़ा किया।

1857 के ब्रिटिशविरोधी लड़ाई में हिन्दू और मुस्लिम सत्ताधारी (कुछ सीमित स्थानों पर) एक हुए थे। सेना और जनता अलबत्ता एक हुई थी। मुगल बादशाह के नाम से लड़नेवाले इन सैनिकों में धार्मिक शत्रुत्व की भावना नहीं थी। ग्रामीण और प्रदेश के स्तर पर भी हिन्दू और मुसलमान प्रजा में भी ब्रिटिशविरोधी मानसिकता तैयार हुई थी।

ब्रिटिशों के आगमन के बाद भारत के विभिन्न विभागों में जो किसान आन्दोलन हुए, 1859 के पूर्व जो ब्रिटिशविरोधी लड़ाइयाँ हुई उनमें भी इस समन्वय का प्रतिबिम्ब दिखलाई देता है। प्रो. बिपिनचन्द्र ने ब्रिटिशों के आगमन के बाद शुरुआत के सौ वर्षों में हिन्दू और मुस्लिम सत्ताधारियों ने समान अहसासों से ब्रिटिशों के विरोध में जो लड़ाइयाँ लड़ी हैं, उसकी जानकारी दी है। इसके अलावा प्रस्थापित सत्ताधारी वर्ग के साथ ही हिन्दू-मुस्लिम पंडित, मोलवी और साहित्यिक इकट्ठे होकर ब्रिटिश सत्ता के विरोध में किस प्रकार के विचार व्यक्त कर रहे थे, इसका भी उल्लेख उन्होंने किया है। 1763 से 1856 इस कालखंड में ब्रिटिश विरोधी छोटे-बड़े संघर्ष हुए, तो 40 बड़ी लड़ाइयाँ हिन्दू-मुस्लिम सत्ताधारी वर्ग और प्रजा ने लड़ी हैं ऐसी प्रस्तुति उनकी है। प्रमाणों के साथ उत्तर भारत के ब्रिटिश विरोधी किसान आन्दोलनों का उल्लेख करते हुए बिपिनचन्द्र जी ने 1859-60 में घटित नील उत्पादक किसानों के संघर्ष की जानकारी दी है। यह संघर्ष या लड़ाई तत्कालीन बृहद बंगाल प्रदेश में हुई। उन्होंने लिखा है कि उनका यह आन्दोलन सफल होने के मूल में दो मुख्य कारण थे—पहला कारण किसानों द्वारा बतलाया गया अनुशासित आचरण और संघटनात्मक संघर्ष और दूसरा कारण हिन्दू-मुसलमानों में एका। हिन्दू और मुसलमान किसानों की एका के उदाहरण के रूप में वे 1885 के कूल कायदा कानून के विरोध में हिन्दू-मुस्लिम किसानों के आन्दोलन का ये उल्लेख करते हैं। (बिपिनचन्द्र इंडियाज स्ट्रगल फॉर इंडिपेंडन्स, पृ. 43, 53, 54, 55) इसी प्रकार की जानकारी प्रो. ए.आर. देसाई और प्रो. घनाग्रे द्वारा लिखित किसान आन्दोलनों से सम्बन्धित ग्रन्थों में मिलती है। बाद के काल में बंगाल के हिन्दू जमींदार और मुस्लिम रयत तथा केरल के हिन्दू जमींदार और मुस्लिम मोपला रयत में हुए संघर्ष को धार्मिक रूप दिया गया और उस कारण कृषि जीवन के स्तर पर हिन्दू और मुसलमान किसानों में जो सहयोग था, जो एका था उसकी पूर्ण रूप से उपेक्षा हो गई।

किसानों की तरह हिन्दू-मुस्लिम साधु और फकीरों ने ब्रिटिश विरोधी आन्दोलन में एकत्रित रूप से साझेदारी की थी। 1773 का फकीरों और संन्यासियों का ब्रिटिश विरोधी आन्दोलन उल्लेखनीय है। मदारिया पन्थ का फकीर मजनूँ शाह और हिन्दू साधू भवानी पाठक ने मिलकर ब्रिटिश विरोधी आन्दोलन खड़ा किया था। साधू फकीरों का यह आन्दोलन 1880 तक चला। ठीक इसी प्रकार वहाबी पन्थ के लोगों ने जो ब्रिटिश विरोधी आन्दोलन शुरू किया था, उनमें जैसे कट्टर वहाबी थे, वैसे ही हिन्दुओं से सहयोग की भाषा करनेवाले वहाबी भी थे।

प्रकरण 5

भारत में ब्रिटिशों की सत्ता-मुसलमान और ऐतिहासिक घटनाओं का क्रम

पिछले प्रकरण में 17वीं सदी के उत्तरार्ध में लोकजीवन के स्तर पर सामाजिक और सांस्कृतिक समन्वय के प्रयत्न कैसे चल रहे थे, और उस कारण हिन्दू-मुसलमानों की सम्मिश्र और गंगा-जमुनी संस्कृति कैसे विकसित हो रही थी, इसका विवेचन किया गया। उसके बाद यूरोप में घटित औद्योगिक क्रान्ति के बाद यूरोपियन देशों में जो व्यापारी स्पर्धा शुरू हुई और अपनी वस्तुओं को बेचने के लिए, अपना उत्पादन बढ़ाने के लिए एशिया और अफ्रीका के देशों पर उनके उपनिवेशवादी आक्रमणों की शुरुआत हो जाती है। इजिप्त से अफगानिस्तान और भारत तक के मुस्लिम सत्ताओं पर आरम्भ में व्यापारी कम्पनियों ने और बाद में यूरोपीय सत्ताधारियों ने आक्रमण शुरू किया। वहाँ की सत्ताओं को उन्होंने उखाड़ फेंका। उन देशों पर विजय प्राप्त किया। इन सभी देशों की अर्थ व्यवस्था, कृषि व्यवस्था, व्यापार आदि को तहस-नहस कर दिया। इसके काफी दूर तक प्रभाव इजिप्त से लेकर भारत के मुस्लिमों पर हुआ। उसी के परिणामस्वरूप तो पश्चिम एशियाई अरबी प्रदेशों में आक्रामक वहाबी पन्थ का उदय हुआ। वहाबी पन्थ और वहाबी लड़ाकुओं के पन्थ इन दोनों का तत्कालीन स्थिति का आकलन एक जैसा नहीं था। उनके लक्ष्य भी भिन्न-भिन्न थे। अगले प्रकरण में वहाबियों में स्थित जटिलता के विवेचन का प्रयत्न है।

भारतीय मुसलमानों की समाज-संरचना और मानसिकता की चर्चा यही इस लेखन का लक्ष्य है, इस कारण भारतीय मुसलमानों के सम्मुख ब्रिटिश काल में जो स्थितियाँ निर्माण हुई थीं, उसका विवेचन यहाँ करना है। ब्रिटिशों का उपनिवेशवादी आक्रमण अगर इस देश में न हुआ होता, तो यहाँ एक अलग प्रकार का भारत निर्माण हुआ होता। कम्पनी सरकार और ब्रिटिश सरकार के कारण इस देश का इतिहास और भूगोल भी बदल गया।

ब्रिटिशों के राज में भारतीय मुस्लिमों की राजनीतिक संस्थाओं पर और उनके सामाजिक जीवन पर गम्भीर स्वरूप के परिणाम हुए। इतना ही नहीं यहाँ की मुस्लिम मानसिकता पर भी इसका गम्भीर असर हुआ। इन प्रभावों का स्वरूप मिश्रित स्वरूप का था। ब्रिटिश सत्ता के प्रभाव या परिणाम के दो प्रमुख मोड़ हैं। पहला मोड़ ईस्ट इंडिया कम्पनी के व्यापारी लूट का है। दूसरा मोड़ यह कि ब्रिटिश सत्ता के गलत कारोबार का है। विशेष रूप से 1857 के विद्रोह के बाद ब्रिटिशों ने मुसलमानों के साथ विद्वेष की, प्रतिशोध की राजनीति की, मुस्लिमों के वरिष्ठ वर्णियों को शक्तिहीन कर दिया। हजारों मुसलमानों को मौत के घाट उतारा, फाँसी पर चढ़ाया, दिल्ली-लखनऊ जैसे शहरों को ध्वस्त किया। उनकी सम्पत्ति लूट ली। इसका गहरा प्रभाव मुस्लिम मानसिकता और मुस्लिम राजनीति पर हुआ।

आरम्भ में ब्रिटिशों का यह आक्रमण ईस्ट इंडिया कम्पनी के रूप में हुआ। व्यापार करने के लिए आई कम्पनी ने व्यापार की सुविधा के लिए, रियायतों के लिए अपने अधिकारियों से कहा कि मुस्लिम सत्ताधारियों से सम्पर्क करें। उन्होंने किया और मुस्लिम सत्ताधारियों से रियायतें लेते-लेते कम्पनी ने अपनी सरकार स्थापित की। जिस काल में कम्पनी अपनी सत्ता स्थापन करने के लिए प्रत्यनशील थी उस काल में मुगल सत्ता पूर्णत: तितर-बितर हो गई थी। किम्बहुना वह नाममात्र ही थी। औरंगजेब के बाद मुगल सत्ता का दिवालियापन स्पष्ट हो रहा था। औरंगजेब के बाद देश के अनेक स्थानों के मुगल प्रमुखों ने अपनी स्वतन्त्र रियासतें स्थापित कीं। आपसी लड़ाइयों से भी वे परेशान थे। मराठों ने मुगल सत्ता को बनाए रखा था। जाट, सिख, मराठा, अफगानी आदि की रियासतें स्थापित हो गई थी। प्रो. हार्डी के मतानुसार जाट और मराठों की तरह कम्पनी के अधिकारियों से और उनकी सेना से समझौता करने की मानसिकता मुगल सत्ताधारियों में तैयार हो चुकी थी। (हार्डी, पृ. 31-32)

आरम्भ में मराठों ने और बाद में ब्रिटिशों ने दिल्ली में स्थित बादशाही पर अपना प्रभुत्व स्थापन कर दिया था। मराठों की तरह ब्रिटिश भी चले जाएँगे और मुगल सत्ता फिर से प्रस्थापित होगी, ऐसा मुस्लिम सामन्तों को लग रहा था। परन्तु लॉर्ड वेलस्ली ने अत्यन्त धूर्तता के साथ शाह आलम को लॉर्ड लेक को ही सरसेनापति करने लगवाया और उसके जरिए मुगल बादशाही अपने नियन्त्रण में ले ली। मुगल बादशाह को पेन्शन दी जाने लगी। धीरे-धीरे उसके सभी विशेषाधिकार, मानमरातब निकाल लिए गए। बादशाह को नजराने देने

की पद्धति थी, उसने बन्द करवाई। इस प्रकार कम्पनी ने अपनी सत्ता कायम की। कम्पनी द्वारा नियुक्त गव्हर्नर-जनरल ने समय-समय पर अलग-अलग कानून बनाकर मुस्लिम सामन्ती वर्ग के और वरिष्ठ वर्णीय मुस्लिम श्रेष्ठीजनों के अधिकार निकाल लिए।

कम्पनी सरकार को महसूल की जरूरत थी इसलिए उन्होंने सबसे पहले इब्राहीम लोदी के काल से सिपाहियों को अपने अधीन रखनेवाले जो सैनिक अधिकारी थे, उनका पद ही निकाल लिया। और वेतनभोगी सैनिकों की नियुक्ति करना शुरू किया। सैनिको की व्यवस्था ही बदल जाने से मुस्लिम सत्ताधारियों में परम्परा से चलते आ रहे घोड़ों का दस्ता ही बन्द हो गया। सैनिक अधिकारियों को 60 से 70 रुपये वेतन पर काम करने की नौबत आ गई। इस प्रकार मुस्लिम सामन्त, सैनिक अधिकारी (सिपहसालार) और लड़ाकू घुड़सवारों का वर्ग अड़चन में फँस गया। 1857 के विद्रोह के मूल में एक कारण यह भी था। मुगल सत्ता कम्पनी सरकार के यहाँ आने से नौकरदार मुसलमानों का वर्ग (सिपाहियों का वर्ग) और प्रशासकीय नौकरदार बेरोजगार की खाईं में चले गए। विशेष रूप से बंगाल और उत्तर प्रदेश के न्याय-विभाग और महसूल विभाग पर मुसलमान नौकरों का एकाधिपत्य था। कम्पनी सरकार ने प्रशासकीय भाषा पर्शियन के बजाए अंग्रेजी कर देने से उनकी यह एकाधिकारशाही खत्म हो गई। ये नौकरियाँ अंग्रेजी पढ़े-लिखे हिन्दू शिक्षितों के यहाँ गई। वॉरेन हेस्टिंग्ज के कार्यकाल में मौलवी, मुफ्ती ये पद तो रहे; परन्तु उनका वर्चस्व, उनकी प्रतिष्ठा खत्म हो गई। मुस्लिम फौजदार की जगह अंग्रेज मैजिस्ट्रेट आ गया। लॉर्ड कार्नवालिस तक आते-आते इस क्षेत्र में मुसलमानों को जो प्रथम स्थान था, वह दोय्यम हो गया।

उत्तर-पश्चिम प्रदेश के न्याय विभाग के 72% स्थान 1850 तक मुस्लिमों के पास थे। महसूल विभाग में भी वे ही अधिक थे। धीरे-धीरे वहाँ से उनकी जगहें कम होती गई। जहागिरें भी निकाल लेने का काम शुरू हुआ। बंगाल प्रदेश में मुस्लिमों के जमीन पर के अधिकार रद्द कर दिए गए। पर्सनल सेटलमेंट कानून के तहद् मुस्लिम जमींदारों की जमीने छिन ली गई। बंगाल प्रदेश की जमीनें, महसूल विभाग पूर्ण रूप से हिन्दुओं के नियन्त्रण में चला गया। लॉर्ड कार्नवालिस के कानून ने हिन्दू और मुसलमान किसानों के जमीन पर के अधिकार ही खत्म कर दिए गए। नए प्रकार की जमींदारी तैयार हुई और खेत में काम करनेवाले वंश तैयार हुए। उदरनिर्वाह के साधनों के साथ-साथ मुस्लिम सत्ता के समय जो मानमरातब की, सम्मान की जीवन शैली प्रस्थापित हो चुकी

थी, वह भी खत्म कर दी गई। कम्पनी की गुलामी का स्वीकारनेवाले, कम्पनी द्वारा निर्माण किए गए हिन्दू और मुसलमानों की नयी प्रकार की जमींदारी व्यवस्था निर्माण हुई। परमनंट सेटलमेंट की पद्धति के कारण भारतीय समाज की बुनियादी संरचना ही बदल गई। जमींदारों का नया वर्ग निर्माण हुआ। इसके परिणामस्वरूप मुलकी, महसूली और न्याय क्षेत्र के मुस्लिम वर्ग में प्रचंड असन्तोष निर्माण हुआ। ठीक इसी प्रकार इस नई जमींदारी पद्धति में ग्रामीण स्तर के हिन्दू और मुस्लिम किसान भी व्यस्त हो गए। ये सभी अशिक्षित थे। जमीन के अधिकार और उसकी देखभाल के अधिकार उनके पास परम्परा से प्राप्त थे। पर उसका कोई लिखित दस्तावेज उनके पास नहीं था। परिणामस्वरूप परमनंट सेटलमेंट पद्धति के कारण उनके जमीन पर के पारम्परिक अधिकार खत्म हो गए। हिन्दू किसान भी बेचैन थे। इसकी प्रतिक्रिया सबसे पहले संन्यासी और फकीरों के विद्रोह में हुई (1763-1800) 1820 से शुरू हो चुके पश्चिम बंगाल के वहाबी आन्दोलन की यह एक महत्वपूर्ण पृष्ठभूमि थी। अन्याय से पीड़ित किसानों को इस्लाम के नाम पर आकृष्ट कर वहाबियों के आन्दोलन 1820 में पूर्व बंगाल में खड़ा किया गया। (शान्तिमोय रे, स्वतन्त्रता की लड़ाई और भारतीय मुस्लिम, लोकवाङ्मय, 1985 पृ. 6) प्रो. हार्डी ने वहाबियों के पुनरुज्जीवनवादी आन्दोलन को किसानों के विद्रोह की जो पृष्ठभूमि थी, उसका विस्तृत विवेचन किया है।

एक व्यापारी कम्पनी ने अब सत्ताधारी बनकर पहले ही जर्जर अवस्था में पहुँची मुगल सत्ता को अपने नियन्त्रण में ले लिया, पूरी व्यापारी बेईमानी और लूट करके। 1818 में दक्षिण में स्थित पेशवाओं की सत्ता को उखाड़ फेंका। बंगाल और मद्रास की सूबेदारी अपने हाथों में ली। गव्हर्नर जनरल की नियुक्ति कर विभिन्न प्रकार के रेग्युलेटिंग कानून बना करके जमीनों को अपने कब्जे में ले लिया। नई जमींदारी व्यवस्था ला दी। इसके गम्भीर परिणाम भारत की कृषि व्यवस्था और अर्थ व्यवस्था पर हुए। उत्तर भारत में उत्तर-पश्चिम सीमा प्रदेश से लेकर बंगाल तक की राजनीतिक सत्ता मुस्लिम सूबेदार और प्रदेश के नवाबों के हाथों में थी। बंगाल तो बहुत बड़ा सत्ता केन्द्र था। इन सबको सत्ताहीन कर देने के कारण सत्ता के आश्रय पर टिका सैनिक वर्ग, महसूल विभाग, न्याय विभाग इन सभी विभागों में कार्यरत मुस्लिम बेरोजगार के शिकार हुए। बंगाल का कृषि क्षेत्र मुसलमानों के हाथों में था, वह भी गया। गाँवों में निचली जाति के धर्मान्तरित व्यावसायिक जातियाँ और रेहनदारी जातियाँ थीं। उनका भी स्वायत्त अस्तित्व बिखर गया मुसलमानों की शिक्षा संस्थाएँ मदरसे के आय

के साधन चले गए। पर्शियन के बजाए अंग्रेजी के कारण पर्शियन जाननेवाला मुस्लिम अब निरक्षर साबित हुआ। मौलवियों का अस्तित्व भी समाप्त होने लगा। मस्जिदों को जो आय—नवाबों द्वारा मिलती थी वह भी खत्म हो गई। इसी कारण फकीर-संन्यासियों के विद्रोह के बाद सय्यद अहमद बरेलवी से लेकर दादू मियाँ तक—उलेमा तथा धर्मगुरुओं का वर्ग ही ब्रिटिशविरोधी आन्दोलन में सक्रिय हो गया। उस काल में लोकआन्दोलन खड़ा करने के लिए धर्म का आवाहन एक महत्त्वपूर्ण मुद्दा था। इसी कारण वहाबी आन्दोलन धर्म की मुनादी देकर खड़ा हुआ। मुस्लिमों की सत्ता खत्म हो जाने के कारण उनकी धार्मिक, सांस्कृतिक जीवनशैली बिखर गई। इसी कारण धर्म की मुनादी देकर ही लोकआन्दोलन खड़ा करना आसान था।

उस काल में वहाबी आन्दोलन के साथ किसानों, आदिवासियों के भी विद्रोह हुए हैं। सामन्त, सूबेदार, नवाब इनके साथ ही विभिन्न क्षेत्रों के मुस्लिम ध्वस्त हो चुके थे। परिणामत: वे धार्मिक पुनरुज्जीवन की ओर मुड़े। उस काल में मुस्लिमों का शिक्षित वर्ग यह बड़े-बड़े मदरसों से शिक्षा ग्रहण कर मौलवी ही हुआ करते थे। बड़ी-बड़ी रियासतों के नवाब सामन्त आदि की शिक्षा भी मदरसों में ही हुआ करती थी। इस कारण इजिप्त से भारत तक ब्रिटिशों के आक्रमण पर और उस आक्रमण के कारण घटित प्रभावों, परिणामों पर विचार करनेवाला यही वर्ग था। 18वीं सदी के सुधारवाद और बुद्धिवाद का उपयोग कर कुरान का कालसापेक्ष अर्थ लगाकर अपने वर्तमान पर विचार कर, मुस्लिम समाज के इस अध:पतन के कारणों को दूर कर सकते हैं ऐसा विचार प्रस्तुत करनेवाले शाह वली उल्लाह प्रकांड धर्मपंडित थे। औरंगजेब के बाद का उनका कार्यकाल है। उनका बेटा शाह अब्दुल अजीज ने (1746-1823) ब्रिटिशों की सत्ता को दारुल हर्ब (युद्धभूमि) कहा था। इन दोनों पिता-पुत्र का प्रभाव जिन पर था, ऐसे उलेमा वर्ग ने ब्रिटिशविरोधी आन्दोलन की शुरुआत की। 1857 तक बंगाल से लेकर उत्तर-पश्चिम सीमा प्रदेश तक ब्रिटिशविरोधी आन्दोलनों की शुरुआत हो चुकी थी। सत्ता प्राप्त कर, कानून अपने हाथ में लेकर कम्पनी के गव्हर्नर जनरल ने मुसलमानों की सत्ता, जहागिरी, मानमरातब सभी बरखास्त कर दिए थे। इस कारण यह संघर्ष खड़ा हुआ। और यह संघर्ष धर्म का आवरण लेकर खड़ा हुआ। य. दि. फडके के मतानुसार इस काल के हिन्दू भी धर्म का आधार लेकर ब्रिटिश विरोधी आन्दोलन में उतरे थे।

व्यापारी कम्पनी के माध्यम से मुगल बादशाह और मराठों की सत्ता जबरन हड़पने वाले ब्रिटिश अलबत्ता मुस्लिम विद्रोहियों को दहशतवादी और धर्मान्ध

(फेनेटिक) कह रहे थे। भारत के हिन्दू और मुसलमानों के धर्म में हस्तक्षेप करनेवाले और दोनों धर्मों की ओर तुच्छता की नज़र से देखनवाले ब्रिटिश अलबत्ता मुसलमान विद्रोहियों को धर्मांध कह रहे थे! पोथीनिष्ठ उलेमाओं को लग रहा था कि मुसलमान कुरान प्रणित शिक्षा को भूल चुके हैं। इस्लामी तत्त्वों से दूर हो गए हैं; इसी कारण तो उनकी राजनीतिक सत्ता पराजित हुई है। इसलिए ये उलेमा एक ही समय धार्मिक शुद्धता के आचरण का आवाहन और मुस्लिम सत्ताधारियों में एका का आवाहन कर सब मिलकर ब्रिटिशों के विरोध में लड़ाई करें ऐसा कह रहे थे।

कम्पनी के गलत कारोबार के कारण उत्तर भारत में बहुत बड़ा असन्तोष निर्माण हुआ था। लॉर्ड डलहौसी की सत्ता-लालसा की महत्त्वाकांक्षा ने उसमें वृद्धि की। और रियासतों को खालसा (खत्म) करने की उसकी मुहिम के कारण नानासाहब पेशवे से लेकर झांसी की रानी, लखनऊ के नवाब, अन्य प्रदेशों के छोटे-बड़े नवाब, बंगाल के बड़े जमींदार आदि में असन्तोष निर्माण होकर 1857 का विद्रोह हुआ। इस विद्रोह में सैनिक, किसान, आदिवासी हिन्दू, मुसलमान सभी थे। परन्तु इस विद्रोह के दुष्परिणाम अलबत्ता केवल मुस्लिमों को भोगने पड़े। क्योंकि बहादूरशाह जफर के झंडे के नीचे, उसके नाम से 1857 का यह युद्ध लड़ा गया था। इसमें बड़ी संख्या में मुस्लिम सैनिक शामिल थे। यथार्थ स्थिति यह थी कि 1857 के इस विद्रोह में हिन्दू और मुसलमान दोनों थे। इसकी शुरुआत भी एक हिन्दू ने की थी। बावजूद इसके ब्रिटिशों ने इस विद्रोह के लिए केवल मुसलमानों को ही जिम्मेदार ठहराया। इस विद्रोह के प्रतिशोध के रूप में ब्रिटिशों ने बड़ी संख्या में मुसलमानों को खत्म किया। वे फिर से हिम्मत न करें, इसलिए उनको कमजोर किया गया। प्रत्येक क्षेत्र से उन्हें उखाड़ दिया गया।

1857 के ब्रिटिशों के इस प्रतिशोध की वृत्ति के दूरगामी और गम्भीर ऐसे परिणाम भविष्य की मुस्लिम राजनीति पर, समाजनीति पर, धर्मनीति पर और मानसिकता पर हुए। अपने आत्मचरित्र में नेहरू जी लिखते हैं कि 1857 के बाद ब्रिटिशों ने हिन्दुओं की अपेक्षा मुसलमानों को अधिक परेशान किया। प्रसिद्ध इतिहासकार ताराचन्द जी ने लिखा 1857 के विद्रोह के बाद मुस्लिम ब्रिटिशों के प्रतिशोध के शिकार हो गए। (ताराचन्द खंड 2, पृ. 349)

उच्च श्रेणी के मुस्लिमों की महत्त्वाकांक्षा को यह विलक्षण ऐसा धक्का था। खो चुकी सत्ता और वर्चस्व को फिर से प्राप्त करने की उनकी महत्त्वाकांक्षा मिट्टी में मिल गई थी।

प्रतिशोध की भावना से प्रेरित ब्रिटिशों द्वारा मुसलमानों के जो कत्ल किए गए थे, उसकी ओर देखने से यह स्पष्ट हो जाता है कि हत्या का यह खेल कितना अमानवीय, क्रूर और भीषण था। ब्रिटिशों के इस क्रूर अमानवीय आचरण के प्रत्यक्ष गवाह कवि गालिब ने यह सब लिख कर रखा है। कुल्लीयात ये अपने पर्शियन लेखसंग्रम में यह वृत्तान्त है। उसने लिखा है 'बाजार की ओर निकलने वाले कश्मीरी दरवाजा की सड़क पर विजयी अंग्रेज सैनिक जो भी सड़क पर दिखलाई देता, उसे खत्म कर रहे थे। सड़क पर केवल शव ही शव दिखलाई दे रहे थे। सड़क के दोनों ओर शवों को लटकाया गया था। सड़कें फाँसी के फन्दे हो चुके थे। ब्रिटिश अधिकारियों का आदेश था कि जो लोग शरण में आते हैं और अपनी सम्पत्ति दे देते हैं, उन्हीं को छोड़ दिया जाए। जो शरण नहीं आते उन्हें खत्म कर उनकी सम्पत्ति नोलिश ली जाए। यह कत्ल इतना भयावह थी कि सभी ओर बिना मुंडियों के शव ही बिखरे पड़े थे। दिल्ली शहर खून का समन्दर बन चुका था। दिल्ली के आसपास की छोटी-छोटी रियासतें बरखास्त कर दी गई। और वहाँ के सत्ताधारियों को फाँसी पर लटकाया गया। दिल्ली शहर एक कैदखाना और कब्रस्तान बन चुका था। शहर के बाहर स्थित कैदखाने में हजारों लोगों को बन्द किया गया था। उनमें से कितने वहाँ दम घुटकर गुजरें इसका कोई हिसाब-किताब नहीं।' गालिब के इस वृत्तान्तानुसार केवल दिल्ली में 27000 लोक मारे गए। (सं. पी.सी. जोशी —रेबेलियन 1857-पृ.-272-275, एन. बी. टी., दिल्ली 2007)

मुस्लिमों के सम्बन्ध में ब्रिटिशों का सन्ताप और द्वेष चरमोत्कर्ष पर पहुँच चुका था। ब्रिटिश अधिकारी विलियम हार्वर्ड रसेल ने लिखा है कि हमारी सत्ता को सबसे बड़ा धक्का मुस्लिमों ने दिया था। ब्रिटिश पन्तप्रधान लॉर्ड पामर्स्टन ने केनिंग को पत्र लिख कर यह आदेश दिया था कि भी प्रकार का विचार न करते हुए इस्लामी परम्परा की प्रत्येक वास्तु जमींदोस्त कर दो। (हार्डी पृ. 71) टाइम्स ने ईसाइयों को धार्मिक आवाहन करते हुए कहा—'मुसलमानों के गले में केवल क्रॉस मत मारो, तो उन्हें उनके मसीहा का अपमान करने के लिए मजबूर करो।' (उपरोक्त पृ. 71) हार्डी ने दिल्ली शहर में तीस हजार मुस्लिमों का सफाया किया ऐसा दर्ज किया है। पूरे दिल्ली शहर को ही ध्वस्त करने का इरादा कुछ ब्रिटिश अधिकारियों का था। लॉर्ड केनिंग जैसे कुछ विवेकसम्पन्न अधिकारी के कारण दिल्ली नष्ट होने से बच गई।

बावजूद इसके उन्होंने दिल्ली शहर का जो नुकसान किया था, वहाँ के नागरिकों पर जो जुल्म ढाए थे, उन्हें जान से मार डाला था, वह भयंकर ही

था। दिल्ली के हिन्दुओं को दिल्ली वापिस लौटने के लिए कहा गया। 1859 के बाद ही कुछ मुस्लिमों को वहाँ आने दिया गया। दिल्ली के विश्व प्रसिद्ध जामा मस्जिद का रूपान्तरण सिक्ख सैनिकों के बराकियों में किया गया था। दूसरी प्रसिद्ध फतेहपुरी मस्जिद एक हिन्दू व्यापारी को बेची गई थी। करीब 20 वर्षों बाद लॉर्ड लिटन ने उसे वापिस ले लिया। झीनतुल मस्जिद का रूपान्तरण बेकरी में किया गया बाद के काल में लॉर्ड कर्जन ने उस मस्जिद का पुनर्निर्माण किया। लाल किले में स्थित 448 यार्ड परिसर में स्थित सभी घर, मस्जिदें, व्यापारी दुकानें सभी ध्वस्त कर दिए गए थे। पुराने मुगल रजवाड़े के उत्तर में स्थित भवनों को ध्वस्त कर वहाँ से रेललाइन निकाली गई। शहर में अश्रफ मुसलमानों के जो महल थे, ये सब हिन्दुओं को बेचे गए। इस तथाकथित सुसंस्कृत ब्रिटिश सत्ता का यह असली चेहरा था। हालाँकि 1857 के विद्रोह में हिन्दू-मुसलमान दोनों भी थे। पर बदला तो मुसलमानों से ही लिया गया। (हार्डी पृ. 148)

जिस लखनऊ शहर का वर्णन गालिब ने 'हिन्दुस्तान का बगदाद' के रूप में किया था, उस लखनऊ की जनसंख्या 1857 में चार लाख थी। लखनऊ के रजवाड़े की, इमामबाड़े की तुलना रूस के क्रेमलीन से की जाती थी। उस इमामबाड़े को भी ध्वस्त करने का प्रयत्न हुआ। उसका अधिकांश हिस्सा गिराया गया। इस शहर के दो पंचमांश भवन गिराये गए। मस्जिदें नष्ट की गई। अथवा उनका रूपान्तण सैनिकी बराकों में किया गया। (हार्डी पृ. 149-150) इस प्रकार 1857 के असफल विद्रोह के बाद मुस्लिमों के जो राजनीतिक सत्ता केन्द्र थे; जैसे दिल्ली, लखनऊ, फैजाबाद उन सभी को ध्वस्त कर दिया गया। बहादुरशाह जफर के बेटों को गोलियों से भूना गया। बहादूरशाह जफर की मौत के बाद उसका शव चूने में डालकर दफनाया गया। तांकि उसकी हड्डियाँ तक न बचें। संयोग से गालिब बच गया। उसके साथ के अनेक कवि, लेखक, कलाकार मारे गए। हजारों मुस्लिम सैनिक खत्म हुए। कुछ तोफों के मुँह लटकाया गया। कुछ को पेड़ों पर लटका कर फाँसी दी गई। यह सब अंग्रेजों ने अपनी धूर्तता से किया था। वे तो विदेशी थे। व्यापार वृद्धि के लिए गुदामों की स्थापना करते-करते उन्होंने धूर्तता से मुगल सत्ता हथिया ली। बंगाल की सूबेदारी डुबोई। पेशवाई खत्म की सातारा की गद्‌दी, झांसी और आन्ध्र की सत्ता खालसा कर दी। रियासतें अपने नियन्त्रण में ले ली। दोष मूलत: यहाँ के हिन्दू और मुस्लिम सत्ताधारियों का था। उनमें आपसी झगड़े तो अंग्रेजों ने ही लगवाए। सभी बादशाह, राजा, रियासतों के प्रमुख, नवाब भ्रष्ट और

ऐशोआराम के आदी हो चुके थे। उन्होंने ही ब्रिटिशों को निकट लिया। अपने प्रतिस्पर्धी को पराजित करने के लिए।

उपनिवेशवाद के इतिहास में इतनी सहजता से और धूर्तता से यह विशाल देश अपने नियन्त्रण में रखने का दूसरा उदाहरण नहीं है। एक पूरी कौम को ध्वस्त करने का उनका प्रयत्न था। वहाबी विद्रोहियों का, वासुदेव बलवन्त फड़के तथा 1857 के क्रान्तिकारियों का अपराध क्या था? वे अपने देश को स्वतन्त्र करने का प्रयत्न तो कर रहे थे। इस पूरी प्रक्रिया में मात्र मुसलमानों को दोषी तय करके उनसे लिया गया प्रतिशोध वास्तव में ईसाई साम्राज्यवाद के मन में क्रूसेड के काल से इस्लामी सताधारियों के प्रति जो क्रोध, गुस्सा था उसका यह प्रतीक था। क्रूसेड के काल से लेकर 21वीं सदी तक इरान-अफगान तक के राष्ट्रों को बेचिराख करनेवाले पश्चिमी राष्ट्र मुस्लिमों को धर्मांध घोषित कर रहे हैं। ये सभी पश्चिमी साम्राज्यवादी राष्ट्र खुद ही धार्मिक द्वेष की राजनीति करते रहे हैं। वे आरम्भ से ही इस्लाम और उसके अनुयायियों को अपना खतरनाक प्रतिस्पर्धी मानते रहे हैं।

परिणामत: इन विभागों के मुसलमानों को जो धक्का बैठा वह उनके कुल राजनीतिक और सामाजिक आचरण को प्रभावित करनेवाला था। इसके साथ ही उस काल का यह भी एक यथार्थ है कि सब-के-सब मुसलमान ब्रिटिशों के विरोध में गए नहीं थे। कम्पनी सरकार के काल से ही मुस्लिमों में स्थित अश्रफ वर्ग के अनेक मुस्लिम परिवार सरकारी पदों पर नियुक्त थे। सर सय्यद अहमद के पिता जी उनमें से एक थे। खुद सर सय्यद अहमद कम्पनी की नौकरी में थे। उत्तर-पश्चिम प्रदेश के अनेक मुस्लिम जागीरदार ब्रिटिश पेन्शन पर मौज कर रहे थे। लॉर्ड कार्नवालिस के परमानेंट सेटलमेंट पद्धति के कारण वे जमींदार भी बन चुके थे। अनेक मुस्लिम सामन्तों ने तत्कालीन स्थिति को ध्यान में रखकर कम्पनी सरकार से मेलजोल बढ़ाया था। यह वर्ग राजनिष्ठ मुसलमानों का था। विद्रोह के कारण उन पर कोई आघात नहीं हुआ। उल्टे ब्रिटिशों ने इन्हें और भी रियायतें दी है।

लॉर्ड केनिंग ने स्पष्ट रूप से कहा था कि दिल्ली में हमारे विरोध में लड़नेवाले हिन्दू और मुसलमान दोनों थे। हम अगर हिन्दू के मन्दिर और मुसलमानों को मस्जिदें ध्वस्त करने की नीति अपनाने तो हमारे विरोध में वे दोनों एक हो जाते। मुट्ठी भर अंग्रेज लेकर हमें पन्द्ररह करोड़ लोगों पर राज करना था। इसलिए इन दोनों के मन में हमारे प्रति दहशत पैदा करके ही हम यहाँ राज कर सकते हैं। (हार्डी पृ. 72) और अगर मुसलमान हमारे

प्रति वफादार होने लगे और पिछली वैभव की बातें याद करके विद्रोह नहीं करने लगे, तो फिर वे केवल मुस्लिम है, इसलिए उन पर अत्याचार नहीं किए जाएँगे। लॉर्ड केनिंग जैसे अधिकारी द्वारा स्वीकार की गई इस नीति के कारण धीरे-धीरे राजनिष्ठ मुसलमानों का एक गुट तैयार होने लगा। धीरे-धीरे हिन्दू और मुसलमानों में अलगपन की भावना तैयार होने की शुरुआत होने लगती है। इसके साथ इन दोनों में स्पर्धा की भावना तैयार होती गई। ब्रिटिशों के आने के पूर्व इन दोनों में जो सौहार्द था, सहयोग था वह धीरे-धीरे बदलने लगा। कम्पनी द्वारा तैयार किए गए इतिहास की पाठ्यपुस्तकों ने इस अलगाव को खादपानी दिया। जागीरदार, रियासतें और जमींदारों में एक वर्ग ब्रिटिशों के प्रति इमानदार रहनेवालों का तैयार हुआ। राजनिष्ठा की कसौटियों पर उनको स्वीकार किया जाता था, तो भी राजनिष्ठा की शर्तें ब्रिटिश ही तय करते थे। मुसलमानों के विचार और उनकी मानसिकता में परिवर्तन करने हेतु, उन्हें शैक्षिक रियासतें देने की नीति ब्रिटिशों ने तैयार की। हिन्दू और मुसलमानों में समान सन्तुलन बनाए रखकर उन्हें अपने नियन्त्रण में रखने की नीति ब्रिटिशों ने अपनाई।

यह सब एक ओर चल रहा था, तो दूसरी ओर वहाबी मुजाहिदियों के लड़ाकू आन्दोलन रुके नहीं थे। मुजाहिदीन छोटे-बड़े सशस्त्र आन्दोलन कर ही रहे थे और कुछ उलेमा यह उपदेश कर रहे थे कि उचित अवसर की प्रतीक्षा करते रहो। कुछ ब्रिटिश इतिहासकारों को लग रहा था कि इस्लाम धर्म के कारण ही मुसलमान विद्रोह और जिहाद के लिए प्रवृत्त होते हैं। ब्रिटिश भारत में अगर कोई हिंसा की घटना हुई कि उसके मूल में वहाबी आतंकी हैं ऐसा सन्देह ब्रिटिश अधिकारियों को होता था और उन्हें वे पकड़ कर सीखचों के पीछे डाल देते। 2014 से अब के भारत में यही हो रहा है।

समस्या केवल मुस्लिम मुजाहिदों की नहीं थी, हिन्दुओं में भी 1857 के पराजय के बाद विलक्षण ऐसी बेचैनी थी। उसकी निष्पत्ति आगे चलकर हिन्दू-मुसलमानों के क्रान्तिकारी सशस्त्र आन्दोलन में हुई। कोलकाता हाइकोर्ट के सरन्यायाधीश नॉर्मन की हत्या करनेवाला अब्दुल्ला (1871) बाद में लॉर्ड मेयो का खून करनेवाला शेर अली ये वहाबी आन्दोलन के आतंकी थे, ऐसा कहा गया है। उनके वहाबी होने के स्पष्ट सबूत कहीं मिलते नहीं। 1820 से वहाबियों के ब्रिटिश विरोधी आन्दोलन चल ही रहे थे। मुजाहिदीन संगठन उनका ही एक हिस्सा थी। ब्रिटिशों को लग रहा था कि इस्लाम धर्म के आदेशानुसार मुसलमान महारानी सरकार के विरोध में विद्रोह करने प्रतिबद्ध हैं। इससे सम्बन्धित अधिक जानकारी लेकर अहवाल प्रस्तुत करने हेतु हंटर कमीशन की नियुक्ति की गई।

वहाबी और मुजाहिदीन ये केवल धर्म के आदेश के कारण सशस्त्र आन्दोलन नहीं कर रहे थे। ब्रिटिश साम्राज्य ने इजिप्त से लेकर हिन्दुस्तान तक के सभी मुस्लिम राज्यों पर कब्जा किया था। इतना ही यह कारण नहीं था, तो यूरोपीयन साम्राज्यवाद ने इस्लामी जीवन पद्धति, कानून और संस्कृति को चुनौती दी थी, इसी कारण ब्रिटिशों का प्रदेश यह युद्धभूमि (दारुलहर्ब) है, ऐसा उस काल के इस्लामी विचारक और उलेमाओं को लग रहा था अन्धश्रद्धा से युक्त ईसाई पोथीनिष्ठता से बाहर आकर ही ईसाई यूरोप ने विज्ञान और तकनीकी को विकसित किया था। यूरोपीयन ईसाई राष्ट्रों को प्रगति के मूल में यही सबसे बड़ा कारण था—धार्मिक पूर्वग्रहों से मुक्त होना।

इतिहास गवाह है कि अरबी पंडितों ने ही यूरोप को विज्ञान की शिक्षा दी थी। सम्पूर्ण ग्रीक विज्ञान और तकनीकी ज्ञान उन्होंने ही यूरोप में पहुँचाया था। कुरान से प्रेरणा लेकर पंडितों ने यह सब किया था परन्तु 9वीं सदी के बाद के इस्लामी धर्मपंडित अन्धश्रद्धालु, विवेकहीन और पोथीनिष्ठ बन गए। श्रद्धा और बुद्धि के मायाजाल में वे अटके रहे। सफासिद साम्राज्य से अब्बासिद और ऑटोमन साम्राज्य तक जो सत्ता और वैभव इस्लाम को प्राप्त हुआ था, उसी को ये इस्लामी सम्प्रदाय की सफलता मानते रहे। और इसी कारण यूरोपीयनों ने इस्लामी सत्ताओं को पराजित कर इस्लामी विचारों को चुनौती देने के कारण पोथीनिष्ठ उलेमा चिढ़ गए थे। हम ज्ञान क्षेत्र में पीछे हो गए हैं, इसे वे भूल गए। वहाबी और मुजाहिदीन के विद्रोह का यह एक कारण था। केवल भारत में ही नहीं, तो सारी मुस्लिम दुनिया में यूरोपियनों के उपनिवेशवादी आक्रमण के विरोध में मुस्लिमों में चार प्रकार की प्रतिक्रियाएँ निर्माण हुई है, ऐसा दिखलाई देता है।

ये हैं (1) पश्चिमी सत्ता का पूर्णत: विरोध (रिजेक्शन) अथवा (2) पश्चिमी वैज्ञानिक संस्कृति, भाषा ज्ञान इससे पूरी कौम को पूर्णत: दूर रखना (3) पोथीनिष्ठता के कोश में खुद को बन्द कर लेना और (4) विरोध के लिए जिहाद अर्थात् युद्ध तथा देशान्तर का भी निर्णय। दूसरी तरफ इजिप्त, ईरान और तुर्किस्तान में अपनी सत्ता को मजबूत करने के लिए वहाँ के मुस्लिम राजाओं ने पश्चिमी सेना पद्धति, युद्ध की पश्चिमी तकनीक, सुरक्षा की व्यवस्था और अंग्रेजी तथा फ्रेंच भाषाओं के माध्यम से शिक्षा की व्यवस्था को स्वीकार किया। परन्तु ज्ञान में स्थित सर्जनशीलता को स्वीकार उन्होंने नहीं किया। इस कारण ब्रिटिश साम्राज्यवादी सत्ता के सम्मुख वे टिक नहीं पाए। एक अन्य प्रक्रिया भी इन मुस्लिम राष्ट्रों में शुरू हुई और वह महत्त्वपूर्ण थी। इजिप्त में

मुहम्मद अब्दुल, मोरक्को में अल्लाह फसी, ट्यूनेशिया में अब्दुल अजीज अल शलाबी, ईरान में जमालुद्दीन अफगानी इन विचारकों ने इस्लाम के विचारों में सर्जनशीलता लाकर, आधुनिकता की प्रक्रिया शुरू किए बगैर, मुस्लिमों के अध:पतन की प्रक्रिया रुकनेवाली नहीं है ऐसा विचार प्रस्तुत कर इसके लिए सम्बन्धित प्रदेशों में आन्दोलनों की शुरुआत की। एक-दो अकेले ब्रिटिश साम्राज्य को पराजित नहीं कर सकते, इसलिए इजिप्त से लेकर भारत तक के क्रान्तिकारियों को इकट्ठे कर सामुदायिक आन्दोलन शुरू करने के प्रयत्न किए। अफगानी के विचारों से ही प्रेरणा लेकर मौलाना, बरकतुल्लाह, ओबेदुल्ला सिन्धी जैसे क्रान्तिकारक इस आन्दोलन में कूद पड़े। हिन्दू क्रान्तिकारियों को लेकर अफगानिस्तान में 1895 में राजा महेंद्रप्रताप की अध्यक्षता में अस्थायी सरकार की स्थापना की। अफगानिस्तान के शाह इस आन्दोलन से अलग हो गए। परिणामत: क्रान्तिकारक पकड़े गए। इस इतिहास से सभी परिचित है। (जॉन इस्पोसिटो—दि इस्लामिक थ्रेट, पृ. 51 से 54)

भारत में हिन्दू और मुसलमान क्रान्तिकारियों के प्रयत्न सफल नहीं हो सके। ब्रिटिशों की अमर्याद शक्ति के सम्मुख उनका टिक पाना सम्भव भी नहीं था। भारतीय मुसलमानों के नेतृत्व में ब्रिटिशों की कृपा से, अपने समाज की प्रगति के लिए प्रयत्न करनेवाले राजनिष्ठ मुसलमान तो थे ही। तो दूसरी तरफ कांग्रेस की स्थापना के समय से ही, कांग्रेस के उदारमतवादी जनतन्त्र की प्रणाली का समर्थन करनेवाले बद्रुद्दीन तय्यबजी जैसे नेता भी यहाँ थे। उलेमाओं का एक गुट उनकी तरफ भी था। मुसलमानों का भारत का राजनीतिक यथार्थ कुछ अलग ही था। वह अन्य मुस्लिम देशों से भिन्न हैं। भारत में भले ही मुस्लिम सत्ता रही होगी, तो भी यहाँ हिन्दू हमेशा बहुसंख्यक ही रहे हैं। मुसलमान भी यहाँ हमेशा अल्पसंख्यक ही रहे हैं। ब्रिटिशों द्वारा शुरू किया गया गव्हर्नर जनरल का कौन्सिल, कानून की समितियाँ और लोकप्रतिनिधित्व की राजनीति के कारण राजनीति के समीकरण बदल जाते हैं। विश्व के सभी मुस्लिमों में एका कर भी दें तो भी भारत में हिन्दू बहुसंख्यक होने के कारण सम्पूर्ण सत्ता मुसलमानों के हाथों कभी भी नहीं आ सकती—इसे अंग्रेजी शिक्षा गृहण कर चुके मुस्लिम अभिजन की समझ में आ गया था। इसी कारण सर सय्यद जैसों का एक गुट ब्रिटिशों की मर्जी को सम्भालते हुए राजनीतिक सुविधाएँ प्राप्त कर मुसलमानों की प्रगति के लिए प्रयत्न कर रहे थे। अर्थात् इसमें उनके खुद के वर्ग (अश्रफ मुसलमान केवल) के हित सम्बन्धों को भी राजनीति तो थी ही। उदारमतवादी मुस्लिम नेताओं का दूसरा गुट कांग्रेस के साथ रहते हुए अलगपन

के बजाए सहयोग और सामुदायिक हितों की राजनीति को आगे लाने का प्रयत्न कर रहा था। मुजाहिदीन और हिन्दू-मुस्लिम क्रान्तिकारकों के आन्दोलनों को ब्रिटिशों ने पूरी क्रूरता से खत्म कर देने के कारण, ऐसे आन्दोलन की सम्भावना अब खत्म हो चुकी थी।

वरिष्ठ वर्ग के सामन्त, रियासतों के प्रमुख, जमींदार और सर सम्बद जैसे—अश्रफ मुसलमान इनके सम्मुख ब्रिटिशों द्वारा लाईं गई नयी शासन व्यवस्था, प्रतिनिधित्व पर आधारित जनतान्त्रिक प्रणाली का विचार इस कारण हिन्दू-मुस्लिमों की राजनीति का स्वरूप ही बदल गया। बहुसंख्यक अल्पसंख्यक का फार्मूला मुस्लिम राजनीतिक अभिजनो को ध्वस्त करनेवाला ही था। क्योंकि अब मुसलमान भारत में स्थायी रूप से अल्पसंख्यक ही रहनेवाले थे। इस कारण अब हमारी राजनीतिक सत्ता स्थायी रूप से चली गई है इसका अहसास उन्हें होने लगा। इस अल्पसंख्यक का दर्जा भर कर निकालने के लिए उन्होंने एक नया सिद्धान्त खोज निकाला कि विश्व के सभी मुसलमान एक हैं, सभी मुस्लिम उस उम्मा (मुस्लिमों का समाज) के सदस्य होते हैं, इस कारण हम विश्व उम्मी के सदस्य हैं, इस कारण अल्पसंख्य नहीं हैं। उम्मा के सम्बन्ध में जो परस्पर विरोधी मत हैं, विवाद हैं, उन्हें अगले प्रकरण में दिया गया है।

सर सय्यद की राजनीति का यह महत्त्वपूर्ण मुद्दा था। ठीक इसी प्रकार ब्रिटिशों के साथ मेल-जोल बढ़ाना और अपने वर्ग और जात-जमात के हितसम्बन्धों को सुरक्षित रखना उनकी नीति का यह दूसरा पहलू था। ब्रिटिशों द्वारा विद्रोहियों के साथ किस प्रकार का व्यवहार किया गया था, उन्हें किस प्रकार कुचला गया था, उनके इस प्रतिशोध का रूप उन्होंने देखा था। इंग्लैंड से लेकर इजिप्त, ईरान, तुर्किस्तान और भारत तक की विश्व राजनीति की कल्पना उन्हें आ चुकी थी। जलालुद्दीन अफगानी की तरह वे साम्राज्यवाद विरोधी सभी का एका कर आन्दोलन करने पर विचार नहीं कर रहे थे। वे पश्चिमी सुधार के प्रभाव के नीचे जरूर थे। इतिहास के इस मोड़ पर साम्राज्यवाद विरोधी आन्दोलन की व्यवहारिकता उन्हें महसूस नहीं हुई थी। उल्टे, ब्रिटिशों की सहायता से प्रतिनिधिक जनतन्त्र के माध्यम से मुसलमानों के अस्तित्व को और उनके राजनीतिक अधिकारों को विकसित करने का प्रयत्न उन्होंने शुरू किया। क्योंकि साम्राज्यवादी सत्ता को अगर उल्था भी दें तो भी भारत में मुस्लिमों के अल्पसंख्यक होने से यहाँ की सम्पूर्ण सत्ता मुस्लिमों के हाथों में कभी नहीं आ सकती, यह भी उनके ध्यान में आ चुका था। अंग्रेजी शिक्षा और पश्चिमी ज्ञान से दूर रहने के कारण मुसलमान प्रशासन में, शिक्षा, की व्यवस्था में काफी

पीछे रह गए थे। लॉर्ड केनिंग के काल से ब्रिटिशों ने अत्यन्त चतुराई से हिन्दू और मुसलमानों के भिन्न-भिन्न अहसालों को, और अस्मिताओं को अधिक दृढ़ करने का प्रयत्न जारी रखा था। वे पुनः-पुनः हिन्दू-मुसलमानों में अलगपन को बढ़ा रहे थे। हिन्दू और हिन्दुओं के कांग्रेस के साथ रहने का अर्थ ब्रिटिशों के विरोध में जाना है यह बात सर सय्यद अहमद के मन में तब के अलीगढ़ ओरिएंटल कॉलेज के ब्रिटिश प्राचार्य मि. बैंक ने बिम्बित किया था।

इस कारण एक ही समय इस्लाम के तत्वों को पश्चिमी आधुनिक परम्परा से जोड़ते हुए, मुसलमानों में आधुनिक शिक्षा पद्धति का प्रचार करना और ब्रिटिशों की सहायता से कांग्रेस से स्पर्धा की राजनीति करते हुए मुसलमानों के स्वतन्त्र अस्तित्व को बनाए रखना यह सर सय्यद अहमद और उनके अलीगढ़ आन्दोलन के मुस्लिम नेताओं की राजनीतिक नीति थी। सर सय्यद की यह प्रस्तुति थी कि भारत के मुसलमानों को ब्रिटिशों ने संरक्षण दिया है, और उन्हें उनके धर्म के अनुसार आचरण करने की स्वतन्त्रता दी है, इसलिए ब्रिटिशों का प्रदेश यह युद्धभूमि (दारूल हर्ब) नहीं है।

संक्षेप में, सर सय्यद अहमद के काल में मुस्लिम राजनीति यह कम्पनी सरकार और 1857 के बाद के ब्रिटिश सरकार के कार्यकाल में जो राजनिष्ठ मुसलमानों का सामन्तों, जमींदारों, मुगलों और सत्ताधारियों से सम्बन्धित वर्ग उभर रहा था—उत्तर-पश्चिमी देश से बंगाल तक इसी वर्ग की राजनीति चल रही थी। यह सम्पूर्ण वर्ग भले ही अंग्रेजी शिक्षा लेकर आधुनिक हुआ भी हो तो भी उसकी मानसिकता मध्ययुगीन ही थी।

व्हिक्टोरिया रानी की ब्रिटिश सरकार वास्तव में मुगल सत्ता के बाद की पर्यायी भारत की ही सरकार है ऐसी मानसिकता इस वर्ग में निर्माण हुई थी। इसी कारण ब्रिटिश सत्ता को स्वीकारते समय सर सय्यद ने मुस्लिम सत्ता के और इस्लामी न्यायशास्त्र के राजनीतिक सिद्धान्त और राजनीतिक अवधारणाएँ इन दोनों का उपयोग कर ब्रिटिश सत्ता का समर्थन किया था। (हार्डी पृ. 111-114) परिणामतः यह वर्ग हिन्दुओं के राजनीतिक नेताओं की ओर अपनी सत्ताकांक्षा के प्रतिस्पर्धी के रूप में देख रहा था। इसी कारण ब्रिटिश सरकार और हम ऐसा एक समीकरण तैयार किया गया था। इस वर्ग के मन में स्थित धार्मिक अस्मिता का अहसास ब्रिटिशों के धार्मिक मोनोलिथीकरण की राजनीति के कारण अधिक मजबूत और दृढ़ हो रही थी। मुसलमानों का धार्मिक समुदाय और हिन्दुओं का धार्मिक लोकसमुदाय ये राजनीति के दो प्रतिस्पर्धी घटक और इन दोनों घटकों को नियन्त्रित करनेवाली ब्रिटिश सत्ता और इस ब्रिटिश सत्ता

से गठबन्धन कर अपने वर्ग के और मुस्लिम लोकसमुदाय के हितसम्बन्धों को सुरक्षित रखने हेतु यह वर्ग अपनी स्वतन्त्र राजनीति कर रहा था। सर सय्यद, अमीर अली अथवा आगाखान जैसे इस वर्ग के नेताओं को ब्रिटिशों के रूप में जो साम्राज्यशाही आ रही थी, उसका अन्त्‌रंग उनके ध्यान में नहीं आया था ऐसा कहना पड़ेगा।

राष्ट्र, राष्ट्रीयत्व और राष्ट्रवाद से सम्बन्धित उनकी अवधारणाएँ और विचार पश्चिमी ही थे। धर्म, संस्कृति, भाषा और इतिहास के सम्मिश्रण और समन्वय से निर्माण होनेवाला सजीव लोकसमूह मतलब राष्ट्र और प्रत्येक भिन्न धर्मीय लोकसमुदायों के हितसम्बन्ध भिन्न-भिन्न होते हैं, ऐसी उनकी धारणा थी। इसलिए भारत एक राष्ट्र नहीं है, उसका केवल भौगोलिक अस्तित्व है इस ब्रिटिशनीति का प्रचार, उन्होंने आत्मसात किया था।

सर सय्यद के मन में वैचारिक अराजकता थी। कभी वे कहते कि भारत एक राष्ट्र नहीं है, उसका केवल भौगोलिक अस्तित्व है तो 1884 में उन्होंने कहा कि हिन्दू, मुस्लिम, ईसाई इनके धर्म भले ही अलग-अलग हों तो भी वे सभी एक ही देश में रहते हैं। इसलिए एक राष्ट्र हैं। (हार्डी, प्र. 136) 'कौम' शब्द के भी उन्होंने दो अर्थ किए। कौम—मतलब एक धार्मिक समूह और 'कौम' मतलब राष्ट्र (हार्डी, पृ. 136)

कांग्रेस की ओर वे हिन्दुओं की एक प्रतिस्पर्धी संघटना के रूप में देख रहे थे, इस कारण कांग्रेस की स्थापना के बाद मुसलमान ब्रिटिशों के साथ रहे कि कांग्रेस के साथ जाएँ यह विवाद इसी वर्ग ने उपस्थित किया। बद्रुद्दीन तय्यब जी जैसे मुम्बई की मिश्र संस्कृति को, वहाँ की मिश्र नागरी जीवन पद्धति के प्रभावों को ग्रहण कर चुके नेता का कहना था कि कांग्रेस यह सबके हितसम्बन्धों पर विचार करनेवाली संघटना है, इस कारण हिन्दू और मुसलमान इकट्ठे होकर कांग्रेस के माध्यम से भारत की कुल प्रगति पर विचार करें। 'दि जनरल प्रोग्रेस ऑफ इंडिया' और उसके साथ अपनी जमात के हितसम्बन्धों को भी सम्भाले। (हार्डी, पृ. 124) सर सय्यद का कहना था कि भारत की कुल प्रगति ऐसी कोई बात ही यहाँ नहीं है। क्योंकि भारत भिन्न-भिन्न धार्मिक समूहों का और जातियों का देश है और प्रत्येक धर्म और जाति के विकास सम्बन्ध प्रश्न भी भिन्न-भिन्न है। कांग्रेस मूलत: हिन्दुओं की संघटना होने से अल्पसंख्यकों के हितसम्बन्ध और उनकी संस्कृति खतरे में आ सकती है। संक्षेप में मुस्लिम जमींदारों, ब्रिटिशों के प्रति वफादार नौकरों और सर सय्यद जैसे अश्रफ नेताओं के हितसम्बन्धों की यह राजनीति थी। इसलिए उन्होंने

अपने वर्ग के हितसम्बन्धों को सुरक्षित रखने के लिए विभक्त मतदाता संघ पर आधारित प्रतिनिधित्व का समर्थन करना शुरू किया। आयेशा जमाल ने सर सय्यद के पहले मोड़ की इस राजनीति को 'कम्यूनेटेरियन पॉलिटिक्स' (साम्प्रदायिक राजनीति) कहा है।

सर सय्यद का कहना था कि भारत यह हिन्दू और मुसलमानों की साझा मातृभूमि होने के कारण वे दोनों इकट्ठे परन्तु स्वतन्त्र रहकर अपने-अपने विकास का प्रयत्न करते रहे। सर सय्यद की राजनीति में इस प्रकार का अलगाववाद भले ही रहा हो तो भी उसमें स्वतन्त्र धर्माधिष्ठित राष्ट्र का देश-विभाजन का विचार नहीं था। द्वि-राष्ट्रवाद का प्रचार तो मुस्लिम लीग और हिन्दू महासभा ने किया है।

कांग्रेस प्रणित राजनीति की भविष्य की सम्भावनाओं पर ध्यान रखते हुए प्रतिनिधित्व की राजनीति को खाद-पानी डालते हुए, अलीगढ़ कॉलेज के ब्रिटिश प्राचार्य सर सय्यद के मन में स्थित कांग्रेस विरोध को बढ़ाते गए। कांग्रेस स्थापना के आसपास शुरू हो चुके आर्य समाज के गोवध बन्दी के, हिन्दी भाषा के समर्थन एवं संस्कृति श्रेष्ठत्व के आन्दोलनों के कारण पूरे परिवेश में जमातवाद का, साम्प्रदायिकता का प्रवेश हो चुका था। प्रतिनिधित्व के अनुषंग से निर्माण हो चुकी हितसम्बन्धों की राजनीति में ये प्रश्न घुसेड़े गए और देश की पूरी राजनीति साम्प्रदायिकता का रूप लेने लगी। ब्रिटिश व्हाईसराय की प्रेरणा से मुस्लिम लीग की स्थापना 1906 में हुई। आगा खान जैसे पूर्णत: ब्रिटिशों के प्रेमीजनों ने मुस्लिम लीग की स्थापना की थी। लॉर्ड कर्झन की अहंकारपूर्ण, साम्राज्यवादी नीति, बंगाल का विभाजन (1905) और उस बहाने हिन्दू-मुसलमानों में बढ़ती खाईं के संयुक्त प्रभाव से मुस्लिम लीग आगे आई। किम्बहुना धर्मानुसार स्वतन्त्र मतदाता संघ की माँग करनेवालों को निकट लेकर मार्लो-मिंटो का 1909 का कानून ब्रिटिशों ने लागू किया। (बेन्नूर—आ. भारताचे मुस्लिम विचारवन्त, भूमी प्रकाशन, लातूर, 2007, पृ. 147-149)

धर्मानुसार विभक्त मतदाता संघ की माँग, 1909 का कानून, मुस्लिमों में स्थित वरिष्ठ वर्णीयों की राजनीति, धार्मिक संघर्ष, उसमें से जन्मी मुस्लिम लीग, हिन्दू मतदातासंघ के सब तत्कालीन हितसम्बंधियों के गुटों की राजनीति के परिणाम स्वरूप घटित हुआ। दूसरी महत्त्वपूर्ण बात यह कि मिश्र संस्कृति और उसकी जीवन पद्धति का समर्थन करनेवाली सम्मिश्र राष्ट्रवादी शक्तियाँ कमजोर थी क्योंकि इस प्रकार का विचार करनेवाला मध्यवर्ग तब तक बड़ी संख्या में विकसित नहीं हो सका था प्रादेशिक राष्ट्रवाद की अवधारणा उस

काल में रोपित नहीं हुई थी। उस काल के लोग, वंश, जाति, धर्म, भाषा के आधार पर संघटित हो सकते थे। इन आदिम प्रवृत्तियों और अपने-अपने हितसम्बन्धों को एकत्रित रखने के लिए ही लोकमान्य तिलकजी के प्रोत्साहन से लखनऊ करार किया गया। बॅ. जीना भी कांग्रेस के मंच पर से सय्यद अहमद के विचार ही आगे ले जा रहे थे। वे सर सय्यद की तरह प्रतिनिधित्व और वेटेज की माँग करते रहे। सर सय्यद अहमद की तरह ये भी साथ परन्तु स्वतन्त्र रहकर अपने-अपने वर्ग और जमात के हितसम्बन्धों की राजनीति कर रहे थे।

खिलाफत आन्दोलन की असफलता के बाद 1922 से अली बन्धु और उनकी चौखट में स्थित उलेमा जमातवादी राजनीति और हिन्दू-कांग्रेस के विरोध की ओर मुड़ गए। हिन्दू-मुसलमानों के दंगे बढ़ते गए। हिन्दुओं की संघटनाएँ भी आक्रामक हुई। परिस्थितियाँ और भी बिगड़ती चली गई। जीना, मुस्लिम लीग और अश्रफ वर्ग की राजनीति अलगाव की ओर जाने लगी। डॉ. इकबाल ने प्रादेशिक राष्ट्रवाद नकार कर पॅन-इस्लामी राष्ट्र का विचार रखा। ब्रिटिशों द्वारा शुरू की गई धार्मिक मोनोलिथीकरण और पश्चिमी राष्ट्रवाद का समीकरण हिन्दुस्तान की मिश्र व्यवस्था पर लादने के ये परिणाम थे।

ब्रिटिशप्रेमी अश्रफ वर्ग की राजनीति अलगाव की ओर से फूट की ओर निकली थी तो दूसरी ओर जमालुद्दीन अफगानी जैसे क्रान्तिकारी उलेमाओं से प्रभावित महमूदुल हसन जैसे उलेमाओं का एक वर्ग सर सय्यद प्रणित ब्रिटिशप्रेमी राजनीति का विरोधक था। इसी क्रान्तिकारी उलेमाओं के गुट ने आगे चलकर जमिल-तुल-उलेमा हिन्द (हिन्दुस्तान के उलेमाओं की संघटना) नामक संघटना की स्थापना की। यह संघटना और उनके उलेमा मुस्लिम लीग के विरोध में थे। 1920 के बाद वे कांग्रेस के साथ आए। अली बन्धुओं की 1922 के बाद की जमातवादी राजनीति के कारण राष्ट्रीय एकता का समर्थन करनेवाले और साम्राज्यवाद के विरोध में जो थे, उन उलेमाओं ने सम्मिश्र राष्ट्रवाद के समर्थन की उपेक्षा ही की है। उलेमाओं की राजनीति मतलब फूट डालने वाली राजनीति ऐसा समीकरण उन दिनों तैयार हुआ।

पिछले पृष्ठों में इस बात का उल्लेख किया गया है कि सम्मिश्र राष्ट्रवाद का प्रचार करनेवाली शक्तियाँ कमजोर पड़ती गई थीं। भले ही बॅ. जीना और उनके समर्थन से क्रमशः सम्मिश्र राष्ट्रवाद के विरोधक हो गए हो और डॉ. इकबाल जैसों ने राष्ट्रवाद का विरोध न किया हो; तो भी उस काल में धर्मनिरपेक्ष किम्बहुना सम्मिश्र राष्ट्रवाद का समर्थन करनेवाले अनेक बड़े मुस्लिम राजनीतिज्ञ हो गए है। अलीगढ़ शिक्षा की परम्परा से आगे आए

हुए मो. तुफैल अहमद, अहमद मंगलौरी (बेन्नूर, पृष्ठ 146-150) डॉ. एम. ए. अन्सारी, हकीम अजमल खान, मजरूल हक, इसरत मोहानी, सैफुद्दीन किचलू, प्रो. अब्दुल बारी, हाईद अहमद, मो. आजाद, डॉ. जाकिर हुसैन ऐसे अनेक नेता सम्मिश्र राष्ट्रवाद के समर्थक थे। उन्होंने अपने तई मुस्लिम लीग की जमातवादी राजनीति का विरोध किया; परन्तु ब्रिटिशों के समर्थन में फूट की राजनीति करनेवाले जीना ने 1940 के बाद भाजपा के अडवानी और मोदी की तरह धर्म का राजनीतिकरण करते हुए जमातवाद को बढ़ावा दिया था। परिणामत: ये सभी राष्ट्रवादी मुस्लिम नेता निष्प्रभ हो गए। हिन्दू महासभा और मुस्लिम लीग की जमातवादी राजनीति के सम्मुख ये टिक नहीं पाए। वे लीग की राजनीति को रोक नहीं सके। इसलिए उपेक्षित हुए।

प्रकरण 6

मुसलमानों की मानसिकता : बुनावट की जटिलता

ब्रिटिश विरोधी आन्दोलन में सभी स्तरों पर हिन्दु और मुस्लिम इकट्ठे होकर लड़ने का प्रयत्न करने के कारण ही ब्रिटिशों ने भेदभाव की राजनीति की शुरुआत की और उसी दृष्टि से उन्होंने भारतीय इतिहास की प्रस्तुति की यह जैसे इतिहास लेखन का यथार्थ है, ठीक उसी प्रकार 1857 के बाद हिन्दू और मुसलमानों के शिक्षित और वरिष्ठ वर्णीय नेताओं ने अपने स्वार्थ के लिए धर्मवाद का जो उपयोग किया उसके परिणामस्वरूप मुस्लिम मानसिकता बनती गई है। इसमें ब्रिटिशों की भेदनीति एक महत्त्वपूर्ण घटक रहा। मुस्लिम मानसिकता की बुनावट पर मुस्लिमों में स्थित वरिष्ठ वर्णीय नवाब, रियासतों के प्रमुख, जमींदार और मुल्ला-मौलवियों की राजनीति का स्पष्ट प्रभाव दिखलाई देता है। औरंगजेब के काल से ही मुस्लिमों में स्थित मूलतत्त्ववादी सनातनी धर्मगुरुओं का महत्त्व बढ़ता गया था। औरंगजेब ने अपनी राजनीति की सुविधा के लिए अब्बसिद सत्ताधारियों द्वारा उपयोग में लाए गए इस्लाम के विचारों को स्वीकार किया था। और इसके लिए इस्लाम और मुस्लिम सत्ताधारियों के भारतीयत्व की अपेक्षा उनकी भिन्नता पर और इस्लामीयत पर बल दिया जा रहा था।

1857 का ब्रिटिशविरोधी आन्दोलन भारत के मुस्लिमों के व्यक्तिगत और सामाजिक मानसिकता पर गहरा प्रभाव डालनेवाला साबित हुआ। 1857 के पूर्व विकसित हो रही मुस्लिमों की मानसिकता जटिल स्वरूप की थी। उसरा स्वरूप अनेक आयामी था। मुस्लिम व्यक्ति के रूप में जो मानसिकता और वैचारिकता. निर्माण हो चुकी थी, उस पर पिछले 100-200 वर्षों के काल से शुरू हो चुके धार्मिक-सामाजिक लेन-देन का प्रभाव था। परस्पर सहयोग से निर्माण हो चुकी यह सम्मिश्र संस्कृति, सूफी विचारों का प्रभाव इसमें से मुस्लिम व्यक्ति की मानसिकता आकार ले रही थी। उसके धार्मिक और वैचारिक अहसासों में फर्क पड़ता जा रहा था कि अचानक 1857 के विद्रोह ने उस पर गहरे आघात किए।

प्रसिद्ध कवि गालिब ने कभी ब्रिटिशों से कहा था कि, 'मैं आधा मुसलमान हूँ क्योंकि में शराब पीता हूँ परन्तु सुअर का मांस नहीं खाता।' अथवा उस काल के दूसरे गजलकार मीर तकी मीर का प्रतिपादन था कि, 'मेरा पन्थ अथवा धर्म कृपया पूछिए मत। क्योंकि मैं तो काफी पहले इस्लाम से दूर हो गया हूँ। और माथे पर हिन्दुओं के पवित्र चिह्न (तिलक) को लगाकर मन्दिर में घुटने टेकता हूँ।' ये दोनों प्रतिपादन उस काल के बदलते परिवेश के उदाहरण है। मीर तकी मीर तो इससे आगे जाकर यह भी कहते हैं कि शेख अथवा ब्राह्मण से हाथ मिलाने के बजाए मैं अपना अलग-सा काबा तैयार करूँगा। (आयेषा जलाल बसेल्फ एंड साव्हरनिटी, 2001 पृ. 2) इसका अर्थ यह नहीं है कि गालिब या मीर ने इस्लाम को त्याग दिया था। उन्हें इस्लाम की पोथीनिष्ठता मान्य नहीं थी। धार्मिक समभाव का अहसास उनके इन वक्तव्यों से होता है। गालिब ने ही लिखा है कि अपने धर्मतत्त्वों से ईमानदार और प्रतिबद्ध रह चुका ब्राह्मण अगर मन्दिर में ही मर गया तो वह काबा में दफन करने योग्य होता है। यहाँ गालिब को इतना ही कहना है कि धर्म के प्रति निष्ठा रखनेवाला हिन्दू और मुसलमान इसमें कोई फर्क नहीं होता। मीर अथवा गालिब ने व्यक्तिगत रूप में ये विचार प्रस्तुत किए थे; परन्तु वास्तव में उनके ये विचार शब्द प्रामाण्य को, पोथीनिष्ठता को नकारनेवाले हैं।

दूसरी बात यह कि इस्लाम में व्यक्तित्व का महत्त्वपूर्ण स्थान होता है। इसी कारण किसी भी मुस्लिम को अपनी क्षमता के अनुसार कुरान समझ लेने का अगर उसका अर्थ लगाने का अधिकार दिया गया है। पढ़ो और विचार करो ऐसा कुरआन बार-बार कहता है। मूल इस्लाम में किसी बिचौलियों की अथवा कुरान के अर्थ को समझानेवाले के लिए कोई स्थान नहीं है। नहीं था। इस व्यवस्था के कारण जिस प्रकार सनातनी धर्मवाद को नकारा गया है ठीक उसी प्रकार मुस्लिम व्यक्तिसम्बन्धी जो अनेक भ्रम फैलाए गए थे, गए हैं उसकी निरर्थकता भी यहाँ स्पष्ट हो जाती है। इनमें से एक भ्रम यह कि इस्लाम में व्यक्ति स्वायत्त न होकर वह पूर्णत: उम्मा (धार्मिक समुदाय) और धर्मगुरुओं (उलेमाओं) द्वारा प्रस्थापित धर्मनिष्ठा से जोड़ा गया है। उम्मा की अवधारणा को राजनीतिक आयाम ईसाई मिशनरियों और पश्चिमी इतिहासकारों ने दिया है। ठीक इसी प्रकार इस्लाम में व्यक्ति का स्वतन्त्र अस्तित्व ही नहीं होता ऐसा प्रचार किया गया है। विशेष रूप से क्रुसेड के काल से ऐसे भ्रमों की बुआई की शुरुआत हो जाती है। मनुष्य यह समाजशील (सोशियल) समूह में जीनेवाला प्राणी है ऐसा प्लेटो—अरस्तू ने दो हजार वर्ष पूर्व ही कहा है। औद्योगिक क्रान्ति

के बाद 18वीं सदी के उत्तरार्ध में विकसित होनेवाले उदारमतवादी विचारधारा से व्यक्तिवाद के विचारों को बल मिलता गया। इस काल में वैचारिक घड़ी का कांटा अतिवादी व्यक्तिवाद तक गया है। इस कारण मनुष्य की समाजशीलता और समूह बनाकर जीने की उसकी प्रवृत्ति के कारण निर्माण हो चुके व्यक्ति के समुदाय से जो निकटता के सम्बन्ध रहे, उसकी उपेक्षा ही होने लगी। ईसाई प्रोटेस्टंट सुधार के कारण व्यक्ति की स्वतन्त्रता यह ईसाई समाज की विशिष्टता मानी जाने लगी। ईसाइयों के आक्रमण और मुस्लिम सत्ता के साथ शुरू हो चुका उनका संघर्ष इसके विरोध में मुस्लिमों ने संघटित होकर मुकाबला किया। उनके इस संघर्ष के फलस्वरूप ही इस्लाम में स्थित 'उम्मा' अवधारणा का विपर्यास किया गया।

उम्मा से तात्पर्य है विश्य स्तर पर के मुस्लिमों का धार्मिक-आध्यात्मिक समाज। एक मुस्लिम का विश्व के किसी भी भूभाग में जीनेवाले अन्य मुस्लिम के साथ जो बन्धुत्व का, भाईचारे का सम्बन्ध होता है, उसका अर्थ है उम्मा। मोहम्मद साहब के समय अरबस्तान में स्थित बदायूनी गिरोह समाज में गिरोह-गिरोह में अलगाव की भावना थी। उनमें आपस में तीव्र संघर्ष था। ट्रायबल निष्ठाएँ थीं। इस गिरोह में जीनेवाले समाज में परिवर्तन लाने हेतु, उनमें बन्धुत्व की भावना निर्माण करने हेतु उम्मा की, बन्धुत्व की, अवधारणा विकसित की गई। उस विशिष्ट परिवेश में जी रहे लोगों की वह जरूरत ही थी। उम्मा की अवधारणा से मुस्लिम व्यक्ति का व्यक्तित्व भले ही जुड़ गया हो; तो भी उसमें मुस्लिमों की वंशगत पहचान (एथनिक आयडेंटिटी) स्थायी रूप से रह ही गई। अरब, तुर्की, ईरानी, बलुची, पठानी, मंगोल ऐसे भिन्न वंशीय मुस्लिमों में स्थित संघर्ष मुस्लिम इतिहासों में स्थायी रूप से दर्ज हैं। भारत में आए मुस्लिम सत्ताधारियों में भी ये संघर्ष रहे हैं।

इसके अलावा इस्लाम की स्थापना के बाद की तीसरी सर्दी तक (साधारणतया 9वीं 10वीं शताब्दी) व्यक्ति-व्यक्ति में और इस्लामधर्मीय समूहों में वैचारिक और धार्मिक मतभेद और संघर्ष निर्माण होते ही रहे हैं। सामान्यतः 1820 के बाद इजिप्त से तुर्किस्तान से लेकर अफगाणिस्तान तक यूरोपियन राष्ट्रों के आक्रमण शुरू हो गए। और ब्रिटिश साम्राज्य के सम्मुख एक के बाद एक मुस्लिम सत्ताधारी पराजित होते गए। उस काल में अलग-अलग मुस्लिम देशों के स्वतन्त्रता-सैनिकों ने इन आक्रमणों के विरुद्ध लड़ने हेतु धर्म का उपयोग लिबरेशन थिऑलोजी के नाम पर किया। उम्मा की अवधारणा का आवाहन कर संघठित आक्रमण का प्रयत्न भी उन्होंने किया। प्रादेशिक अथवा

राष्ट्रवाद की अवधारणा प्रेषित मोहम्मद के काल में निर्माण ही नहीं हुई थी। 18वीं सदी तक विश्व में कहीं पर भी राष्ट्रवाद की अवधारणा ही नहीं थी। उम्मा की अवधारणा मातृभूमि के प्रति निष्ठा के विरोध में जानेवाली है—यह विचार डॉ. इकबाल प्रणित पॅन—इस्लामाबाद से निर्माण हुआ। यह विचार 1857 के पूर्व अथवा उसके बाद के विद्रोह के समय भी नहीं उठा था। इस्लाम के तत्वों के अनुसार जीना यह प्रत्येक मुस्लिम का कर्तव्य होता है। उसके द्वारा किए गए अपराधों के लिए वह व्यक्तिगत रूप से अल्लाह को ही जिम्मेदार होता है। अपने सर्वस्व को झोंककर अल्लाह की कृपा माँगनेवाले व्यक्ति की प्रार्थना को अल्लाह प्रतिसाद देता है, यह तत्त्व ही मुस्लिमों के व्यक्तित्व और अस्मिता का आधार रहा है।

उम्मा की अवधारणा का गलत अर्थ लगानेवाले पश्चिमी अध्येताओं को उसका ठीक से आकलन नहीं हुआ अथवा व्यक्ति की स्वतन्त्रता और व्यक्ति का स्वतन्त्र अस्तित्व यह मात्र पश्चिमी संस्कृति का योगदान है ऐसी धारणा उनकी रही; इस कारण ऐसा गलत अर्थ लगाया गया। उम्मा की अवधारणा जैसी राजनीतिक नहीं है, वैसे ही वह व्यक्ति के स्वायत्त अस्तित्व को नष्ट करनेवाली भी नहीं है। 1857 के बाद उपनिवेशवादी इतिहासकारों ने और पोथीनिष्ठ सनातनियों ने और समन्वयवादी मुस्लिम विचारकों ने इस शब्द के भिन्न-भिन्न अर्थ लगाए हैं। 1857 के बाद के समुदायवादी (कम्युनिटेरियम) मानसिकता पर इसके प्रभाव होने लगते हैं। परन्तु मीर अथवा गालिब के मुस्लिम और मुस्लिमों से अन्य के सम्बन्ध में जो प्रतिपादन हैं, वे धर्म द्वारा दिए गए व्यक्ति की स्वायत्तता के निर्देशक हैं।

इसी कारण तो अनेक सूफियों ने श्रीकृष्ण और श्रीराम को मसीहा माना है। वे अवतार कल्पना को 'मसीहा' कहते हैं। इसी आधार पर वे भारतीय हिन्दुओं को ईश्वर प्रणित ग्रन्थों के अनुयायी (पीपल ऑफ दि बुक) मानते थे। सभी उलेमा हिन्दुओं को काफिर नहीं कहते थे। 1857 के बाद उम्मा की अवधारणा का अर्थ और उस अर्थ के सम्बन्ध में विवाद धर्मगुरुओं, (उलेमा) वरिष्ठ वर्गिय शिक्षित अभिजनों और हिन्दुओं के उपनिवेशवादी इतिहासकारों के कारण निर्माण हुआ। आम ग्रामीण निरक्षर मुसलमानों को इसकी अधिक कल्पना नहीं थी। और आज भी नहीं होती। विश्व के सभी मुसलमानों से मेरा भाईचारा है इतनी ही बात यह जानता है।

1857 के बाद मुसलमानों के सन्दर्भ में कौम या वतन (मातृभूमि) के सम्बन्ध में भी विवाद निर्माण हुए। जहाँ मुसलमान रहते हैं, उस प्रदेश को वे

वतन नहीं मानते, उनकी निष्ठा तो केवल उम्मा से ही होती है ऐसी अतिवादी टीका ईसाई मिशनरी, हिन्दुत्ववादी और उपनिवेशवादी इतिहासकारों ने शुरू की। वास्तव में 1857 के पूर्व से ही अनेक मुस्लिम कवि और लेखक वतन की कल्पना भारत के सन्दर्भ में ही प्रस्तुत कर रहे थे। प्रसिद्ध दखनी कवि वली दखनी (1667-1707) वे जहाँ निवास करते थे, उस शहर सूरत (गुजरात) और हिन्दुस्तान का उल्लेख 'वतन' के रूप में ही कर रहे थे। तत्कालीन मुस्लिम कवियों की वतन से सम्बन्धित अवधारणा, उसकी व्याप्ति, वे जहाँ रहते थे, उस शहर या प्रदेश तक ही सीमित थी। अभारतीय राष्ट्र का विचार उस काल में निर्माण ही नहीं हुआ था। ये कहीं पर भी उम्मा के प्रति निष्ठा की बात नहीं लिखते। (आयेषा जलाल, 2001, पृ. 13 तथा 14)

बीजापुर पर आक्रमण करनेवाले औरंगजेब का विरोध करते हुए उसकी सत्ता को, प्रदेश को कुफार (काफिरों का राज्य) के रूप में वर्णन करनेवाला बीजापुर का कवि अन्सारी, उम्मा की अपेक्षा बीजापुर के प्रति अपनी निष्ठा व्यक्त करता है। यह बात उस काल की मानसिकता की दृष्टि से महत्त्वपूर्ण है। बीजापुर के अनेक कवियों ने, औरंगजेब ने बीजापुर पर आक्रमण कर जो विनाश किया, उस सम्बन्ध में शोक व्यक्त करनेवाली मसनवियाँ (शोक काव्य) लिखी हैं। गोलकुंडा के कवियों की भी ऐसी ही प्रतिक्रियाएँ हैं। (आयेशा जलाल, पृ. 12) मतलब यह बीजापुर या गोलकुंडा उनके वतन थे। मुगल सत्ता के ह्रास के बाद मिर्जा रफी सोदा अथवा ख्वाजा मीर जैसे अनेकों ने अपनी मातृभूमि की अवनति के प्रति शोक व्यक्त किया है। उनका शोक मुगल सत्ता के ह्रास सम्बन्ध में नहीं था। इसका मतलब यह हुआ कि प्रादेशिक अवकाश मुस्लिम अस्मिता के एक घटक के रूप में विकसित हो चुका था। यहाँ कहीं पर भी धर्म दिखलाई नहीं देता। और न ही है। (आयेश जलील, 2001, पृ. 12-13)

तत्कालीन कवियों के नाम भी उनके शहर या प्रदेश से जुड़े हुए थे। अकबर इलाहाबादी, इस्माईल मीरती (मेरठ), दाग दहेलवी आदि। इनकी धार्मिक अस्मिता और प्रादेशिक अस्मिता एक-दूसरे में घुल-मिल चुकी थी और अस्मिता के प्रतीक के रूप में सम्बन्धित शहर के प्रति निष्ठा अथवा प्रेम होना यह स्थिति इस बात का खंडन ही करती हैं कि मुसलमान जहाँ जिस शहर या प्रदेश में रहता है, उसके प्रति उसकी निष्ठा नहीं होती। भाषा के सन्दर्भ में भी उस काल के मुसलमान अरबी, फारसी अथवा पर्शियनकरण हो चुकी वरिष्ठ वर्गीय उर्दू को ही चिपक कर नहीं बैठे थे। वे उस प्रदेश की बोली या दखनी जैसी भाषा ब्रज, अवधी, प्राकृत का उपयोग कर रहे थे। सिन्धी और पंजाबी

भाषा को भी वे अपनी अभिव्यक्ति के लिए स्वीकार कर चुके थे। बंगाल के बंगाली मुसलमानों का साहित्य बंगाली, संस्कृत या वैष्णवों की बोली भाषा मिश्रण से युक्त है। इसमें इस्लाम का जैसे भारतीयकरण हो चुका था, ठीक उसी प्रकार उन्होंने प्रादेशिक भाषाओं को अपनी भाषा के रूप में स्वीकारा था।

प्रतिष्ठित सूफी और पंजाबी कवि बुल्लेशाह मुस्लिम व्यक्ति की व्यक्तिगत अस्मिता के जबर्दस्त समर्थक थे। उन्होंने लिखा है कि मैं 'बल्लाह कौन हूँ, इसका मुझे क्या पता? क्योंकि मैं मुल्ला नहीं हूँ अथवा फासेहा नहीं। में अरबस्तान या लाहौर का भी निवासी नहीं हूँ। मुझे किसी भी धर्म की जानकारी नहीं है। मैं हिन्दू अथवा मुसलमान भी नहीं हूँ।' दूसरी एक कविता में वे लिखते हैं कि, 'मैं हिन्दू या मुसलमान नहीं हूँ। मैं अपनी मर्जी के अनुसार जीनेवाला हूँ। न मेरी कोई जाति है, न पन्थ है, न धर्म। मैं सबसे अलग हूँ। सिर्फ अलिफ और मीम इन अरबी शब्दों से और मेरे गुरु शाह इनायत की शिक्षा से मेरा जीवनविषयक दर्शन तैयार हुआ है।' (आयेशा जलाल, पृ. 12) मतलब 1857 तक इस देश के मुसलमानों में अपने शहर, प्रदेश अथवा हिन्दुस्तान के प्रति निष्ठा और इस्लाम के प्रति निष्ठा में कोई तनाव नहीं था। पॅन इस्लामवाद से वे काफी दूर थे। 1857 के बाद ब्रिटिशों ने ही यह कहना शुरू किया कि मुसलमान ब्रिटिशों के प्रति निष्ठा नहीं रखते। उनकी ही बात को हिन्दू राष्ट्रवादी दुहरा रहे थे और उसमें यह जोड़ रहे थे कि उनकी निष्ठा इस देश के प्रति भी नहीं है।

1857 का विद्रोह यह मुस्लिमों के लिए जिहाद था। उन्हें फिर से मुसलमानी सत्ता चाहिए थी। वे इस्लामी राज्य का सपना देख रहे थे। उनका कोई लेन-देन इस देश की स्वतन्त्रता से नहीं था ऐसा प्रचार आज भी हिन्दुत्ववादी कर रहे हैं। परन्तु यथार्थ स्थिति कुछ और ही है। दिल्ली में हुए अत्याचारों को देखकर गालिब बहुत व्यथित था। निरपराध मुसलमानों की हत्याओं के कारण उसका भावविश्व ही ध्वस्त हो चुका था। परन्तु इस सम्बन्ध में शोक व्यक्त करते समय उसकी भूमिका मुगल सत्ता के पुनर्स्थापना की नहीं थी। अथवा उसके पुनर्प्रतिष्ठा की भी नहीं थी। उसे दुःख इस बात का था, उसके काल में विकसित हो चुकी बहुसांस्कृतिक जीवन पद्धति और समाजव्यवस्था को ब्रिटिशों ने ध्वस्त कर दिया था। उसका यह दुःख उसके काव्य में व्यक्त हुआ है। उस काल में अनेकों की धारणा गालिब की तरह ही थी। 1857 के विद्रोह में नवाब, हिन्दू-मुसलमानों की रियासतें, जमींदार और भिन्न-भिन्न वे गुट जिनके हितसम्बन्ध खतरे में आ चुके थे, वे सब इसमें शामिल थे। इस विद्रोह या आक्रमण के प्रतीक रूप में उन्होंने बहादुरशाह जफर को चुना था। 2006 में एक पश्चिमी

अध्येता विल्यम डेरीयल लिखित पुस्तक (दी लास्ट मुगल) में प्रमाणों द्वारा यह साबित किया गया है कि 1857 के इस विद्रोह में हिन्दू और उनमें भी ब्राह्मण सैनिकों की सहभागिता अधिक थी। इससे स्पष्ट है कि 1857 का विद्रोह मुसलमानों का जिहाद था, यह अर्थसत्य था। 1857 के असिमगढ़ के विद्रोह की घोषणा करनेवाले घोषणापत्र में हिन्दू और मुसलमान दोनों को आवाहन किया गया है। जिहाद की घोषणा कर विद्रोह में उतर चुके अवध में नवाब को सुन्नी धर्मगुरुओं का विरोध था। किम्बहुना इस विद्रोह को जिहाद कहे या नहीं इस पर शिया और सुन्नी धर्मगुरुओं में मतभेद थे। दूसरी बात यह कि जिहाद शब्द का उपयोग वे मुसलमानों के आपसी लड़ाइयों के लिए भी करते थे। कुरान की जिहाद की अवधारणा और मुसलमानों की जिहाद की अवधारणा में काफी अन्तर है। 1857 के विद्रोह में केवल धर्मयुद्ध है, इसलिए उसमें शामिल होनेवालों की संख्या काफी कम थी। इस विद्रोह के मूल में हिन्दू-मुसलमानों के विविध गुटों के अपने-अपने स्वार्थ थे। जहागिरों का नष्ट हो जाना, ब्रिटिश सत्ता के कारण इस वर्ग की प्रतिष्ठा का लोप हो जाना, नौकरियों का चले जाना आदि कारण इसके मूल में थे। इसके साथ-साथ इस्लाम के नाम पर ब्रिटिशों का विरोध करनेवाले उलेमा भी इसमें थे। हिन्दू और मुसलमान संगठित होकर इस्लामी राज्य की स्थापना के लिए जिहाद कर रहे थे, ऐसी स्थापना करना उस काल की परिस्थितियों का विपर्यास करना ही है। उस काल में ब्रिटिशों के विरोध में विद्रोह या लड़ाई करने के लिए हिन्दू-मुसलमानों की सभी इकाइयाँ धर्म का आवाहन कर रहे थे।

'दिल्ली उर्दू अखबार' के सम्पादक मा. मोहम्मद बकर ईसाई अधिकारियों पर प्रहार करते हुए कहते हैं कि धार्मिक निकष के आधार पर लोगों में फूट डालने का प्रयत्न करनेवाली कम्पनी सरकार को पराजित करना ही होगा। उनका आवाहन था कि देश के भाइयों, इसमें फूट डालनेवाले कम्पनी सरकार के प्रति सजग रहिएगा। बन्धुओं, हमारे धर्मशत्रु के विरुद्ध लड़ते समय, जो त्याग आपको करना पड़ रहा है, वह आपकी पूँजी ही है। शाह अब्दुल अजीज ने हिन्दुस्तान को दारुल-अमन (शान्ति की भूमि) कहा है। इसलिए 1857 का यह विद्रोह केवल मुसलमानों का धर्मयुद्ध नहीं था। वह हिन्दू-मुसलमानों द्वारा संयुक्त रूप से कम्पनी सरकार के विरुद्ध की गई लड़ाई थी। उस काल की राजनीति का स्वरूप ही भिन्न था। 20वीं या 21वीं सदी की तरह धर्म का राजनीतिकरण उस समय नहीं हुआ था। इस विद्रोह के अनेक कारण थे। 21वीं सदी में हिन्दू-जमातवाद का जो परिवेश निर्माण किया गया है, उसके प्रभाव

से ग्रस्त लेखक ही 1857 के विद्रोह को जिहाद कह रहे हैं। ऐसा लिखकर वे नानासाहब पेशवे, रानी लक्ष्मीबाई से लेकर भारत के विविध प्रदेशों में ब्रिटिशों के विरोध में लड़नेवाले और शहीद हो चुके वींरों का अपमान कर रहे हैं। (आयेशा जलाल, पृ. 26 से 36)

इस सम्बन्ध में हिन्दुत्ववादी सावरकर जी क्या कहते हैं, इसे देखना बहुत जरूरी है। उन्होंने लिखा है कि 1857 की स्वतन्त्रता की यह लड़ाई पूर्व नियोजित थी। और इसकी तैयारी के मूल में सक्रिय व्यक्ति थे श्री नानासाहब पेशवा, मजिबुल्ला खान, तात्या टोपे, रानी लक्ष्मीबाई, कुंवरसिंह और बहादुरशाह जफर उनके इस लेखन से स्पष्ट है कि हिन्दू और मुस्लिम नेताओं ने इकट्ठे होकर यह विद्रोह किया था। सावरकर जी के मतानुसार नानासाहब की यह धारणा थी कि हिन्दुस्तान इस्लाम और हिन्दू धर्म के पुरस्कर्ताओं का संयुक्त राष्ट्र था। (सावरकर—दी इंडियन वॉर ऑफ इंडिपेंडेंट—नंदीबुक्स, मुम्बई, 1960, पृ. 30) सावरकर ने लिखा है कि, 'श्री नानासाहब और नजीबुल्ला की नीति ऐसी थी कि हिन्दू और मुसलमान एक हो जाए और कन्धे से कन्धे मिलाकर देश की स्वतन्त्रता की लड़ाई लड़ें। और देश स्वतन्त्र होने के बाद सत्ताधारी और रियासतों के प्रमुख दोनों मिलकर हिन्दुस्तान का स्वतन्त्र राष्ट्र बनाएँ।' सावरकर जी के इस प्रतिपादन के ठीक विरोध में जाकर इतिहासकार आर. जी. मजूमदार लिखते हैं कि विद्रोही सैनिकों के मूल व्यवहार और आचरण से लगता नहीं कि वे सब देशप्रेम से प्रेरित थे। वे 1857 के युद्ध को राष्ट्रीय स्वरूप का युद्ध तक मानने तैयार नहीं हैं। (आर. सी. मजूमदार दी सिपॉय म्यूटिनी एंड दी रिव्होल्ट ऑफ 1857—कलकत्ता, 1957, पृ. 223) मजूमदार को पुस्तक इतिहास के पाठ्यपुस्तक के रूप में सभी ओर पढ़ाई जाती है। इस कारण अनेकों को ऐसा लगता है कि यह मुस्लिम सिपाहियों का विद्रोह था। इसलिए वे विद्रोह का सिद्धान्त प्रस्तुत करते हैं। जिहाद का एक अर्थ युद्ध अथवा संघर्ष भी है इसे वे जान-बूझकर नकारते हैं। सावरकर की दृष्टि से ब्रिटिशों की जो अन्यायपूर्ण सत्ता थी, उसके विरोध में यह राष्ट्रीय प्रतिक्रिया और जागृति थी। वह सैनिकों के इस विद्रोह से व्यक्त हुई। सावरकर जी ने अपने इस ग्रन्थ में तत्कालीन भारतीय नेताओं (उसमें वींर सेनापति और आम सिपाही भी थे) और सैनिकों ने जो वीरता दिखलाई थी, उसकी विस्तृत प्रस्तुति की है। केवल बन्दूक की गोलियों पर गाय और सुअर की चरबी लगाई गई है, इस खबर अथवा अफवाह के कारण यह विद्रोह अचानक हुआ, इसे सावरकर साफ नकारते हैं।

इस काल में ईसाई मिशनरियों का धर्मप्रचार कार्य जोरों से चल रहा था। हिन्दू तथा इस्लाम के विरोध में उनका विकृत प्रचार करना ये प्रकार बढ़ गए थे। बराकपुर के 34 वें रेजिमेंट का कमांडर कर्नल वीलर खुलकर सैनिकों में बाइबल का प्रचार कर रहा था। इसमें बन्दुक की गोलियों पर लगे चरबी ने खाद-पानी का काम किया। परन्तु 1857 के विद्रोह का यह एकमात्र कारण नहीं था। और अगर इसी को एकमात्र कारण माने तो यह हिन्दू और मुसलमानों का धर्मयुद्ध अर्थात् जिहाद साबित होता है। 1857 को इस्लामी जिहाद माननेवाले इसे ध्यान में लें पूरी घटनाओं को सिलसिलेवार देखने पर यह बात गलत साबित होती है। क्योंकि 1857 के इस सैनिक विद्रोह के बाद तेजी से उस व्यवस्था के विरोध में किसानों के आन्दोलन हुए हैं। ये आन्दोलन ब्रिटिशों की अर्थनीति और कृषिनीति और प्रचंड शोषण का परिणाम था। इतिहासकारों में 1857 के विद्रोह के कारणों को लेकर आज भी मतभेद हैं। 1857 के इस विद्रोह के जब 150 वर्ष पूरे हुए तब यह विवाद फिर से उफनकर आया। 1857 का यह ब्रिटिशविरोधी युद्ध भारतीय जनता का अपनी पद्धति से व्यक्त हुआ जनमत दर्शन है। ऐतिहासिक घटनाक्रमों के आधार पर इसकी ओर देखें तो यही स्पष्ट हो जाता है। सर अहमद जैसे ब्रिटिशप्रेमी का भी कहना था कि ब्रिटिशों की कुछ नीतियाँ इसके लिए उतनी ही कारण थी। ईसाई मिशनरियों के धर्म प्रचार की कड़ी आलोचना सर सय्यद ने की है। सर सय्यद ने लिखा है कि ये मिशनरी ब्रिटिश सरकार के सहयोग से जो धर्म प्रवचन कर रहे थे वे भड़काऊ तथा अशिष्ट भाषा में यहाँ के दो धर्मों पर प्रहार कर रहे थे। यहाँ के तीर्थक्षेत्रों और श्रद्धाओं को व्यथित करनेवाली आलोचना कर रहे थे। इसकी निष्पत्ति 1857 के असन्तोष में हुई। अर्थात् यहाँ की सम्पत्ति की लूट, आर्थिक शोषण यहाँ की खेती और खेती पर आधारित उद्योग-व्यवसायों का विनाश इसके साथ ही हिन्दू-मुसलमान के धर्म पर प्रहार—1857 के विद्रोह के मूल में ये अनेक कारण थे।

नेल्सन जैसे ब्रिटिश उपनिवेशवादी इतिहासकार ने भी यह लिखा है कि जनता में स्थित असन्तोष ही इस विद्रोह के मूल में रहा है। इस विद्रोह के मूल में अनेक आर्थिक और राजनीतिक कारण थे। इस कारण यह प्रक्षोभ इतिहास को मोड़ देनेवाला साबित हुआ। इस विद्रोह के लिए हिन्दू-मुसलमान, मराठा और मुगल जैसों के बड़े धीरोदात्त नेता, किसान और आदिवासी ब्रिटिश सत्ता को चुनौती देने के लिए एक हुए थे। (सं. सौरभ दुबे पोस्ट कालोनियल एसेज में संकलित निकोलन डर्कस का लेख पृष्ठ 70-73, ऑक्सफर्ड 2004) नई

पीढ़ी के इतिहासकार अमरिश मिश्र ने 2007 में 1857 के विद्रोह पर दो खंडों में 2500 पृष्ठों में बृहद् ग्रन्थ लिखा है। उसमें भी उन्होंने अखिल भारतीय स्तर पर भारत के भिन्न-भिन्न प्रदेशों में किसान, आदिवासी, पिछड़ी जातियाँ और हिन्दू-मुसलमान कैसे संगठित हो रहे थे; इसे अनेक सबूतों द्वारा प्रस्तुत किया है। इस दृष्टि से शर्मिष्ठा गुप्त और बेरिया मजूमदार द्वारा सम्पादित रीविजिटिंग 1857 मिथ, मेमरी एंड हिस्टरी यह पुस्तक भी महत्त्वपूर्ण है।

इसी कारण 1857 के बाद हिन्दू और मुसलमानों में ब्रिटिशों ने फूट डालना शुरू किया। उनमें राजनीतिक और सामाजिक संघर्ष को वे बढ़ाते चले गए। इस फूट के मूल में तीन प्रमुख कारण थे—(1) ब्रिटिश नीति। (2) हिन्दू और मुसलमानों में स्थित अभिजन वर्ग में स्पर्धा और हितसम्बन्धों की राजनीति। (3) धर्मवाद का उदय। इस तीसरे में आर्यसमाजी और अतिवादी हिन्दुत्ववादी और पोथीनिष्ठ प्रगतिविरोधक उलेमा थे। 1857 के बाद की ब्रिटिश नीति का एक बड़ा स्पष्ट आयाम था, धर्म के आधार पर भारत के लोकसमुदायों में राजनीतिक और सामाजिक फूट डालना। एक ओर वे यह कह रहे थे कि हम यहाँ के किसी भी धर्म में हस्तक्षेप नहीं करेंगे तो दूसरी ओर इनमें दंगे भड़काने और धर्म के आधार पर फूट डालने के उनके प्रयत्न चल ही रहे थे। (देखें : ब्रजेंद्र गौड़ की पुस्तक—हाँ, मैं अंग्रेजों का जासूस था) ईसाई मिशनरी और उनके प्रभाव में काम करनेवाले समाचारपत्रों का मुस्लिम और मुस्लिम विरोधी लेखन और प्रचार का प्रभाव मुस्लिम मानसिकता पर हुआ। कट्टर हिन्दुत्ववादी और आर्य समाजी ईसाई मिशनरी और उनके समाचारपत्रों का अनुकरण कर मुसलमान और इस्लाम के सम्बन्ध में विस्फोटक प्रचार करने लगे। पंजाब से निकलने वाले लाहोर क्रानिकल इस दैनिक पत्र की भूमिका आक्रामक, मुस्लिमविरोधी थी। 1857 के विद्रोह में जिन यूरोपियन स्त्रियों और बच्चों की हत्या हुई थीं, उसके दंड के रूप में सम्पूर्ण दिल्ली शहर जमींदोस्त किया जाए—ऐसा उनका प्रतिपादन था। इसी पत्र ने यह प्रचार किया कि मुसलमानों के इस विद्रोह के लिए कुरान ही जिम्मेदार है।

बंगाली मुसलमानों पर तथा उत्तर-पश्चिमी प्रदेश के 18 से 60 वर्ष के मुसलमानों पर रु. 20 से 50 रुपयों तक का जुर्माना बिठाया जाए, मुसलमानों ने ही हिन्दुओं को विद्रोह के लिए उकसाया ऐसा वे लिख रहे थे। 'बेंगाल हाकारू, नामक समाचारपत्र ने एक अंग्रेज की हत्या के लिए एक हजार मुसलमानों को मौत के घाट उतारा जाए—ऐसा प्रचार शुरू किया। दिल्ली के समाचारपत्रों का कहना था कि गैर-मुस्लिम सत्ता के साथ मुसलमान ईमानदार रह ही नहीं सकते।

हिन्दुओं के समाचार पत्र इसी का अनुकरण कर रहे थे। और ऐसे ही भ्रम आज भी जारी हैं। (आयेशा जलाल, 2001, उपरोक्त)

1872 में शेख अली खान नामक कैदी ने लॉर्ड मेयो का खून किया और उस कारण उसे फाँशी की सजा हुई। उसे हुतात्मा घोषित करने के बजाए पूरा मुस्लिम समाज ही कैसे अत्याचारी है, ऐसा प्रचार शुरू हुआ। महाराष्ट्र में अलबत्ता चाफेकर बन्धुओं को हुतात्मा माना गया तो शेख अली और मुस्लिम समाज को अत्याचारी कहा गया। इसी उदाहरण को बार-बार देते हुए मुसलमानों के यहाँ राजनीतिक निष्ठाएँ कैसी नहीं हैं इस आशय के लेखन का जोर बड़ा। राजा शिवप्रसाद सिंह नामक एक आक्रामक मुस्लिम विरोधी हिन्दी लेखक और सम्पादक थे। वे 'बनारस अखबार' न्ाामक अखबार जो देवनागरी लिपी में छपता था उसमें मुस्लिम समाज पर अतिवादी टीका शुरू की। ये लिख रहे थे कि मुस्लिम वृत्ति से ही दुष्ट दुराचारी होते हैं।

उनके प्रति नरम नीति अपनाना गलत है। 1857 के विद्रोह में मुस्लिमों ने ही हिन्दुओं को खीचा। मुस्लिम विकृत होते हैं। हिन्दुओं की धार्मिक भावनाओं से छेड़छाड़ करने हेतु ही वे गोहत्या करते हैं। मुसलमानों के लिए तुर्किस्तान, अरबस्तान, अफगानिस्तान जैसे देश हैं, हिन्दुओं को सिवा भारत के दूसरा देश नहीं है—ऐसा प्रचार उन्होंने शुरू किया। उनके इस एकतरफा प्रचार का प्रभाव मुस्लिम मानसिकता पर हुआ। मुस्लिम समाचार पत्र भी हिन्दुओं के बारे में ऐसा ही कुछ एकतरफा लिखने लगे। (आयेशा जलाल, पृ. 200 उपरोक्त)

मुस्लिमों की धार्मिक अस्मिता को राजनीतिक घटक के रूप में आगे ले आने का काम हिन्दू-मुसलमानों में तत्कालीन माध्यमों ने किया। 18वीं तथा 19वीं सदी के उत्तर-भारत का अध्ययन करनेवाला इतिहासकार सी.ए. बेली लिखता है कि उपनिवेशपूर्व के काल में भारत में सामाजिक सम्बन्ध और राजनीति कभी भी जमातवादी नहीं थी। यह प्रक्रिया उपनिवेश काल की राजनीति से शुरू हुई। धर्म यह लोकसमुदाय की राजनीतिक प्रणाली के रूप में सामने आने लगा। सांस्कृतिक अस्मिता और राजनीतिक अस्मिता में स्थित अन्तर ही मिट गया। लोकसमुदाय के धर्म की कसौटी पर बहुसंख्यक और अल्पसंख्यक का निकष लगाकर उन्हें नौकरियाँ देना, शिक्षा तथा प्रतिनिधित्व की राजनीति की शुरुआत ब्रिटिशों ने की। धर्मानुसार जनगणना शुरू हुई। इस कारण धार्मिक आयडेंटिटी महत्त्वपूर्ण बन गई। इसी में से धार्मिक मोनोलिथाएजेशन की प्रक्रिया शुरू हो गई।

हिन्दू और ईसाई मिशनरियों के समाचारपत्रों के एकांगी और विस्फोटक प्रचार को उत्तर देने के लिए 1859 में सर सय्यद अहमद ने 1857 के विद्रोह के लिए धर्म कारणीभूत न होकर निम्नांकित कारण हैं, ऐसा प्रतिपादन किया— (1) कम्पनी सरकार का भ्रष्ट कारोबार (2) गैर-जिम्मेदार प्रशासन (3) ईसाईकरण के जबरन प्रयत्न 4) रियासतों और जहागिरदारी को खत्म करने का निर्णय। ठीक इसी प्रकार उन्होंने ब्रिटिशों के प्रति मुस्लिमों की निष्ठा का समर्थन भी किया। सर सय्यद ने उपरोक्त टीका के सन्दर्भ में यह सिद्ध करने की कोशिश की कि मुसलमान इस सरकार के वफादार हैं। उनकी मुसलमान की व्याख्या थी—''जो हिन्दुस्तान को अपनी मातृभूमि मानते हैं ये सब मुसलमान हैं।'' 1857 के विद्रोह के बाद मुसलमानों पर जो अत्याचार हुए थे, उससे मुसलमानों को बचाने के लिए उन्होंने ब्रिटिशों को अनुनयन की नीति अपनायी। ब्रिटिश भारत के लोकसमुदाय की धर्मानुसार आयडेंटिटी तैयार कर, राजकारोबार करने की नीति के कारण हिन्दुस्तान के धार्मिक समुदायों को सुविधाएँ मिलीं पर सत्ता की राजनीति में फूट पड़ गई। स्पर्धा और संघर्ष की शुरुआत हुई। अब तक धर्म यह व्यक्तिगत उपासना पद्धति और श्रद्धा थी, वह अब राजनीतिक हो गई। परिणामत: हिन्दू और मुसलमानों में अभिजन वर्ग के नौकरियाँ, शिक्षा, सुविधाएँ आदि के लिए जानलेवी स्पर्धा शुरू हो गई।

मुस्लिम हितों के प्रश्न पर सर सय्यद जैसों की राजनीति शुरू हुई। राजनीति और मुस्लिमों के हितों के प्रश्नों का अश्रफीकरण हुआ। अश्रफ वर्ग के प्रश्न और उनके हितसम्बन्ध ही समस्त मुसलमानों के प्रश्न हैं, इस तरह की बहस शुरू करवाई गई। हंटर लिखित 'भारतीय मुसलमानों की अवस्था' इस ग्रन्थ के कारण उन्हें और भी बल मिला। इस अश्रफ वर्ग की माँगें और ब्रिटिश सत्ता के प्रति उनकी अनुनयन की नीति को ही मुस्लिमों का जमातवाद कहा गया। इस पर जोरदार टीका शुरू हुई। वह आज भी जारी है। जमातवाद की शुरुआत सनातनी हिन्दुत्ववादी और आर्य समाज की मुस्लिम विरोधी नीति और ठीक इसी प्रकार की उलटी नीति को अपनानेवाले सनातनी पोथीनिष्ठ मुस्लिम उलेमाओं के संघर्ष के कारण हुई है। गोहत्या का प्रश्न, उससे सम्बन्धित भडकीला प्रचार, उर्दू-हिन्दी विवाद, मस्जिद के सामने बाजा बजाना आदि के कारण दंगे शुरू हुए।

इतनी सारी घटनाएँ घटित हो रही थीं तब भी सर सय्यद अलगाववादी नहीं थे। उनका दृष्टिकोन उस काल के मुस्लिम समुदायों के हितसंवर्धन का अर्थात् समन्वयवादी था और वे अश्रफ मुसलमानों की माँगों को सारे मुस्लिम समुदाय

के माँगों के रूप में प्रस्तुत कर रहे थे। मुसलमान अपने देश के प्रति इमानदार ही होते हैं—ऐसा प्रतिपादन भी वे कर रहे थे। इस्लाम में स्थित ग्रान्थिक निष्ठा दूर करने हेतु सुधारवादी लेख भी लिख रहे थे। सनातनी प्रगति विरोधी उलेमाओं ने उनके खिलाफ फतवे भी निकाले थे। इस्लाम के प्रति निष्ठा और देश के प्रति निष्ठा में विरोध नहीं है—ऐसी उनकी भूमिका थी। 1874 में प्रख्यात कवि हाली ने हुब्बे वतन (मातृभूमि के प्रति निष्ठा) शीर्षक में एक दीर्घ काव्य लिखा है। इसमें उन्होंने लिखा कि सच्चा मुसलमान वही होता है जो इस देश में स्थित हिन्दु, मुल्ला, बौद्ध, ब्राह्मी समाजी, शिया-सुन्नी को एक मानता है। उनका यह दीर्घ काव्य उस काल में और आज भी लोकप्रिय है। (आयेषा जलाल, 2001 पृ. 61-65) उस काल के दूसरे एक महाकवि मीर तकी मीर ने लिखा है—'किसका किबला, किसका काबा, कौन हरम है—किया अहराम! कुचे में उसके बाशिदों ने सबको यहीं से किया सलाम।' अर्थ है, किसका मक्का, किसका काया, हम उसके सम्बन्ध में किसलिए बोले? यहाँ हज के लिए जाए ही क्यों? गली में के सड़क पर से यहीं से भक्तों को किया गया सलाम पर्याप्त है। यहाँ मीर मुसलमानों के धार्मिक श्रद्धा के सम्बन्ध में बाज आता है। मक्का मदीना यह मुसलमानों के राजनीतिक निष्ठा का प्रतीक नहीं है ऐसा इसका अर्थ होता है। मुसलमानों की राजनीतिक निष्ठाएँ मातृभूमि के साथ होती नहीं है, इसको अप्रत्यक्ष रूप से दिया गया यह उत्तर है। उसने स्पष्ट रूप से कहा है कि हज की यात्रा के सिवा, मुसलमानों का इस पवित्र स्थल से कोई सम्बन्ध नहीं है। उससे उनकी केवल धार्मिक और भावनिक निकटता होती है। (आयेशा जलाल, पृ. 61-65)

महाकवि हाली ने अपने एक शेर में कहा है
'तुम अगर चाहते हो मुल्क की खैर,
ना किसी हम वतन को समझो गैर।'
इसी कवि की निम्न पंक्तियाँ काफी लोकप्रिय हैं
'कभी तुरानियों ने घर लूटा
कभी दुरानियों ने जर (सम्पत्ति) लूटा
कभी महमूद ने गुलाम किया (महमूद गजनी)
सबसे आखिर में ले गई बाजी
एक शाईस्ता कौम ने मगरीब की।'

(आयेशा जलाल, पृ. 61-65)

इन पंक्तियों द्वारा हाली भारत पर हुए आक्रमणों की निन्दा करता है। उस आक्रमण के प्रति अपना दु:ख तथा अपनी मातृभूमि के प्रति प्रेम ही इसमें से व्यक्त हुआ है। ये सारे आक्रमण मुस्लिम सत्ताधारियों के थे। परन्तु हाली उनकी तरफदारी नहीं करता, उनका निषेध करता है। उस काल के दूसरे एक कवि अकबर इलाहाबादी का एक शेर काफी मशहूर है—

'हरगिज नहीं हमको सल्तनत का अफसोस है
अबतारी महशहरत का अफसोस।'

अर्थ है कि, 'हमें इस बात का गम नहीं है कि ब्रिटिशों ने मुस्लिमों का सार्वभौम को नष्ट किया क्योंकि यह मुस्लिमों की भ्रष्ट राजनीतिक सत्ता थी। वह गई क्या, आई क्या कोई फर्क नहीं पड़ता।' 1857 को मुसलमानों को फिर से मुगल सत्ता स्थापित करने की इच्छा थी, 1857 का विद्रोह जिहादी था, ऐसा कहनेवालों के लिए यह उत्तर है। 1857 का विद्रोह ब्रिटिश अत्याचारों के विरोध में था। ईसाई मिशनरी और ईसाई सत्ताधारी ये हिन्दू-मुसलमानों के धर्म पर आक्रमण कर रहे थे और हिन्दू तथा मुसलमानों के वरिष्ठ वर्गों के हितसम्बन्ध खतरे में आ चुके थे, इस कारण यह विद्रोह हुआ था।

इन सारी अराजकता की स्थिति में मुस्लिम समुदाय की जो मानसिकता तैयार हो रही थी, वह काफी जटिल है। एक ओर से यह प्रचार चल रहा था कि इस्लाम यह अनर्थकारी धर्म है, इस्लाम के कारण ही मुसलमानों के दुर्गुणों का प्रवेश हुआ है-जैसी टीकाओं का खंडन करना, हिन्दू आर्य समाजी और ईसाइयों के प्रचारों को उत्तर देना, इस्लाम का श्रेष्ठत्व और उसकी कालसापेक्षता की प्रस्तुति करना और मुसलमान जहाँ रहते हैं, वही उनकी मातृभूमि होती है, उसी से उनकी निष्ठा होती है-इसकी प्रस्तुति करना—ऐसा उसका स्वरूप है। सर सय्यद तो कालसापेक्ष सुधार के विचार प्रस्तुत कर रहे थे। इसी समय इस्लामी सनातनियों ने सर सय्यद और उनकी आधुनिकता और शिक्षासम्बन्धी विचारों के विरोध में आन्दोलन शुरू कर रहे थे। हितसम्बन्धों के प्रश्नों को लेकर हिन्दू-मुस्लिम अभिजन और भिन्न-भिन्न प्रदेशों के हिन्दू-मुस्लिम अभिजन एक-दूसरे से भिड़ रहे थे। उम्मा के धार्मिक तत्त्वों की राजनीति पर उपनिवेशी आक्रमण के विरोध की प्रतिक्रिया स्वरूप पैन इस्लामी की प्रस्तुति भी इसी काल में होती है। 1857 के बाद की घटनाओं के कारण उससे बनी मुस्लिम मानसिकता का स्वरूप काफी जटिल रहा है। इन सभी घटनाओं के फलस्वरूप हिन्दू और मुसलमानों की राजनीति के एक महत्त्वपूर्ण इकाई के रूप में 'धर्म' उभर कर आ गया। हिन्दू और मुसलमानों के अभिजन एक-दूसरे को दोषी ठहराते हुए

ब्रिटिशों की मर्जी सम्हालने हेतु जो प्रयत्न कर रहे थे, उसी कारण जमातवाद का जन्म हो जाता है।

उपरोक्त चर्चा से स्पष्ट है कि उम्मा सम्बन्धी का प्रचार विपर्यास्त करनेवाला था। मुसलमान अपने देश के प्रति ईमानदार नहीं होते, उम्मा से ही ईमानदार होते हैं, यह प्रचार पूर्णतः एकतरफा और गलत था। पैन इस्लामबाद का समर्थन करनेवाले जैसे सनातनी ग्रान्थिक उलेमा थे, ठीक उसी समय कौम, वतन या मातृभूमि का आग्रह पकड़नेवाले उलेमा भी काफी संख्या में थे। भारत में ही जन्में और यहीं पर वे पले थे, इस कारण अपने शहर, प्रदेश के प्रति उनमें प्रेम और निष्ठा होना महज ही था, प्राकृतिक ही था हिन्दू-मुसलमानों के सहअस्तित्व का विचार भी उनमें जड़ पकड़ चुका था। उस काल के पिछड़े, निम्न श्रेणी के, धर्मान्तरित और श्रमिक मुसलमानों के विचार समझ लेने का कोई जरिया नहीं है। वे निरक्षर थे, पिछड़े थे, बहुसंख्यक थे। उनकी दखल ही 20वीं सदी के उत्तरार्ध तक किसी ने ली ही नहीं। थी जो भी विचार, संघर्ष, राजनीति, धर्मनीति और लेखन हमारे सम्मुख हैं वह सब अभिजन वर्ग का ही है। उसी वर्ग के कवि, नेता और समाचार पत्र हमारे सम्मुख हैं। अभिजनों में भी सभी-के-सभी इस्लामी हुकूमत के सपने नहीं देख रहे थे। जिहाद का समर्थन नहीं कर रहे थे।

मुस्लिम अभिजनों में सरकारी नौकरियों को लेकर, शिक्षा और प्रतिनिधित्व को लेकर स्पर्धा और मतभेद शुरू हुए थे। प्रत्येक प्रदेश के मुस्लिमों की आर्थिक, सामाजिक स्थितियाँ भिन्न-भिन्न थीं। जैसे—उत्तर-पश्चिम देश और पंजाब के मुसलमान शिक्षा के क्षेत्र में काफी आगे थे, अलबत्ता उच्च शिक्षा में वे पिछड़े ही थे। बंगाल, पश्चिम भारत, मध्य भारत, मद्रास प्रदेश के हिन्दुओं ने इस क्षेत्र में उन्हें पीछे डाल दिया था। परिणामतः इसका परिणाम उन्हें नौकरियों के क्षेत्र में भुगतना पड़ रहा था। दूसरी बात विभिन्न प्रदेशों के अश्रफ मुसलमान नेता अपने प्रदेश की जरूरतों और माँगों को उस विभाग के सभी मुसलमानों की ही हैं ऐसी प्रस्तुति कर रहे थे। प्रदेशों के नेता केवल अपने वर्ग के हितसम्बन्धों की ही बात कर रहे थे। जैसे—सर सय्यद और बंगाल के सय्यद अमीर अली के विचार एक जैसे थे। दोनों भी, ब्रिटिशप्रेमी थे। परन्तु सय्यद अमीर अली चूँकि कलकत्ता-बंगाल के थे और इसलिए वे बंगाली मुसलमानों के हितसम्बन्ध समस्त भारत के मुसलमानों के हितसम्बन्ध हैं वे ही मुसलमानों के राष्ट्रीय हितसम्बन्ध हैं का विचार लेकर सक्रिय थे। तो सर सय्यद उत्तर प्रदेश के मुसलमानों का ही विचार कर रहे थे। अपने प्रदेश के मुसलमानों के

हितसम्बन्धों पर ही ध्यान केन्द्रित करनेवाले अमीर अली ने सर सय्यद की इस नीति को—मुसलमानों की राजनीति से दूर रहना चाहिए, को पूर्णत: नकारते हुए बंगाली मुस्लिम मध्य वर्ग की एक राजनीतिक संघटना की स्थापना 1878 में की। बंगाली मुसलमान अलीगढ़ के मुस्लिमों का नेतृत्व स्वीकार करें, इस बात को उन्होंने नकारा। बंगाल के समाचार पत्रों ने मुस्लिमों के पिछड़ेपन के लिए हिन्दुओं को जिम्मेदार ठहराकर, उनकी कड़ी आलोचना की। (आयेषा जलाल, 2001, पृ. 43-65)

इस मामले में हिन्दुओं के समाचार पत्र कहाँ पीछे थे। मुसलमानों की स्थिति में सुधार का अर्थ है—साँपों को दूध पिलाना है। मुस्लिम अगर पढ़-लिखकर तैयार हुए तो अंग्रेजों को वेटर, रसोई बनानेवाले, दर्जी, कसाई कहाँ से मिलेंगे ऐसा उन्होंने लिखा। हितसम्बन्धों की इस लड़ाई का स्वरूप प्रदेशानुसार भिन्न-भिन्न था। इसी में से जमातवाद को गति मिली। लखनऊ करार के समय प्रदेश के मुसलमानों की संख्या भिन्न-भिन्न होते हुए भी उन्हें अधिक प्रतिनिधित्व की माँग, वेटेज इसके लिए विवाद हुए। (आयेषा जलाल 2001 उपरोक्त)

ठीक इसी प्रकार 1885 में स्थापित कांग्रेस के सम्बन्ध में भी मुस्लिम अभिजनों की प्रतिक्रिया एक जैसी नहीं है। 1886 के कलकत्ता कांग्रेस अधिवेशन में 33 मुस्लिम प्रतिनिधि हाजिर थे। परन्तु ऐंग्लो इंडियन समाचार पत्रों ने पूर्णत: नकारात्मक समाचार दिए। बंगाली हिन्दू समाचारपत्रों का भी मुसलमानों को विरोध ही था। इस कारण इन 33 प्रतिनिधियों की नोटिस नहीं ली गई। सरकार ने जनसंख्या की औसत में बंगाली मुसलमानों को नौकरियाँ और शिक्षा में अवसर देने की नीति घोषित की। अमीर अली और नवाब अब्दुल लतीफ खान का कांग्रेस में मुसलमान जाएँ इसके लिए विरोध था। इस सामाजिक गतिविज्ञान को अगर ध्यान में लें तो कांग्रेस विरोध के लिए मुसलमानों का जमातवाद कारण नहीं था; अपितु, हितसम्बन्धों की राजनीति कारण रही है—ऐसा कहना होगा। अवध प्रदेश के मुसलमान प्रतिनिधि (लखनऊ विभाग) इस अधिवेशन में सम्मिलित हुए थे। क्योंकि वहाँ लखनऊ में ब्रिटिश विरोधी वातावरण था। विशेष यह कि उ.प्र. के समाचार पत्र ऐसी टीका कर रहे थे कि कांग्रेस यह बंगाली मुसलमानों के हितसम्बन्धों पर ही विचार कर रही है। जनसंख्या की औसत में मुसलमानों को अवसर घोषित हो जाने के कारण अमीर अली कांग्रेस का विरोध कर रहे थे। यह सम्पूर्ण प्रक्रिया द्वंद्वात्मक थी। इसमें धार्मिक, सांस्कृतिक तनाव भी थे। हिन्दुओं की प्रतिक्रियाएँ भी परस्परविरोधी थीं। उनमें भी हितसम्बन्धों के प्रश्न पर स्पर्धा थी। और कॉंग्रेस में सहभागिता पर भी मतभेद थे। उस काल

के कांग्रेस का स्वरूप पूर्णत: ब्रिटिश विरोधी नहीं था। (आयेषा जलाल 2001 उपरोक्त)

सर सय्यद या अमीर अली का कांग्रेस को विरोध हो भी तो, इतिहास के इस मोड़ पर धर्मान्धता, सामाजिक और सांस्कृतिक अलगाव को उनका विरोध ही था। सार्वजनिक जीवन में ये दोनों हिन्दू-मुसलमानों की सहभागिता का समर्थन ही कर रहे थे। कवि हाली और अकबर इलाहाबादी की तरह इनकी भी मान्यता थी कि मुस्लिम होना और भारतीय होना, इनमें विरोध नहीं है। इस मोड़ पर की उनकी राजनीति को आयेषा जलाल 'समुदायवादी राजनीति' कहती हैं। हिन्दू और मुसलमान इनमें जमातवाद की वृद्धि का एक कारण था—आर्य समाजियों द्वारा शुद्धिकरण का जो आन्दोलन शुरू किया गया था। (धर्मान्तरित मुसलमानों को फिर से हिन्दू धर्म में प्रवेश देना—शुद्धिकरण।) इस कारण धर्मवादी मुस्लिम अभिजन और उलेमा बिगड़ गए। इसी में से तबलीगी और तंजीम के आन्दोलन शुरू हुए। अर्थात् धर्मान्तरित मुसलमानों के घरों में जो हिन्दू रीति-रिवाज के अवशेष थे, उन्हें पूर्णत: निकाल बाहर कर उन्हें इस्लामी बनाने का आन्दोलन। (तब्लीग) मुसलमानों में आक्रामक धार्मिक अस्मिता का प्रचार शुरू हुआ। इन दोनों आन्दोलनों के फलस्वरूप एक-दूसरे पर प्रहार करना शुरू हुआ। गोहत्याबन्दी, मस्जिद पर के सामने वाद्य बजाना जैसे प्रश्नों की तीव्रता बढ़े। दंगे बढ़ते गए। जमातवाद बढ़ता गया। ब्रिटिशों की प्रेरणा से मुस्लिम लीग की स्थापना 1906 में हुई। मार्लो मिंटो कानून ने हिन्दू मुसलमानों में स्थित खाईं को और भी बढ़ाया। राजनीतिक फूट को खाद-पानी ही डाला। नवाब, सामन्त, जमींदार, वरिष्ठ वर्गीय अश्रफों के हितसम्बन्ध ब्रिटिश राजसत्ता में गुँथे गए थे। मुस्लिम लीग के मंच पर से उन्होंने कांग्रेस-विरोधी राजनीति को और भी बढ़ाया। प्रतिक्रियास्वरूप हिन्दू महासभा की स्थापना हुई। हिन्दू-मुस्लिम दंगों के कारण समन्वय के वातावरण को हानि पहुँचने लगी। इसी काल में महमूद अली जीना कांग्रेस मंच से हिन्दू-मुसलमान एकता का समर्थन कर रहे थे। भिन्न-भिन्न राजनीतिक और सामाजिक शक्तियाँ विभिन्न विचार और प्रभाव निर्माण कर रहे थे। इन सारी घटनाओं के फलस्वरूप हिन्दू या मुसलमानों में एक प्रकार की मानसिकता कहीं पर भी दिखलाई नहीं दे रही थी। 1900 के बाद ही दारुल हर्ब और दारुल इस्लाम का विचार प्रस्तुत करनेवाले उलेमा दिखलाई देते हैं। धार्मिक मूलतत्त्ववाद भी दिखलाई देता है। विदेशों के विरोधी आक्रामक वहाबी, मक्का से अफगानिस्तान, अमेरिका, जपान तक को ब्रिटिशों के उपनिवेशी प्रदेश को मुक्त करने का प्रयत्न करनेवाले साम्राज्यवाद

विरोधी नेतागण, ब्रिटिशप्रेमी वरिष्ठ वर्णीय अश्रफ मुसलमान, कांग्रेस का समर्थन करनेवाले मुस्लिम नेता, हिन्दू विरोधी मूलतत्त्ववादी, कांग्रेस की ओर से खड़ी 'जमीयत उल उलेमाए हिन्द' जैसी धर्मगुरुओं की संगठना इस प्रकार के विविध प्रवाह इस काल में दिखलाई देते हैं।

इन सारी घटनाओं के फलस्वरूप कांग्रेस की ओर से खड़े रहनेवाले मुसलमानों की संख्या काफी कम थी। बहुसंख्य मुसलमान कांग्रेस के बाहर ही थे। 1916 से खिलाफत आन्दोलन ने जोर पकड़ा। मौ. मोहम्मद अली और शौकत अली खिलाफत आन्दोलन के लिए धार्मिक आवाहन कर उसे मुस्लिम लोकसमुदाय तक पहुँचाया। सारा उत्तर भारत इस प्रकार में डूब गया। अली बन्धुओं को कैद किया गया। लो. टिलक और मालवीयजी ने खिलाफत आन्दोलन का समर्थन किया और उनसे छुटकारे के प्रयत्न में ये लग गए। 1919 में म. गाँधी इस आन्दोलन में आए। कांग्रेस को खिलाफत का मुद्दा लेने के लिए उन्होंने दबाव लाया। गाँधी जी का प्रयत्न इस बहाने मुस्लिम समुदाय को कॉग्रेस की ओर मोड़ने का था। कांग्रेस और खिलाफत आन्दोलन तथा गाँधी जी की सत्याग्रह की लड़ाई इस कारण पूरे भारत में नई चेतना फैल गई। परन्तु सन् 1922 के बाद सत्याग्रह का और पर्याय रूप से खिलाफत आन्दोलन का जोर कम हुआ। कमाल पाशा ने खिलाफत को ही बरखास्त कर देने के कारण इस आन्दोलन की हवा ही चली गई। इसके बाद ही सही अर्थों में जमातवादी राजनीति का आरम्भ हो जाता है। (कम्युनल पॉलिटिक्स) परिणामत: 1857 के पूर्व जो सामाजिक सामंजस्य और हिन्दू-मुसलमानों की संयुक्त सहभागिता का वातावरण विकसित हो चुका था; वह सब 1857 के बाद की इन घटनाओं के कारण कमजोर होता गया।

खिलाफत आन्दोलन की असफलता के बाद उस आन्दोलन के मुस्लिम नेताओं ने इस्लामी और बिगर-इस्लामी ऐसा समीकरण प्रस्तुत कर एक अलग ऐसी मुस्लिम अस्मिता तैयार करने का प्रयत्न शुरू किया। इधर उपलब्ध जानकारी के अनुसार इस खिलाफत आन्दोलन के बाद ब्रिटिशों ने हिन्दू-मुस्लिमों में स्थित शत्रुत्व के बढ़ाने के लिए दंगे करनेवाले लोगों को कैसे प्रोत्साहित किया इसके अनेक सबूत उन्हीं के दस्तावेजों में प्राप्त हुए हैं। दुर्भाग्य से खिलाफत आन्दोलन के बाद भारतीय राजनीति में मुल्ला-मौलवियों का महत्त्व बढ़ने लगा और शाह वली उल्लाह के विचार ही कुरान के विचार है, ऐसा प्रचार कर मुस्लिम जमातवाद को खाद पानी दिया गया। मुसलमानों के धर्मगुरु, नवाब, रियासतों के प्रमुख और अश्रफ मुसलमानों में स्थित शिक्षितों

के प्रश्न ही आम मुसलमानों के प्रश्न हैं, ऐसा प्रचार किया जाने लगा। इस वर्ग ने अपने आर्थिक और सामाजिक प्रश्नों को धार्मिक रूप दिया। दारुल इस्लाम, दारुल हर्ब, जिहाद अथवा उम्मा इन शब्दों के अर्थ इस वर्ग ने अपने लिए वे फायदेमन्द कैसे होंगे; उसी तरह से लगाया और आम मुसलमानों में अनेक भ्रम तैयार किए।

18वीं सदी से इजिप्त से लेकर भारत तक के विविध देशों की मुस्लिम सत्ताएँ एक के बाद एक नष्ट होती गईं। पश्चिमी ईसाई साम्राज्यवादियों ने ये सारे मुस्लिम राज्य नष्ट कर उन पर अपनी सत्ता थोंप दी। इस कारण इन पूरे प्रदेशों के मुस्लिम सत्ताधारी और उनके धर्मगुरु विलक्षण बेचैन थे। पश्चिमी ईसाई सत्ता को चुनौती देने के लिए वैश्विक इस्लाम का अन्तरराष्ट्रीय स्तर पर का आन्दोलन खड़े करने का प्रयत्न वे करने लगे। इजिप्त, अफगानिस्तान और भारत के अनेक मुस्लिम धर्मगुरु धर्म के नाम पर जिहाद की घोषणा कर ब्रिटिश सत्ता के विरोध में खड़े हो गए। इन लोगों ने ही अन्तरराष्ट्रीय इस्लाम अर्थात् पैन इस्लामबाद का विचार प्रस्तुत किया। (देखें इस्लामिक ग्रेट इप्सोसिटो)

पैन इस्लामबाद का मूल अर्थ धार्मिक और आध्यात्मिक स्तर के सभी मुस्लिम धर्मियों की सामूहिक इकट्ठी ऐसी पहचान है। इस अवधारणा का उपयोग, पश्चिमी आक्रमण के विरुद्ध संगठित होने के एक साधन के रूप में किया गया था। उसमें मुस्लिमों की प्रादेशिक पहचान अथवा प्रादेशिक अस्मिता को नकारा नहीं गया था। आगे चलकर विश्व इस्लाम का सपना देखनेवाले इकबाल जैसे विचारकों ने इस्लाम में स्थित मूल अवधारणाएँ, उम्मा और मिल्लत का आशय बदलकर उनका राजनीतिकरण किया। मौलाना हुसेन अहमद कदकी का प्रतिपादन था कि मिल्लत यह धार्मिक अवधारणा है। उसका धार्मिक और आध्यात्मिक अर्थ है, विश्व के सभी मुसलमानों का एक अन्तरराष्ट्रीय समाज। दूसरे शब्दों में मुसलमान होते हुए भी, भिन्न-भिन्न देश, भाषा और देश के होते हुए भी मुस्लिम के रूप में वे एक धार्मिक भाईचारे से जुड़े हुए हैं। उनकी एकता केवल धार्मिक-आध्यात्मिक होती है (बेन्नूर, 47 से 62)

वास्तव में उम्मा की अवधारणा को लेकर मुस्लिम धर्मपंडितों में ही मतभेद हैं। इस सम्बन्ध में उनके विचार परस्पर विरोधी हैं। डिक्शनरी ऑफ इस्लाम—थॉमस हयूजीस इस कोश में उम्मा का अर्थ लोक, पन्थ या राष्ट्र दिया गया है। (पृ. 654) कुरान में इस शब्द का भिन्न-भिन्न अर्थों में 40 बार प्रयोग हुआ है। कुछ इस्लामी अध्येताओं के अनुसार उम्मा की अवधारणा का प्रयोग

पैगम्बर साहब ने मदीना में विविध धर्मों और पन्थों से युक्त जो राज्य निर्माण किया था, उसके सन्दर्भ में किया था। उनके नेतृत्व में मदीना में विविध धर्मों और पन्थों का राज्य था उसे उम्मा कहा गया है। उम्मा का अर्थ केवल मुस्लिम समाज या मुस्लिम राष्ट्र ऐसा कभी नहीं था। और न है। मदीना के इस राज्य के सन्दर्भ में मौ. आजाद ने उम्मतूल वाहिद का विचार प्रस्तुत किया था। उनके मतानुसार मदीना में स्थित पैगम्बरप्रणित सरकार यह सर्वधर्मीय सरकार अर्थात् उम्मतुल वाहिदा थी। इनमें स्थित ज्यू, ईसाई, साबियन, मगियन और मुस्लिम इन सबको न्याय देनेवाली यह सरकार थी। इसी विचार को लेकर भारत और भारत के बाहर के अनेकों ने पैन-इस्लाम का नारा देकर पश्चिमी आक्रमण के विरुद्ध मुस्लिमों को संगठित करने का प्रयत्न किया था। परन्तु भारत में 20वीं सदी के आरम्भ में कांग्रेस प्रणित हिन्दुस्तानी राष्ट्रवाद का विरोध करने के लिए अलगाववादी मुस्लिम नेताओं ने इसका संकुचितकरण कर दिया। इस्लाम को राष्ट्रवाद ही मान्य नहीं है—ऐसा भ्रम इसी कारण पैदा हुआ।

ठीक यही स्थिति कौम इस शब्द के सम्बन्ध में है। कौम का मूल अर्थ है जमात अथवा लोकसमूह। सर सय्यद ने वह जमात और राष्ट्र इन दोनों अर्थों में इसका उपयोग किया था। मौ. मदनी के अनुसार कुरान शरीफ में कौम शब्द का प्रयोग भौगोलिक अर्थ में हुआ है। उनके अनुसार जात-जमात के भौगोलिक निकष के आधार पर यहाँ प्रादेशिक एका अभिप्रेत है। आगे चलकर इस शब्द का भी राजनीतिकरण हुआ। इस्लाम और इस्लाम विरोधी प्रचार में स्थित दूसरी एक अवधारणा उम्मा की है। इस्लाम के विरोधक यह बार-बार दुहराते रहे कि उम्मा की अवधारणा राष्ट्रविरोधी है और इसी कारण मुसलमान जिस देश में रहते हैं उस देश के प्रति राष्ट्रीय निष्ठा नहीं रख पाते—ऐसा भ्रम फैलाया गया।

इसी बीच तुर्किस्तान में केमाल पाशा के उदय के कारण तथा अरबस्तान में स्थित भिन्न-भिन्न देशों में सत्ता प्राप्त करने के लिए जो राजनीति शुरू हुई उस कारण पैन इस्लाम का सिद्धान्त अथवा उम्मा या शरीयतवाद से सम्बन्धित सभी सिद्धान्त धराशायी हो गए। बावजूद इसके भारत के अश्रफ मुसलमान और धर्मगुरु उपरोक्त सिद्धान्त से ही चिपक कर बैठ गए। यह वर्ग निरन्तर आम मुसलमानों में धार्मिक भ्रम और धार्मिक मानसिकता बनाए रखने की कोशिश कर रहे सर सय्यद से लेकर मुस्लिम लीग के नेता और उनके कार्यकर्ता निरक्षर मुस्लिमों में इसी मानसिकता को बढ़ाने का प्रयत्न कर रहे थे। अधिकांश मुसलमान न उर्दू जानते थे, न अरबी और न अंग्रेजी। परिणामतः धर्मगुरु और लीग के कार्यकर्ता इस्लाम के नाम पर जो भी बोलते, उस पर वे विश्वास

रखते। आगे चलकर 1940 से 1946 के बीच मुस्लिम लीग ने इस स्थिति की, मानसिकता का फायदा उठाया।

एक ओर महत्त्वपूर्ण बात कि भारत में सत्ता के आश्रय से मुस्लिम समाज खड़ा था। भारत की निचली जातियों ने जब इस्लाम कबूल किया तो उस समय के सत्ताधारियों के प्रभाव के कारण उन्हें तथा उनके धर्मांतरण को राजनीतिक संरक्षण प्राप्त हो गया था। हमारे लोगों ने भारत पर राज किया है—यह भ्रम निचली श्रेणी के मुसलमानों में भी था। उन्हें सत्ता से संरक्षण भी मिल रहा था। इस कारण अश्रफ मुसलमानों की बराबरी में निचली मुस्लिम जाति-जमातियों में भी ब्रिटिशों के प्रति अनुकूल मानसिकता तैयार कर वह कांग्रेस के विरोध में खड़ा करने का प्रयत्न लीगी कर रहे थे। तो इस प्रकार यह पूरी मुस्लिम मानसिकता इस प्रकार अनेक इकाइयों, घटकों, घटनाओं ने तैयार हो रही थी। बावजूद इसके उस काल में सभी भारतीयों को लेकर राष्ट्रवाद का विचार प्रस्तुत करनेवाले अनेक मुस्लिम धर्मगुरु और नेता थे। इस काल में महाकवि इकबाल और मौ. हुसेन अहमद मदनी में प्रगट विवाद भी हुआ था। मदनी का प्रतिपादन था कि कौम यह आधुनिक अवधारणा है, उसका अर्थ राष्ट्र है। और मिल्लत यह धार्मिक अवधारणा है। मिल्लत का अर्थ है धार्मिक और आध्यात्मिक। इस अर्थ में सभी मुस्लिमों का एक अन्तरराष्ट्रीय समाज होता। कौम और मिल्लत परस्पर विरोधी नहीं हैं अपितु परस्पर पूरक हैं। इस प्रकार राष्ट्रवाद का सिद्धान्त प्रस्तुत करने का प्रयत्न मौ. मदनी जैसे अनेकों ने किया है। परन्तु मुस्लिम मानसिकता का विकास मुस्लिम लीग द्वारा की गई राजनीतिक के सन्दर्भ में ही हुआ। इससे सम्बन्धित अन्य घटकों पर विचार ही नहीं किया गया।

मुस्लिम मानसिकता पर विचार करते समय एक अन्य महत्त्वपूर्ण घटक की ओर ध्यान देना जरूरी है। वह घटक है, भारत के राष्ट्रीय आन्दोलन पर और राष्ट्रवाद के विचार पर पश्चिमी विचारों का और यूरोप के प्रबोधनों के आन्दोलनों का दूरवर्ती प्रभाव रहा है। किम्बहुना इंग्लैंड, अमेरिका, यूरोप के विचारकों ने राष्ट्र, राष्ट्रीयत्व और राष्ट्रवाद के सम्बन्ध में जो अवधारणाएँ प्रस्तुत की उसका गहरा प्रभाव तत्कालीन भारतीय नेता और बुद्धिजीवियों पर रहा है। जे. एम. मिल जैसे अध्येता द्वारा प्रस्तुत राष्ट्रवाद की अवधारणा में राष्ट्रीयत्व तैयार करनेवाली इकाइयों के रूप में भाषा, धर्म और संस्कृति का समन्वय से राष्ट्रीय अहसासों का निर्माण होता है ऐसी स्थापना है। और इसके ठीक विपरीत हिन्दू और मुस्लिम अभिजन पर जो धर्म का प्रभाव था, उस पर से भारतीय राष्ट्रीयत्व का विचार निर्माण हुआ है। प्रो. ए. आर. देसाई जैसे विचारक ने यह

लिखा है कि नरम दल के पराजय के बाद लोकमत यह गरम राष्ट्रवादी नेताओं के लिए अनुकूल होने लगा। लोकमान्य टिलक जैसे गरम दल के राष्ट्रवादी ने भारत के भूतकाल और इतिहास के उदात्तीकरण की प्रक्रिया शुरू की। और इसमें से टिलक जी का धार्मिक-सांस्कृतिक राष्ट्रवाद, स्वामी विवेकानन्द का नव वेदान्तवाद और बाद में योगी अरविन्द द्वारा प्रस्तुत आध्यात्मिक राष्ट्रवाद—ये विचार निर्माण हुए। 1920 के बाद इन सब के संकलित प्रभाव से हिन्दू महासभा और आर.एस.एस परिवार के हिन्दू जमातवाद का जन्म हुआ। (देसाई ए. आर. पृ. 306 से 318)

प्रो. सुधीरचन्द्र जी के मतानुसार 1880 तक तो भारतीय अभिजन द्वारा खड़ा किया गया राष्ट्रीय आन्दोलन बड़ी मात्रा में सेक्यूलर था। बाद में धीरे-धीरे आर्थिक तथा राजनीतिक हितसम्बन्धों को बनाए रखने के लिए जाति तथा धर्म इन पारम्परिक घटकों के आधार पर राजनीतिक विचारों को बाँधना शुरू हो गया। परिणामस्वरूप अभिजन वर्ग में जाति और धर्म के घटक राष्ट्रीय आन्दोलन के मुख्य आधार माने जाने लगे। इसलिए बंकीमचन्द्र, लोकमान्य टिलक और बिपिनचन्द्र पाल ने राष्ट्रीयत्व के मूल्य के रूप में हिन्दुत्व के मूल्य ही प्रस्तुत किए हैं—ऐसा दिखलाई देता है। सुरेन्द्रनाथ बॅनर्जी ने भी लिखा है कि भारत का अपना गौरवशाली इतिहास है ऐसा नरम दल के नेता कहते। उनकी राजनीति का अन्तर्गत स्वर भी धार्मिक ही था। गरम दल के नेता तो खुल्लम खुल्ला धर्मवाद और संस्कृतिवाद का ही उपयोग कर रहे थे। और उसके माध्यम से राष्ट्रीयता के मूल्यों को प्रस्तुत कर रहे थे। उनके ये मूल्य ब्राह्मणी हिन्दुत्व के ही थे। (सोशियल बैकग्राऊंड ऑफ इंडियन नेशनॅलिज़्म, ए. आर. देसाई, सेक्यूलर रायजेशन इन मल्टी रीलीजियस सोसाइटी डुबे वासिलोव्ह में स्थित प्रो. सुधीरचन्द्र जी का लेख)

मुस्लिम मानसिकता पर इस पूरी प्रक्रिया के दो प्रभाव हुए। पहले प्रभाव के कारण मुस्लिम अभिजन वर्ग ने समानान्तर दो बातें की। एक : इस वर्ग ने राष्ट्रवाद के सिद्धान्त को नकार कर उसके स्थान पर पैन इस्लाम का विचार प्रस्तुत किया। जो राष्ट्रवाद हिन्दुओं द्वारा प्रस्तुत किया जा रहा है; वह हिन्दू राष्ट्रवाद है; उससे मुस्लिमों का कोई सम्बन्ध नहीं है। यह हिन्दू राष्ट्रवाद है इसलिए इस्लाम विरोधी है। दो : इस वर्ग ने इस्लामी संस्कृति और उर्दू भाषा के माध्यम से मुस्लिम ये पूर्णत: अलग ऐसे राष्ट्रीय घटक हैं ऐसा दावा शुरू किया। इसी में से आगे द्वि-राष्ट्रवाद का सिद्धान्त पनपा। इस पूरी प्रक्रिया में विकसित संवेदनाएँ, अहसास, उभरी हुई समस्याएँ, उनका आकलन यह सब

मुस्लिम धर्मगुरुओं और वरिष्ठ अभिजनों तक ही सीमित रहा। परिणामत: आम मुस्लिम जनता, धर्मान्तरित मुसलमान, हिन्दू और मुस्लिम सन्त इन सबके द्वारा जो समन्वय के प्रयत्न हुए थे, उनकी पूर्ण रूप से उपेक्षा हो गई।

स्वतन्त्रता पूर्व काल की मुस्लिम मानसिकता पर विचार करते समय एक ओर भारत के राजनीतिक नेताओं द्वारा प्रस्तुत राष्ट्रवाद के सिद्धान्त और राष्ट्रवाद की इकाइयों को जैसे ध्यान में रखना पड़ता है ठीक उसी समय दूसरी ओर ब्रिटिश साम्राज्य द्वारा प्रस्तुत भारतीय इतिहास के शिकार हो चुके भारतीयों के इतिहास लेखन पर भी विचार करना पड़ता है। विशेष यह कि भारत के राष्ट्रवादी इतिहासकारों ने जैसे कि रोमिला थापर ने कहा है कि मिल के इतिहास में प्रस्तुत काल विभाजन को कभी भी किसी ने भी चुनौती नहीं दी। मुस्लिम सत्ताधारियों का इतिहास मतलब भारत के इस्लाम का इतिहास और सभी मुस्लिम समाजों का इतिहास समझकर उन्होंने इतिहास लेखन किया। परिणामत: 1920 के बाद जो अलगाववादी और जमातवादी वातावरण निर्माण हुआ और उस वातावरण में जो लेखन हिन्दू और मुस्लिम अभिजनों ने किया, उसमें से इन दोनों कौमों में एक-दूसरे के प्रति गलतफहमियाँ ही पैदा हो गईं। उस काल में मुसलमानों में अलग-अलग भ्रम निर्माण हुए या निर्माण किए गए और उसी में से उनकी मानसिकता तैयार हुई। इसी काल में मुस्लिम धर्मगुरु और मुस्लिम सत्ताधारियों ने इस्लाम के श्रेष्ठत्व को लेकर भिन्न-भिन्न सिद्धान्त प्रस्तुत किए। पिछले प्रकरण में दर्ज भिन्न-भिन्न प्रकार के भ्रम और सिद्धान्त इसी काल में प्रस्थापित हुए।

एक अन्य महत्त्वपूर्ण बात यह कि बंकिमचन्द्र (बंगाली लेखक आनन्दमठ के लेखक) के काल के इतिहासकारों और ललित लेखकों का लेखन और हिन्दू राष्ट्रवादी लेखक और इतिहासकारों का लेखन पूर्णत: हिन्दू और मुसलमान एक दूसरे के शत्रु हैं—ऐसा समझकर ही किया गया था। इसमें भी तीन प्रवाह दिखलाई देते हैं—पहला प्रवाह : राष्ट्रवादी इतिहासकारों का लेखन है। इलियट, डाऊसन और मिल द्वारा किए गए इतिहास की प्रस्तुति से आगे ये जा नहीं सके। उन्होंने ब्रिटिश इतिहासकारों की प्रस्तुति को किसी भी प्रकार की समीक्षा न करते हुए जैसे के वैसे उसे यथार्थ समझकर स्वीकारा है।

ये राष्ट्रवादी लेखक और इतिहासकार तत्कालीन परिस्थिति की इकाई होने के कारण सम्भवत: ऐसा हुआ होगा। क्योंकि इनके लेखन काल में ही हिन्दू और मुसलमान के जमातवादी प्रचार को जोर बढ़ता गया था। इस कारण उसके प्रभाव से प्रो. मजूमदार और सरदेसाई जैसे लेखक भी छूट नहीं पाए थे।

दूसरा प्रवाह हिन्दुत्ववादी लेखक और विचारकों का था। उनकी परम्परा लोकमान्य टिलक और बंकीमचन्द्र के काल से ही शुरू हो चुकी थी। पं. मदनमोहन मालवीय, लाला लजपतराय जैसे लोग और शुद्धि आन्दोलन के धर्मगुरु और लेखक तथा बाद के काल के आर्य समाज द्वारा शुरू की गई मुहिम इस प्रकार के गुट के लेखन की तो बाढ़ ही आ गई।

तीसरा प्रवाह जिसकी ओर प्रो. बिपिनचन्द्र ने इशारा किया है—एक विशिष्ट प्रकार से लेखन करनेवाले लेखक और इतिहासकारों का है। राष्ट्रवादी लेखक जब ब्रिटिश विरोधी लेखन खुल कर करते कि ब्रिटिश सरकार के वे कोपभाजन के शिकार हो जाते। इस कारण इनमें से अनेकों ने ब्रिटिश विरोध का खुलकर उल्लेख न करते हुए प्रतीकात्मक लेखन शुरू किया। जैसे—छत्रपति शिवाजी, राणा प्रताप जैसे राजाओं का मुस्लिम सत्ताधारियों के विरोध में की गई लड़ाईयाँ वे इस प्रकार प्रस्तुत करते कि उसमें वे पाठकों की राष्ट्रीय भावना जागृत हो जाए। यह सही है कि इसमें से राष्ट्रीय जागृति आई परन्तु उसी समय जनमानस में मुस्लिम विरोधी भावनाओं का प्रचार बड़े पैमाने पर हुआ।

इन सभी प्रकार के लेखकों से मुस्लिम मानसिकता के सम्बन्ध में आज भी प्रस्तुत किए जानेवाले समीकरण तैयार हुए। जैसे— हिन्दू-मुसलमानों का इतिहास एक-दूसरे के शत्रुत्व का इतिहास है। मुसलमानों के आने के पूर्व भारतीय समाज और संस्कृति श्रेष्ठतम स्तर तक पहुँच चुकी थी। मुसलमानों के आक्रमणों के कारण ही इस श्रेष्ठ संस्कृति का विघटन हुआ। और भारत के अन्धकार युग की शुरुआत हुई। इस्लाम यह आक्रामक, हिंसावादी और तलवार के जोर पर प्रसारित धर्म है। कुरान और इस्लाम यह पूर्णत: भारत और हिन्दुत्व के विरोध में हैं। इस्लाम यह राष्ट्रवाद के विरोध में भी है। मुसलमानों में स्थित तथाकथित फूट आक्रामकता और धर्म के प्रति पागलपन और आधुनिकता का विरोध यह उनके धर्म के कारण ही है। ये सारे भ्रम इतने प्रभावपूर्ण तरीके से रोपे गए कि स्वतन्त्रता पूर्व काल के सभी ने इसका उपयोग किया है। अर्थात इस प्रकार के भ्रमों को फैलाने में मूल में प्रतिक्रियावादी सनातनी मुस्लिम धर्मगुरु, इकबाल जैसे लेखक और मुस्लिम लीग के नेताओं का लेखन भी इसके लिए काफी जिम्मेदार रहा है। उस काल की हिन्दू महासभा और हिन्दू संगठन के मुहिम के नेताओं ने इस लेखन का भरपूर फायदा अपने संगठनों को फैलाने के लिए किया। लाला लजपतराय ने तो यहाँ तक कहा था कि कुरआन और हदीस की शिक्षा के कारण हिन्दू-मुस्लिम एकता सम्भव ही नहीं है। (मुशिरुल इसन, पृ. 54) अफगानिस्तान, मध्य एशिया, अरबस्तान, तुर्किस्तान इन देशों

के मुसलमन हिन्दुस्तान के मुसलमानों की सहायता के लिए आकर हम पर आक्रमण करेंगे, ऐसा भय भी फैलाया जा रहा था।

इन सारी बातों के परिणामस्वरूप, भारत के मुसलमान पूर्णत: एक हैं, उन सबकी भाषा उर्दू है और उन्हें धर्म के अलावा अन्य कोई भी बात प्रिय नहीं है, इस प्रकार की गलतफहमियाँ भी प्रस्थापित हुईं। परिणामत: भारतीय मुसलमानों का यथार्थ स्वरूप, उनका स्थानिक और प्रादेशिक व्यवहार उनके द्वारा बोली जानेवाली स्थानिक और प्रादेशिक भाषाएँ, उनका धर्मान्तरित स्वरूप, उनमें स्थित जाति-व्यवस्था और वांशिक भेद और उनके हिन्दुस्तानी गुण विशेष इस ओर सबने न कभी देखा, न कभी उसकी चर्चा की। सब ने इन बातों की घोर उपेक्षा की।

इस प्रकार की उपेक्षा के लिए और इस प्रकार की मानसिकता निर्माण करने में मुस्लिम लीग के माध्यम से मुस्लिम अभिजन वर्ग द्वारा खुद के स्वार्थ के लिए की गई राजनीति भी बड़े पैमाने पर कारण रही है। एक तो कांग्रेस और मुस्लिम लीग के नेतृत्व में जो संघर्ष निर्माण हुआ था, उसके मूल में इन दोनों धर्मों के हितसम्बन्ध ही थे। कॉंग्रेस के नरम दल के काल से ही अपने-अपने वर्गों के हितसम्बन्धों को राष्ट्रीय हितसम्बन्धों के रूप में प्रस्तुत किया जा रहा था। उसमें हिन्दू अभिजन वर्ग ने अपने राष्ट्रीयत्व को ब्राह्मणी धर्म का रंग देने का प्रयत्न चलाया था। मुस्लिम अभिजन वर्ग भी इस मामले में पीछे नहीं था। मुस्लिम लीग में नवाब, जमींदार, रियासतों के प्रमुख थे। अपने प्रश्नों को धार्मिक अस्मिता के प्रश्न कहकर अशिक्षित मुसलमानों के सम्मुख प्रस्तुत कर उन्हें भड़काने का प्रयत्न कर रहे थे। जैसे उत्तर प्रदेश में जमींदारी व्यवस्था को कांग्रेस ने रद्द करने की घोषणा करने पर मुस्लिम जमींदारों ने इस्लाम खतरे में है की मुहिम शुरू कर दी। श्रमिकों के हित के कानूनों का जमींदारों ने मुस्लिम विरोधी कानून कहकर प्रचार किया। (मुशिरुल हसन, पृ. 20-25) संक्षेप में कॉंग्रेस और मुस्लिम लीग में जो संघर्ष चल रहा था, वह धार्मिक कतई नहीं था; परन्तु लीग के नेताओं ने अपने स्वार्थ के लिए इस्लाम के आधार पर द्विराष्ट्रवाद का सिद्धान्त प्रस्तुत किया। धर्म, भाषा, संस्कृति के आधार पर राष्ट्रवाद की प्रस्तुति करनेवाला मुस्लिमों का यह अभिजन वर्ग संख्या में बहुत कम था। स्वतन्त्रता पूर्व काल में मुस्लिम समाज के 85% लोग निरक्षर, अशिक्षित थे। ऐसे निरक्षर, गरीब मुस्लिम समाज के सामने मुस्लिम लीग के नेताओं ने एक भ्रम पूर्ण सपना रखा। उन्हें तो राष्ट्र या राष्ट्रवाद किसे कहते हैं, इसका तक पता नहीं था। इन अशिक्षित मुसलमानों की धार्मिक भावनाओं को भड़काने का

काम बॅ. जीना और अन्य मुस्लिम लीग के नेताओं-कार्यकर्ताओं ने किया। इन मुसलमानों के मन में हिन्दुओं के प्रति भ्रमपूर्ण भय और असुरक्षितता की भावना उन्होंने निर्माण की। यह अशिक्षित, धार्मिक समाज मुस्लिम लीग के प्रचार का शिकार हुआ।

बावजूद इसके बहुसंख्य मुसलमान और उनके सभी राजनीतिक नेता मुस्लिम लीग के साथ नहीं गए। सिकन्दर हयात खान, मिर्जा इस्माईल और छत्तारी के नवाब जीना के साथ नहीं थे। जमीयत उलेमा-ए-हिन्द, अहरार आन्दोलन के नेतागण, शिया पन्थ के कार्यकर्ता और नेता, सरहद गाँधी के अनुयायी खुदाई खिदमतगार, मोमीन और अन्सारी समाज के नेता और लोग पाकिस्तान की माँग के विरोधी थे। बाद में जीना की राजनीति के कारण वे मजबूर हो गए। जीना की माँग ने जब जोर पकड़ा तब बनारस के 40 हजार अन्सारियों ने पाकिस्तान के विरोध में मोर्चा निकाला था। 1946 के जिस चुनाव में मुस्लिम लीग ने काफी बड़ी मात्रा में विजय पाकर कांग्रेस को शह दिया था, उस चुनाव में भारत के सभी मुसलमानों ने मुस्लिम लीग का समर्थन किया था ऐसा कहा जाता है। परन्तु यह बताया नहीं जाता कि 1946 में भारतीयों को प्रौढ़ मताधिकार नहीं था। कुछ मुट्ठीभर लोग ही (जो टैक्स भरते थे वे ही) मतदान कर सकते थे।

इस चुनाव में मुस्लिम लीग ने 640 स्थानों पर अपने उम्मीदवार खड़े किए थे और 51 लाख 5 हजार 229 मत उन्हें मिले। ये सारे मत उस काल में नौ करोड़ मुसलमानों में स्थित मुट्ठीभर से तो मत थे। कांग्रेस को मुसलमानों के जो मत मिले, उनकी संख्या 10 लाख 7 हजार 877 थी और राष्ट्रीय मुसलमानों को मिले हुए मत 11 लाख 4 हजार 686 इन आंकड़ों से स्पष्ट है कि कितने प्रतिशत मुसलमान लीग के साथ थे। (मुशिरुल इसम, पृ. 41) संक्षेप में, मुसलमानों की मानसिकता समझ लेने के लिए जो मुस्लिम मानसिकता प्रस्तुत की गई है, वह वास्तव में अश्रफ वर्ग की कुछ इकाइयों की मानसिकता है। बहुसंख्याक आम मुसलमानों की मानसिकता वह नहीं है। मुसलमानों की राजनीति के रूप में जो आगे पनपी वह राजनीति भी अश्रफ मुसलमानों की राजनीति थी। आम मुस्लिमों की भावनाओं को भड़काने की उनकी करतूतें कभी-कभार दंगों के रूप में व्यक्त होती, उसमें इन आम मुसलमानों की ही सहभागिता होती। स्वतन्त्रता पूर्व काल में और स्वतन्त्रता के बाद भी इन आम और बहुसंख्य मुसलमानों की अवस्था पर विचार नहीं हुआ ऐसा दिखलाई देता है। मुस्लिम अभिजन वर्ग की राजनीति के कारण अनेक जातियों में बिखरा और भिन्न-भिन्न संस्कृति

का अविभाज्य घटक बन चुका यह धर्मान्तरित मुसलमान (85%) उपेक्षित ही रहा। उस पर परायापन लादा गया। अश्रफ मुसलमानों ने हमेशा उसका उपयोग माध्यम के रूप में ही किया है। इन निचली और धर्मान्तरित 85% मुसलमानों की मानसिकता को खोजने का प्रयत्न किसी ने नहीं किया है।

भारतीय मुसलमान और स्वतन्त्रता आन्दोलन

भारतीय मुसलमानों की मानसिकता के रूप में की गई प्रस्तुति यह अभिजन वर्ग में मुस्लिमों की मानसिकता रही है यह अब स्पष्ट हो गया है। उस वक्त की मुसलमानों की राजनीति भी अभिजन वर्ग की ही राजनीति थी। भारत में अधिकांश आम मुसलमान विशेष रूप से ग्रामीण और श्रमजीवी मुसलमान साम्राज्यशाही विरोधी स्वतन्त्रता की लड़ाई में धर्मनिरपेक्ष राष्ट्रीय प्रवाह के साथ थे। और अन्य धर्मियों की तरह उसमें उन्होंने भागीदारी की थी। वह भी काफी बड़ा इतिहास है। उसे यहाँ बहुत संक्षेप में ही प्रस्तुत किया जा रहा है। इस विषय पर श्री शान्तिमोय रॉय ने स्वतन्त्र पुस्तक ही लिखी है। और 'लोकवाङ्मय' ने उसे मराठी में प्रकाशित भी किया है। इसके अलावा समाजवादी प्रबोधिनी द्वारा प्रकाशित 'भारताचा स्वातन्त्र्य संग्राम' इस पुस्तक में प्रो. डी. यू. पवार जी का एक स्वतन्त्र लेख 'भारतीय मुस्लिम व स्वातन्त्र्य लढा' संकलित है। उस लेख पर से यह स्पष्ट हो जाता है कि 1763 में संन्यासी और फकीरों का आन्दोलन हुआ था। ये सारे आन्दोलन ब्रिटिश सत्ता के विरोध में थे। 1920 का वहाबी आन्दोलन, 1857 का विद्रोह और 1885 के बाद स्वतन्त्रता आन्दोलन में मुस्लिमों का सहभाग बड़े पैमाने पर था। उनकी सहभागिता कितनी महत्त्वपूर्ण और कितनी बड़ी संख्या में थी यह भी स्पष्ट हो जाता है। बद्रुद्दीन तय्यबजी जैसे कांग्रेस से आरम्भ से ही जुड़े हुए नेता से लेकर 1942 के 'चले जाव' इस अन्तिम आन्दोलन की मुनादी देनेवाले और उस समय कांग्रेस के अध्यक्षपद पर आसिन मौ. अबुल कलाम आजाद तक भारत के हिन्दू-मुस्लिम, पारसी, जैन, लिंगायत ऐसे सभी धर्म और जातियों का समावेश रखनेवाले धर्मनिरपेक्ष जनतान्त्रिक राजनीति करनेवाले प्रवाह का नेतृत्व करनेवाले मुस्लिम नेताओं की एक लम्बी सूची ही उपलब्ध है। इतना ही नहीं तो काग्रेस, कम्युनिस्ट, समाजवादी ऐसे गुटों की श्रमिकों की परम्परा शहीद बाबू गेनू के बलिदान से स्पष्ट हो चुकी है। मुस्लिम कामगार, कर्मचारी, किसान, खेतिहार मजदूर, युवक-युवतियाँ, स्त्री-पुरुष इन सभी की सहभागिता ध्यान देने योग्य है। इस प्रकार की सहभागिता से संकुचित धर्मभावना को लांघकर व्यापक राष्ट्रीय

आन्दोलनों में सहभागिता दर्ज करने की भारतीय मुसलमानों की मानसिकता यह भारतीय स्वतन्त्रता आन्दोलन का एक शक्तिस्थान है-इसे भी यहाँ दर्ज करना जरूरी है।

इस पुस्तक का विषय स्वतन्त्रता आन्दोलन में मुस्लिमों का योगदान यह नहीं है। उसके लिए शान्तिमोय राय, डॉ. य. दि. पड़के और इचलकरंजी (महाराष्ट्र) के समाजवादी प्रबोधिनी द्वारा प्रकाशित पुस्तकें देखनी होंगी। बावजूद इन ऐतिहासिक सबूतों से मुसलमानों की बदनामी, फूट डालनेवाले, राष्ट्र विरोधी के रूप में किया जाता है। स्वतन्त्रता आन्दोलन में उनकी सहभागिता को लेकर एक वाक्य भी नहीं कहा जाता। वहाबी आन्दोलन के प्रभाव से जन्म ले चुके दारुल उलूम देवबन्द का काम हिन्दू-मुस्लिम एका और समानता पर आधारित राष्ट्रवाद का प्रचार करनेवाला था। सभी मुस्लिम धर्मगुरु और उनके पन्थ अलगाववादी नहीं थे। भारत के धार्मिक और राष्ट्रवादी धर्मगुरुओं ने देवबन्द का आन्दोलन चलाया था। सच्चा इस्लाम यह भारतीय राष्ट्रवाद का विरोधी नहीं है ऐसी उनकी स्थापना है। देवबन्द पीठ के हजारों अनुयायियों ने सर सय्यद के अलीगढ़ आन्दोलन का विरोध किया था। और वे अन्त तक कॉंग्रेस के साथ रहे। देवबन्द के मौलाना महमूद-उल-हसन ने 'जमीयततुल उलेमा-ए-हिन्द' नामक संगठन की स्थापना की। यह संगठन आज तक भारत के राष्ट्रवादी प्रवाह के साथ रहा है और लगातार हिन्दू-मुसलमान एका के विचार प्रस्तुत करते रहा है। इस जमीयत के प्रमुख मौ. हुसेन अहमद मदनी ने हिन्दू-मुसलमानों के संयुक्त राष्ट्र का विचार प्रस्तुत किया था। मूलतत्त्ववादी इकबाल से उन्होंने प्रतिवाद किया था। मौ. अहमद हुसेन से लेकर बद्रुद्दीन तय्यबजी, रहिमतुल्ला सयानी, डॉ. अन्सारी, मौ. आजाद तक के नेता हिन्दू-मुसलमानों के संयुक्त राष्ट्रवाद का आग्रह से प्रतिपादन कर रहे थे। और भारतीय स्वतन्त्रता आन्दोलन में कूद पड़े थे।

यह सारा इतिहास उपेक्षित रहा है। उसके भी परिणाम मुस्लिम मानसिकता पर हुए हैं। इस परम्परा के मौ. उबेदुल्ला सिन्धी (1872-1944) प्रखर राष्ट्रवादी थे। डॉ. मोईन शाकिर के शब्दों में भारतीय राष्ट्रवाद के सन्दर्भ में मुस्लिम इतिहास का अर्थ लगानेवाले वे पहले भारतीय विचारक थे। जीवन के उत्तरार्ध में वे जमाते इस्लाम से लड़ते रहे। तुर्की मुसलमान, अरबी मुसलमान और भारतीय मुसलमानों का राष्ट्रवाद भिन्न-भिन्न है—ऐसा वे कहते (मोईन शाकिर खिलाफत टू पार्टिशन)

उस काल के मौलाना शिबली हिबली नुमानी ये प्रतिष्ठित राष्ट्रवादी उलेमा थे। वे तथा रशिद ओहम्मद गंगोही, मौ. सुफ्तल्लाह, महमूद मुल्ला, मोहम्मद मुराद आदि ने अलीगढ़ आन्दोलन का विरोध किया था और वे राष्ट्रीय कांग्रेस के पक्ष में खड़े थे। कांग्रेस की राजनीति में अनेक प्रसिद्ध मुसलमान राजनीतिज्ञ थे, जिनका उल्लेख तक इतिहास में किया नहीं जाता। बावजूद इन सारे प्रमाणों से बार-बार यही दुहराया जाता है कि भारतीय मुसलमान भारत के स्वतन्त्रता आन्दोलन में नहीं थे। यह तो अपप्रचार ही है। मौ. आजाद का भी चित्रण गलत पद्धति से किया जाता है।

1905 में बंगाल के विभाजन का इतिहास भी कुछ ऐसे तरीके से लिखा जाता है कि मानो भारत के सभी मुसलमानों का इस विभाजन को समर्थन था। बंगाल विभाजन की राजनीति यह ब्रिटिशों की, मुस्लिम नवाबों और जमींदारों की राजनीति थी। देश विभाजन का ब्रिटिशों का यह पहला परीक्षण था। इस विभाजन को बंगाल के आम मुसलमानों का समर्थन नहीं था। क्योंकि उनकी भाषा और संस्कृति बंगाली ही थी। हजारों बंगाली मुसलमानों और उनके नेताओं ने इस विभाजन का विरोध किया था। ढाका के ख्वाजा अतिकुल्ला और अमीर हुसेन ने इस विभाजन के विरोध में आन्दोलन किया था। बेहरामपुर के अहमद यूसुफ जिलानी के नेतृत्व में हजारों बंगाली मुस्लिमों ने इस विभाजन के विरोध में आन्दोलन किया था। तत्कालीन सरकारी अहवालों में इस विभाजन के विरोध में मुस्लिमों ने जो सभाएँ ली थीं, उसकी सूची ही प्राप्त है। मेमनसिंग में 110, ढाका में 75, कामिला में 65, बारिसाला में 80, चितगाँव में 30, नोआखली में 70, कोलकाता में 200, फरीदपुर में 50 सभाएँ। कोलकाता में 7 अगस्त, 1905 दिन इस विभाजन के विरोध में मुस्लिमों की एक विराट सभा हुई। मुसलमानों का यह प्रतिसाद देखकर, उन्हें हिन्दुओं से अलग करने के लिए, वरिष्ठ वर्गीय (अश्रफ) मुसलमान, जमींदार को निकट लेकर 1909 में मार्लो-मिंटो कानून कर ब्रिटिशों ने विभक्त मतदाता संघ की कल्पना प्रस्तुत की। इस पूरे यथार्थ की, इतिहास की जान-बूझकर घोर उपेक्षाा की गई। (शान्तिमोय रॉय 1985)

क्रान्तिकारी आन्दोलनों में भी मुसलमानों की बड़ी शिरकत थी। गदर पार्टी में अनेक मुसलमान सक्रिय थे। उनमें मोहम्मद बरकुतउल्लाह, ओब्देल्ला सिन्धी महत्त्वपूर्ण थे। वे लाला हरदयाल के साथ सक्रिय थे। हरदयाल जी का सम्पर्क प्रसिद्ध क्रान्तिकारक श्यामजी कृष्ण वर्मा के साथ था। इंडिपेंडेंट पार्टी नामक संगठन बोल्सेविकों की सहायता से मौ. बरकत उल्ला बर्लिन (जर्मनी) में 1922-23 में चला रहे थे, ऐसा अंग्रेज सत्ताधारियों की टिप्पणियों में ज्ञात

होता है। ठीक इसी प्रकार देवबन्द के प्राचार्य मौ. महमुदुल हसन, सम्पादक जाफर अलीखान और ओबदुल्ला सिन्धी ये तीनों हिन्दुस्तान से बाहर निकलकर क्रान्ति हेतु मध्य पूर्व में स्थित मुस्लिम देशों में घूम रहे थे। महमूदुल हसन के पकड़े जाने पर उनके कागजपत्रों में आबेदुल्ला सिन्धी ने रेशम के कपड़े पर लिखे तीन पत्र ब्रिटिशों को मिले। इस सारे प्रकरण को 'रेशम पत्रों का षड्यन्त्र' इस नाम से पहचाना जाता है। उस काल में बर्लिन में गदर पार्टी द्वारा चलाए गए सशस्त्र स्वतन्त्रता आन्दोलन में डॉ. मन्सर भी सम्मिलित थे। प्रथम महायुद्ध के बाद वे वहाँ से रूस गए और सन् 1922-23 में बर्लिन लौटे। ओबेदुल्ला सिन्धी की तरह डॉ. मन्सूर भी अनेक वर्षों तक यूरोप में रहे। 1930 के बाद ही वे भारत लौटे। 1915 में गदर पार्टी ने ब्रिटिशों की सेना में कार्यरत भारतीय सैनिकों को फूंस लगाकर एक ही दिन विद्रोह करने का असफल प्रयत्न किया। उसमें पकड़े गए अनेक मुस्लिम क्रान्तिकारियों को फाँसी दी गई। सिंगापुर में स्थित पाँचवी लाईट इन्फंट्री की जो बटालियन थी, उसमें के सभी सैनिक मुसलमान थे। 1930 में इन सैनिकों ने विद्रोह कर उनके अंग्रेज अधिकारी को खत्म किया। उनमें से तीन हवालदारों को फाँसी दी गई और 38 सैनिकों की गोली दागकर हत्या की गई। प्रो. फड़के जी ने लिखा है कि अपने प्राणों का बलिदान करनेवालों के नाम आज भी इतिहास के अध्येता बता नहीं पातें। श्री सुभाषचन्द्र बोस की आजाद हिन्द सेना में और 1946 के मुम्बई के नाविक विद्रोह में सैंकड़ों मुसलमान सैनिक थे। इस तरह ब्रिटिश विरोधी आन्दोलनों में मुसलमानों ने निरन्तर अपनी सहभागिता दर्ज की है। केवल 1920 की असहकारिता के आन्दोलन में, खिलाफत आन्दोलन के कारण ही, केवल अपने धर्म के लिए, वे कांग्रेस के साथ आए ऐसा कहना पूर्णत: गलत है।

खिलाफत आन्दोलन के सम्बन्ध में काफी कुछ गलत-सलत लिखा गया है। उस पूरे इतिहास में जाने की यहाँ जरूरत नहीं है। मुस्लिम लीग की 1906 में स्थापना होने के बाद ही उसने कांग्रेस के विरोध में जहरीला प्रचार शुरू किया था। जो बंगाल का विभाजन चाहते थे ऐसे अश्रफ मुस्लिम नेताओं ने कांग्रेस के विरोध में और ब्रिटिशों के अनुकूल ऐसी मुहिम ही शुरू कर दी। उस कारण कांग्रेस की राजनीति से मुस्लिम दूर चले गए थे। खिलाफत आन्दोलन की शुरुआत कर म. गाँधी मुस्लिमों को कांग्रेस में फिर से लाने का और ब्रिटिशों के विरोध में लोक आन्दोलन खड़ा करने का प्रयत्न कर रहे थे। लोकमान्य टिलक, पं. मदनमोहन मालवीय और लाला लजपत राय ने पहले की तरह खिलाफत आन्दोलन का समर्थन किया था।

परन्तु केवल खिलाफत आन्दोलन के कारण मुस्लिम ब्रिटिशविरोधी लोक आन्दोलन में सम्मिलित हुए ऐसा भी कहना गलत हैं। डॉ. राजेन्द्र प्रसाद ने लिखा है 1930 के गाँधीप्रणित नमक सत्याग्रह में खुद को कैद करवा लेनेवाले 90,000 सत्याग्रहियों में से 30,000 सत्याग्रही मुसलमान थे। 1942 के 'चले जाओ' आन्दोलन में मुस्लिम लीग ने शिरकत नहीं की थी। परन्तु 1942 के इस आन्दोलन में सैंकड़ों गाँवों के मुसलमानों ने हिस्सा लिया था। 1944 के बाद मुस्लिम लीग द्वारा शुरू किए गए दंगों की राजनीति के कारण मुसलमान बिखर गए। सरकारी कागजातों के अनुसार हजारों मुसलमान 1942 'चले जाओ' आन्दोलन में थे। इसके सारे दस्तावेज उपलब्ध हैं। इतिहासकार मुशिरुल हसन ने यह बतलाया है कि मुसलमान केवल मुस्लिम लीग इस एक ही पार्टी में नहीं थे। जमीयतुल उलेमा, मजलिसे अहरार, ऑल इंडिया शिया कांफ्रेन्स, खाकसार इस पार्टी के साथ भी थे। मुस्लिम लीग ने ब्रिटिशों के सहयोग से खूनबाजी और दहशत की राजनीति कर उपरोक्त सभी पार्टियों के नेताओं को स्वतन्त्र रूप से राजनीति करने ही नहीं दी। सिंघ प्रदेश के मुख्यमन्त्री अल्लाबक्ष राष्ट्रीय कांग्रेस के साथ थे। उनकी अपनी पार्टी थी 'इत्तेहाद'। इस पार्टी का देश विभाजन का विरोध था। 14 मई, 1943 को मुस्लिम लीग ने उनकी हत्या की। इस कारण अन्य मुस्लिम नेताओं के मन में दहशत पैदा हो गई। परन्तु उस प्रतिकूल स्थिति में भी 40,000 मुस्लिम अन्सारियों ने देश विभाजन के विरोध में मोर्चा निकाला था। मुम्बई के नाविक दल के विद्रोह में अनेक मुस्लिम क्रान्तिकारक थे। शान्तिमय राय ने ऐसे 247 मुस्लिमों की सूची ही दी है। इसलिए मुस्लिम मानसिकता पर विचार करते समय इतिहास के इस उपेक्षित हिस्से को भी ध्यान में रखना होगा। उसके अभाव में स्वतन्त्रता के बाद के काल की मुस्लिम मानसिकता और उसकी समस्याओं और राजनीतिक वर्तन का उचित विश्लेषण हम कर नहीं पाएँगे।

प्रकरण 7

वहाबी आन्दोलन की जटिलता

इन दिनों सभी ओर (2010-2012 में) मुसलमानों की वहाबी मानसिकता को लेकर चर्चा है। इसलिए इस प्रकरण में वहाबियों के सन्दर्भ में समकालीन यथार्थ को ध्यान में रखते हुए उसका अधिक विवेचन करने का प्रयत्न है।

मूल में ही वहाबी आन्दोलन का स्वरूप काफी जटिल रहा है किम्बहुना वहाबी इस नाम के साथ उभरनेवाली अवधारणा, उसका आशय और भारत के बाहर वहाबी प्रचार और आन्दोलन तथा भारत में इस प्रकार के आन्दोलन इनका स्वरूप काफी जटिल और भिन्न-भिन्न विचारप्रवाहों से युक्त है। वहाबियों द्वारा प्रचलित जिहाद की अवधारणा को मध्ययुग में ईसाई और मुस्लिम सत्ताधारियों में तथा उनके धर्मगुरुओं में जो संघर्ष हुआ था जो क्रूसेड के नाम से बदनाम है उसकी एक पृष्ठभूमि इस वहाबी के जन्म के लिए कारक रही है। ठीक इसी प्रकार 18वीं सदी की अन्तरराष्ट्रीय घटनाओं की पृष्ठभूमि भी इसके मूल में है।

18वीं सदी आते-आते विश्व में स्थित इस्लामी राजनीतिक व्यवस्था ध्वस्त हो चुकी थी। 18वीं सदी के उत्तरार्ध में, 16वीं सदी से जो मुस्लिम साम्राज्य पूरी शानशौकत के साथ खड़े थे; वे या तो खत्म हो चुके थे या मृत्यु पंथ की ओर अग्रसर हो चुके थे। सफाविद सत्ता समाप्त हो गई थी। हिन्दुस्तान की मुगल सत्ता दिल्ली के आसपास के गाँवों तक सीमित हो गई थी। आटोमन सत्ता भले ही बाल्कन प्रदेश में रही हो, तो भी वह निस्तेज रह गई थी। इसका अर्थ यह नहीं है कि मुस्लिमों की दुनिया ही अवनति के गड्ढे में डूब चुकी थी। उसकी राजनीतिक सत्ता का भले ही ह्रास हुआ हो तो भी भौतिक क्षेत्र में उनकी प्रगति जारी थी। इन दिनों जो अध्ययन प्रस्तुत हो रहे हैं, उसके आधार पर यह कह सकते हैं कि मुस्लिम विश्व में उल्लेखनीय राजनीतिक और आर्थिक परिवर्तन हो रहे थे। जैसे—कृषि और व्यापार क्षेत्र का विस्तार, प्रादेशिक सत्ताधारियों का उदय और सत्ता का प्रादेशिकीकरण। (सी.ए. बेली, इम्पिरियल मेरिडयन,

लन्दन, 1989) इसके साथ ही उनमें धार्मिक पुनरुज्जीवनवादी आन्दोलनों की शुरुआत हुई। उनमें से कुछ आन्दोलनों के कारण तो राजसत्ता स्थापन कर सकने तक ये शक्तिसम्पन्न हो गए थे। अरबस्तान में, सऊदी में राजसत्ता स्थापन कर सकनेवाला वहाबी आन्दोलन, पश्चिम अफ्रीका में खिलाफत स्थापन कर सकनेवाला जिहाद का आन्दोलन, सूडान का यहूदी आन्दोलन, हिन्दुस्तान की ब्रिटिश सत्ता के विरोध में तरिका-ए-महमूदरिया इस आन्दोलन द्वारा किया गया मुजाहिदीवानों का विद्रोह (जिन्हें ब्रिटिशों ने 'वहाबी' यह नाम दिया), 20वीं सदी में इजिप्त में शुरू हुआ 'ब्रदरहुड आन्दोलन' (फ्रान्सिस रोबिन्सन्स, इस्लाम : साऊथ एशिया एंड दि वेस्ट—ऑक्सफोर्ड, 2007, पृ. 100)

18वीं सदी के वहाबी आन्दोलन में तथा 19वीं सदी के पूर्वार्ध के वहाबी आन्दोलन में गुणात्मक अन्तर है। तो भी उस काल के वहाबी आन्दोलन तथा इन दिनों तालिबान या अलकायदा से शुरू हो चुकी वहाबी लहर इनमें जमीन आसमान का अन्तर है। हटींगटन का कल्यॅश ऑफ सिविलेजेशन का सिद्धान्त अमेरिकन साम्राज्यवाद ने विश्वभर के देशों में जब फैलाया उस प्रचार के चश्मे के कारण 'वहाबी' शब्द को लेकर उल्टी-सुलटी चर्चाएं शुरू हुईं। वहाबी विचारों का नाम लेकर शुरू हो चुका इजिप्त का मुस्लिम ब्रदरहुड आन्दोलन पॅलेस्टाईन पर इस्त्रायल का आक्रमण, अफगानिस्तान और इराक पर अमेरिका का आक्रमण, इस कारण प्रचार का आयाम ही बदल गया। भारत में 18वीं सदी में शुरू हो चुके ब्रिटिश विरोधी आन्दोलनों की और देवबन्द द्वारा शुरू किए गए आन्दोलनों की ओर तथा इधर के तबलीगी आन्दोलन की ओर उसी चश्मे से देखा जाता है। तबलीगी आन्दोलन में भी भिन्न-भिन्न प्रवाह हैं। इस कारण यह एक विलक्षण ऐसी जटिलता है। इसमें कोई सन्देह नहीं कि वहाबी आन्दोलन पुनरुज्जीवनवादी रहा है।

धार्मिक पुनरुज्जीवनवाद के जिस प्रकार अन्तरराष्ट्रीय आयाम हैं, ठीक उसी प्रकार उसके मूल में इस्लाम के कुछ बुनियादी तत्त्व भी एक कारण रहे हैं। उनमें से एक है उम्मा, मतलब विश्वभर की मुस्लिम जमात। यह जमात मोहम्मद पैगम्बर साहब के माध्यम से अल्लाह द्वारा प्रस्थापित की गई है। इस जमात के बीच जो भाईचारा है, बन्धुत्व भावना है, वह पूर्णत: समता पर आधारित है। ऐसे धार्मिक बन्धुत्व पर आधारित 'विश्व मुस्लिम जमात' की पुनर्स्थापना करना और इसके लिए राष्ट्र-राष्ट्र के बीच जो सीमाएँ हैं, उन्हें भेद कर नष्ट करना यह उद्देश्य इस पुनरुज्जीवनवादी आन्दोलन का रहा है। वहाबी आन्दोलन के मूल में यह एक आयाम रहा है। 18वीं सदी में भिन्न-भिन्न

प्रदेशों, देशों के आर्थिक, सामाजिक, सांस्कृतिक और राजनीतिक परिस्थितियों के फलस्वरूप सम्बन्धित प्रदेशों और देशों में साम्राज्यविरोधी आन्दोलन उठ खड़े हो गए थे। उनमें से एक सऊदी अरेबिया के तत्कालीन धर्मपंडित मुहम्मद इब्न अब्दुल वहाब प्रणीत मूल कुरान की तरह समाज की पुनर्रचना करने हेतु, कुरान के बाहर के रीति-रिवाजों और विचारों को निकाल बाहर करने हेतु इस आन्दोलन का जन्म हुआ। उसे एक भिन्न स्वरूप भी प्राप्त हुआ। सन् 1744 में सऊदी प्रदेश का सुलतान मुहम्मद इब्न-सौद ने इस विचार प्रणाली को स्वीकार कर उसे आक्रामक, लड़ाकू रूप देकर इस्लामी विस्तारवाद की नींव डाली। इस कारण वहाबी आन्दोलन कहते ही सऊदी वहाबी आन्दोलन ऐसा उसका अर्थ लिया जाने लगा। सऊदी अरेबिया की वहाबी राजनीति पर चर्चा करनेवाला ग्रन्थ 'किंगडम विदाऊट बॉर्डर्स' मदानी अल् रशीद ने लिखा है। (फाउंडेशन 2008) उसमें सऊदी के वहाबीकरण की राजनीति की विस्तृत ऐसी चर्चा की गई है।

भारत में शुरू हो चुके तारिक-ए-मुहम्मदिया आन्दोलन को उपरोक्त अब्दुल वहाब प्रणित वहाबी आन्दोलन कहना उचित नहीं है। क्योंकि भारत में वहाबी आन्दोलन दिल्ली के शाह वली उल्लाह (1762) की शिक्षा से जन्म लिया है। उसका स्वरूप सऊदी वहाबीझम से पूर्णत: भिन्न था और है। (सं. पी.सी. जोशी, रिबेलियन, 1857 में संकलित के.एम. अशरफ लिखित टिप्पणी, पृष्ठ 163) 18वीं सदी से भारत में शुरू हुए वहाबी आन्दोलन पर तत्कालीन हिन्दुस्तानी धर्मपंडित शाह वली उल्लाह के विचारों का बड़ा प्रभाव रहा है। मुगल साम्राज्य विघटित होते समय जब विदेशी आक्रमण हो रहे थे, तब इस अवनति की समीक्षा शुरू हो चुकी थी। उसमें से शाहवलीउल्लाह सामने आए। इस्लामी विश्व के पतन के लिए, इस्लाम में स्थित अन्धश्रद्धाएँ और इस्लाम-बाह्य इकाइयाँ कारण रही हैं, इसलिए कुरान की तरह समाज की संरचना करने पर ही यह पतन रुक सकेगा ऐसा उनका प्रतिपादन था। शाहवली उल्लाह का प्रतिपादन था कि सम्पत्ति का केन्द्रीकरण और उसके विषम वितरण से ही समाज का अध: पतन हुआ है। मुगलों ने प्रजा पर जालिम कर लाद दिए इस कारण दरिद्रता आ गई। इसलिए मुस्लिम राजनीतिक सत्ता की पुनर्स्थापना कुरान के तत्त्वोंनुसार किए बगैर इस स्थिति में सुधार सम्भव नहीं है। खिलाफत (सुन्नी व्यवस्था) इमामत (शिया व्यवस्था) शरीयत और तरिकत में स्थित भेदकम कर सूफियों और उलेमाओं को एक स्थान पर लाने की जरूरत है—ऐसा वे कहते थे। उस अर्थ में शाह वलीउल्लाह पुनरुज्जीवनवादी ही थे। उनमें तथा सऊदी

के मुहम्मद अब्दुल वहाब के उद्देश्य और प्रतिपादन में फर्क था। हिन्दुस्तान में शुरू हुए वहाबी आन्दोलन के भिन्न-भिन्न प्रवाहों पर वली उल्लाह का प्रभाव अधिक रहा। (उपरोक्त पृष्ठ 163-164) सऊदी के वहाबी आन्दोलन का स्वरूप केवल पुनरुज्जीवनवादी, कर्मकांडी, मूलतत्त्ववादी और आक्रामक था और है।

भारत के तथाकथित वहाबी आन्दोलन का स्वरूप ब्रिटिशविरोधी तथा धर्म शुद्धिवादी रहा है। भारत में उस काल में शुरू हुए फराजिया आन्दोलन के संस्थापक सय्यद अहमद बरेलवी, हाजी शरीयत उल्लाह, निसार अली आदि ने भले ही जेद्दा के सऊदी अब्दुल वहाबी की भेंट ली होगी। परंतु उनकी प्रत्यक्ष भेंट हुई नहीं, इस सम्बन्ध में तत्कालीन अध्येताओं ने सन्देह व्यक्त किया है। बावजूद इसके इन सब पर वली उल्लाह का प्रभाव अधिक था। फराजिया आन्दोलन के झंडे के नीचे नव-जमींदार, महाजन, बाग-बगीचेवाले और ब्रिटिश सताधारियों के विरोध में लड़नेवाले सब एक हो गए थे। हाजी शरीयत उल्लाह तो पूर्व बंगाल के अन्याय से पीड़ित किसानों को इस्लाम के झंडे के नीचे संगठित कर रहे थे। दादू मियाँ का आन्दोलन इसी में से खड़ा हुआ। (शान्तिमोय राय —पृ.. 9)

भारत के मुजाहिदों के विचारों के सूत्र शाह वली उल्लाह के पुत्र शाह अब्दुल अजीज की ओर आए थे। इस शाह अब्दुल अजीज ने ब्रिटिशों के राज को दारुल हर्ब (युद्धभूमि) कहा था। आगे उन्होंने हिन्दू-मुसलमानों के हिन्दुस्तान को दारुल अमन (शान्ति भूमि) कहा है। हिन्दुस्तान के इन आन्दोलनों के विभिन्न प्रवाहों को 'वहाबी' इस शब्द से सम्बोधित किया जाता है। शान्तिमोय राय के मतानुसार हिन्दुस्तान में शुरू हुए इस आन्दोलन का मूल नाम 'मुहम्मदिया तरीका' था। सन् 1900 में देवबन्द आन्दोलन शुरू हो जाता है और दारुल उलूम की स्थापना हो जाती है। देवबन्द अर्थात् दारुल उलूम की स्थापना कुरान के अनुसार यहाँ के मुसलमानों को धार्मिक शिक्षा देने हेतु हुई थी। यहाँ के मुसलमानों में प्रचलित कुरान-बाह्य प्रथाओं को निकाल बाहर करना यह उनका मुख्य उद्देश्य था। इस अर्थ में वह पुनरुज्जीवनवादी आन्दोलन ही था और है। उसी के परिणामस्वरूप तबलिग जमात की स्थापना हुई है। तबलिग जमात का आन्दोलन पुनरुज्जीवनवादी और धर्माधिष्ठित संस्कृति का विचार प्रस्तुत करनेवाला है और सोशियल कल्चर का वह विरोध करता है। उस आन्दोलन को भी वहाबी कहने की प्रथा शुरू हो गई। जैसे कि पीछे कहा गया है कि स्वतन्त्रता आन्दोलन के काल में ब्रिटिशविरोधी उलेमाओं

की जमीयतुल-उलेमा-ए-हिन्द इस संगठन की स्थापना हुई। इस जमीयतुल के उलेमा भले ही पुनरुज्जीवनवादी रहे हों तो भी स्वतन्त्रता आन्दोलन के आरम्भ से ही वे सर सय्यद और मुस्लिम लीग की अलगाववादी राजनीति के विरोध में थे। वे देश-विभाजन के आरम्भ से अन्त तक विरोधी थे। वे कांग्रेस के साथ ही रहे। आज भी कांग्रेस के साथ ही हैं। उनमें से अनेक उलेमा स्वतन्त्रता के लिए शहीद हुए हैं।

ये जैसे कुरानवादी हैं, वैसे ये समन्वयवादी भी हैं। इनके प्रमुख मौ. मदनी ने तो 'सहिष्णु इस्लाम' का सिद्धान्त प्रस्तुत किया था। दारुल उलूम के उलेमा और जमीयत के निकट के सम्बन्ध रहे हैं।

वस्तुत: 18वीं सदी के और 19वीं सदी के पूर्वार्ध में ब्रिटिशविरोधी वहाबी आन्दोलन में भी विभिन्न प्रवाह रहे हैं और उन प्रवाहों में अन्तर भी है। सय्यद अहमद बरेली जैसे नेता आज भी कट्टर सनातनी हैं। सिक्खों के विरोध में भी वे लड़े थे। ये सब लोग जिहाद की भाषा बोलते हैं। उनके जिहाद का उस काल में अर्थ था इस्लामी सत्ता और संस्कृति पर आक्रमण करनेवाले सिक्ख और ब्रिटिश सत्ता के विरोध में लड़ना। तालिबान अथवा अलकायदा जिस अर्थ में जिहाद की मुहिम चला रहे हैं, वह अर्थ तथा उस प्रकार का अमानवीय दहशतवाद उन्हें स्वीकार्य नहीं था। उन्होंने कभी भी आम जनता पर आक्रमण नहीं किया है। निष्पाप लोगों को मारा नहीं है। उनका उद्देश्य स्वधर्म संरक्षणार्थ लड़ाई इतना ही रहा। यह सही है कि वे देश के बाहर अफगानिस्तान की सहायता से ब्रिटिश सत्ता को बाहर खदेड़ने की कोशिश जरूर कर चुके थे। पश्चिमी इतिहासकारों ने उनका विकृतिकरण किया है। उनके प्रभाव में रहे भारतीय इतिहासकारों ने इस बात की पूँजी कर यह प्रचार किया कि ये लोग अफगानिस्तान जैसे मुस्लिम देश की सहायता से भारत पर आक्रमण करना चाहते हैं। भारत को इस कारण इनसे खतरा है। डॉ. बाबासाहब आम्बेडकर भी इसके लिए अपवाद नहीं थे।

वास्तविकता यह है कि 17वीं सदी के बाद हिन्दू-मुसलमानों में स्थित संघर्ष, तनाव कम हुआ था और समन्वय की प्रक्रिया शुरू हुई थी। वे भले ही दारुल हर्ब की भाषा कर रहे होते तो भी हिन्दू बहुसंख्यक के हिन्दुस्तान को वे दारुल हर्ब नहीं मान रहे थे। ब्रिटिशों की सत्ता को वे दारुल हर्ब कह रहे थे। (दा. ह. इस्लाम विरोधी राज्य) अर्थात् इसे क्रूसेड की पृष्ठभूमि थी। शाह अजीज ने हिन्दुस्तान को दारुल-अमन कहा है—इसे याद रखें। सय्यद अहमद बरेलवी ने जिनके सम्बन्ध में सभी प्रतिगामी इतिहासकारों ने अतिवादी टीका की है—ग्वालियर के राजा दौलतराय जी सिन्दिया के साडू हिन्दुराव से सम्पर्क

स्थापित किया था। हिन्दुस्तान की सार्वभौम सत्ता विदेशी व्यापारियों के हाथों में है इसलिए उन्हें यहाँ से निकाल बाहर करना चाहिए। इस आशय का उनका पत्र उपलब्ध हैं। (य. दि. फडके, पृ. 5) इसका मतलब यह है कि उस समय इस देश में हिन्दू-मुसलमानों के प्रादेशिक राज्य बने थे, वे एक प्रकार से हिन्दू-मुसलमान सत्ताधीशों के फेडरेशन ही थे। इसी प्रकार की व्यवस्था उन्हें फिर से कायम करनी थी। हिन्दुस्तान पर केवल मुस्लिम सत्ताधारियों की एकमात्र सत्ता अभिप्रेत नहीं थी। वहाबियों ने ब्रिटिशों के विरोध में लम्बी लड़ाईयाँ लड़ी है। इसी कारण ब्रिटिशों ने वहाबियों का विकृत इतिहास लिखा है। भारत के राष्ट्रवादी इतिहासकारों ने ब्रिटिशों के इस लेखन को जैसा का वैसा स्वीकारा है। 1871 से अनेक बहाबी शहीद हो गए। 8 फरवरी 1872 को अंदमान को भेट देनेवाले वाइसराय लॉर्ड मेयो की हत्या शेरअली नामक पठान कैदी ने की थी। उसके पीछे वहाबियों का हाथ है ऐसा सन्देह लिया गया। चाफेकर बन्धुओं का नाम सर्वत्र लिया जाता है; परन्तु इस शेरअली का नाम अज्ञात में ही चला गया।

डॉ. य. दि. फडके जी ने लिखा है कि राजद्रोह के आरोप में अंडमान में काले पानी की सजा भुगतनेवाले भारतीय राजबन्दियों की परम्परा का आरम्भ ही तथाकथित वहाबी मुसलमान कैदियों ने किया था—इसे ध्यान में रखना होगा। वहाबी पर के मुकदमे स्वतन्त्रता के यज्ञकुंड में दी गई पहली आहुति थी ऐसा बिपिनचन्द्र पाल ने लिखा है। उनमें से एक कैदी मोहम्मद जाफर थानेसरी ने अंडमान की कैद से छूटने के बाद 'तवारिख-इ-अजीब' उर्फ 'काला पानी' इस शीर्षक से अपनी आत्मकथा लिखी है। य. दि. फडके जी ने लिखा कि बारीन्द्र घोष या सावरकर जैसों के आत्मकथाओं की शुरुआत थानेसरी की आत्मकथा से होती है। (उपरोक्त, पृ. 7) सन् 1763 के बाद और सन् 1857 के पूर्व तथाकथित वहाबी ब्रिटिशविरोधी आन्दोलनों में उतरे थे; उनका स्वरूप क्या था, उसका यह विवेचन।

इन दिनों भारत में मुस्लिम दहशतवादियों की जो लहर आई है, भारत के विभिन्न शहरों पर जो आक्रमण हो रहे हैं, निष्पाप लोगों की जो हत्याएँ हो रही हैं, उसका सम्बन्ध भारत में पनपे मूल वहाबी आन्दोलन से कतई नहीं है। इन दिनों वहाबीझम के नाम का उपयोग करनेवाली दहशतवादी संगठनाएँ—अल कायदा, लश्करे तय्यब, आदि के वहाबी सलीफावाद कहते हैं। इस सम्बन्ध में 'ग्लोबल सलाफीझम' (सं. रोमेज मेजर फाऊंडेशन 2009) अमेरिका और हिन्दुत्ववादियों के प्रचार के कारण दाढ़ीधारी मुसलमान अथवा उनके उलेमाओं को दहशतवादी वहाबी कहा जाने लगा। मुसलमानों की मानसिकता वहाबी है

ऐसा प्रचार शुरू हुआ। उसका स्पष्टीकरण करने हेतु ही यह प्रस्तुति मैंने की है। मानसिकता का प्रश्न निकला; इसलिए यह विवेचन जरूरी लगा।

मुसलमानों की तथाकथित वहाबी मानसिकता का यह जो ढोल पीटा जा रहा है, उसका एक महत्त्वपूर्ण कारण यह रहा कि भारत की प्रतिगामी शक्तियाँ और उसके विचारकों ने पिछले 20-25 वर्षो से स्वतन्त्रता पूर्व काल में ब्रिटिश उपनिवेशवादी इतिहासकारों ने मुस्लिमों के सम्बन्ध में जो द्वेष मूलक प्रस्तुति की थी, उसी प्रस्तुति को यहाँ के ये इतिहासकार जान-बुझकर आक्रामक रूप से दुहरा रहे हैं। और हिन्दू जमातवाद को भड़का रहे हैं। उसका प्रभाव प्रशासन, सेना और पुलिस दल पर हो रहा है। भाजपा और विहिंप के प्रचार का आधार ब्रिटिशों द्वारा लिखे गए इतिहास ग्रन्थ ही हैं। अमेरिका के नेतृत्व में वैश्वीकरण के आवरण के नीचे जो नव साम्राज्यवाद आया है उनकी एक रणनीति है इस्लाम और मुस्लिम विरोधी राजनीति। उनके प्रसारमाध्यम रात-दिन इसी प्रकार का प्रचार कर रहे हैं। और ये सब उन्हीं के प्रभावान्तर्गत आ गए हैं।

इस तथाकथित वहाबी दहशतवाद को आधुनिक अन्तरराष्ट्रीय राजनीति का भी एक सन्दर्भ है। उसके लिए अमेरिकन साम्राज्यवादी महत्त्वाकांक्षा, सऊदी विस्तारवाद ये कारणीभूत रहे हैं। उसकी कारणमीमांसा इस पुस्तक के अन्तिम प्रकरण में दी गई हैं।

1857 के विद्रोह में मुस्लिम तथा हिन्दू सत्ताधीश दोनों इकट्ठे हो गए थे। सत्ताधारियों के साथ उत्तर भारत के हिन्दू-मुस्लिम सैनिक, किसान, प्रजा ये सभी तबकें ब्रिटिशों के विरोध में खड़े थे। सशस्त्र क्रान्तिकारियों के दलों में भी दोनों मजहबों के लोग इकट्ठे हो गए थे। परन्तु हमारे इतिहासकारों ने इस 'एका' के प्रक्रिया की उपेक्षा कर हिन्दुओं की ओर ही अपना झुकाव स्पष्ट किया है। डॉ. य. दि. फडके जी ने अपनी उपरोक्त पुस्तक में लिखा है कि 1857 पर सावरकर जी की जो पुस्तक है उसमें उन्होंने 1857 की स्वतन्त्रता की लड़ाई में मुस्लिम देशभक्तों के योगदान पर चर्चा की है। उनके बलिदान का गौरव किया है। ऐसे मुस्लिम देशभक्तों की सूची भी उन्होंने दी है। डॉ. फडके जी लिखते हैं कि 1907-1908 में सावरकर जी लिखते हैं कि अपनी धर्म पर श्रद्धा रखनेवाला मुस्लिम देशभक्त होता है इसी कारण 1857 के स्वतन्त्रता संग्राम में विशेष साहस करनेवाले मुस्लिम देशभक्तों का उन्होंने इस पुस्तक से गुणगान किया है। अंडमान में शिक्षा भुगत कर आने के बाद उनके विचारों में पूर्णत: परिवर्तन हो जाता है और उसके बाद के उनके लेखन में मुस्लिम विरोध

और मुस्लिम द्वेष ही दिखलाई देता है। डॉ. फडके जी लिखते हैं कि, वस्तुत: हमें ब्रिटिश सत्ता को नष्ट करने के लिए सशस्त्र अथवा नि:शस्त्र प्रतिकार करनेवाले सभी तबकों के प्रति विभिन्न भाषा-भाषी और विभिन्न धर्मों के स्वतन्त्रता सैनिकों के कार्य को पूर्णत: तटस्थ होकर दर्ज करना चाहिए। परन्तु जाने-अनजाने आर.सी. मजूमदार जैसे ख्यात इतिहासकार भी इतिहास लिखते समय हिन्दुओं को और उसमें भी बंगाली भाषिक हिन्दुओं को अधिक रेखांकित करते जाते हैं। (य. दि. फडके—स्वातन्त्र्य आन्दोलनातील मुसलमान, पृ. 2 से 5) इस प्रकार का राजनीतिक दर्शन और उसमें इतिहास की ओर देखने की विशिष्ट दृष्टि इस कारण हिन्दू-मुस्लिमों के समन्वय और सहयोग की उपेक्षा ही इन इतिहासकारों को ओर से हुई है। इस प्रकार की उपेक्षा से किया गया लेखन और 1920 से अश्रफ मुसलमानों द्वारा स्वीकार की गई भूमिका इसका सीधा प्रभाव मुस्लिम मानस की बुनावट पर हुआ।

ऐसी उपेक्षा करनेवालों के भी तीन मुख्य प्रवाह हैं—पहला प्रवाह मुस्लिम सत्ताधारी वर्ग और उस वर्ग द्वारा इस्लाम का दुरुपयोग कर जो भ्रम पैदा कर दिए गए उनका है। इसमें जियाउद्दीन बरनी जैसे, काफी खान जैसे इतिहासकार और बखरकार हैं। इसमें उन्होंने सत्ताधारियों के दुष्कृत्यों का भी पर्दाफाश किया है।

दुसरा प्रवाह—ब्रिटिश साम्राज्यवादी इतिहासकारों का है। उन्होंने मुस्लिम सत्ताधारियों के दुष्कृत्यों को और मुस्लिम बादशाहों और धर्मगुरुओं ने इस्लाम का जो अर्थ लगाया वही इस्लाम है—ऐसी स्थापना कर जो इतिहास लिखा और जो भेदनीति की राजनीति की उसका है।

तीसरा प्रवाह वरिष्ठ वर्गीय राष्ट्रवादी इतिहासकार और हिन्दुत्ववादी इतिहासकारों का है।

इस्लाम को कबूल कर चुके भिन्न-भिन्न देशों के बादशाह और गिरोहों ने आरम्भ से ही इस्लाम धर्म का उपयोग सत्ता प्राप्त करने के लिए और प्राप्त सत्ता को वहाँ स्थायी रूप से बनाए रखने के लिए जरूरी राजनीतिक विचार प्रणाली के रूप में, किया है। और इन सत्ताधारियों का समर्थन करनेवाले पुरोहित वर्ग ने हमेशा इस्लाम के तत्त्वों का और कुरान के वचनों का जैसी उन्हें जरूरत थी, वैसा अर्थ लगाया है। एकतरफा और सनातनी स्वरूप के समीकरणों को उन्होंने समाज में फैलाया। उसके कई उदाहरण पिछले पन्नों में दिए गए हैं। जैसे—कुरान के बाद, उसके पूर्व के सभी धर्मग्रन्थ रद्द हो जाते हैं और इस्लाम

के तत्त्वों का अर्थ लगाने का अधिकार केवल धर्मगुरुओं को ही होता है। आदि। मुल्ला-मौलवियों द्वारा रूढ़ इन भ्रमों के प्रभाव मुसलमानों की मानसिकता पर हुए हैं। इन मुल्ला-मौलवियों ने कुरान के आयतों (श्लोकों) का सुविधानुसार अर्थ लगाकर अनेक घोटाले निर्माण किए हैं। जैसे— जिहाद शब्द का अर्थ उन्होंने बिगर-मुस्लिमों का नाश करना ऐसा लगा दिया। 'काफिर' शब्द का अर्थ गैर-मुस्लिमों के लिए किया। ठीक इसी प्रकार बुत शिकन (मूर्ति भंजन) के सन्दर्भ में भी किया। मूर्तियों को फोड़ना, मन्दिरों का ध्वस्त करना, बिगर मुस्लिमों का कत्ल करना इन बातों को करने के लिए, कुरान के शब्दों के मनमानी अर्थ लगाया और ये सब कुरान के आदेश हैं और इन आदेशों का पालन करना प्रत्येक मुसलमान का धर्मकर्तव्य है ऐसा प्रचार निरन्तर करते रहे। मुहम्मद गजनी से लेकर औरंगजेब तक अनेक सत्ताधारियों ने और उनके धर्मगुरुओं ने ऐसे भ्रम अपने स्वार्थ के लिए फैलाए। यहाँ के मुसलमानों को न अरबी आती थी और न पर्शियने आती है। और फिर कुरान के अर्थ लगाने के अधिकार इन धर्मगुरुओं ने अपने पास रख लेने के कारण सैकड़ों वर्षों से निरक्षर मुस्लिम जनता में ऐसे भ्रम स्थापित हुए। और उनकी विशिष्ट ऐसी मानसिकता तैयार हुई। वास्तव में काफिर मतलब हिन्दू या गैर-मुस्लिम अथवा कुरान के बाद उसके पूर्व के धर्मग्रन्थ रद्द हो जाते हैं, ऐसा कुरान में कहीं पर भी कहा नहीं गया है। कुरान के प्रत्येक आयत के लिए तत्कालीन विशिष्ट ऐसी ऐतिहासिक घटना कारणीभूत थी। उस घटना के सन्दर्भ में ही उसका अर्थ लगाना पड़ता है। तो ही कुरान के तत्त्व स्पष्ट हो जाते हैं। मुस्लिम धर्मगुरुओं ने मूल सन्दर्भों से हटकर कुरान के आयतों के विपर्यस्त अर्थ लगाए। मूर्तिभंजन के सन्दर्भ में भी अन्य धर्मियों की मूर्तियाँ या प्रार्थना मन्दिर नष्ट करो—ऐसा कुरान में कहीं पर भी कहा नहीं गया है। चूँकि मुस्लिम सत्ताधारियों को मन्दिर में स्थित सम्पत्ति लूटनी थी इसलिए उन्हें इन धर्मपंडितों ने धार्मिक आधार दिया।

इस्लाम के श्रेष्ठत्व का सिद्धान्त बतलाकर उस आधार पर इन सत्ताधारियों को अपना वर्चस्व स्थापित करना था। इसलिए उन्होंने इस्लाम के ऐसे टेढ़-मेढ़े अर्थ लगाए। दारुल हर्ब और दारुल इस्लाम जैसी अवधारणाएँ कुरान में हैं नहीं। तो भी सत्ताधारियों ने इसे रूढ़ किया। वास्तव में ये दोनों शब्द अब्बासिद सत्ताधारियों ने अपने विस्तारवाद का समर्थन करने के लिए प्रचार में लाया। भारत के मुस्लिम सत्ताधारियों ने अपने सम्पूर्ण इतिहास में इन शब्दों का उपयोग कर इस्लामी राज्य और बिगर-इस्लामी राज्य—ऐसा वर्गीकरण कर भ्रम की स्थिति पैदा की। ऐसे अनेक उदाहरण दिए जा सकते हैं।

भारत में जो मुस्लिम सत्ताधारी आए वे अप्रगत गिरोह के जमात के थे। तुर्क, अफगान, मुगल और पठान ये अप्रगत और क्रूर जमातें थीं। इस्लाम को कबूल करने के बावजूद इन जमातों की मानसिकता में कोई बुनियादी परिवर्तन नहीं हुआ था। अपनी क्रूरता, वंशश्रेष्ठता और आक्रामक वृत्ति का समर्थन करने हेतु उन्होंने कुरान का अपनी सुविधा के अनुसार अर्थ लगाया। परिणामत: उनके द्वारा प्रस्तुत इस्लाम ही कुरान प्रणित इस्लाम है ऐसा माना जाने लगा। महमूद गजनी, बलबन, मुहम्मद गोरी, अल्लाउद्दीन खिलजी, फिरोज शाह तुगलक आदि सुलतान स्वभाव से क्रूर थे। मनुष्य को मारना उन्हें कुछ भी नहीं लगता था। इतिहासकार मुजीब ने कहा है कि बलबन बिना किसी कारण के अपनी क्रूरता बतलाता। अकबर निरक्षर और अधार्मिक था (मुजिब, पृ. 177) अल्लाउद्दीन खिलजी ने जैसे अनेक हिन्दुओं की हत्या की वैसे ही अत्याचार उसने मुस्लिमों पर भी किए। इस्लाम को कबूल कर चुके भारतीय वंश के हजारों मुसलमानों की उसने हत्या की थी। सिकन्दर लोदी ने बंगाली मुसलमानों पर अत्याचार किए। हिन्दू इतिहासकारों ने इन बादशाह द्वारा किए गए हिन्दुओं के कत्लों के उदाहरण देकर इस्लामी संस्कृति का जंगलीपन सिद्ध करने का प्रयत्न करते हैं तो मुसलमान बखरकार और धर्मगुरु भी हिन्दुओं के कत्ल का ही उदाहरण देकर मुस्लिम राजाओं के श्रेष्ठत्व को सिद्ध करने का प्रयत्न करते हैं। ब्रिटिश और हिन्दुत्ववादी इतिहासकारों ने ठीक ये ही उदाहरण देकर हिन्दू-मुसलमानों में स्थित शत्रुत्व को बढ़ाने का प्रयत्न किया है।

वस्तुत: मुस्लिम बादशाह वंशवाद से पीड़ित थे। तुर्क, मोगल, अफगान ये एक-दूसरे की ओर शत्रु की नजर से ही देखते थे। उन्हें हिन्दुस्तानी लोगों के प्रति गुस्सा था; चाहे वह हिन्दू हो या मुसलमान! वे भारतीय मुसलमानों की ओर तुच्छता' से देखते थे। जियाउद्दीन बर्नी जैसे अनेक बखरकार इसी वृत्ति के थे। वे यहाँ के हिन्दू और मुसलमानों की ओर तुच्छता से देखते हुए उन पर अपना वर्चस्व कायम करना चाहते थे और इसके लिए वे धर्म का आवरण डालकर कुरान का मनमाने अर्थ लगाते थे। उनके आचरण और लेखन के प्रभाव से हिन्दू-मुस्लिम मानसिकता की बुनावट करनेवाले घटकों का निर्माण हुआ। एक दृष्टि से इन मुस्लिम सत्ताधारियों और धर्मगुरुओं द्वारा हिन्दू धर्म, संस्कृति और यहाँ के लोगों के प्रति व्यक्त तुच्छता यह जैसे सत्ता के गलत उपयोग के कारण निर्माण हुआ, वैसे ही यह तुच्छता तथा गिरोहों की जमात के होने के कारण उनके मन में स्थित हीनता ग्रन्थी को भी प्रतिबिम्बित करता है।

ठीक यही प्रकार 1900 से मध्ययुगीन इतिहास लिखनेवाले तथाकथित राष्ट्रवादी और हिन्दुत्ववादी इतिहासकारों की मनोवृत्ति में दिखलाई देता है। करीब-करीब सभी भारतीय इतिहासकार ये उच्चवर्णीय, उदारमतवादी अथवा परम्परावादी थे। उन सबको भारतीय संस्कृति का गौरवीकरण करना था। क्योंकि उनके राष्ट्रवाद का सिद्धान्त उनके धर्म और इतिहास के उदात्तीकरण पर आधारित था। और इसीलिए उन्होंने ब्रिटिश इतिहासकारों के प्रभावान्तर्गत मुस्लिम सत्ताधारियों की सभी गन्दी, विकृत बातों को इस्लाम के साथ जोड़ दिया। प्रो. मजुमदार, जदुनाथ सरकार, सरदेसाई और सेतु माधवराव पगड़ी जैसे इतिहासकार भी इस आदत से दूर नहीं थे। जदुनाथ सरकार तो एक स्थान पर यह लिखते हैं कि मुगल काल का बाद में अध:पतन होने के मूल में एक कारण यह था कि उन्होंने यहाँ की जातियों-जमातों के साथ वर्ण संकर किया। आगे उन्होंने भारतीय मुसलमानों के प्रति उनकी मनोवृत्ति को दर्शानेवाला विधान किया है कि इस वर्णसंकर से निर्माण हुई सन्तति, बौद्धिक दृष्टि से शुद्ध हिन्दू, शुद्ध पर्शियन अथवा शुद्ध मुगल या शुद्ध तुर्क की तुलना में अति सामान्य बुद्धि की थी। (सरकार, पृ. 252)

ब्रिटिशों की स्थापना होने के बाद उन्होंने भारत का प्रचंड आर्थिक शोषण शुरू किया। ब्रिटिशों का आक्रमण सभी इकाइयों के शोषण का ही था। इस कारण उनके विरोध में असन्तोष निर्माण हुआ। परिणामत: ब्रिटिशविरोधी लड़ाई में सभी स्तरों पर हिन्दू-मुस्लिम इकट्ठे होने लगे। इन दोनों के एक हो जाने से हमारे साम्राज्य को खतरा पहुँचनेवाला है इसे ब्रिटिश जान गए और तब से उन्होंने भेदनीति की राजनीति शुरू की। उसके लिए उन्होंने यहाँ के इतिहास को एक साधन के रूप में चुना। मिल, इलियट और डाऊसन ने मुस्लिम सत्ताधारियों के चुने हुए उदाहरण लेकर पूरे भारत का इतिहास हिन्दू-मुस्लिम शत्रुत्व का इतिहास है ऐसी प्रस्तुति की। परिणामत: हिन्दू-मुस्लिम सन्तों और विचारकों ने समन्वय की जो प्रक्रिया शुरू की थी; वह गौण होती गई। हिन्दू-मुस्लिम सत्ताधारियों में हुए प्रत्येक संघर्ष को धार्मिक संघर्ष के रूप में प्रस्तुत किया गया। इसी इलियट डाऊसन की प्रस्तुति को हिन्दुत्ववादी इतिहासकारों ने जैसे कि वैसे स्वीकारा। इन सारी प्रस्तुतियों के दुष्परिणाम मजुमदार जैसे इतिहासकार पर भी हुए। इन सबकी प्रस्तुति से इस्लाम में स्थित तत्त्वों और यहाँ के मुसलमानों के प्रति अनेक भ्रम पैदा हो गए। उन्हीं भ्रमों ने हिन्दू-मुसलमानों की मानसिकता विकसित होती गई। (देखें—चौसालकर, इतिहासाची जमातवादी मांडणी आणि राष्ट्रीय एकात्मता, समाजवादी प्रबोधिनी, इचलकरंजी)

वहाबी और जिहाद

वहाबियों के सन्दर्भ में अपरिहार्य रूप से आगे आनेवाला कठिन प्रश्न 'जिहाद' शब्द से सम्बन्धित है। इस शब्द की अवधारणा को लेकर हमेशा प्रश्न उठाया जाता है। वहाबियोंने जिहाद का अर्थ किस प्रकार से लगाया उनके पूर्व के मुस्लिम इतिहास में 'जिहाद' शब्द का उपयोग कैसे किया गया और बाद में पश्चिम के उपनिवेशवादी राजनीति में जिहाद की प्रस्तुति कैसे की गई आदि का संक्षेप में परामर्श किए बगैर वहाबी पर का यह प्रकरण पूर्ण नहीं हो सकता। परन्तु इसके पूर्व जटिल क्लिष्ट ऐसी धर्म चर्चा की ओर न जाते हुए कुरान में जिहाद की अवधारणा क्या थी—इस पर संक्षेप में विचार करना जरूरी है।

'इस्लाम एंड जिहाद' शीर्षक की पुस्तक ए. जी. नूरानी ने 2002 में लिखी है। 2018 में आयेशा जलाल का भी बड़ा ग्रन्थ इस विषय पर प्रकाशित हुआ है। इनके पूर्व असगर अली इंजीनियर ने भी इस विषय पर लिखा है। इन सब की प्रस्तुति को यहाँ संक्षेप में देने का विचार है क्योंकि 20वीं सदी के अन्तिम दशक से वैश्वीकरण के रूप में आए अमेरिका के नेतृत्व के अन्तर्गत नवसाम्राज्यवाद की जो राजनीति शुरू हो गई, उस कारण भी और मुसलमानों की अधिकाधिक बदनामी इस जिहाद के बहाने शुरू हो गई। हिन्दुत्ववादी राजनीति का तो यह मुख्य आधार ही रहा है। ए. जी. नूरानी और आयेशा जलाल इन दोनों की जिहाद विषयक प्रस्तुति थोड़ी-सी भिन्न है। नूरानी कानून के प्रखर पंडित हैं। उन्होंने कानून की दृष्टि के इस शब्द का स्पष्टीकरण दिया है। बर्नार्ड लेविस से लेकर हटिंगटन तक जो नव साम्राज्यवादी अमेरिकन अध्येता हैं, उनके द्वारा जिहाद शब्द का जो विपर्यास किया गया है, उसका खंडन नूरानी जी ने किया है। आयेशा जलाल ने ऐतिहासिक घटनाक्रमों के माध्यम से इस शब्द का विवेचन और विश्लेषण किया है। नूरानी ने इस्लामी और गैरइस्लामी कानून के पंडितों द्वारा जिहाद का जो स्पष्टीकरण दिया है, उसे पाठकों के सामने रखा है। इसके लिए वे पैगम्बर साहब के हदीस (वचन) का भी आधार लेते हैं। पैगम्बर के वचनानुसार जुल्म जबर्दस्ती करनेवाले सत्ताधीशों के सामने पूरी निर्भयता से सत्य का आधार लेकर खड़ा होना ही सर्वोत्तम जिहाद है। शब्दकोश में 'जिहाद' का अर्थ है प्रयत्न करना। इसी से जद्दोजहद यह शब्द बना है। किसी बात को प्राप्त करने के लिए अत्यधिक प्रयत्न करना यह जिहाद का मूल अर्थ है। इस पर से ही इज्तिहाद शब्द बना है—अर्थ है बुद्धि का उपयोग कर घटना या शब्द का अर्थ लगाना अथवा समस्या से रू-ब-रू हो जाना। मजीद

खजुरी जैसे अन्तरराष्ट्रीय कीर्ति के इस्लामी कानून के धर्म पंडित के मतानुसार इस्लामी कानूनविदों ने चार प्रकार के जिहाद कहे हैं—हृदयपरिवर्तन हेतु किया गया जिहाद, जिह्वा का जिहाद, हाथ का जिहाद और अन्त में इस्लाम की सुरक्षितता के लिए किया जानेवाला जिहाद। डॉ. रोनाल्ड मिलर के मतानुसार आज की स्थिति में आध्यात्मिक उन्नति का प्रयत्न और भौतिक बातों को प्राप्त करने के प्रयत्न यही दो अर्थ जिहाद शब्द के होते हैं। आध्यात्मिक जिहाद से तात्पर्य है—मन में स्थित षड्रिपुओं पर विजय प्राप्त करना, अपने जीवन में और मन में स्थित शैतानी वृत्ति को ध्वस्त करना। इसे उच्च स्तरीय जिहाद कहा जाता है। और अन्याय के विरुद्ध हाथों में शस्त्र लेना—इसे निम्नस्तरीय जिहाद कहा गया है। बेरूत के प्रतिष्ठित विचारक यूसुफ इबीस के मतानुसार उच्चस्तरीय जिहाद से तात्पर्य अपने भीतर की बुरी वृत्तियों का विनाश करना। ऐसा जिहाद व्यक्तिगत और अन्तर्गत होता है। कम स्तरीय जिहाद में अपने समूह के संरक्षण में लड़ना ऐसा होता है। प्रो. ब्रुस लॉरेन्स ने कहा है कि आधुनिक काल में यही जिहाद प्रस्तुत हो गया है। जब वह हिंसा से दूर हो जाता है और नैतिक मूल्यों पर आधारित होता है, तभी वह 'प्रस्तुत' होता है। इसलिए सामाजिक न्याय के लिए संघर्ष करना जिहाद ही होता है। (नूरानी, पृ. 35 से 37) नूरानी जी ने नवसाम्राज्यवादी प्रतिगामी विचारकों द्वारा प्रस्तुत गलत प्रचार के अनेक उदाहरण देकर 'जिहाद' का विवेचन किया है। आयेशा जलाल की प्रस्तुति भिन्न स्वरूप की है। बहाबी के रूप में पहचाने जानेवाले रायबरेली के सय्यद अहमद बरेलवी (1786-1831) और शाह इस्माईल इन दोनों ने जिहाद के नाम पर सिक्ख और ब्रिटिशों के विरोध में जो आन्दोलन खड़े किए वहाँ से डॉ. जलाल ने अपना विवेचन शुरू किया है। बालामोर की जिहादी लड़ाई मुसलमानों की मानसिकता में किस प्रकार जड़ ले चुकी है इसका विवेचन यहाँ है और उसके बाद उन्होंने वहाबी आन्दोलन के विभिन्न प्रकारों को, आविष्कारों को दिया है। नैतिकता के उच्च तत्त्व के रूप में जिहाद सत्ता के लिए युद्ध के रूप में जिहाद, उपनिवेश काल के पूर्व दक्षिण एशिया अर्थात् भारतीय उपद्वीप में जिहाद, उपनिवेश काल में भारत में प्रयुक्त जिहाद, उपनिवेशवाद के विरोध में राष्ट्रवाद के रूप में प्रस्तुत जिहाद इन भिन्न-भिन्न स्वरूप में सम्बन्धितों ने जिहाद की अवधारणा का उपयोग किया है। अन्त में दहशतवादियों के साधन के रूप में जिहाद का दुरुपयोग किया।

अर्थात्, अनेक अर्थों में जिहाद शब्द का उपयोग किया गया है। किम्बहुना जिहाद इस अरबी शब्द के अर्थ का विपर्यास निरन्तर किया गया है। सम्भवत:

अन्य किसी भी शब्द का इतना विपर्यास नहीं किया गया होगा। दैनिक जीवन के संघर्ष को, मनुष्य की अनवरत कोशिशों को जद्दो जिहाद कहा जाता है। उसमें मनुष्य का स्थायी शत्रू शैतान (इस्लाम के तत्त्वानुसार शैतान यह मनुष्य का शत्रु है और वह मनुष्य को निरन्तर बुरे कर्म करने के लिए प्रवृत्त करते रहता है।) मनुष्य मन में स्थित वहशी वृत्ति, षड्‌रिपुओं का समावेश भी होताहै। इस्लाम पूर्व काल में जिहाद का अर्थ उच्च ध्येय प्राप्ति के लिए अथवा उच्च ध्येय के कारण संघर्ष करना ऐसा था। पैगम्बर साहब जब मदीना आए तो मदीना में स्थित विभिन्न धार्मिक जमातों और गिरोहों से उन्होंने जो करार किया था, उसमें से पहले वाक्य में 'जहादा' यह शब्द आया है। मदीना में स्थित सभी जमातों के सामूहिक हितों के लिए प्रयत्न करना इस अर्थ में यहाँ जहादा शब्द का उपयोग किया गया है। भाषाविज्ञान की दृष्टि से जिहाद का अर्थ सशस्त्र युद्ध ऐसा कभी भी नहीं होता। धर्मयुद्ध यह अर्थ भी नहीं होता। इसके लिए ही कुरान के प्रयुक्त अर्थ का विपर्यास करना पड़ता है।

कुरान में जिहाद शब्द एकतालिस (41) बार आया है। धर्मयुद्ध के रूप में उसका प्रयोग कहीं नहीं हुआ है। उल्टे सत्तर बार युद्ध को मनाई करने के प्रसंग में वह प्रयुक्त है। युद्ध के लिए यहाँ कत्ल या हर्ब इस अरबी शब्द का प्रयोग किया गया है। अर्थात् कुछ स्थानों पर अल्लाह के लिए लड़ना इस अर्थ में भी यह शब्द प्रयुक्त है। कुरान में कानूनी सशस्त्र लड़ाई के रूप में 'जिहाद फी सबिल अल्लाह' ये शब्द आए हैं। इसका अर्थ है, अल्लाह प्रणित मार्ग प्राप्त करने के लिए लड़ना ऐसा है। परन्तु उसके लिए अनेक शर्तें डाली गई हैं। पवित्र युद्ध के अर्थ में में कहीं पर भी जिहाद शब्द का प्रयोग नहीं हुआ है। ठीक इसी प्रकार अश्रद्ध अथवा नास्तिक अथवा गैर मुस्लिम के विरोध में लड़ाई इस अर्थ में भी इसका प्रयोग नहीं हुआ है।

जिहाद का अर्थ ही है उच्चतम ध्येय प्राप्ति के लिए संघर्ष करना। इस अर्थ का अधिकाधिक विपर्यास बाद के काल में किया गया। गैर मुस्लिमों के विरुद्ध धर्मयुद्ध ऐसा विकृतिकरण इस शब्द का किया गया। आत्मा के उच्चतम विकास के लिए प्रयत्न करना, जीवन में उच्चतम नीतिमूल्यों के लिए संघर्ष करते रहता, अल्लाह द्वारा बतलाए गए नीतिमूल्यों को प्राप्त करने के लिए जद्दोजहद करना ही जिहाद है—यही इस्लाम का केन्द्रिभूत नैतिक तत्त्व है। इस्लाम के जन्म के कुछ ही वर्षों बाद जो राजनीतिक संघर्ष शुरू हुआ, सत्ता प्राप्ति के लिए युद्ध शुरू हुए उस कारण जिहाद प्रणित उच्च नैतिक तत्त्वों को मुस्लिम भूल गए। जिहाद का विकृतिकरण ही होता गया। प्रतिष्ठित शायर गालिब ने कहा भी है

कि एक अच्छा इनसान बनने के लिए इनसान को निरन्तर प्रयत्न करने पड़ते हैं। खुद से ही जिहाद अर्थात् संघर्ष करना पड़ता है। गालिब के मतानुसार सच्चा इनसान होने के लिए जिहाद मतलब संघर्ष करना पड़ता है। उनकी यह पंक्ति कुरान प्रणित जिहाद की अवधारणा पर आधारित है। आज 21वीं सदी में तो जिहाद शब्द का गलत उपयोग अपने चरम उत्कर्ष या चरम अध: पतन पर गया है।

पैगम्बर और चार खलीफाओं के बाद के कालखंड में इस्लाम में अनेक कट्टरपन्थी ग्रान्थिक पन्थों का जन्म हुआ। सच्चा इस्लाम हम ही बता रहे हैं, अन्य पन्थों द्वारा परिभाषित इस्लाम गलत हैं इसलिए उन्हें काफिर साबित कर के उनके खिलाफ जिहाद की घोषणा करनेवाले 'खराजी' जैसे पन्थ भी यहाँ थे। उन्होंने इस्लाम के अन्तर्गत (मुसलमान) और बाह्य (गैर मुसलमान) इन दोनों के विरोध में जिहाद के फतवे निकाले हैं। उम्मीद खलीफा के काल में सत्ता प्राप्ति के लिए जिहाद का उपयोग शुरू हुआ। अब्बासिद सत्ताधारियों के काल में कुरान प्रणित जिहाद की अवधारणा का और भी अवमूल्यन हुआ। मतलब जिहाद का उपयोग अब राजनीति के लिए किया जाने लगा। इस काल में मुस्लिम सत्ताधारियों के सत्ता की प्यास बढ़ गई। उन्होंने यूरोप पर विजय हासिल कर ली। स्पेन पर अपना प्रभुत्व स्थापित किया। ईसाई सत्ताधारियों के लिए यह धक्का जबर्दस्त था। मुस्लिम सत्ताधारियों के कारण ईसाई सत्ताधारियों का धार्मिक विस्तार रुक-सा गया था। रोमन साम्राज्य के बाद राजसता और धर्मसत्ता एक हो गए। राजसत्ता की सहायता से धर्मप्रसार यह सूत्र अब विकसित होने लगा। इस्लाम के कारण उस पर रोक लग गई। इस कारण ईसाई धर्मगुरु अपना मानसिक सन्तुलन खो चुके। उन्होंने इस्लाम के बदनामी की मुहिम शुरू की। उस कारण बहुत बड़ा संघर्ष शुरू हुआ। क्रूसेड के लड़ाइयों की शुरुआत यहाँ से होती है। (कारेन आर्मस्ट्राँग महमूद) ईसाई धर्मसूत्र में क्रूसेड का अर्थ धर्मयुद्ध ऐसा होता है। इस्लाम में जिहाद का ऐसा अर्थ तो नहीं था। परन्तु क्रूसेड प्रणित लड़ाइयों के कारण जिहाद का मनमाना अर्थ अब मुस्लिम लगाने लगे। जिहाद शब्द का मूल आयाम ही बदल गया। प्रो. जी. डब्लू. लिटनर प्रतिष्ठित भाषा वैज्ञानिक रहे। उन्होंने शब्दशास्त्र के अनुसार परिस्थितिनुसार जिहाद के बदलते अर्थों को दिया है। उनके अनुसार जिहाद मतलब विरोधकों से संघर्ष, बीमार आदमी का अपनी बीमारियों के साथ जो लड़ाई या संघर्ष चलते रहता है, वह भी जिहाद ही कहलाता है, छात्र द्वारा पुस्तक पढ़ने के लिए गया प्रयत्न भी जिहाद, व्यापारियों का अपनी सम्पत्ति

बढ़ाने के लिए किया गया प्रयत्न भी जिहाद किसान द्वारा उत्पादन बढ़ाने के लिए किए गए प्रयत्न भी जिहाद। इसका धार्मिक अर्थ है सच्चे धर्म का पालन करने हेतु किया गया प्रयत्न। अलबत्ता कुछ मौकों पर गैर मुस्लिमों से लड़ना भी जिहाद कहलाता था। ऐसा युद्ध अगर इस्लाम पर आक्रमण हुआ, तभी किया जा सकता था। (आयेशा जलाल, पृ. 161) क्रूसेड के काल में ही इस्लाम का अधिकाधिक विकृतिकरण किया गया। उन्हीं समीकरणों को 20वीं सदी के उत्तरार्ध से पश्चिमी साम्राज्यवादी नेता, बर्नार्ड लेविस और हटिंगटन जैसे अमेरिकी विचारक और भारत के संघ विचार के लेखक इस्लाम पर लागू कर रहे हैं। 9/11 की घटना के बाद ऐसे विकृत प्रचार की आँधी-सी आ जाती है। वहाबी आन्दोलन की और जिहाद के आन्दोलन की शुरुआत सय्यद अहमद बरेलवी और शाह इस्माईल द्वारा शुरू किए आन्दोलनों से हो जाती है। तब से भिन्न-भिन्न प्रवाह के खुद को बहाबी कहलानेवालों ने जिहाद शब्द का उपयोग अलग अलग सन्दर्भों में किया है।

वहाबियों के कट्टर ग्रान्थिक उलेमाओं के प्रवाह विशिष्ट ऐतिहासिक परिस्थिति से जन्म ले चुके हैं। वहाबी सलाफ़ीवाद की शुरुआत अरबस्तान के इब्न तिमिया (1263-1328) के सिद्धान्त से हुई है। इब्न अरबी उदारमतवादी था और उसने एकत्व में अनेकत्व और अनेकत्व में एकत्व का महत्त्वपूर्ण सिद्धान्त प्रस्तुत किया था। उसी ने बहदुतुल वजूद का अर्थात् निर्माण के एकत्व का विचार प्रस्तुत किया था। तो इब्न तिमिय्या ग्रान्थिक विचारक था। उसने इब्न अरबी के विचारों को इस्लाम विरोधी मानता था। बाद के काल के अहमद सरहिन्दी ने इब्न तिमिय्या के विचारों को स्वीकारा। 18वीं सदी में अरबस्तान के सनातनी विचारों के धर्मपंडित महमूद अब्दुल वहाब ने तिमिय्या प्रणित ग्रान्थिक विचारों को स्वीकार कर जो लोग कुरान में उल्लिखित तत्त्वों को उसके शब्दों के अनुकूल नहीं स्वीकारते, वे कुफ्र कर रहे होते हैं, अल्लाह से द्रोह करते रहते हैं, इस कारण उसने ऐसों के विरोध में जिहाद करने का आदेश दिया। ग्रान्थिक सलाफ़ी-वहाबीझम इसी में से आया है। सय्यद अहमद बरेलवी और शाह इस्माईल ये इसी विचार के थे। शेख अहमद सरहिन्दी का प्रभाव औरंगजेब पर था। शाह वली उल्लाह ने (1703-1742) इब्न अरबी और इब्न तिमिय्या के विचारों में समन्वय करने का प्रयत्न किया। मुगल काल में औरंगजेब का अपवाद छोड़ दें तो अन्य किसी भी बादशाह ने ग्रान्थिक, सनातनी, जिहाद के अनुषंग से किसी भी प्रकार की भूमिका नहीं ली थी। सनातनी विचारों को लेकर सय्यद अहमद बरेलवी ने बालाघाट (सरहद प्रदेश का एक शहर) में

सिक्खविरोधी और ब्रिटिश विरोधी जिहाद का आन्दोलन शुरू किया और उसी में वे शहीद हो गए।

शाह वलीउल्लाह के पुत्र शाह अब्दुल अजीज ने हिन्दुस्तान की ब्रिटिश सत्ता को दारुल हर्ब (शत्रु की भूमि) और हिन्दू-मुसलमानों को एकत्रित भूमि को दारुल अमन (शान्ति की भूमि) कहा और वैसा फतवा निकाला। परिणामत: जिहाद का आन्दोलन वास्तव में ब्रिटिश विरोधी, उपनिवेशवादी सत्ता के विरुद्ध का आन्दोलन था। मुस्लिम सत्ताधारी और उलेमाओं का 1857 का विद्रोह (जिहाद की लड़ाई) ब्रिटिशविरोधी था। मुस्लिमों में 1857 का विद्रोह मुक्ति के धर्मशास्त्र (लिबरेशन थियॉलोजी) की इकाई के रूप में किया था। य. दि. फडके जी के मतानुसार ब्रिटिशों के विरोध में लड़ने के लिए हिन्दू भी धर्म का उपयोग कर रहे थे। उससे सम्बन्धित विवेचन आगे किया जाएगा।

19वीं सदी के पूर्वार्ध से इजिप्त से लेकर अफगानिस्तान, सूडान तक यूरोपीयन साम्राज्यवादियों ने मुस्लिम देशों पर आक्रमण शुरू किया था। एक भी मुस्लिम सत्ताधीश इन आक्रमणों को रोक नहीं पाया। असहायता, मजबूरी और आखिरी साँस तक प्रतिकार ये तत्कालीन मुस्लिम राजनीतिज्ञों में दिखलाई देती हैं। इस काल में इस्लाम की सभी अवधारणाओं की परीक्षा ही हो गई। पूरे मुस्लिम जगत् (उम्मा) पर संकट छा गया है का अहसास हुआ। इस पर चर्चा भी शुरू हुई। परिणामत: प्रत्येक मुस्लिम देश में यूरोपीयनों के आक्रमण के विरोध में जिहाद की घोषणा करनेवाले आन्दोलनों का जन्म हुआ। यह जिहाद राजनीतिक और निधर्मी (टेम्पोरेल) था। धर्म का उपयोग लिबरेशन के एक तत्व के रूप में किया जा रहा था। हिन्दुस्तान में 1857 के पूर्व वहाबियों द्वारा किए गए आन्दोलन, टीपू सुलतान की लड़ाई, 1857 की लड़ाई, चेचन्या में इमाम शामीम का रूस के विरुद्ध का आन्दोलन, अल्जेरिया, सूडान का महमूदी आन्दोलन—ये सारे जिहादी आन्दोलन राजनीतिक स्वरूप के थे। यहाँ जिहादी आन्दोलन या लड़ाई का स्वरूप उपनिवेशवाद के विरोध में राष्ट्रवाद का था। इसी काल में जमालुद्दीन अफगानी इस लड़ाकू धर्मपंडित का आगमन हुआ। उसका कालखंड 1850 के आगे का है। यह हिन्दुस्तान में 1854, 1871 और 1882 में आकर गया था। उसने शाह वलीउल्लाह प्रणित इस्लामी विश्ववाद (उम्मा की राजनीति में आया हुआ शब्द) का और अपनी उपनिवेशवाद विरोधी अवधारणा को इकट्ठा कर उपनिवेशवाद विरोधी राष्ट्रवाद को खड़ा किया। इजिप्त, सूडान, अल्जीरिया, हिन्दुस्तान देशों के मुस्लिम ब्रिटिश अथवा फ्रेंच साम्राज्यवाद के सम्मुख टिक नहीं पाए थे। जमालुद्दीन अफगानी ने किसी एक

देश तक सीमित न रहकर विश्व स्तर पर के मुस्लिमों पर विचार किया था। सम्पूर्ण मुस्लिम विश्व को (उम्मा) उपनिवेशवादी सत्ता के विरोध में अगर खड़ा किया जाए, तो साम्राज्यवादियों को पराजित किया जा सकता है ऐसा उसका गणित था। इसी कारण उसने करीब-करीब सभी देशों के मुस्लिम आन्दोलनों और सत्ताधारियों से सम्पर्क स्थापित किया था। हिन्दुस्तान के वहाबियों से उसने सम्पर्क किया था नहीं, इसमें कोई प्रमाण नहीं है। परन्तु इतना सच है कि इस जलालुद्दीन अफगानी को सर सय्यद की ब्रिटिश प्रेम की नीति कतई मान्य नहीं थी। इस अफगानी के विचारों का प्रभाव अनेक देशों के ब्रिटिशविरोधी इकाइयों पर हुआ। हिन्दुस्तान में मौलाना अबुल कलम आजाद ने अफगानी की ही तरह वैश्विक इस्लाम और उपनिवेशवादी विरोधी विचारप्रणाली का एकत्रीकरण कर अपने लेखन और भाषणों द्वारा ब्रिटिश सत्ता के विरोध में प्रतिक्रियाएँ देना शुरू किया। हिन्दुस्तान के बाहर से क्रान्ति के लिए प्रयत्न करनेवाले आबेदुल्लाह सिन्धी, महमूदुल हसन, शाह वलीउल्लाह और अफगानी के प्रभावान्तर्गत अन्तरराष्ट्रीय स्तर तर जिहाद के रूप में उपनिवेशवाद के विरोध में आन्दोलन शुरू किया। इन दोनों के क्रान्तिकारी आन्दोलनों पर आगे लिखा ही जाएगा। अफगानिस्तान के अमीरात की सहायता से ब्रिटिश सत्ता को उल्था देने के लिए किए गए प्रयत्नों का विस्तार से विवेचन श्री य. दि. फडके ने अपनी पुस्तक में किया है। इस प्रकार सय्यद अहमद बरेलवी के धर्मयुद्ध से शुरू हो चुका यह जिहाद अमालुद्दीन अफगानी, महमूदुल हुसेन, ओबेदुल्लाह सिन्धी, मौ. आजाद के काल में उपनिवेशवाद विरोधी राष्ट्रवाद के रूप में सामने आता है। जिहाद के इन भिन्न प्रवाहों पर विचार करने पर यह स्पष्ट हो जाता है कि जिहाद यह गैर मुस्लिमों के विरुद्ध धर्मयुद्ध था—यह सिद्धान्त ही गलत साबित हो जाता है। जिहाद शब्द का उपयोग उन दिनों ब्रिटिश आक्रमण के विरुद्ध की लड़ाई इस अर्थ में किया जाता था। पूरे विश्व में इस्लाम धर्म की स्थापना के लिए जिहाद की प्रस्तुति अथवा लोगों को ऐसा आवाहन कभी नहीं था। उम्मा का अर्थ इस्लाम धर्मियों का राज्य ऐसा भी नहीं है। इस्लामधर्मीय लोग ऐसा उसका अर्थ है। जिस अर्थ में मुहम्मद इकबाल ने पॅन इस्लाम (वैश्विक इस्लाम) का विचार प्रस्तुत किया था, वह अर्थ क्रान्तिकारियों को कभी भी अभिप्रेत नहीं था। भारत के वहाबी उम्मा मतलब इस्लामधर्मी प्रजा, उस पर विदेशी ईकाई सत्ता का संकट इस सम्बन्ध में बोल रहे थे। सभी ओर मुस्लिम (उम्मा) संकट में हैं, इसलिए आत्मसंरक्षण के लिए विदेशी सत्ता से लड़ाई इस अर्थ में वे जिहाद शब्द का प्रयोग कर रहे थे। धर्मपरिवर्तन के पूर्व जिनके वंशज

ब्राह्मण थे वे इकबाल अलतबत्ता वैश्विक इस्लाम (पैन इस्लाम) का विचार प्रस्तुत कर राष्ट्रवाद का विरोध कर रहे थे। और डॉ. इकबाल वहाबी नहीं थे। सर यह खिताब उन्हें ब्रिटिशों ने दिया था।

उपरोक्त सभी ऐतिहासिक घटनाएँ काफी जटिल हैं। वहाबियों में स्थित विभिन्न गुटों में विभिन्न विचार प्रवाह थे—इसे ध्यान में न रखते हुए जिहाद यह सशस्त्र युद्ध ही होता है क्या? जिहाद आध्यात्मिक संघर्ष या धर्मयुद्ध है क्या? इस प्रकार का विवाद स्थितियों का विपर्यास करनेवाला है। अमेरिकन राजनीति के कारण निर्माण हो चुके अल कायदा और तालिबानी दहशतवादियों ने कुरान के वचनों का अर्थ उन्हें जैसा चाहिए वैसा लगाकर जिहाद का अर्थ ही बदल दिया। अलकायदा और तालिबानी प्रणित जिहादी इस्लाम यह अमेरिका और सऊदी अरेबिया की निर्मिति है। दूसरे महायुद्ध के बाद पश्चिम एशिया और अरब राष्ट्रों में उपनिवेशवाद के विरोध में जो आन्दोलन उठ खड़े हो गए, उनका स्वरूप राष्ट्रीय आन्दोलनों (नेशनल मूवमेंट के) का था। इजिप्त के नासर के बाद—इराक के सत्ताधारियों द्वारा प्रस्तुत अरब राष्ट्रवाद अँग्लो-अमेरिकन साम्राज्यवादी देशों को पश्चिम एशिया में ऐसा कुछ हो यह मान्य नहीं था। अगर ऐसा हो जाता तो उनका प्रभुत्व या नियन्त्रण इन प्रदेशों पर हो नहीं सकता था। इसलिए उन्होंने यहाँ पर के राष्ट्रवादी आन्दोलनों को रौंद दिया। सऊदी अरेबिया के माध्यम से फैलनेवाला राष्ट्रवादी विचार यह गैर-इस्लामी है; पैन इस्लाम अर्थात् अन्तरराष्ट्रीय अथवा वैश्विक इस्लाम ही इस्लाम का तत्त्व है ऐसा प्रचार उन्होंने शुरू किया। इसमें से ही इस्लामी मूलतत्त्ववाद और बाद में जिहादी इस्लाम का उदय हुआ। सऊदी अरेबिया जैसा देश प्रारम्भ से ही सनातनी पोथीनिष्ठ उलेमा मुहमद अब्दुल वहाबी प्रणित आक्रामक इस्लाम माननेवाला देश रहा है। सौदी का वहाबीवाद महमूद अब्दुल वहाब और उनके पूर्व के इब्ने तिमिय्या को माननेवाला है। यह अब्दुल वहाब इतना कट्टर है कि वह कुरान का अर्थ लगाने की इजाजत भी नहीं देता। कुरान के प्रत्येक शब्द को प्रमाण ही मानना चाहिए इस पर उसका बल होता है। इस प्रकार सऊदी अरेबिया के वहाबीवाद में और भारत के वहाबीवाद में अन्तर था और है। फिर तब्लीग जमात का वहाबीवाद और भी भिन्न है।

इजिप्त से लेकर लेबनान तक इस्राइल की कारवाईयाँ और अमेरिका के आक्रमण इनसे लड़ना असम्भव हो जाने के कारण उस प्रदेश में दहशतवादी संगठनों ने जन्म लिया। इस्लामी ब्रदरहुड, पॅलेस्टाईन लिबरल आर्मी, अल्जेरिया में स्थित दहशतवादी हिजबुल्लाह जैसी अनेक संगठनाएँ साम्राज्यवादी शक्ति के

विरोध में लड़ रही थीं। उनकीं वह स्वतन्त्रता की लड़ाई थी। विश्व पर इस्लामी राज्य स्थापन करने का आवाहन करनेवाला उनका जिहादी इस्लाम नहीं था। पश्चिम एशिया पर स्थित साम्यवादी प्रभाव और राष्ट्रवादी प्रभाव में वृद्धि न हो इसलिए अमेरिका ने सऊदी अरेबिया के कट्टर प्रतिगामी सलाफी, तफकिरी विचारों की प्रधानता जहाँ है, वहाँ के वहाबीवाद को खादपानी पहुँचाया। इजिप्त का अतिवादी विचारक सय्यद कुतुब, पाकिस्तान के जमाती इस्लाम के संस्थापक मौलाना मौहुदी और सौदी प्रणित वहाबीबाद के एकत्रीकरण के प्रभाव से पश्चिम एशिया में जिहादी इस्लाम का विचार फैलता गया। इस सम्बन्ध में विस्तृत ऐसा विवेचन जॉन इस्पोसिटो के 'इस्लामिक थ्रेट' इस ग्रन्थ में मिलता है। (ऑक्सफोर्ड प्रेस, 1999) रूस का घूसखोरी कर अफगानिस्तान में प्रवेश के कारण अमेरिका का सौदी अरेबिया और पाकिस्तान इन दोनों को वैश्विक जिहाद का विचार प्रस्तुत करनेवाले धर्मवादी जिहादी दहशतवाद के लिए खादपानी देने का अवसर प्राप्त हुआ। पाकिस्तान में स्थित मौहुदी का जमाते इस्लामी संगठन और जनरल झिया इन दोनों में लेन-देन होकर अल् कायदा, तालिबान और पाकिस्तान के अतिवादी धर्मवादी गुट के षड्यन्त्र शुरू हो गए। तालिबान के प्रशिक्षण केन्द्र पाकिस्तान और अफगानिस्तान में खड़े हो गए। कश्मीर पर अधिकार प्राप्त करने हेतु पाकिस्तान ने लश्कर-ए-तय्यबा, जैश-ए-मोहम्मद आदि दहशतवादी संगठनों का पालन-पोषण आई. एस. आई. की सहायता से किया जाने लगा। अल कायदा, लश्कर, जैस-ए-मोहम्मद ने कुरान की आयतों का विपर्यास्त अर्थ लगाकर गरम और खून खराबा करनेवाले आक्रामक, निर्दयी, जिहादी इस्लाम को जन्म दिया। इसके पीछे सऊदी अरेबिया का सदाफी वहाबीवाद है और सऊदी अरेबिया और पाकिस्तान अमेरिका के प्यादे बन चुके हैं। उम्मा के तत्त्वानुसार विश्वभर के मुसलमान एक-दूसरे के भाई हैं—ऐसा है। ऐसे में उपरोक्त संगठनाएँ दहशतवादी हमले कर मुसलमानों को ही मार रहे हैं। ये संगठनाएँ अमेरिकन राजनीति द्वारा निर्माण किए गए राक्षस हैं। उनका कुरान प्रणित जिहाद से कोई मतलब नहीं है। अफीम या गर्द का व्यापार करनेवाले तालिबानी और उच्च नैतिक आचरण इनका कोई सम्बन्ध हो सकता है क्या? निष्पाप मुसलमानों का तथा अन्य धर्मियों की हत्या करनेवाले तालिबान का और आध्यात्मिक साधन के तत्त्व के रूप में कुरान में प्रस्तुत जिहाद का कोई सम्बन्ध नहीं है।

इन संगठनों का जिहादी इस्लाम आध्यात्मिक या धार्मिक न होकर पूर्णत: राजनीतिक है। कश्मीर पर कब्जा स्थापित करने की मंशा रखनेवाले लश्कर-

ए-तय्यबा, जैस-ए-मोहम्मद, जमात-उल-दावा के उद्देश्य पूर्णत: राजनीतिक और इस्लाम के नाम पर अन्य देशों के प्रदेशों पर हमला करनेवाले विस्तारवादी हैं। अल कायदा यह ओसामा बिन लादेन का संगठन मूलत: राजनीतिक ही रहा है। यह तथाकथित जिहादी इस्लाम दहशतवादी मुस्लिम संगठनों का राजनीतिक इस्लाम है। इनका कुरान से कोई सम्बन्ध नहीं है। इस प्रकार की जिहादी मानसिकता भारतीय मुसलमानों में कतई नहीं है। (सन्दर्भ : 1) ए.जी. नूरानी, इस्लाम एंड जिहाद, लेफ्टवर्ड प्रकाशन, 2002, 2) आयेशा जलाल, पार्टी ऑफ अल्लाह जिहाद इन साऊथ एशिया : पर्मनेंट ब्लॅक, 2008, 3) गुड मुस्लिम एंड बॅड मुस्लिम महमूद समदानी, पर्मनेंट ब्लॅक, 2006)

प्रकरण-8

स्वातन्त्र्योत्तर भारतीय मुसलमानों की समस्याएँ

मुस्लिम मानसिकता पर विचार करते समय चाहे वह स्वातन्त्र्यपूर्व काल हो अथवा स्वातन्त्र्योत्तर—एक महत्त्वपूर्ण वास्तविकता यह है कि हिन्दुओं की तरह मुसलमानों के अभिजनों के मन में (इसमें सघन अश्रफ, उच्चशिक्षित और धर्मगुरु आते हैं।) राष्ट्रीयत्व और राष्ट्रवाद की भावना, ब्रिटिशों के ओर ईसाई मिशनरियों के प्रचारकों की नीतियों के कारण, धार्मिक अस्मिता के अहसास के कारण निर्माण हो गई थी। एक बार धर्म तथा स्वतन्त्रता में मेल कर दिया जाए कि धर्म का राजनीति में प्रस्थापित हो जाना सहज स्वाभाविक हो जाता है। सम्बन्धित समुदायों का धार्मिक अस्तित्व और अस्मिता का प्रश्न भी इसी में से निर्माण हो जाता है। परिणामत: धार्मिक अस्मिता की भावना तीव्र हो जाती है। स्वतन्त्रता पूर्व काल में आम मुसलमानों को उदयोन्मुख राष्ट्रवाद की भावना से धर्म के साथ जोड़ने का प्रश्न कठिन ही था क्योंकि स्वतन्त्रता आन्दोलन शुरू हो जाने से यह स्पष्ट हो गया कि अब सत्ता बहुसंख्यकों के हाथों में जानेवाली है। अभिजनों की राजनीति से यह बात और भी मुखर होती गई। दूसरे शब्दों में स्वतन्त्रता आन्दोलन के बाद जो लोकसत्ता वा जनतान्त्रिक सत्ता निर्माण होनेवाली थी, उसमें संख्या में बहुसंख्य होने के कारण हिन्दुओं का वर्चस्व अन्य धर्मियों पर प्रस्थपित होने की सम्भावना वरिष्ठ वर्गीय मुस्लिम महसूस कर रहे थे। (प्रो. रवीन्द्र कुमार ए. नेशनलिस्ट कानसन्स, एम.ए. अन्सारी, दि कॉग्रेस एंड राज मनोहर, सम्पा. मुशरुल हसन, प्रास्ताविक, पृ. 108) सत्ता की राजनीति के कारण और संस्थात्मक वर्चस्व के कारण यह प्रश्न उस काल के मुस्लिम अभिजनों के मामले में निर्माण हुआ था। ठीक इसी समय आम मुसलमानों के सामने अपने धार्मिक अस्तित्व का भी प्रश्न खड़ा हुआ था। क्योंकि ईसाई धर्मोपदेशक और ब्रिटिश साम्राज्य के आक्रमण के कारण उनकी इस्लामी जीवन पद्धति पर गहरे आघात हो चुके थे। वहाबी

काल में साधारणतया (1800 ईस्वी से.) इस कारण धार्मिक संकटों के आधार पर ब्रिटिशों के विरोध में आन्दोलन शुरू किए गए। हिन्दुओं के सामने भी यही प्रश्न था। ब्रिटिशों के विरोध के आन्दोलन या लड़ाईयों में यही भावना प्रभावपूर्ण थी। इस तरह राष्ट्रीय आन्दोलनों में धार्मिक अस्मिता (आयडेंटिटी) का प्रश्न आरम्भ से ही जुड़ गया।

मुस्लिम अभिजनों की सत्ता की राजनीति और ब्रिटिशों की राजनीति, दोनों जमातों में स्थित धर्मवादियों का संघर्ष, धर्म के आधार पर जमातों का तैयार किया गया मोनालिथ इस कारण देश विभाजन हुआ और पाकिस्तान का निर्माण हुआ। परन्तु बाद के काल में धर्म और राजनीति में स्थित सम्बन्धों का प्रश्न सुलझने के बजाए और भी जटिल हो गया। क्योंकि संसदीय पद्धति के कारण सत्ता स्वाभाविक रीति से बहुसंख्यक हिन्दुओं के हाथों में गई। अब हमारी धार्मिक आयडेंटिटी का क्या होगा—इसका भय मुस्लिमों की मानसिकता में प्रबल होता गया। एक ओर अपनी धार्मिक आयडेंटिटी सुरक्षित रखने का प्रश्न तो दूसरी ओर देश विभाजन के कारण निर्माण हो चुका प्रश्न—इन दुहरे संकटों में मुस्लिम समाज फंस गया। उसमें भी देश विभाजन को फलीभूत करनेवाली मुस्लिम लीग, उसके समर्थन में खड़ा अश्रफ वर्ग, उत्तर भारत के उनके अधिकांश नेता सब पाकिस्तान चले गए। प्रत्यक्ष विभाजन करवानेवाले मुस्लिम नेता, उनके धर्मगुरु और उनके अनुयायी कार्यकर्ता इनमें से कोई भी अब भारत में नहीं है। परन्तु विभाजन घटित होने की प्रक्रिया के दुष्परिणाम अलबत्ता स्वतन्त्रता के बाद की मुस्लिम पीढ़ी को भुगतना पड़ रहा है।

वास्तविकता यह है कि स्वातन्त्र्योत्तर भारतीय मुस्लिम समाज के प्रश्नों पर विचार राष्ट्रीयता या वस्तुनिष्ठता के परिप्रेक्ष्य में हुआ ही नहीं है। किम्बहुना स्वतन्त्रता के बाद मुस्लिम समाज के प्रश्नों की जटिलता और भी बढ़ गई है। मुसलमानों की मानसिकता पर देश विभाजन ने काफी दूर तक का प्रभाव डाला है। आबिद हुसेन के मतानुसार 1857 की अपेक्षा 1947 के देश ने यहाँ की मुस्लिम मानसिकता पर गम्भीर परिणाम किए है। एक तो मुसलमानों ने अपनी आँखों के सामने ही अपने कई रिश्तेदारों को पाकिस्तान जाते हुए देखा है। वहाँ से आनेवाले लाखों शरणार्थियों को भी उसने देखा है। गृहस्थी ध्वस्त होते हुए हिन्दुओं की आँखों में उसने मुसलमानों के प्रति व्यक्त होनेवाले तिरस्कार को भी देखा है। पाकिस्तान की माँग के कारण घटित भयंकर नरसंहार का प्रभाव धीरे-धीरे क्यों न हो उसकी मानसिकता में घुम गया है। देश विभाजन के बाद से लेकर आज तक गैर मुस्लिमों के मन में उसके प्रति स्थित सन्देह, तिरस्कार,

सन्ताप को यहाँ का मुसलमान वर्षों से चुपचाप सह रहा है। व्यवस्था से प्राप्त प्रचंड ऐसी दरिद्रता, विषमता, निरक्षरता और उस कारण निर्मित बेरोजगारी और गैर-मुस्लिमों के रोज के आचरण में उसके प्रति व्यक्त अविश्वास इस कारण अस्थिरता—यह मुस्लिम मानसिकता का स्थायी भाव बन चुका है। इस सम्पूर्ण परिवेश के प्रभाव के कारण भारत के हिन्दुओं और मुसलमानों के लोकसमूह में जमातवाद का प्रचार-प्रसार बड़े पैमाने पर हो गया है। विभाजन के दुष्परिणामों के कारण मुसलमानों के सम्बन्ध में सन्देह का वातावरण निर्माण हुआ है। इस कारण एक सांस्कृतिक भेदभाव का वातावरण समाज में निर्माण हो गया है। मुसलमान जब अपने हकों और अवसरों के सम्बन्ध में बोलने लगे कि पाकिस्तान की ओर इशारा किया जाता है। निजी और सरकारी नौकरियों में उन्हें अवसर नहीं दिए जाते। परिणामस्वरूप मुस्लिम समाज अस्थिरता की मानसिकता से राजनीतिक दाँवपेंचों की ओर मुड़ जाता है। प्रगति और विकास की कोई निश्चित दिशा न होने से राजनीति यही उसके जीवन-मरण का प्रश्न बन जाता है। इस कारण मुस्लिम समाज और उनके नेता उनकी किसी भी समस्या को राजनीतिक बनाकर ही छोड़ते हैं। शाहबानो प्रकरण हो या सलमान रश्दी के लेखन का प्रकरण हो, उसे राजनीति का रंग दिया जाता है।

प्रो. डोनाल्ड स्मिथ ये भारतीय मुसलमान और इस्लाम के बड़े अध्येता हैं। उनके मतानुसार भारतीय मुसलमानों की स्थिति काफी विशिष्ट ऐसी है। उनके अनुसार भारतीय मुसलमान भारतीय हैं और मुसलमान भी। इस कारण एक विशिष्ट ऐसी स्थिति निर्माण हो चुकी है। क्योंकि आज तक मुसलमान मुस्लिम देशों में या तो सत्ताधारी जमात थी अथवा विदेशी सत्ता के अन्तर्गत उस सत्ता की प्रजा। परन्तु भारत में वे न प्रजानन हैं और न सत्ताधारी। तो भारत में वे हिन्दुओं की तरह समान नागरिक हैं। सभी भारतीय प्रजातान्त्रिक राष्ट्र के नागरिक हैं और यहाँ धर्म उनकी व्यक्तिगत या सामाजिक बात है। नागरिकत्व के अधिकार के लिए यहाँ धर्म आधार घटक नहीं हैं। भारत में धर्मनिरपेक्ष राष्ट्रनिष्ठा की जरूरत है, यह बात उनके ध्यान में ही नहीं आ रही है। केवल नागरिक होना, मतलब क्या होता है इसका ठीक से आकलन उनकी मानसिकता में जन्म ही नहीं ले रहा है। उसमें फिर अस्थिरता की मानसिकता के कारण और संघ प्रणित हिन्दुत्ववादी जमातवाद और राजनीति के कारण अस्मिता का प्रश्न तथा प्रतिक्रियावादी हीनता ग्रन्थी की भावना के घटक उसमें निर्माण हो रहे हैं। प्रो. स्मिथ कहते हैं कि यहाँ का मुसलमान अपने अन्तर्गत विरोधाभासों के कारण बेचैन हो चुका है। एक ओर वह उर्दू की ओर अस्मिता

के माध्यम के रूप में आकर्षित होता है तो दूसरी ओर इस्लामी संस्कृति के घटक आत्मसात करने का प्रयत्न वह मजबूरी से करते रहता है। ठीक उसी समय यहाँ की प्रादेशिक संस्कृति, भाषा और उसके माध्यम में व्यक्त होनेवाला उसका भारतीयपन यह उसके जीवन का प्राकृतिक हिस्सा हो जाने के कारण उसके अन्तर्जीवन में विशिष्ट ऐसा अन्तर्विरोध निर्माण हो जाता है। और उसमें देश विभाजन के कारण निर्माण हो चुके क्रायसिस! इस कारण यहाँ के मुस्लिम को खुद की आत्मा ही प्राप्त नहीं हो पा रही है। ठीक उसी प्रकार एक समाज के रूप में जरूरी सामुदायिक अस्तित्व का अहसास भी निर्माण नहीं हो पाया है।

विफलता से ग्रस्त समाज और धूर्त मुल्ला-मौलवी

पिछले 20-25 वर्षों में पढ़े लिखे शिक्षित मुसलमानों के सामने ये प्रश्न तीव्रता से खड़े हो जाते हैं। देश विभाजन के कारण निर्माण हुए क्रायसिस का अहसास उन्हें अब हो रहा है। अपने भविष्य के निर्माण के लिए मुझमें आत्मशक्ति निर्माण करनी होगी ऐसा यह अहसास है। मुसलमानों को मिलनेवाले भेदभाव का व्यवहार उन्हें दिखाई दे रहा है। जमातवाद के अनुभव उसे बेचैन कर रहे हैं। भारत के हिन्दुत्ववादी लेखक, विचारक, इतिहासकार और प्रसार माध्यम (मीडिया), पार्टी का संगठन ये सभी इस्लाम, मुसलमान, देश विभाजन, मुस्लिम लीग की राजनीति और भूतकाल के मुसलमानों द्वारा की गई राजनीति और तत्कालीन भारत में मुसलमानों द्वारा किया गया मतदान इन सबके सम्बन्ध में प्रचार कर इसका सारा दोष वे आज के इस मुसलमानों पर लादे जा रहे हैं यह उसकी समझ में आ गया है। अब तो वे मुसलमानों का समान नागरिकत्व भी मान्य नहीं कर रहे हैं। यह सब यह पीढ़ी देख रही है, सुन रही है। इन सारे अनर्थों के लिए हम कैसे जिम्मेदार यही उसकी समझ में नहीं आ रहा है। इस कारण एक विलक्षण प्रकार की विफलता का वह शिकार हो चुका है। उसकी इस मानसिकता का फायदा इमाम बुखारी, शहाबुद्दीन और अब ओवेसी जैसे जमातवादी नेता और मुल्ला-मौलवी उठा रहे है। अगर वह धर्मनिष्ठ हो गया तो अल्लाह ही उसके प्रश्नों को सुलझाएगा। अब तो इन मुसलमानों को अल्लाह के सिवा दुसरा कोई भी सहारा ही नहीं रहा—ऐसे समीकरण उसके मन में सोच समझकर बिंबित किए जा रहे हैं। इस प्रचार के कारण अस्थिरता की भावना से पीड़ित मुसलमान धार्मिकता की ओर मुड़ जाता है। धार्मिकता से फिर पुनरुज्जीवनवाद की ओर और वहाँ से जमातवादी राजनीति की ओर मुड़ जाता है। उसे जगह-जगह पर इस्लाम दिखलाई देने लगता है। परन्तु इस मानसिकता

के कारण मैं मध्ययुगीन धर्मवाद की ओर मुड़ रहा हूँ और उस कारण और भी जटिल ऐसी सामाजिक समस्याएँ निर्माण हो रही हैं यह जटिलता और भी बढ़ रही है—यही उसके ध्यान में नहीं आ रहा है।

इन सारे घटकों के परिणामस्वरूप उसके हाथों से भौतिकता के आधार जैसे—जैसे निकलते जा रहे हैं; वैसे-वैसे वह धार्मिकता का अधिक समर्थन करने लगता है। परिणामत: इस आधुनिकता में स्थित बुद्धिमत्ता की, विज्ञाननिष्ठा की तथा धर्मनिरपेक्षता की अवहेलना करने लगा है। आज का आम मुसलमान और शिक्षित मुसलमान भी एक बड़े क्रायसिस से गुजर रहा है। इस्लाम में से नैतिक, बौद्धिक और आध्यात्मिक प्रेरणाएँ लेकर नए समाज का निर्माण उससे अब सम्भव नहीं है। वह क्षमता ही उसमें नहीं है। क्योंकि जैसे पीछे कहा गया कि एक हजार वर्ष पूर्व भारत में जब इस्लाम आया था, तब उसका वह काल इस्लाम के इतिहास में वैचारिक और आध्यात्मिक अध:पतन का काल था। साँचे मे बद्ध, ग्रान्थिक पोथिनिष्ठ इस्लाम तब भारत में आया। वही इस्लाम यहाँ के मुसलमानों को विरासत के रूप में मिला है। उसी को लेकर वह बैठा है। परिणामत: इस विफलग्रस्त मानसिकता के कारण मुसलमान अपने आधार के लिए जिन प्रेरणाओं और परम्पराओं को खोजने जाता है, वे सारी बातें उसे इस सांचे में बन्द इस्लाम में मिल जाती हैं। इसी कारण भारत के मुस्लिम धर्मगुरु और तथाकथित इस्लामी पंड़ितों को मूल पैगम्बर प्रणित बुद्धिवादी और क्रान्तिकारी प्रेरणाओं से कोई मतलब नहीं है। दूसरी बात यह कि भारतीय मुसलमानों में स्थित बुद्धिजीवी और शिक्षित वर्ग एक दृष्टि से फालतू बन गए हैं। देश विभाजन के परिणामस्वरूप वह आत्मविश्वासपूर्वक राजनीति भी नहीं कर पा रहे हैं।

यहाँ के मुसलमान विभिन्न प्रदेशों में बिखर हुए हैं। इस कारण वह दबाव पैदा करने की राजनीति भी नहीं कर सकते। जो जहाँ हैं, वहाँ भी वह उन्हें इकट्ठे करने का प्रयत्न शुरू किया कि उसके विरोध में हिन्दू संगठनाएँ और मीडिया चिल्लाने लगते हैं। जैसे— हिन्दू में स्थित किसी जाति समूह में कोई एक संस्था स्थापित कर या कोई बहुत बड़ा जलसा लेकर काम शुरू किया कि वह उस समाज की जागृति का लक्षण मानते हैं और यही बात मुसलमानों ने की कि उन्हें अलगाववादी घोषित किया जाता है। इस कारण मुसलमान अब केवल अपने अस्तित्व को बनाए रखना, इतना ही जीवन का लक्ष्य मानकर जी रहे हैं। एक ओर से हिन्दुत्ववादी संगठनों का उसके विरोध में प्रचंड ऐसा आक्रमण और प्रचार, सरकार अथवा किसी अन्य धर्मनिरपेक्ष संगठन की ओर से किसी

भी प्रकार की सहायता का न मिलना और इसके ठीक उल्टे मुसलमानों में स्थित सनातनी और परम्परावादियों का भय और बुरे समय में उनसे प्राप्त संरक्षण इस कारण मुसलमानों में स्थित बुद्धिजीवी वर्ग धार्मिक परिवर्तन के सम्बन्ध में अधिक सक्रिय हो नहीं पाता। इस कारण मुसलमानों में समाज परिवर्तन की प्रक्रिया भी साँचे में बन्द है।

पिछले कुछ वर्षों से विश्वभर में अल्पसंख्यक तबकों की मानसिकता को लेकर अध्ययनपूर्ण विश्लेषण किए गए हैं। प्रो. हार्टन और हंट, प्रो. अली सय्यद, प्रो. बिपिनचन्द्र, प्रो. लोखंडवाला, अली असगर इंजीनियर, डॉ. मोईन शाकिर, बलराज पुरी आदि ने अमेरिकन ज्यू और नीग्रो, भारतीय मुस्लिम और कुछ हिन्दू तबके इनके किए गए अध्ययन से कुछ उपपत्तियाँ स्पष्ट हो रही हैं। इन अध्ययनों द्वारा यह स्पष्ट हो रहा है कि तुलनात्मक दृष्टि से अन्य अल्पसंख्यकों की तुलना में जिनकी संख्या अधिक है वे असुरक्षितता की भावना से पीड़ित हैं। भारतीय मुस्लिमों के बारे में भी यही सच है। आर्थिक और सामाजिक पिछड़ापन, बहुसंख्यकों की संख्या और उनके वर्चस्व का भय ये बातें स्वतन्त्रता पूर्व काल से अब तक मुस्लिमों के सम्बन्ध में चलती आ रही हैं।

हिन्दुओं की संख्या और उनके वर्चस्व के भय के कारण ही अभिजन वर्ग को एक विशिष्ट प्रकार की राजनीति करना सम्भव हो गया है। और उसमें फिर देश विभाजन के कारण निर्माण हुई स्थितियाँ और उस कारण सत्ताधारी वर्ग का उनसे किया जानेवाला भेदभाव सूचक व्यवहार इस कारण मुस्लिम समाज असुरक्षित भावना का और मानसिक तनावों का शिकार होता जा रहा है। उपरोक्त अध्येताओं के मतानुसार ऐसी बातों के कारण अल्पसंख्य समाज में बेहद परायेपन (परात्म वृत्ति ऐलिएशन) की भावना निर्माण हो जाती है और वे राष्ट्रीय प्रवाह से अपने आप दूर चले जाते हैं। अथवा उनमें आक्रामक प्रतिक्रियाएँ निर्माण होने लगती हैं। अथवा इन दोनों मार्गों को छोड़कर मुख्य प्रवाह से तटस्थ रहकर यह अल्पसंख्यक तबका स्वावलम्बन पर आधारित आत्मविश्वास के मार्ग को स्वीकार कर लेता है। (प्रो. हार्टन तथा हंट) विश्व के प्रत्येक धार्मिक अल्पसंख्यक समूह में असुरक्षितता की भावना प्रबल होते हुए दिख रही है। कॅटवेल स्मिथ, प्रो. वेरेडीन के मतानुसार भारतीय मुसलमान अपना अस्तित्व (आयडेंटिटी) खो जाने के भय में, मुझ पर अन्याय हो रहा है इसकी केवल कल्पना से ही वह अपने धर्म में सुरक्षितता खोजने लगता है और उसमें से जमातवाद का जन्म हो जाता है।

भारतीय मुस्लिमों में ये बातें तो हैं ही और उसमें अनेक प्रकार के धार्मिक, सामाजिक, सांस्कृतिक घटकों की वृद्धि हुई है। जैसे— इस देश के चारों ओर से लगातार यही दुहराया जाता है कि मुसलमान राष्ट्रीय प्रवाह से दूर हो गए हैं। वास्तव में भारत के 90% मुसलमान पूर्णत: भारतीय समाज जीवन के अंग हो गए हैं। विशेषत: स्वतन्त्रता के बाद जो मुस्लिमों की नई पीढ़ी सामने आ गई उसे यह प्रश्न ही बेमानी लगता है और उसे इससे बहुत तकलीफ भी होती है। पाकिस्तान के निर्माण के बाद अलगाव की ओर मुड़ने के मार्ग भी बन्द हो गए हैं। दूसरी बात यह कि मुख्य राष्ट्रीय प्रवाह के नाम पर हिन्दू ब्राह्मणी संस्कृति के मूल्य सभी पर थोपने के प्रयत्न पिछले 15-20 वर्षों से चल रहे हैं। इस कारण मुस्लिम समाज की मानसिक जटिलता और भी बढ़ती जा रही है।

भौतिक परेशानियाँ और धर्म की राजनीति

जिस देश में प्रचंड दरिद्रता, विषमता, अपर्याप्त अवसर, और वर्गीय या वर्णीय हितसम्बन्धों की राजनीति अगर चल रही हो तो अल्पसंख्यक जमातों में स्थित वरिष्ठ वर्ग और अभिजन गुट धर्म और लोगों के आदिम अहसासों का उपयोग कर धर्म की राजनीति शुरू करते हैं। (प्रो. लोखंडवाला, डॉ. असगर अली इंजीनियर) यहाँ धर्म एक अर्थपूर्ण विकृत मनोग्रन्थी के रूप में सामने आता हैं। विशेष रूप से 1989 के बाद बुखारी और शहाबुद्दीन जैसे नेताओं द्वारा शुरू की गई राजनीति में यह दिखलाई देती है। इन्दिरा गाँधी, राजीव गाँधी द्वारा 1980 के बाद सत्ता प्राप्त करने के लिए हिन्दू जमातवाद को खाद-पानी डालने की जो राजनीति शुरू की वह तथा शहाबानों प्रकरण में राजीव गाँधी ने अश्रफ मुसलमानों को खुश करने के लिए जो भयंकर निर्णय लिया ठीक उसी प्रकार बाबरी मस्जिद का ताला खोलने का जो निर्णय लिया इस प्रकार के निर्णयों से धर्म का राजनीति के लिए उपयोग की बात स्पष्ट हो जाती है।

मनोवैज्ञानिक दृष्टि में अपने स्वतन्त्र अस्तित्व की विशिष्टता या अलग पन यह प्रत्येक व्यक्ति की और समूह की दृष्टि से अत्यन्त महत्त्वपूर्ण होता है। निर्माण हो चुकी आयडेंटिटी क्रायसिस के कारण व्यक्ति जैसे विनाश को अपनी ओर खींच लेता हैं, वैसे ही वह जमात लड़ाकू और आक्रामक बनने लगती है। वह जमातवाद के आश्रय में चली जाती है। सुवर्ण युग के स्वप्न देखने लगती है। सम्बन्धित जमातों के धूर्त अभिजन नेता, धर्म का विकृत प्रतिपादन कर अपने इस जमात के मन में मिथकों, स्थिर, प्रतिमाओं और पूर्वग्रहों का प्रक्षेपण करते जाते हैं। इस कारण मुस्लिम नेता आम मुसलमानों के सामने बार-बार यही

दुहराते हैं कि इन मुसलमानों ने इन हिन्दुओं पर कभी राज किया था। इस्लाम और मुसलमान अल्लाह द्वारा चुनी गई विशिष्ट जमात है, इस्लाम खतरे में है, और इस्लाम की शरीयत सर्वश्रेष्ठ और चिरन्तन है।

इस प्रक्रिया में एक अन्य लोकसमूह की राजनीति जुड़ गई है। यह लोकसमूह हिन्दुत्ववादी ब्राह्मणी राजनीतिज्ञों का है। गाँधी और डॉ. अम्बेडकर जी के आन्दोलनों के कारण ब्राह्मणी हिन्दुत्व में बाधाएँ पैदा होने लगी। 1920 के बाद और उसमें भी स्वतन्त्रता के बाद भिन्न-भिन्न जातियों-जमातों का वर्ग और उनकी प्रादेशिक संस्कृति आगे आने लगी। इस कारण ब्राह्मणी हिन्दुत्व की राजनीति करनेवालों और हजारों वर्षों से बहुजनों पर अपना वर्चस्व स्थापित कर चुके परम्परागत हिन्दू उच्च वर्णीय अभिजनों के सम्मुख भी आयडेंटिटी क्रायसिस की समस्या खड़ी हो गई। परन्तु इस वर्ग के पास बुद्धि, ज्ञान की परम्परा होने के कारण उन्होंने भारतीय संस्कृति को राष्ट्रीय प्रवाह के मूल्य के रूप में हिन्दू और उनके इतिहास का साधन के रूप में उपयोग और अंग्रेजों द्वारा लिखवाए गए इतिहास ग्रन्थों में उल्लिखित मुसलगानों से सम्बन्धित पूर्वग्रहों का अधिकाधिक उपयोग कर पिछले 15-20 वर्षों से राष्ट्रवाद के नाम पर हिन्दू साम्प्रदायिकता को ही पोषित किया है। और इसी कारण अत्यन्त आक्रामक स्वरूप में विश्व हिन्दू परिषद, संघ परिवार के लेखक, हिन्दू साधू-साध्वी और बजरंग दल जैसी संगठनाएँ मुस्लिम द्वेष पर आधारित हिन्दू जमातवाद की प्रस्तुति करते रहते हैं। इस प्रकार हिन्दुओं का अभिजन वर्ग अपना अस्तित्व बनाए रखने के लिए हिन्दुत्ववाद का उपयोग करते रहता है।

भारत जैसे विषम समाजरचना में भाषा, धर्म और जाति के कारण निर्माण हो चुकी उसकी विशिष्टता, हितसम्बन्धों की आकांक्षा में से यहाँ संघर्ष निर्माण होता रहता है। परिणामत: बहुसंख्यक और अल्पसंख्यक तबकों में वर्चस्व-गौणत्व सम्बन्धों का जन्म हो जाता है। उसमें फिर यह आधुनिकीकरण की प्रक्रिया शुरू हुई कि सत्ता स्पर्धा के कारण विषम लोकसमूह की धार्मिकता और जातीयता का रूपान्तरण जमातवादी विकृति में हो जाता है। (बलराज पुरी) हितसम्बन्धों को बनाए रखना और उसके लिए सत्ता स्पर्धा—इस प्रवृत्ति में से जातीय अथवा सांस्कृतिक वर्चस्व की मानसिकता बहुसंख्यकों के अभिजन वर्ग में निर्माण हो जाती है। धर्म, संस्कृति और पक्षपातपूर्ण इतिहास के उदात्तीकरण पर आधारित राष्ट्रवाद के दर्शन का पोषण होने लगता है। ठीक यही प्रक्रिया भारत के हिन्दू बहुसंख्यक अभिजन वर्ग में निर्माण हो चुकी है। इसलिए डॉ. शाकिर ने लिखा है कि बहुसंख्यकों का जमातवाद राष्ट्रवाद के रूप में यहाँ

सामने आया। इन बहुसंख्यकों के जमातवाद में अल्पसंख्यकों की तरह उनमें स्थित अभिजन वर्ग भी अपने-अपने लोकसमूह की मानसिकता तैयार करने की भी भूमिका महत्त्वपूर्ण होती है। मुसलमानों की मानसिकता पर विचार करते समय इस प्रक्रिया को भी ध्यान में रखना पड़ता है। इसलिए हिन्दुओं के उच्चवर्गीय अभिजन वर्ग ने अपनी सत्ता की निरन्तरता को बनाए रखने के लिए इतिहास का गलत उपयोग और मिथकों, पूर्वाग्रहों और स्थिर बिम्बों का निर्माण और इन सबके मिथ्या समर्थकों में से इन दिनों हिन्दू और मुसलमानों में संघर्ष निर्माण हो रहा है।

1977 के बाद की राजनीति

यह संघर्ष जिस प्रकार विषम समाज संरचना, आधुनिकीकरण की प्रक्रिया के कारण तथा अल्पसंख्यक बहुसंख्यक में स्थित गौणत्व वर्चस्व के सम्बन्धों के कारण भी घटित होने लगता है। इस प्रक्रिया को 1977 के बाद की हिन्दुत्ववादी ताकतों ने जान-बूझकर शुरू की गई राजनीति भी कारणीभूत रही है। 1977 के बाद की राजनीति में बड़े पैमाने पर धर्म का गलत उपयोग हुआ। 1977 में इन्दिरा जी और उनकी कांग्रेस पार्टी को पराजित करने हेतु विरोधकों ने धार्मिक प्रतीकों और धार्मिक श्रद्धाओं का गलत उपयोग करना शुरू किया। इमाम बुखारी, राजनारायण और संघ परिवार के नेता इकट्ठे आए। और इस प्रक्रिया को उन्होंने और भी गति दी। जैसे—संजय गाँधी के परिवार नियोजन की नीति का उनके द्वारा गलत प्रचार, धर्म मूल्यों का भ्रम निर्माण करनेवाले प्रतीकों का उपयोग कर लोगों को संगठित किया जा सकता है—यह यहाँ के परम्परावादियों के ध्यान में आ गया। उसमें मीनाक्षीपुरम् में हुए धर्म परिवर्तन ने और भी वृद्धि कर दी। इन्दिरा जी ने भी हिन्दुओं के अनुनय की नीति को स्वीकारा। सभी ओर पेट्रो डॉलर और हरे रंग के आक्रमण के विरोध में ढोल पीटे जाने लगे। विश्व हिन्दू परिषद और संघ परिवार की सभाओं में भीड़ बढ़ने लगी। इन सभी हिन्दुत्ववादी संगठनों के यह ध्यान में आया कि हरे आक्रमण की मुनादी देकर भीड़ जमा की जा सकती है। उसी क्षण 1980 के बाद की जात-जमातवादी शक्तियों के राजनीति की दिशा स्पष्ट हुई। परिणामत: जिन-जिन घटकों को राज्य और केन्द्रीय स्तर पर कांग्रेस के विरोध में आन्दोलन कर सत्ता प्राप्त करनी थी, उन्हें इस प्रकार की नीति अपनाना जरूरी लगा क्योंकि कांग्रेस की आज तक की सर्वसमावेशक राजनीति के कारण उन्हें सत्ता तक पहुँचना सम्भव नहीं हुआ था। कांग्रेस के इन विरोधियों को यह समझ में आ

गया कि मुस्लिम विरोध की राजनीति करते हुए ही सत्ता तक पहुँचा जा सकता है। लोगों के मतों को अपनी ओर खींचना आसान हो जाता है। संघ परिवार का ब्राह्मणी हिन्दू राष्ट्रवाद तो मुस्लिम द्वेष पर ही खड़ा है। इसलिए तो सावरकर जी ने मुस्लिम और ईसाई को घटाकर ही अपने राष्ट्रवाद की प्रस्तुति की थी। मध्ययुगीन इतिहास का विकृतिकरण और मुस्लिम विरोध ये उनके आधार थे। 1980 के बाद की परिस्थितियाँ संघ परिवार के इस हिन्दू राष्ट्रवाद के प्रचार के लिए अनुकूल अवसर है यह उनके ध्यान में आ गया और इसी काल में इन्दिरा गाँधी और संघ परिवार और विभिन्न राज्यों के जात-जमातवादी इकाइयों में सम्बन्ध स्थापित हो गये—ऐसा दिखलाई देता है। ठीक इसी तरह स्वतन्त्रता के बाद भी संघ परिवार ने नित्य रूप से जो अपना मुस्लिम विरोधी प्रचार जारी रखा था, इस कारण भी प्रदेश स्तर पर मुस्लिम विरोध की राजनीति शुरू की जाती है। कांग्रेस के विरोध में दबाव को राजनीति करनेवाले मुस्लिम समाज के गुट और उनके नेताओं ने शाहबानो प्रकरण में उच्चतम न्यायालय के निर्णय की राजनीति करने का जो खेल खेला, उस कारण सभी हिन्दू प्रतिक्रियावादी इकाइयों को मुस्लिम विरोधी राजनीति कर सत्ता स्पर्धा में आने का सुवर्ण अवसर प्राप्त हुआ। शिवसेना, बजरंग दल, विश्व हिन्दू परिषद और संघ परिवार के साधु सन्तों का ढोल पीटना शुरू हुआ। उसमें फिर बाबरी मस्जिद प्रकरण में इन सबको सुवर्ण अवसर प्राप्त हो गया।

इन सभी हिन्दुत्ववादी घटकों ने पिछले 20-25 वर्षों से अथक परिश्रम कर मुस्लिम मानसिकता को लेकर अनेक भ्रम फैलाए हैं। निरन्तर भ्रम फैलानेवाले वक्तव्य करते जाना और मुस्लिमों के हर आक्रमण का, मूलतत्त्ववाद का भय निर्माण करते हुए यह कहना कि भारत से शत्रुत्व भाव रखनेवाले राष्ट्रद्रोही मुसलमानों का अनुनय सत्ताधारी कांग्रेस कर रही है। इसलिए कांग्रेस को खत्म करो, इस प्रकार का प्रचार देश भर में शुरू किया गया। महाराष्ट्र में 1986 के बाद की शिवसेना की राजनीति इस प्रचार पर खड़ी है। मराठा महासंघ के असन्तुष्ट गुट ने भी सत्ताधारी मराठों के विरुद्ध राजनीति करने के लिए इसी सूत्र का उपयोग किया। मनोविज्ञान के अध्येताओं के अनुसार इस प्रकार की राजनीतिक परिस्थिति में बहुसंख्यकों में स्थित अभिजन जमातवाद को मजबूत बनाने के लिए बली का बकरा का उपयोग निरन्तर करते रहते हैं। जैसे—हिटलर द्वारा ज्यू विरोध का उपयोग, विश्व हिन्दू परिषद, बजरंग दल, हिन्दू साधुओं-सन्तों की सभा, शिवसेना, मराठा महासंघ आदि संगठनों द्वारा मुस्लिमों से सम्बन्धित भ्रम फैलानेवाला प्रचार जैसे— मुस्लिम स्वभावत: आक्रामक

और बाहरी हैं, उनकी निष्ठाएँ बाहर के मुस्लिम राष्ट्रों के प्रति ही होती हैं; इस्लाम यह राष्ट्रविरोधी, मानवतावाद विरोधी धर्म है, इस्लाम हिन्दू काफिरों के कत्ल का आदेश देता है, खाड़ी के देशों से प्राप्त पेट्रो डालर की सहायता से ये मुसलमान भारत को खतरे में डाल रहे हैं, मुस्लिमों में चार औरतों से निकाह करने की अनुमति के कारण और परिवार नियोजन को उनकी ओर से होनेवाले विरोध के कारण उनकी जनसंख्या दिन-ब-दिन बढ़ रही है, वह दिन दूर नहीं जब भारत मुसलमानमय हो जाए आदि भ्रम फैलाए गए हैं।

1977 को जनता पार्टी की विजय में कांग्रेस पराभूत नहीं हुई थी अपितु दूसरी क्रान्ति के नाम पर आक्रामक जमातवाद की यह विजय थी। क्योंकि यहीं से साम्प्रदायिक राजनीति का खुला और मनगढन्त प्रचार शुरू हुआ। 1977 के पूर्व भी चुनावी राजनीति में धर्म, जाति और धार्मिक प्रतीकों का उपयोग हो रहा था। उसमें और 1977 के बाद की धा्ार्मिक राजनीति में गुणात्मक अन्तर था। 1977 के बाद धर्मवादी राजनीति यह भारत की राजनीति का स्थायी भाव हो गया। धर्मवादी राजनीति अब आक्रामक हो गई। और उसका रूपान्तरण 1994-95 से पॉलिटिकल हिन्दुत्व में हो गया। हिन्दू महासभा और संघ की स्थापना से 'सांस्कृतिक राष्ट्रवाद' इस शीर्षक के अन्तर्गत धार्मिक राष्ट्रवाद की प्रस्तुति की जा रही थी। भूतकाल में मुस्लिम लीग ने भी राष्ट्रवाद की इसी अवधारणा को स्वीकार किया था। इस धार्मिक राष्ट्रवाद का रूपान्तरण द्विराष्ट्रवाद में हो गया और भारत विभाजन हुआ। पाकिस्तान के विकल्प के रूप में हिन्दुत्ववादी शक्तियों का लक्ष्य भारत में हिन्दू राष्ट्र की स्थापना करने का रहा है। 1977 के बाद भाजपा के रूप में राजनीति में सांस्कृतिक राष्ट्रवाद की शुरुआत हो जाती है। उसी की परिणति आगे 1997-98 के आक्रामक और पॉलिटिकल हिन्दुत्व में हो गई। इमाम बुखारी और शहाबुद्दीन जैसे नेता और जमाते इस्लामी जैसी संगठनों की राजनीति के कारण मुस्लिम जमातवाद भी आक्रामक स्वरूप में आगे आया। इस प्रकार के आक्रामक जमातवाद और धर्मवाद की राजनीति की शुरुआत होने का एक कारण जयप्रकाश नारायण जी के आशिर्वाद से संघ परिवार खुल कर राजनीतिक मंच पर आया और उसे अपने सांस्कृतिक राष्ट्रवाद को आक्रामक रूप से आगे ले आने का अवसर प्राप्त हुआ। दूरदर्शन और आकाशवाणी के तत्कालीन केन्द्रीय मन्त्री श्री लालकृष्ण आडवाणी के नेतृत्व में सभी प्रकार के प्रचार-प्रसार माध्यम (मीडिया), शैक्षिक संस्थाएँ और नौकरशाही के क्षेत्र में संघ विचारों के लोगों को बड़े पैमाने पर घुसाया गया। और लड़ाकू तथा आक्रामक हिन्दुत्ववाद का जन्म हुआ।

भारत का मुस्लिम राजनीति में भी काफी परिवर्तन हुआ। जनता पार्टी ने जिन्हें अपने निकट लाया वे इमाम बुखारी, शहाबुद्दीन और जमाते इस्लामी जैसी संगठनाएँ मजबूत होती गई। इसी काल में मुस्लिम पर्सनल लॉ बोर्ड को भी आक्रामक रूप प्राप्त हो गया। हिन्दू और मुसलमानों की इस धर्मवादी राजनीति के कारण इनमें दंगे बढ़ने लगे। दंगे की राजनीति शुरू हुई। दंगे अब चुनाव और राजनीति की सफलता के साधन बनने लगे। 1980 से आक्रामक हो चुके जमातवाद का यह हिंसात्मक आविष्कार था। धर्म, धार्मिक प्रतीकों, व्यक्तिगत कानून का प्रश्न आदि का उपयोग कर आम आदमी को उकसाना और दंगे करवाना और उन दंगों के आधार पर अपने-अपने लोकसमूह को संगठित करना इस राजनीति को अब सभी ने स्वीकारा है। अस्मिता की राजनीति अब सभी पार्टियों का महत्त्वपूर्ण आधार बन गई है। इस प्रकार भावनिता को उकसाकर दंगे करवाना अब राजनीतिज्ञों के हाथों का मुख्य साधन ही बन गया। 1980 के बाद इन्दिरा जी ने 'ये' और 'हम' की भाषा का उपयोग करना शुरू किया। अब उन्हें मुसलमानों पर भरोसा रहा नहीं। इसलिए उन्होंने हिन्दू मतों के बैंक की राजनीति शुरू की। क्योंकि जनता पार्टी ने धार्मिक स्तर पर उकसाने की नीति अपनाने के कारण मुस्लिमों के वोट बड़ी संख्या में कांग्रेस के विरोध में गए। परिणामस्वरूप 1982-83 के बाद उत्तर भारत में हिंसा और जमातवाद का सार्वजनीकरण हुआ। प्रदेश की पार्टियाँ भी अब धर्म और संस्कृति की राजनीति करने लगीं। उसके समानान्तर बीच की जातियों और पिछड़ी जातियाँ में स्थित संघर्ष अधिक तीव्र होने लगा। और उन्होंने भी जाति की अस्मिता की राजनीति शुरू कर दी। हिंसा और दंगे अब केवल हिन्दू-मुसलमानों में नहीं हो रहे थे तो सभी ओर के जाति-जातियों में बड़े पैमाने पर हिंसा और दंगों की शुरुआत हो गई। महाराष्ट्र की शिवसेना ने प्रदेश के साथ-साथ मुस्लिम विरोध की भी राजनीति शुरू कर दी। अन्य अनेक प्रादेशिक संगठनों ने भी इसी नीति का अनुसरण किया।

दंगे करवाने का एक शास्त्र ही इन लोगों ने तैयार किया। प्रो. बॉल ब्रास के शब्दों में दंगों की राजनीति इतनी जड़ पकड़ गई कि भारत में हिंसा और दंगों का संस्थानीकरण ही हुआ। शिवसेना की तरह संघ परिवार की लड़ाकू संगठनों ने हिंसा का विज्ञान और हिंसात्मक घटनाओं का प्रारूप ही तैयार किया। भावनिक प्रश्नों पर लोगों को उकसा कर परिवेश को गर्म करते जाना और दंगे करवाना। मुस्लिमों को आर्थिक दृष्टि से कमजोर करने के लिए उनके घर व्यवसाय ध्वस्त करना, मुस्लिमों की जमातवादी संगठनों में इसका प्रतिकार

करने की अब ताकद ही नहीं रही। क्योंकि संघ परिवार का इस हेतु किया गया सर्वस्पर्शी प्रचार, इतिहास का दुरुपयोग, मध्यम वर्ग और पुलिस विभाग का होता गया जमातीकरण—इस कारण स्थितियों को नियन्त्रण में लाना कठिन हो गया। पुलिसों की जमातवादी मानसिकता का दर्शन 1982 के दंगों से खुलकर अभिव्यक्त होने लगा।

हिन्दू वोट बैंक की राजनीति के कारण बाबरी मस्जिद पर लगा ताला खोलना, मुस्लिम अभिजनों को खुश करने के लिए शाहबानों के मुकदमे के निर्णय को उल्टा देना, स्त्रियों के हकों के विरोध में कानून बनाना इन सारे राजनीतिक निर्णयों के कारण हिन्दू और मुसलमानों में साम्प्रदायिकता फैलने लगी। परिणामस्वरूप दंगे भी बढ़ने लगे। इन सारी स्थितियों को ध्यान में रखते हुए भाजपा नेता आडवाणी जी ने अपनी रथयात्रा निकाली। आडवाणी जी की इस रथयात्रा के कारण सम्पूर्ण उत्तर भारत हिंसा और दंगों से भर गया। रथयात्रा रक्तयात्रा हो गई। राजीव गाँधी ने भी शिलान्यास की पूजा कर हिन्दू वोट बैंक को अपनी ओर मोड़ने का काम किया। इस कारण सभी ओर धार्मिक पागलपन की शुरुआत हो गई। हिन्दुओं को संगठित करने के लिए अयोध्या एक साधन बन गया। वास्तव में अयोध्या ब्रिटिश इतिहासकारों द्वारा तैयार किए गए इतिहास की विकृत प्रस्तुति ही थी। उसी इतिहास के आधार पर हिन्दू इतिहास और मुस्लिम इतिहास की कल्पना फिर से प्रस्तुत कर बाबर द्वारा ध्वस्त किए गए मन्दिर के काल्पनिक इतिहास का प्रचार कर पूरे मुस्लिम समाज को आक्रामक और विदेशी साबित करने के साधन के रूप में अयोध्या ने खुद से हिन्दुत्ववादियों के हाथों में दिया। परिणामत: धार्मिक ज्वर बढ़ते गया और बाबरी मस्जिद ध्वस्त की गई। इस हिंसा और साम्प्रदायिक राजनीति के कारण चुनाव में भाजपा को सफलता-ही-सफलता मिलती गई और भाजपा भारतीय राजनीति के केन्द्र में आया। मतलब सबसे पहले मुस्लिम विरोध की राजनीति, उसके बाद दंगे और दहशतवाद की राजनीति ऐसा इस हिन्दुत्व का स्वरूप हो गया। बाबरी मस्जिद के ध्वंस के बाद जो दंगे हुए, वे केवल दंगे नहीं थे अपितु मुसलमानों के विरोध का वह प्रोग्राम था ऐसा सभी अध्येताओं ने कहा है। आगे इसी क्रम में हिन्दू जमातवाद का मुस्लिम वंश के खात्मे की राजनीति शुरू हो जाती है। इसके सबूत के रूप में मुम्बई और अन्य अनेक स्थानों पर जो दंगे हुए, उसके स्वरूप को देखते हुए उपरोक्त मुद्दा स्पष्ट हो जाता है। श्रीकृष्ण आयोग के सम्मुख प्रस्तुत यथार्थ किसी को भी चकराने वाला है। इसी समय से पुलिस विभाग की भूमिका खुले तौर पर मुस्लिम विरोधी

है—यह स्पष्ट हुआ। अयोध्या से बेहरामपाड़ा यह वास्तव में मुस्लिमों के ध्वंस का आलेख ही रहा। बाबर पूर्व भारत और बाबर के बाद का भारत ऐसा काल विभाजन बाबरी द्वारा घटित हुआ। इस सारी प्रक्रिया में भारतीय मध्यवर्ग में बढ़ती जाती साम्प्रदायिकता, दंगे करवानेवालों में राजनीतिक गुटों के साथ कार्पोरेट गुनहगारों की सहभागिता, इसमें बिल्डर्स और डेवलपर्स की उपस्थित भी दिखलाई देती है। पिछडे और दरिद्री मुसलमानों की बस्तियाँ, मुस्लिम व्यापारी और मुस्लिम उद्योगपति इन सबको नेस्तनाबूत करने की रणनीति इस प्रक्रिया में दिखलाई देती है। इस पर विस्तार से प्रो. जिन मसेलॉस ने लिखा ही है। इन सारी घटनाओं का विवेचन करनेवाले प्रतिष्ठित अध्येता श्री ज्ञानेन्द्र पांडे के मतानुसार इतिहास का जमातीकरण कर भाजपा ने अपनी विस्फोटक, हिंसा से भरी हुई राजनीति की अधिमान्यता प्रस्थापित कर दी। उन्होंने भारतीय इतिहास को एक भिन्न, विकृत अर्थ दिया। 95% धर्मान्तरित हो चुका, भारत में जन्मा, यहाँ की मिट्टी और प्रादेशिक संस्कृति का घटक ऐसे मुस्लिम समाज को अपने राजनीतिक स्वार्थ के लिए विदेशी और बाहर का ऐसा स्थापित करने में भाजपा की भूमिका महत्त्वपूर्ण रही है। यहीं से भारत की बहुसांस्कृतिक रचना को नष्ट करने का प्रयत्न शुरू हुआ। इसमें मुस्लिम समाज की प्रतिक्रिया सम्मिश्र एवं बहुआयामी थी। विलक्षण ऐसी असुरक्षितता की भावना, बदला लेने का विचार, अहाय्यता, राजनीतिक पार्टियों से हो चुका भ्रमनिरास, हमारे ही नेताओं ने पिछले 30-40 वर्षों से हमें धोखा दिया हिन्दुत्ववाद के विरोध में और उनके नकारात्मक प्रचार को उत्तर देने का प्रयत्न, मुस्लिम बुद्धिजीवियों के सम्मेलन सभाएँ और इसके साथ ही तबलीग के विशाल जुलूस ऐसी परस्परविरोधी प्रतिक्रियाएँ मुस्लिम समाज में उन दिनों देखने मिलीं। इस पूरी स्थिति से बाहर कैसे निकले यह मुस्लिम मध्यवर्ग और बुद्धिजीवियों के सामने प्रश्न था। जो मुस्लिम मध्यवर्ग थोडाबहुत सुधार की ओर मुड़ा था वह दंगे की राजनीति के सम्मुख पूर्णत: पराजित-सा दिखने लगा। श्री राम मन्दिर को अपनी राजनीति के केन्द्र में रखकर धीरे-धीरे परिवेश को गर्माते हुए, इतिहास का जमातीकरण करते हुए भाजपा प्रणित गठबन्धन की सत्ता केन्द्र में आ गई। केन्द्र में सत्ता प्राप्त करने का उसका स्वप्न हिन्दुत्ववादियों ने 1947 से ही देखा था। उस सपने को उन्होंने मुस्लिम विरोध की और वंश को खत्म करने की राजनीति (गुजरात) प्रत्यक्ष में साकार कर दी। इस प्रकार संघ की विचारधारा का एक मोड़ पूरा हुआ।

इसे एक अन्तरराष्ट्रीय पृष्ठभूमि भी है। वह अत्यन्त महत्त्वपूर्ण है। 1980

के बाद वैश्वीकरण की प्रक्रिया शुरू हो जाती है। और अमेरिकन साम्राज्य का विस्तार होने लगता है। अमेरिका से लेकर इटली तक प्रतिक्रियावादी शक्तियाँ सिर ऊपर उठाने लगती हैं। इन्हीं दिनों प्रश्चिमी देशों में ईसाईवाद अधिक मजबूत होता जा रहा था। 1989-90 में रूस में स्थित साम्यवादी सत्ता खत्म हो जाती है। शीतयुद्ध की समाप्ति हो गई। अन्तरराष्ट्रीय राजनीति एकध्रुवीय हो गई। अब अमेरिका की सारी रुकावटें खत्म हो गईं। पहले उस पर रूस का नियन्त्रण था। अब वह हट गया। अमेरिका प्रणित पूँजीवादी राष्ट्रों के विस्तार के लिए, उनकी राजनीति के लिए एक समान शत्रु (कॉमन एनिमी) की जरूरत होती है। 1990 तक साम्यवादी रूस उन सबका शत्रू था। अब उनके प्रोजेक्ट पर इस्लाम आ गया। उनके अनुसार इस्लाम साम्राज्यवाद का शत्रू है। इसी काल में अमेरिकन हटिंगृटन ने 'संस्कृति संघर्ष' का सिद्धान्त प्रस्तुत किया। यह कोई संयोग नहीं था। अमेरिकन नेतृत्व में सक्रिय नवसाम्राज्यवाद को इजिप्त से इंडोनेशिया और उझबेकिस्तान तक फैले मुस्लिम बहुल देशों में उपलब्ध तेल, प्राकृतिक गैस और उर्जा के अन्य साधन और उनके मार्केट की जरूरत थी। इसीलिए तो इन देशों में स्थित इस्लाम धर्म और उनके अनुयायी मुस्लिम इन्हें शत्रु के रूप में खड़े किए बगैर उन पर आक्रमण कर, जनतन्त्र के नाम पर उन्हें अपने नियन्त्रण में लाए बगैर उनकी प्राकृतिक साधन सामग्री को लूटना उन्हें सम्भव नहीं था। इसी लक्ष्य को केन्द्र में रखते हुए उन्होंने 1948 में इजराइल इस नए राष्ट्र का निर्माण कर अरब देशों में अस्थिरता और युद्धजन्य परिस्थिति निर्माण की और उन पर छोटे-बड़े आक्रमण भी वे करने लगे। परिणामत: उनके विरोध में, प्रतिक्रिया लड़ाकू इस्लाम का और दहशतवादी संगठनों का जन्म हुआ। वास्तव में इन संगठनों का धार्मिक मूलतत्ववाद से कोई सम्बन्ध नहीं था। अमेरिका के विरोध में लड़ने की वह राजनीति ही थी।

यूँ देखा जाए तो हटिंगृटन के पूर्व प्रिन्स्टन विश्वविद्यालय में कार्यरत तथाकथित इस्लामी अध्येता बर्नार्ड लेविस को जब अमेरिकन विदेश नीति का मार्गदर्शक नियुक्त किया गया, तबसे इस्लाम और मुस्लिमों के विरोध का सिद्धान्त अमेरिकन रणनीति का महत्त्वपूर्ण हिस्सा बन गया। हटिंगटन ने अपनी पुस्तक का शीर्षक 'संस्कृति का संघर्ष' (कॉन्फ्लिक्ट ऑफ सिविलाइजेशन) बर्नार्ड लेविस के 'रुट्स ऑफ मुस्लिम रेंज' इस पुस्तक के पहले प्रकरण से लिया है। हटिंगटन के पूर्व से बर्नार्ड लेविस इस्लाम और मुस्लिम विरोधी लेखन कर ही रहा था। इस्लाम का मैं अध्येता हूँ ऐसा कहते-कहते महाराष्ट्र के शेषराव मोरे की तरह इस्लाम का जिहादी बिम्ब बिम्बित करने का व्यवस्थित प्रयत्न

उसने किया। 1994 में हटिंगटन का सिद्धान्त आया। हटिंगटन ने यह सिद्धान्त प्रस्तुत किया कि भविष्य में होनेवाले अन्तरराष्ट्रीय संघर्ष संस्कृति-संघर्ष के कारण ही निर्माण होंगे। और वे संस्कृतियाँ हैं—इस्लामी संघर्ष के विरुद्ध ज्यूडा-ईसाई और हिन्दू संस्कृति। उसका सिद्धान्त दो बातों पर आधारित हैं। वे हैं—शीतयुद्ध की समाप्ति के बाद सोविएट रूस की साम्यवादी विचारधारा के फौलादी पर्दे का स्थान अब इस्लाम के देशी पर्दे ने ले ली है। और यह रेशमी पर्दा इस्लाम की रक्तमय सीमा पर का है। (अक्रॉस दी ब्लडी बॉर्डर्स ऑफ इस्लाम) इस सूत्र को पकड़कर उसने उसके अनुसार इतिहास की प्रस्तुति की। परिणामत: सभी अनर्थों, हिंसाओं और खून-खराबे के मूल में इस्लाम ही है ऐसी प्रतिमा (बिम्ब) तैयार की जाने लगी। इस प्रकार के प्रचार के कारण उनका तथाकथित जिहादी इस्लामी राष्ट्रों पर आक्रमण करने का रास्ता खुला हो गया। (महमूद ममदानी, गुड मुस्लिम्स एंड बैंड मुस्लिम्स पर्मनेंट ब्लॅक, पृ. 21, प्रकाशन 2006) इस प्रकार का प्रचार सभी स्तरों पर रिसता गया।

इस प्रकार का प्रचार भारत के हिन्दुत्ववादी नेताओं, पार्टियों और संगठनों आदि के लिए पूरक हो था। और इससे हिन्दुत्ववादियों को विश्व स्तर पर पहचान प्राप्त कर देनेवाला था। इसलिए तो आडवाणी, प्रमोद महाजन, सिंघल और तोगड़िया, नरेन्द्र मोदी आदि के मुख से संस्कृति-संघर्ष की और मुसलमानों की जिहादी वृत्ति की भाषा मुखर होने लगी। ऐसे प्रचार को भारतीय वंश के परन्तु अंग्रेजी में लिखनेवाले दो प्रख्यात लेखकों ने और भी मजबूत बना दिया। ये दो लेखक हैं नीरद चौधरी और विद्याधर नायपॉल। नीरद चौधरी आरम्भ से ब्रिटिश प्रेमी और मुस्लिम विरोधी थे। मुस्लिमों की संस्कृति ही भिन्न है, ये भारतीय संघराज्य में समा नहीं सकते हैं, ऐसा वे निरन्तर लिखते रहे। (मुसारिफ हसन इमॅजेस, पृ. 25) नीरद चौधरी के ऐसे लेखन का अभाव भारतीय सुशिक्षित हिन्दुओं पर बड़े पैमाने पर हुआ है। विद्याधर नायपॉल ने तो अपने लेखन में मुस्लिम विरोधी मोर्चा ही खोल रखा है। नायपॉल के मतानुसार इस्लामी संस्कृति और मुस्लिम ये परजीवी जैसे हैं; ये किसी से भी तादात्म्य एकरूप हो ही नहीं सकते। विश्व को इनसे खतरा है। इस्लाम यह एकसंघ ऐसी अन्तरराष्ट्रीय विनाशक शक्ति है। उनके मतानुसार तो धर्म परिवर्तन कर इस्लाम कबूल कर गए लोग तो तिरस्कार के योग्य ही हैं। बाबरी मस्जिद का ध्वंस यह इतिहास में हुए अन्याय को दूर करनेवाली घटना है—ऐसा उन्होंने उस समय कहा था (उपरोक्त, पृ. 30-37) वस्तुत: नायपॉल का सम्बन्ध न तो कभी प्रत्यक्ष रूप में भारत से था अथवा किसी अन्य मुस्लिम देश से अथवा इस्लाम

से। वे त्रिनिदाद में जन्में, पले बढ़े और इंग्लैंड में स्थायी रूप से रहने लगे। इस्लाम सम्बन्धी उनका कोई अध्ययन नहीं है। हटिंगटन जैसे पश्चिमी व्यक्ति के प्रभावा अन्तर्गत होने से वे इस्लाम विरोधी बन गए। इस प्रकार पश्चिमी तथा उपरिनिर्दिष्ट हिन्दुत्ववादियों के और भारतीय वंश के लेखकों के विचार भारत के सभी स्तरों के लोगों में रिसते गए। और मुसलमानों के सम्बन्ध में अनेक बेमतलब के भ्रम फैलते गए।

9/11 को अमेरिका में जो बमविस्फोट हो गया, उससे अमेरिका को जो शॉक (धक्का) बैठा वह बहुत बड़ा था। उस बम विस्फोट के कारण अमेरिका मुस्लिम देशों पर आक्रमण के जो अवसर ढूंढ रहा था, वह उसे इस घटना से सहजता से प्राप्त हुआ। अब अमेरिका ने दहशतवाद का खात्मा करने के नाम पर अफगानिस्तान और इराक पर आक्रमण कर उन्हें भस्मीभूत कर दिया। इस कारण भारत के प्रतिगामी संगठनों को भारत के मुसलमानों के विरोध में प्रचार करने का खुराक ही मिल गया। भारत की मीडिया वर्षों से अमेरिका के प्रभाव के नीचे है। प्रतिगामी हिन्दुत्ववादी संगठनों और मीडिया के प्रचार-प्रसार के कारण भारत के प्रत्येक दाढ़ीधारी मुसलमान की ओर तालिबानी के रूप में देखा जाने लगा। इस मीडिया में अफगानिस्तान और इराक में घटित घटनाओं का वर्णन ही इस प्रकार किया जाता था मानो भारत के मुसलमान भी उनमें शामिल हैं। इसी काल में तालिबान और अल कायदा की दहशतवादी कारवाईयाँ कश्मीर में शुरू हो गईं। वे कश्मीर पर लगातार आक्रमण कर रहे थे। इस कारण मुसलमानों को लक्ष्य करने का अवसर हिन्दुत्ववादियों को प्राप्त हुआ। कश्मीर पर आक्रमण करनेवाले अल् कायदा, तालिबान, पाकिस्तान के जैश-ए-महमूद, लश्कर-ए-तैयबा आदि दहशतवादी संगठनों के सदस्य थे। भारतीय मुसलमानों से उनका कोई सम्बन्ध नहीं था।

बावजूद इस तथ्य और सत्य के, कश्मीर पर इन संगठनों में से किसी का आक्रमण हुआ कि हिन्दुत्ववादी संगठनाएँ यहाँ के मुस्लिमों के विरोध में जोरदार प्रचार करने लगते हैं। अथवा छोटे-बड़े दंगे करवाते हैं। पाकिस्तान और तालिबान तो यही चाहते थे। वे भारत के मुसलमानों को उकसाना चाहते थे। विहिंप, बजरंग दल और भाजपा यहाँ के मुसलमानों को लक्ष्य कर देने का अवसर भारत के बाहर के इस्लामी दहशतवादियों ने उपलब्ध करा दिया।

संघ परिवार का जो अजेंडा बंकिमचन्द्र से प्रेरणा लेकर कार्यान्वित करना था, वह अवसर उन्हें इस प्रकार के गर्म परिवेश ने प्राप्त करा दिया। इसके लिए

गोध्रा कांड किया गया और पूरे नियोजन के साथ सम्पूर्ण गुजरात में मुसलमानों का खात्मा करना शुरू हो गया। इससे अन्य प्रदेशों के मुसलमान सकते में आ गए। हिन्दुत्ववादियों ने देश विभाजन के समय किए गए तत्त्वों की याद दिलाई। गुजरात की सहायता के लिए बाहर से कोई गया नहीं। विरोधी दल यूँ तो भाजपा के साथ सत्ता में शामिल था, इसलिए अपनी सत्ता को बनाए रखने के लिए वह भी चुप ही रहा। केवल निषेध व्यक्त करने के अलावा उन्होंने कुछ नहीं किया। आडवाणी पूर्णत: नरेन्द्र मोदी की ओर से खड़े हो गए। मीडिया तो पक्षपाती था ही और आज भी है। इस पृष्ठभूमि पर भारतीय संसद पर हमला हुआ। भाजपा ने यह आभास निर्माण किया कि इस हमले में भारतीय मुसलमानों का भी हाथ है। 2014 में सत्ता में स्थित कांग्रेस ने भी इस सम्बन्ध में कुछ नहीं किया। सभी ओर से भारतीय मुसलमानों के विरोध में प्रचार शुरू हुआ। परिणामस्वरूप, बेरोजगारी के अनेक अवसरों पर उसके नकारने और उसके प्रति भेदभाव की नीति अपनाएँ जाने के कारण से मुस्लिम युवा पीढ़ी में विफलता पैदा होना स्वाभाविक ही था। इस कारण प्रतिशोध की भावना से भारत के विभिन्न प्रदेशों में सिमी अथवा उस प्रकार की संगठनों की कारवाईयाँ अल्प मात्रा में शुरू हो चुकी हैं। इस कारण मुसलमानों की जिहादी और मूलतत्त्ववादी मानसिकता को लेकर भ्रम फैलाए जा रहे हैं और उसके सबूत के रूप में सिमी जैसी संगठनाओं के कृत्यों के उदाहरण देना हिन्दुत्ववादी संगठनों की और भाजपा शासित प्रदेशों को आसान हो गया है। ऐसा यह दुष्ट चक्र है।

भारत के मुसलमानों सम्बन्धी निरन्तर यह प्रचार किया जा रहा है कि वे यहाँ के नहीं हैं, बाहर के हैं। भारत में रहनेवाले करोड़ो मुसलमान तुर्क, पठान, मुगल और अरब सत्ताधारियों के वर्ग के अथवा उनके सैनिकों के वंशज नहीं है। बाहर से आए मुस्लिमों का औसत यहाँ के मुसलमानों की तुलना में 5% भी नहीं है। भारत के सभी मुसलमान यहाँ के पूर्व के हिन्दू समाज संरचना में स्थित निचले वर्ण के धर्मान्तरित घटक हैं और उनका यह धर्मपरिवर्तन जोर जबर्दस्ती से नहीं अपितु हिन्दुओं में स्थित पुरोहितशाही और ब्राह्मणशाही के जुल्म और तिरस्कार के कारण रहा है। (स्वामी विवेकानन्द) इन सामान्य मुसलमानों का सम्बन्ध भारत पर आक्रमण करनेवाले मुस्लिम सत्ताधारियों के साथ कहीं पर भी, किसी भी स्तर पर नहीं था। इस कारण मुसलमान बाहर से आए हैं ऐसा प्रचार हिन्दुत्ववादी संगठनों के लिए इसलिए जरूरी है कि ये इस कारण हिन्दुओं को संगठित कर सके। उनके लिए मुस्लिम विरोध उनके लक्ष्य का एक साधन है।

मुसलमानों की इस देश के प्रति निष्ठा और पाकिस्तान के प्रति प्रेम इसका भी अपप्रचार किया गया है। धार्मिक और आध्यात्मिक दृष्टि से भारत के मुसलमानों को मक्का मदीना का आकर्षण होता है। वैसे ही जैसे जापान या श्रीलंका के बौद्धों को भारत के बौद्ध स्थानों का आकर्षण होता है। मक्का यहाँ के मुसलमानों के लिए पुण्यभूमि है, जैसे जापानियों के बौद्धों के लिए भारत। उनकी यह धार्मिक निष्ठा केवल एक बार वहाँ जाकर आने तक ही सीमित होती है। भारत का मुसलमान कभी भी मक्का के मुसलमानों की सत्ता भारत में हो ऐसा स्वप्न तक नहीं देखता। मूल में पुण्यभूमि और पितृभूमि का सिद्धान्त सावरकर जी ने प्रस्तुत किया है। शाहवली उल्लाह जैसे धार्मिक कट्टरवादी नेताओं ने ब्रिटिशों के काल में तुर्किस्तान और अफगानिस्तान की सहायता से ब्रिटिशों की सत्ता को उल्था देने का एक बेवकूफी भरा सपना देखा जरूर था। यह बात सही है। उसीका उल्लेख बार-बार हिन्दू महासभा के लोग करते रहते हैं। डॉ. आम्बेडकर जी ने भी इसका उल्लेख किया है।

परन्तु ऐसा स्वप्न मुट्ठीभर धर्मवादी लोगों का एक विशिष्ट सन्दर्भ में था जरूर। सम्भवत: तीसरी पानिपत की लड़ाई की स्मृति उन्हें आकर्षक लगी हो। ब्रिटिश साम्राज्यवादी सत्ता के सामने अफगानिस्तान इस मुस्लिम देश का क्या हुआ होगा और ऐसा आक्रमण आधुनिक काल सम्भव है क्या? इन सब बातों को सभी लोग भूल से गए हैं। दूसरी महत्त्वपूर्ण बात यह है कि इस प्रकार की माँगे भारत के 98% आम मुसलमानों ने अथवा उनके नेताओं ने कभी भी नहीं की थी। किम्बहुना, मुसलमानों के अनेक पन्थों के धर्मगुरु और जामिया मिलिया जैसी संगठनों ने बहुत पहले से ही हिन्दू-मुसलमानों के इकट्ठे सत्ता के विचार प्रस्तुत किए हैं। ठीक इसी प्रकार पाकिस्तान के हिन्दुओं को और भारत के मुसलमानों को रेहन में रखने की माँग बॅरिस्टर जीना जैसे पाकिस्तान की माँग करनेवालों की ओर स मुट्ठीभर वरिष्ठवर्गीय कुछ शिक्षित मुसलमानों की थी। और केवल वे ही लोग पाकिस्तान की माँग का समर्थन कर रहे थे जो मुस्लिम लीग से जुड़े हुए थे। परन्तु भारत के सभी मुसलमानों की संख्या में उनकी संख्या 4% 5% से अधिक नहीं थी।

मुसलमानों की पाकिस्तानी वृत्ति की अक्सर चर्चा की जाती है। वास्तविकता यह है कि यहाँ के 98% मुसलमानों ने देश विभाजन का विरोध ही किया था। अपवाद केवल पंजाब का। 1965, 1968 और 1971 के पाकिस्तान के साथ हुए युद्ध के समय पाकिस्तान की ओर से, या इन युद्धों के विरोध में किसी भी भारतीय मुसलमानों ने कुछ नहीं कहा था। उल्टे वे भारत की ओर से ही खड़े

थे। इन लड़ाईयों में उनका प्रत्यक्ष योगदान ही रहा है। 1948 में पाकिस्तानी घुसखोरों के साथ काश्मिरी मुसलमान ही लड़े हैं।

भारत में विलीन होने का निर्णय शेख अब्दुल्ला इस मुस्लिम नेता ने और बहुसंख्यक मुसलमान जिस पार्टी के साथ थे, उस पार्टी ने नेशनल कॉन्फरन्स ने लिया था। भारत की स्वतन्त्रता की लड़ाई में भी फकीरों के विद्रोह से लेकर मौलाना आजाद तक के हजारों मुसलमानों ने हिस्सा लिया था। आक्रामक क्रान्तिकारकों के ब्रिटिश विरोधी लड़ाई में भी मुसलमान थे। पाकिस्तान के लिए जासूसी करनेवाले जो व्यक्ति या अधिकारी रंगेहाथ पकड़े गए हैं, वे सभी वरिष्ठ वर्गीय हिन्दू हैं। पिछले दस वर्षों के 'संडे' या 'इंडिया टुडे' के अंक अगर देखें, तो यह यथार्थ दस्तावेजों के साथ सामने आता है। अगर यह सब वास्तविकता है तो फिर यहाँ के मुसलमान पाकिस्तान प्रेमी कैसे? क्रिकेट के खेल में पाकिस्तान की जीत पर कुछ स्थानों पर पठाके बजाए गए यह सही बात है। परन्तु यह कृति जमातवाद से पीड़ित मुट्ठीभर लोगों की होती है। किम्बहुना निरन्तर पाकिस्तानी कहकर अपमानित किए गए कुछ मुसलमानों की यह मूर्खतापूर्ण प्रतिक्रिया होती है। केवल इस प्रकार की घटना का प्रचार कर मुसलमानों के विरोध में बड़े पैमाने पर गलतफहमियाँ प्रचारित की जाती हैं।

पेट्रो डालर के उपयोग के सम्बन्ध में भी ऐसा ही भड़कीला प्रचार किया जाता है। मीनाक्षीपुरम् का धर्मपरिवर्तन यह कोई पेट्रो डालर खर्च करके किया गया नहीं था। सवर्ण हिन्दुओं के अत्याचारों से तंग आकर दलितों के कुछ गुटों ने इस्लाम को कबूल किया था, यह उनके साक्षात्कारों से स्पष्ट हुआ है। वी. टी. राजशेखर नामक एक आक्रामक और अतिवादी विचारों के दलित नेता ने ऐसी प्रस्तुति की है। अब इस बात का फ़ायदा लेकर अरबस्तान से पेट्रोल के पैसे लाकर मुसलमानों ने धर्मपरिवर्तन की मुहिम शुरू कर दी है ऐसा भड़कीला प्रचार इस सम्बन्ध में किया गया। मीनाक्षीपुरम् के बाद इतने बड़े पैमाने पर धर्मपरिवर्तन की कोई घटना देश में नहीं हुई। इसे जान-बूझकर घुमाया जाता है। दूसरी बात, सऊदी अरेबिया अथवा दुबई जैसे देश ऐसे किसी भी काम के लिए भारत के मुसलमानों को पैसे देते हैं यह सरासर झूठी बात है। अलबत्ता, यहाँ भारत के कुछ मस्जिदों, मदरसों या दवाखाने के लिए कार्यरत सेवाभावी संस्थाएँ (एनजीओज) अरब से आर्थिक सहायता प्राप्त करा लेते हैं। परन्तु इसका भी औसत बहुत कम है। कई बार स्थिति ऐसी होती है कि कोई भारतीय मुसलमान अरब देशों में बड़ा व्यवसाय या बड़ी नौकरी करके अगर अपनी आय में से अपने इस देश की मुस्लिम शैक्षिक संस्थाओं को सहायता की कि

पेट्रो डालर की चर्चा शुरू हो जाती है और ऐसी ही सहायता परदेशस्थ भारतीय हिन्दू यहाँ की हिन्दुओं की शैक्षिक संस्थाओं को आर्थिक सहायता करें, कि उसकी प्रशंसा की जाती है। अभी हाल ही में 'किंगडम विदाऊट बोर्डर्स' नामक पुस्तक प्रकाशित हुई है। उसमें सऊदी अरेबिया इस्लाम का सऊदीकरण कैसे कर रहा है और वहाबी विचारों के प्रचार के लिए कैसे पैसा खर्च कर रहा है और उसे अमेरिका का समर्थन कैसे मिल रहा है, इसकी प्रस्तुति इसमें की गई है।

अरबस्तान में बड़े वेतन की नौकरियाँ और करोड़ों-अरबों रुपये की ठेकेदारी का फायदा बिगर-मुस्लिम उच्चतम शिक्षा प्राप्त उपाधिधारियों को हो रहा है। केरल अथवा कोंकण से रोजगार के लिए अरब देशों में नौकरियों के लिए जानेवाले मुसलमानों का आर्थिक स्तर निम्न वर्ग का ही है। यह भी ध्यान रखें कि भारत अथवा अन्य देशों के मुसलमानों को आर्थिक सहायता देने के लिए वहाँ एक भिन्न व्यवस्था ही है। किन कारणों के लिए आर्थिक सहायता दी जाए, इसकी नियमावली उन्होंने तैयार की है। उन नियमों की प्रतियाँ सम्बन्धित विभाग अथवा असेंब्ली की ओर से उपलब्ध कराई जाती हैं। सहायतार्थ भेजी गई राशि भी खुलकर विदेशी चलन के रूप में अधिकृत रूप से भेजी जाती है। उसकी सूची उस देश के रिझव बैंक के पास उपलब्ध होती है। इससे स्पष्ट है कि पेट्रो डालर के रूप में आ रहे तथाकथित हरे आक्रमण का प्रचार कितना झूठा और विकृत है। परन्तु लगातार झूठा प्रचार कर कुछ भ्रम फैलाएं जाते हैं।

दूसरा एक प्रचार निरन्तर किया जाता है कि मुसलमान प्रकृति से आक्रामक वृत्ति के और हिंसा करनेवाले होते हैं और उनकी इस आक्रामक वृत्ति के मूल में इस्लाम धर्म होता है। मुसलमानों की इस तथाकथित प्रवृत्ति का प्रश्न काफी जटिल है। जान-बूझकर किया गया प्रचार, फैलाए गए भ्रम और कुछ परिस्थितिजन्य घटनाएँ और कृतियाँ इसके लिए कारणीभूत हैं। इलियट और डाऊसन ने इस्लाम यह आक्रामक और हिंसा करनेवाली वृत्ति का है—ऐसा भ्रम भारतीय इतिहास शास्त्र में रोपित किया। उधर पश्चिम में क्रूसेड के बाद अनेक ईसाई लेखक निरन्तर इस्लाम के सम्बन्ध में विपर्यास्त लेखन करते रहे हैं। इसी धागों को भारत के तथाकथित राष्ट्रवादी इतिहासकारों ने और मुंजे, सावरकर और गोलवलकर जैसे हिन्दुत्ववादी लोगों ने पकड़ा। कुछ दिनों पहले मराठी में श्रीपाद जोशी नामक लेखक की 'विचारधारा' शीर्षक से एक पुस्तक प्रकाशित हुई है। इस पुस्तक में इस प्रकार विपर्यस्त लेखन अपने चरम उत्कर्ष पर गया है। श्रीपाद जोशी की विकृत मानसिकता पर अलग से एक पुस्तक ही लिखनी

पड़ेगी। पैगम्बर साहब ने तलवार के जोर पर इस्लाम को फैलाया—यह कथन पूर्णत: एक आयामी, एकांगी है। और इसे बार-बार दोहराते हुए जान-बूझकर मुस्लिम इतिहास का यथार्थ बड़े पैमाने पर छिपाया गया है। इधर के इस्लाम के अनेक अध्येताओं ने इस पर प्रकाश डाला है। बावजूद उनके लेखन की उपेक्षा ही करनी है, ऐसा ठानकर पुन: पुन: इस्लाम की अनैतिहासिक प्रस्तुति की जाती है।

भारत पर आक्रमण करनेवाले गिरोह—तुर्क, पठान, मुगल आदि थे। ये सभी गिरोह अत्यन्त हिंसावादी थे। संस्कृति की प्राथमिक अवस्था में वे थे। उन्होंने इस्लाम कबूल किया था। वह वहाँ की विशिष्ट ऐसी ऐतिहासिक परिस्थिति का प्रभाव था। इन सभी जमातों ने अपनी सत्ता की पहचान बनाने के लिए, जनमान्यता प्राप्त करने के लिए इस्लाम धर्म का नाम लिया। अपनी सत्ता वृति पर उन्होंने इस्लाम का आवरण चढ़ाया। आधुनिक काल में भी ऐसा घटित हुआ है। हिटलर जैसे तानाशाह अपनी फासीवादी वृत्ति पर राष्ट्रवाद का आवरण डाल ही रहे थे। भारत के ब्राह्मणी अभिजन वर्ग ने भी अपनी एकाधिकारशाही बनाए रखने के लिए उसी प्रकार के राष्ट्रवाद की विचार प्रणाली का उपयोग करना शुरू किया। यही पद्धति मध्ययुगीन गिरोह प्रधान मुस्लिम जमातों ने अपनाई थी। उल्टे पैगम्बर साहब के चरित्र को देखें तो वे ऐसे हिंसावादी मार्ग का निषेध या धिक्कार ही करते हैं। मुस्लिम सत्तधारियों की आक्रामक वृत्ति को धर्म से जोड़कर ऐसा प्रचार किया गया। वे विजयी हुए धर्म के कारण नहीं, अपनी आक्रामक वृत्ति और लड़ाकू वृत्ति के कारण। उनके युद्ध और उनके शास्त्र भारत के सत्ताधारियों के लिए अधिक नवीनतम थे। भारत के सत्ताधारियों में एका नहीं था। जातियता थी। इस कारण तुर्क जीत गए और इस विजय को उन्होंने इस्लाम के नाम पर मुद्रित किया।

कई बार स्वतन्त्रता पूर्व काल में और बाद में भी कुछ अवसरों पर मुस्लिमों का आचरण आक्रामक था; यह बात भी सही है। इसके मूल में उनमें स्थित असुरक्षितता की भावना और उस कारण निर्माण होनेवाले मानसिक तनाव और इस पर बहुसंख्यकों द्वारा जुल्म होते जा रहे हैं की भावना भी होती है। और उनमें शिक्षा का औसत भी बहुत कम है। दरिद्रता और पिछड़ेपन के कारण वह असन्तुलित-सा होता है। और फिर किसी छोटीसी भी घटना से वह भड़क उठता है। मैं कितनी भी ईमानदारी से जीऊँ, तो भी मुझ पर अन्याय, अत्याचार, पक्षपात होते हैं इसलिए मुझे लड़ना ही चाहिए—इस भावना से वह आक्रामक हो जाता है। उसकी इस मानसिकता को पहचानकर 1970 से हिन्दुत्ववादी

संगठनाएँ उन्हें उकसाकर भड़काते हैं और दंगे करवाते हैं। प्रो. घनश्याम शाह तथा असगर अली इंजीनियर ने पिछले 20-25 वर्षों में हिन्दू-मुस्लिम देशों के विश्लेषण करनेवाली जो पुस्तकें लिखी हैं, उसमें से यह बात स्पष्ट होती है। धर्म के कारण मनुष्य हिंसा करने की वृत्ति का या आक्रामक बनता है, यह समीकरण ही गलत है। किसी धर्म के कारण मनुष्य हिंसावादी और आक्रामक होता, दूसरे किसी तथाकथित अच्छे धर्म के कारण मनुष्य अहिंसक, परोपकारी, सहिष्णु, मानवतावादी, शान्तिप्रिय और मनुष्य पात्र पर प्रेम करनेवाला हो जाना चहिए परन्तु इतिहास इसे नकारता है। श्रेष्ठ हिन्दू धर्म के अनुयायियों ने जातियता और अस्पृश्यता का निर्माण किया और हजारों वर्ष दलितों को अछूत कहकर बस्ती के बाहर रखा। उन पर अनन्वित अत्याचार किए। अतिवादी अहिंसा का दर्शन प्रस्तुत करनेवाला जैन धर्म, उसके सत्ताधारियों और अनुयायियों का मध्ययुगीन इतिहास कैसे रहा, इसे पढ़ें तो धर्म का प्रभाव लोकसमूह पर होगा तो वह बहुत अल्प मात्रा में। मनुष्य का सामाजिक, सार्वजनिक और राजनीतिक आचरण केवल धर्म के कारण बनता नहीं तो सम्बन्धित समाज की भौतिक परिस्थितियों के संकरित प्रभाव से बनता है। इस बात को भूल जाने के मूल में एक कारण रहा, इस्लाम के नाम पर किया गया गलत प्रचार और इस प्रचार की निरन्तरता को जारी रखने के कारण वह रिसता हुआ समाज के सभी तबकों तक पहुँच गया। राजनीतिज्ञों द्वारा प्रचारित धर्म और धर्म की मूल प्रेरणाएँ इनमें फर्क किए बगैर ऐसा प्रचार रोक पाना सम्भव नहीं होता है।

अस्थिरता की मानसिकता और निरन्तर किया जा रहा भड़कीला प्रचार—इस कारण इस स्थिति का गलत फायदा उठाकर मुस्लिम धर्म तथा उससे सम्बन्धित रिसते भ्रम ये आम मुसलमानों के जीवन-मृत्यु के प्रश्न बन जाते हैं और इसी कारण वे किसी के भी बहकावे में आकर अत्यन्त आक्रामक पद्धति से उसके शिकार हो जाते हैं। यह तथाकथित उन्माद धर्म के कारण उत्पन्न नहीं होता, वह उस परिस्थिति की परिणति होती है। मुसलमानों के तथाकथित धार्मिक उन्माद को लेकर चिल्लानेवाले यह भूल जाते हैं कि भारत के सभी जातियों-जमातियों से धार्मिक त्योहार, उत्सव, मन्दिर आदि को लेकर धार्मिक उन्माद की लहरें आती रहती हैं। 1989 में भाजप-विहिम्प द्वारा शुरू किए गए श्री राम जन्मभूमि के प्रचार के कारण पूरे भारत के करोड़ों हिन्दुओं में धार्मिक उन्माद की लहरें उठी और अनेक अनर्थ हुए; विध्वंस हुआ। यह सब हिन्दू धर्म की मूल प्रेरणा और उस धर्म की शिक्षा के कारण हुआ ऐसा निष्कर्ष निकालना कहाँ तक उचित होगा? यथार्थ स्थिति यह है कि कुरान शरीफ की

शिक्षा शान्ति और सर्व धर्म समभाव की है। कुरान में स्पष्ट रूप से कहा गया है कि अल्लाह मसीहा मसीहा में भेदभाव नहीं करता। आगे कहा गया कि धर्म के मामले में जबर्दस्ती न हों। (कुरान 2-256) इस्लाम के प्रति निष्ठा रखनेवालों का यह कर्तव्य है कि वे सभी धार्मिक स्थानों की रक्षा करें। (22-40) आपका धर्म आपको और मेरा धर्म मुझ को। (109) आप में से प्रत्येक जमात के लिए हमने एक मार्ग बनवाया और एक पद्धति बना दी और अगर अल्लाह की इच्छा होती तो वे आप सब का एक समाज बना सकते थे। और इसीलिए आप सबको सत्कृत्य के लिए एक-दूसरे के आगे-जाने का प्रयत्न करना चाहिए। (5-45) सुरेअल अकबर में तो स्पष्ट रूप में कहा गया है कि, 'जो लोग ईश्वर और उसके मसीहा में फर्क (भेद) करते हैं, वे श्रद्धाहीन होते हैं। हमने (अल्लाह ने) अनेक मसीहाओं को भेज दिया है। जिनमें से कुछ के नाम मैंने लिखाए और कुछ का उल्लेख किया ही नहीं है।' कुरान के इस प्रकार के वचन इस्लाम की मूल प्रेरणाओं को स्पष्ट करते हैं। महमूद साहब और आरम्भ के चार खलीफाओं की सहिष्णुता के अनेक उदाहरण प्राप्त होते हैं। सहिष्णुता की ये घटनाएँ लिखित रूप में उपलब्ध हैं। यह सारा साहित्य अंग्रेजी और उर्दू में उपलब्ध है। परन्तु इन घटनाओं का उल्लेख न करते हुए गजनी या मोहम्मद गोरी जैसे क्रूर, हिंसावादी बादशाहों की क्रूरता मतलब इस्लाम ऐसा बिम्ब इस देश में खड़ा किया गया। अंग्रेजों की कृपा से। एक दूसरी बहुत बड़ी दिक्कत कुरान शरीफ इस धर्म ग्रन्थ का जटिल ऐसा स्वरूप है। क्योंकि कुरान शरीफ के आयत ये वेद-उपनिषद अथवा भगवत्गीता में स्थित तात्विक सूत्र के स्वरूप में नहीं हैं। कुरान में तत्त्व, सूत्र, तत्कालिन रूढ़ियाँ, परम्पराओं, घटनाओं और आदेशों की उल्टी-सुलटी मिलावट हो गई है। मूलत: प्रत्येक आयत पैगम्बर साहब के जीवन में तत्त्व रूप में नहीं आई है। तो जब कोई घटना घटित होती, अथवा कोई समस्या निर्माण हो जाती और जब वह घटना या समस्या पैगम्बर साहब के यहाँ प्रस्तुत की जाती तो वे साक्षात्कार के रूप में उन्हें जो आदेश अथवा सूचनाएँ मिली, उन सबका संकलन ही कुरआर शरीफ है। मतलब, प्रत्येक सूरा या आयत को विशिष्ट ऐसी किसी घटना की समस्या की पृष्ठभूमि होती है। उस घटना या समस्या के सन्दर्भ में ही आयत का अर्थ लगाया जाना चाहिए। और इसीलिए किसी सूरा या आयत का सन्दर्भ न देखते हुए वह आयत कुरान के सर्वसमावेशक वचन के रूप में प्रस्तुत कर देने से अनेक घोटाले निर्माण हो जाते हैं। ऐसे ही घोटाले मुस्लिम धर्मगुरुओं ने और उनके सत्ताधारियों ने लगातार किए हैं। यही पद्धति श्री अरुण शौरी या

श्रीपाद जोशी जैसे हिन्दुत्ववादी जान-बूझकर अपनाते हैं। इस कारण मुस्लिम और इस्लाम के सम्बन्ध में अनेक विपर्यस्त, स्थिर बिम्ब, प्रतिमाएँ रिसती गई हैं। आज भी यही हो रहा है।

ठीक इसी प्रकार एक और भ्रम है कि इस्लाम हिन्दू काफिरों की कत्ल का आदेश देता है। यह पूर्णत: गलत, बेबुनियादी प्रचार है। ऐसे प्रचार के लिए कुछ मुस्लिम सत्ताधारी और उनका समर्थन करनेवाले शब्दप्रामाण्यवादी उलेमा जिम्मेदार रहे हैं। अपने स्वार्थ के लिए उन्होंने कुरान के आयतों का गलत अर्थ लगाया। उनके द्वारा काफिर शब्द का अर्थ ही गलत रूप में हुआ है। उनके द्वारा लगाए गए इस गलत अर्थ को स्वीकार कर साम्राज्यवादी पश्चिमी इतिहासकारों ने और हिन्दुत्ववादी इतिहासकारों ने इस्लाम को बदनाम करने के लिए काफिर शब्द के गलत अर्थ का उपयोग किया है। मूलत: काफिर शब्द और उसका उपयोग ही विवादग्रस्त स्वरूप का है। कुरान में आया काफिर शब्द का अर्थ गैर-मुस्लिम या हिन्दू ऐसा नहीं होता। इमाम रबिब के अनुसार कुफ्र (इससे बना काफिर) का अर्थ है, सत्य को छिपानेवाला, अथवा जो लोग अल्लाह के मार्गदर्शन को स्वीकारते नहीं, उसे नकारते हैं अथवा जो सत्य को स्वीकारते नहीं, वे काफिर होते हैं। मदीना में जिन लोगों ने पैगम्बर साहब की शिक्षा पर विश्वास नहीं रखा था, और जिन्होंने सत्य को छिपाने का प्रयत्न किया था, उनके लिए 'काफिर' शब्द का प्रयोग हुआ है। रात को भी 'काफिर' कहा गया है। क्योंकि रात के अन्धेरे में सब कुछ छिपाया जा सकता है। अब इससे 'काफिर' शब्द का अर्थ निकाला गया कि वह व्यक्ति जो अल्लाह के प्रति श्रद्धा नहीं रखता, अल्लाह द्वारा कहे गए 'सच' को जो नकारता है और जो अनैतिक जीवन जीता है; वह काफिर इसी कुरान में यह भी कहा गया कि आपको ज्ञात और अज्ञात प्रदेशों में अल्लाह ने सभी जमातों को मार्गदर्शन करने हेतु मसीहा, पैगम्बर भेजे हैं। मतलब सम्बन्धित प्रदेश के मसीहाओं ने जो सच कहा है, उसे नकारनेवाले काफिर होते हैं। इसका एक अर्थ यह हुआ कि काफिर मतलब नास्तिक।

कुरान में कहा गया है कि ईश्वर पैगम्बरों (मसीहाओं) में फर्क नहीं करता। इसका अर्थ यह हुआ कि प्रत्येक प्रदेश में ईश्वर का मार्गदर्शक करनेवाला होता ही है। (जैसे कृष्ण, ईसा मसीह) और उसके मार्गदर्शनानुसार आचरण करनेवाले लोग सम्बन्धित प्रदेश में होते ही हैं। इन लोगों को ही ईमान रखनेवाले, श्रद्धा रखनेवाले कहते हैं। इसके ठीक उल्टे जो लोग ईमान नहीं रखते, श्रद्धा नहीं रखते वे काफिर कहलाते हैं। मुस्लिम सत्ताधारी और उनके यहाँ के धर्मगुरुओं

ने काफिर शब्द का विपर्यस्त किया। मजेदार बात यह है कि पिछले 1400 वर्षों में धर्मगुरु और इस्लाम के कट्टरपन्थियों ने एक-दूसरे को काफिर कहनेवाले फतवे निकाले हैं। इसलिए काफिर मतलब हिन्दू ऐसा कुरान में कहीं पर भी कहा नहीं गया है। भारत में सत्ताधारी मुस्लिम वर्ग ने अपनी सत्ता के अहंकार में हिन्दुओं को काफिर कहनेवाले फतवे निकाले हैं, यह सच है। ठीक इसी प्रकार भारत के अनेक सफी सन्तों ने वेद साक्षात्कारी ग्रन्थ है, इस कारण हिन्दुओं को उन्होंने धर्मग्रन्थ जिनके पास है ऐसे लोग (पीपल्स ऑफ दि बुक) कहा है। हिन्दू मुस्लिम अथवा ईसाइयों की तरह ईश्वर के अनुयायी हैं—ऐसा कहा है। इसलिए हिन्दुओं को काफिर या श्रद्धाहीन नहीं। कहा जा सकता ऐसा इन सूफी सन्तों ने बार-बार कहा है। कुरान में मंदीने की कुछ घटनाओं को लेकर काफिर के कत्ल का आदेश दिया गया है। परन्तु उन आदेशों के तत्कालीन सन्दर्भ हैं। मदीने के कुछ गुटों ने उस वक्त हुए लिखित करार को अस्वीकारते हुए पैगम्बर साहब के विरोध में षड्यन्त्र भी किए थे। इस सन्दर्भ में उन्हें कत्ल करने का आदेश कुरान देता है। परन्तु सभी गैर-मुसलमानों को मारो, ऐसा कुरान में कहीं पर भी नहीं कहा गया है। कुरान में कहीं पर भी ऐसा नहीं कहा गया है कि पैगम्बर साहब पर श्रद्धा न रखनेवालों को अथवा अपनी परम्परानुसार किसी दूसरे पर श्रद्धा रखनेवालों को मार दो। इस पर से स्पष्ट है कि मुस्लिम धर्मगुरुओं ने और हिन्दुत्ववादी लेखकों ने इस शब्द का विपर्यस्त किया है। आज के भारतीय मुसलमान भारत के सत्ताधारी नहीं हैं तो वे भारतीय जनतन्त्र के समान नागरिक हैं। भारत की यह जनतान्त्रिक व्यवस्था इस देश में रहनेवाले सभी की है। किसी एक धर्म या जाति की यह व्यवस्था नहीं है। इस कारण भारत के सन्दर्भ में दारुल हर्ब या दारुल इस्लाम यह वर्णन इस पर लागू नहीं हो सकता। बजाए इसके कुछ मुस्लिम विचारकों ने जैसे कहा है, इस देश को दारुल जम्हूरिया (जनतन्त्र की भूमि) कहना अधिक औचित्यपूर्ण है।

एक और बात का प्रचार निरन्तर किया जाता है कि मुसलमानों को चार बेगमें होती हैं और परिवार नियोजन के लिए उनका विरोध है। मूल कुरान में चार बेगमों की व्यवस्था केवल एक स्थान पर कही गई है और उसका सन्दर्भ युद्ध में हुई अनाथ विधवा स्त्रियों को संरक्षण देने के सन्दर्भ में है। ऐसी अनाथ और बेवा स्त्रियों से अगर समान व्यवहार दे सकते हों तो ही अधिकाधिक चार बेगम करने की सुविधा दी गई है। वह कुरान का नियम न होकर अपवादात्मक स्थिति में अनाथ स्त्रियों के लिए की गई व्यवस्था है। और बाद में हजरत बेगम आएशा ने ऐसा स्पष्ट आदेश दिया है कि केवल अनाथ स्त्रियों से शादी

करना हो तो ही यह व्यवस्था दी गई है। परन्तु मुस्लिम धर्मगुरुओं और उनके सत्ताधीशों ने इस आयत का विपर्यस्त अर्थ लगाकर बहुपत्नीत्व की परम्परा को जारी रखा। हिन्दू और मुसलमानों के तथाकथित बहुपत्नीत्व के सम्बन्ध में अनेक अध्ययन सामने आए हैं। उनमें से एक सर्वे के अनुसार 1947 से 1951 और 1951 से 1961 इन दोनों दशकों में हिन्दुओं में बहुपत्नीत्व का औसत मुसलमानों की तुलना में अधिक है।

एक अन्य अध्ययनानुसार सर्वाधिक बहुपत्नीत्व का औसत आदिवासियों में 15.25% , उसके बाद बौद्धों में 7.97% , जैनों में 6.72% और हिन्दुओं में 5.80% है तो मुसलमानों में वह केवल 5% है। (झूठा सच : विकासन अध्ययन केन्द्र, सितम्बर 1993 का अंक) जनसंख्या वृद्धि की गति भी ध्यान देने जैसी है। हिन्दुओं में यह वृद्धि 1961 में 8.45% थी. 1981 में 8.35% तो मुसलमानों की जनसंख्या की वृद्धि का औसत 1961 से 1969 में 10:69% थी तो 1981 में वह 7.3% थी। इन आंकड़ों से हिन्दुत्ववादियों का प्रचार कितना बेबुनियादी है, यह स्पष्ट हो जाता है। भारत की जनसंख्या में स्त्रियों का औसत प्रति हजार 9.30 से 9.34 के बीच है। इस कारण अगर पुरुषों ने अधिक स्त्रियों के साथ शादी कर ली तो कुछ पुरुषों को जिन्दगी भर अविवाहित ही रहना पड़ेगा। परिवार नियोजन के सम्बन्ध में भी मुस्लिमों को लेकर ऐसा ही गलत प्रचार किया जाता है। कुरान में कहीं पर भी परिवार नियोजन के विरोध में न कोई नियम है और न कोई स्पष्ट आदेश उस काल में जनसंख्या वृद्धि का प्रश्न ही नहीं था। अथवा जनसंख्या के आधार पर न कोई राजनीति खेली जाती थी। इस कारण विश्व के सभी धर्मशास्त्रों ने सन्तति को अत्यधिक महत्त्व दिया है। भारत में 1900 के बाद शुरू हो चुकी जातियों और धर्मों की जनसंख्या के आधार पर राजनीति के कारण जनसंख्या को महत्त्व प्राप्त हो गया। इस कारण 1900 के बाद मुस्लिम धर्मगुरु और उनके राजनीतिक नेता धर्म के नाम पर परिवार नियोजन के विरोध में प्रचार कर रहे हैं।

मुसलमानों का परिवार नियोजन को तथाकथित विरोध और उसका अभाव इस कारण उनकी जनसंख्या में वृद्धि होती जाएगी और इस कारण कुछ ही वर्षों बाद इस देश में उनकी संख्या हिन्दुओं से भी अधिक हो जाएगी ऐसा प्रचार हिन्दुत्ववादी पिछले कई वर्षों से कर रहे हैं। अध्येताओं ने उनके इस प्रचार को नाम दिया है, 'भगवा जनसंख्या शास्त्र' हिन्दुओं के मन में डर पैदा कर उनकी मानसिकता को बदलना और हिन्दुओं को संगठित करना ऐसे इस अपप्रचार का उद्‌देश्य है। 2002 में नरेन्द्र मोदी जी ने 'हम पाँच और हमारे पच्चीस'

इस घोषणा का प्रचार, दंगे पैदा कर गुजरात पर अपनी सत्ता स्थापित की थी। 2002 के बाद 2003 में भाजपा केन्द्र में सत्ता पर आने के बाद जो तथाकथित सर्वेक्षण हुआ उसके अहवाल के बाद तो इस प्रचार का जोर बढ़ता गया। क्योंकि 2004 में लोकसभा के चुनाव थे और श्री राम मन्दिर के प्रश्न का जोर उतर गया था। इस कारण फिर से एक बार हिन्दू वोट बैंक के लिए भाजपा को मुस्लिम विरोध का कोई एक मुद्दा था। इस कारण मुसलमानों की जनसंख्या में वृद्धि और समान नागरी कानून ये दो मुद्दे भाजपा की प्रचार यन्त्रणा ने सामने लाए।

महाराष्ट्र में शिवसेना-भाजपा की सत्ता आ चुकी थी। उत्तर भारत में भी भाजपा की सत्ता थी। केन्द्र में 2000 इस वर्ष में भाजपा की मिली-जुली सत्ता आ चुकी थी। इस कारण उन्होंने समान नागरी कानून का मुद्दा अलग रख दिया। परन्तु जैसे ही चुनाव के दिन आए वैसे ही उन्होंने फिर से इस मुद्दे का प्रचार शुरू किया। मुसलमानों की बढ़ती हुई जनसंख्या का प्रश्न केन्द्र में लाने का उनका प्रयत्न शुरू हुआ। एक बात सच है कि नरेन्द्र मोदी की घोषणाएँ और भगवा जनसंख्या शास्त्र इन दो मुद्दों का वर्षों से गोबल्स पद्धति के अनुसार प्रचार किया गया जा रहा है। परिणामस्वरूप यह प्रचार इतना रिसते गया कि वह हिन्दू मानसिकता का अविभाज्य ऐसा घटक बन गया। (कॉमन विजडमा) इनके इस प्रचार को जमातवादी इतिहास की प्रदीर्घ ऐसी परम्परा है। ऐसा प्रचार आज का नहीं है।

1909 में यू.एन. मुखर्जी नामक लेखक ने अपनी एक पुस्तक में पहली बार एक उपपत्ति दी कि हिन्दू समाज अब मृत्युपन्थ (डाईंग रेस) की ओर निकला है। क्योंकि उसके अनुसार देश में मुस्लिम जनसंख्या में वृद्धि होती जा रही है ऐसी एक गलत बात भी उस पुस्तक में लिखी गई है। इस पुस्तक के संस्करण पर संस्करण निकले। हिन्दू महासभा और संघ के प्रचार का यह प्रमुख साधन बन गया। 2001 में चेन्नई के एक भौतिकी वैज्ञानिक ने (भले ही वह जनसंख्याशास्त्र का विशेषज्ञ नहीं था।) 'रिलिजियम डेमोग्राफी ऑफ इंडिया' शीर्षक से एक पुस्तक लिखकर मुसलमानों के तथाकथित जनसंख्या वृद्धि की समस्या को फिर से प्रस्तुत किया। इस पुस्तक की प्रस्तावना श्री लालकृष्ण आडवाणी जी ने लिखी थी। 2001 से मध्य प्रदेश में संघ परिवार का प्रचार जोरों से चल रहा था कि मुसलमानों की जनसंख्या बहुत तेजी से बढ़ रही है और बांग्लादेश के विस्थापितों के कारण वृद्धि हो रही है। इतना ही नहीं सोवियत रूस के विघटन के बाद जनसंख्या का सन्तुलन बिगड़ गया है और इस कारण

पूरे विश्व को इस्लाम से खतरा पैदा हो रहा है। इस प्रचार में हटिंगटन के सिद्धान्त का उपयोग अत्यन्त धूर्तता के साथ किया गया।

ऊपर के सारे प्रकार हिन्दुत्ववादी ताकतें केन्द्र में सत्ता पर आने के बाद बड़े पैमाने पर शुरू हुए। अधिकांश प्रसार माध्यम में जो उन्हीं के नियन्त्रण में हैं इसका प्रचार भी तेजी से शुरू हुआ। 2001 में जनसंख्या का जो अहवाल जनसंख्या आयुक्त ने प्रकाशित किया, वह अहवाल तो मुसलमानों की जनसंख्या के सम्बन्ध से भ्रम फैलानेवाला सरकारी स्तर पर का बड़ा प्रयत्न था, षड्यन्त्र ही था। उस अहवाल में 1991 की तुलना में 2001 में मुसलमानों की जनसंख्या में वृद्धि होती गई है, ऐसा दर्ज है। इस वृद्धि के मूल में वास्तविकता यह है कि 1981-1991 के दशक में जो जनगणना हुई उसमें कश्मीर और असम की जनगणना वहाँ की राजनीतिक अस्थिरता के कारण हो नहीं पाई थी। 2001 में इन दो राज्यों के मुसलमानों की संख्या उसमें आ गई। 1991 के अहवाल में उसमें मुस्लिमों की संख्या थी ही नहीं। परिणामत: 2001 में उस जनसंख्या में वृद्धि होना स्वाभाविक ही था। परन्तु यह बात छिपााई गई और गलत प्रचार जोरों से शुरू हुआ। जब इस पर काफी शोर मच गया, तो इसका स्पष्टीकरण बाद में इन्हीं सरकारी एजेन्सियों ने दिए जो हुआ वह गैर जिम्मेदारी से हुआ ऐसा तो माना नहीं जा सकता। 2004 में विहिप के सिंघल का प्रचार आक्रामकता से शुरू हुआ। उन्होंने यह मुनादी दी कि हिन्दू परिवार नियोजन कतई न करें। यह सब चुनाव के पूर्व विशिष्ट ऐसा वातावरण बनाने के लिए हो रहा था। जनसंख्या विषयक अहवाल तैयार करने के लिए एक अनुशासनबद्ध शास्त्र है। उसमें आयुनुसार आनेवाली जनन क्षमता, स्त्रियों की आयु, जनसमूह की आर्थिक-सामाजिक स्थिति, ग्रामीण और नागरी परिवेश, वर्गरचना का प्रभाव आदि निकष होते हैं। इन निकषों का आधार लिए बगैर, इस शास्त्र की चौखट को न स्वीकारते हुए वे मुस्लिमों की जनसंख्या की वृद्धि का ढोल पिटते रहे हैं। (सन्दर्भ: सॅफ्रोन डेमोग्राफी —मोहन राव —टाईम्स ऑफ इंडिया, इकोनोमिक्स एंड —पोलिटिकलवींकली, 2004 और 2007 पेट्रीसिया और रॉजर जेफ्रे कन फ्रंटिंग सेफ्रॉन डेमोग्राफी थ्री एसेज कलेक्टिव 2006)

हिन्दुत्ववादियों का एक प्रचार यह भी होता है कि मुसलमान मांसाहारी होते हैं इसलिए वे हिंसक होते हैं। तो फिर शाकाहारी हिन्दुओं ने मुम्बई और गुजरात में जो कुछ घृणास्पद प्रकार किए उसे लेकर क्या कहेंगे? प्रसिद्ध बंगाली लेखिका तनिका सरकार ने लिखा है कि हिन्दुओं के मन में मुसलमान पुरुषों के तथाकथित यौन शक्ति को लेकर तथा मुस्लिम स्त्रियों की जननक्षमता को

लेकर भ्रम फैलाने के सम्बन्ध में एक प्रकार का ऑबसेशन दिखलाई देता है। वस्तुत: 2001 की जनसंख्या का निष्कर्ष यह है कि मुसलमानों में प्रजनन का औसत काफी कम हो गया है।

इन दिनों इस विषय पर जो अध्ययन हुए हैं उससे स्पष्ट है कि परिवार नियोजन की पद्धति को मुसलमान अपनाते रहे हैं। एक अध्ययन के अनुसार 1980 से 1989 के काल में जो सर्वे किया गया था उसके अनुसार मुस्लिमों में परिवार नियोजन का औसत 11.5% था तो हिन्दुओं में 10% ये उदाहरण अपवादात्मक तो नहीं है। पर इससे मुस्लिमों का झुकाव किस जोर है यह तो स्पष्ट हो जाता है। शंकर ब्रहो प्रतिष्ठान द्वारा प्रकाशित 'हिन्दू-मुस्लिम तनाव' शीर्षक पुस्तिका में इस सम्बन्ध में विस्तृत ऐसा विवेचन है। ठीक इसी प्रकार भारत सरकार की 'कमिटी ऑन दि स्टेट्स ऑफ वूमेन' की रपट के अनुसार एक प्रतिशत से अधिक मुसलमानों को एक से अधिक बेगमें नहीं हैं।

मुस्लिम विरोधी प्रचार से और मुस्लिम मानसिकता से सम्बन्धित भ्रम फैलानेवाला दूसरा एक महत्त्वपूर्ण अवजार है—समान नागरी कानून। निरन्तर ऐसा प्रचार किया जा रहा है कि मुसलमानों का समान नागरी कानून को प्रखर विरोध होने के कारण भारत में राष्ट्रीय एकता स्थापित करने में रुकावट आ रही है। समान नागरी कानून के न रहने से मुसलमान राष्ट्रीय प्रवाह में शामिल नहीं हो पा रहे हैं। और इसी कारण उनमें फूट डालने की और देशद्रोह की वृत्ति पनपने लगती है। यह सही है कि समान नागरी कानून की कल्पना का विरोध मुस्लिम नेताओं ने निरन्तर किया है। परन्तु इस सन्दर्भ में कुछ महत्त्वपूर्ण, ठोस बातों के स्पष्टीकरण की जरूरत है। (1) हिन्दू-मुसलमान तथा अन्य अल्पसंख्यक, आदिवासी इन सबके लिए अलग-अलग कानून नहीं है। सबको भारत के दिवानी कानून, फौजदारी कानून और संविधान द्वारा निर्मित कानून के लिए समान हैं। 2) फर्क है तो केवल व्यक्तिगत कानून में। व्यक्तिगत कानून में विवाह, तलाक और स्त्रियों के विरासत से सम्बन्धित कानून आते हैं। इस सन्दर्भ में केवल मुसलमानों के लिए ही नहीं अपितु ईसाई, पारसी आदि भिन्न धार्मिक समूह के लिए भिन्न-भिन्न कानून अस्तित्व में हैं। उसमें परिवर्तन होना चाहिए और प्रत्येक धार्मिक समूह में जीनेवाली स्त्रियों को न्याय मिलना चाहिए इस पर सबकी सहमति होनी चाहिए। कसमान नागरिक कानून का प्रश्न काफी जटिल हो गया है। पिछले 50 वर्षों में केन्द्र सरकार ने ऐसे समान नागरिक कानून से सम्बन्धित विभिन्न पहलुओं पर कोई चर्चा नहीं की

है। किसी भी प्रकार की नियमावली तैयार नहीं की है। वास्तविकता यह है कि हिन्दुओं में व्यक्तिगत कानून की नई व्यवस्थाएँ स्त्रियों पर अन्याय करनेवाली हैं। केथोलिक ईसाइयों से सम्बन्धित उनके परिवार से सम्बन्धित जो कानून है, वे भी अन्यायकारक है।

मूलत: समान नागरिक कानून का सम्बन्ध समाज सुधार के साथ है। वह सभी धर्म की स्त्रियों को न्याय देने से सम्बन्धित है। (जेंडर जस्टिस) वास्तव में उसे समान नागरी कानून कहने के बजाए 'न्यायपूर्ण पारिवारिक कानून' कहना अधिक उचित होगा। ऐसे पारिवारिक कानून में सुधार की जरूरत सभी धर्मों के लिए जरूरी होते हुए हिन्दुत्ववादी केवल मुसलमानों के नाम से चिल्ला रहे हैं। इस प्रकार का प्रचार द्वेषमूलक और एकतर्फा है। केवल मुसलमानों के कारण पारिवारिक सुधार रुक गए है—यह प्रचार जनता में गलतफहमियाँ निर्माण करनेवाला है। भारत के अधिकांश कानून स्त्रियों पर अन्याय करनेवाले ही हैं। इसलिए समान नागरी कानून का प्रश्न तथाकथित राष्ट्रीय एकात्मकता न होकर स्त्रियों को न्याय देने से सम्बन्धित है। मुस्लिम व्यक्तिगत कानून में तलाक, बहुपत्नीत्व और विरासत के हकों में सुधार की अत्यधिक जरूरत है। इस प्रकार के सुधार को लेकर पिछले 10-15 वर्षों से भारत के अनेक मुस्लिम पन्थियों का, कानून के विशेषज्ञों का और विचारकों का आग्रह रहा है। इस प्रकार के फतवे भी निकल चुके हैं।

समान नागरिक कानून शब्द का प्रयोग भ्रम निर्माण करनेवाला है। हिन्दुओं का कानून मुसलमानों पर लादने का यह षड्यन्त्र है, ऐसा प्रचार इस सम्बन्ध में मुल्ला-मौलवी और मुस्लिम नेता आम मुसलमानों में करते रहते हैं। भारत के मुस्लिम पर्सनल बोर्ड और उसके इमाम बुखारी और शहाबुद्दीन जैसे, सदस्यों को इस प्रश्न पर राजनीति करनी है। इसलिए वे इस समस्या का उपयोग अपने फायदे के लिए वर्षों से करते आ रहे हैं। और इससे सम्बन्धित अनेक भ्रम मुस्लिम समाज में फैला रहे हैं। यहाँ इस बात का उल्लेख करना जरूरी है कि भारत और सऊदी अरेबिया इन दो देशों को अगर छोड़ दें तो अरबस्तान से लेकर इंडोनेशिया तक (जो मुस्लिम बहुल देश हैं) ने विवाह, तलाक स्त्रियों के विरासत से सम्बन्धित मुस्लिम व्यक्तिगत कानून को बदल दिया है। यहाँ तक कि पाकिस्तान ने भी मुस्लिम विवाह और तलाक से सम्बन्धित कानूनों को बदल दिया है। जहाँ मुस्लिम सत्ताधीश है और जहाँ वे नहीं हैं उन सभी देशों में मुस्लिम व्यक्तिगत कानून में परिवर्तन कर दिए हैं। इस वास्तविकता को आम मुसलमानों से छिपाया जाता है।

मुसलमान पवित्र कुरान और शरीयत को सर्वश्रेष्ठ समझते हैं—यह बात सही है। कुरान शरीफ अल्लाह का अन्तिम सन्देश है ऐसी सभी मुसलमानों की भावना है। यह भी ठीक है। परन्तु इस्लाम के उलेमाओं ने और सत्ताधीशों ने शरीयत यह चिरन्तन और अपरिवर्तनीय है ऐसा प्रचार निरन्तर कर आम मुसलमानों के मन में इस बात को पक्का बिठा दिया है। अपना नियन्त्रण बनाए रखने के लिए प्रत्येक धर्म के धर्मगुरु हमारे धर्मग्रन्थ अपरिवर्तनीय हैं—ऐसा भ्रम अपने अनुयायियों में फैलाते रहे हैं। यहाँ के आम मुसलमानों को अरबी भाषा तो आती नहीं, इस कारण उसे कुरान भी समझ में नहीं आता। धर्मगुरु जो कहेंगे, उसी अर्थ को वे स्वीकारते जाते हैं। इस कारण शरीयत सम्बन्धी प्रचार उन्हें सही लगता है। खुद मौलाना आजाद ने ही लिख रखा है कि धर्मतत्त्व समान होते हुए भी शरीयत यह भिन्न-भिन्न स्वरूप में है और बदलती जाती रही है। अगर वह न बदलती रहती, तो इस्लाम में इतने पन्थ कैसे तैयार हुए? शरीयत अगर अपरिवर्तनीय होती तो चार इस्लामी कानून (हम्बली, शाफई, मलिका और इनफी) के प्रवाह भी निर्माण न होते।)

ठीक इसी प्रकार इस्लामी कानून में भिन्न-भिन्न बादशाहों ने अपनी सुविधा के अनुसार परिवर्तन कैसे कर सके ? 'इज्तिहाद' मतलब कुरान का कालसापेक्ष अर्थ लगाने की पद्धति। इसकी प्रस्तुति खुद पैगम्बर साहब ने की थी। परन्तु बाद के काल के उलेमाओं ने पोथीनिष्ठ भूमिका लेकर कालसापेक्ष अर्थ लगाने की प्रक्रिया ही बन्द कर दी। इस सम्बन्ध में मुसलमानों का प्रबोधन होना जरूरी है। किस किस काल में उलेमाओं ने कुरान के भिन्न-भिन्न अर्थ कैसे लगाए, सत्ताधारियों की मर्जी रखने के लिए शरीयत के कानून कैसे घुमाए गए आदि बातों को आम मुसलमानों तक ले जाना होगा। इसके लिए अध्येताओं का एक केडर बनाना जरूरी है। इस कारण शरीयत की प्रस्तुति मुस्लिम सत्ताधारियों की रणनीति का एक हिस्सा थी। उनकी इस रणनीति का सम्बन्ध इस्लाम की प्रेरणाओं से कतई नहीं है।

इस सन्दर्भ में भारत के मुस्लिम समाज में प्रबोधन की प्रक्रिया निर्माण नहीं हो पाई है। पिछले 20-25 वर्षों में ईरान से लेकर पाकिस्तान तक के मुस्लिम देशों में अनेक मुस्लिम अध्येता, विचारक, बुद्धिजीवी पोथीनिष्ठ सनातनी उलेमाओं से वैचारिक लड़ाई लड़ रहे हैं। इतना ही नहीं तो इस्लाम के जन्म के बाद 8वीं सदी से सनातनियों के विरोध में प्रत्येक मुस्लिम देश के धर्मपंडित वैचारिक स्तर पर लड़ रहे हैं। उनका यह सारा अध्ययन और इसका इतिहास अध्येताओं की उदासीनता के कारण भारतीय मुस्लिमों के सम्मुख

हिन्दू धर्मपंडितों के सम्मुख, दोनों धर्मों के बुद्धिजीवियों के सम्मुख आ नहीं पाता है। भारत में मौलाना शिब्ली नुमानी से लेकर मौ. आजाद तक के धर्मगुरु और नवाब खुदाबक्ष से लेकर डॉ. मुशीरुल हसन और असगर अली इंजीनियर तक के अनेक विद्वानों ने सनातनी, पोथीनिष्ठ उलेमाओं के विरोध में लिख रखा है। बाबरी मस्जिद के ध्वंस के बाद तो मुस्लिम बुद्धिजीवियों ने अनेक सभाएँ ली हैं। इन सबके प्रयत्न से मुस्लिम समाज में इन दिनों आत्म समीक्षा, आत्मपरीक्षण की प्रक्रिया शुरू हो चुकी है। टाईम्स ऑफ इंडिया जैसे अंग्रेजी समाचारपत्र भी अगर पढ़ते रहे तो राष्ट्रवाद से लेकर व्यक्तिगत कानून तक के सम्बन्ध में अपने विचारों में परिवर्तन सम्भव है। इससे सम्बन्धित लेखन अनेक मुस्लिम अध्येता कर रहे हैं।

प्रकरण-9

भारतीय मुसलमानों की आज की अवस्था सच्चर समिति के निरीक्षण

पिछले प्रकरणों में भारतीय मुसलमानों के सम्मुख उपस्थित भिन्न-भिन्न समस्याओं की, उनकी राजनीति की और उनकी मानसिकता की चर्चा की गई है। इसका भी उल्लेख किया गया है कि मुस्लिम किस प्रकार ज्ञान और अर्थ के क्षेत्र में पिछड़े हुए हैं। उनमें असुरक्षितता की भावना किस प्रकार रिस रही है। 1986-87 के बाद शुरू हो चुकी श्री राम मन्दिर की पुनर्स्थापना और शाहबानो प्रकरण के प्रश्न पर भारतभर देंगों की लहरें ही निर्माण हो गई थी। इस पृष्ठभूमि पर 1990 में हुआ 'मुस्लिम मराठी साहित्य मंच' और आन्दोलन और 1992-1993 से शुरू हो चुका 'मुस्लिम ओ.बी.सी. आन्दोलन' महाराष्ट्र से लेकर बिहार, उत्तर प्रदेश, मध्य प्रदेश तक फैल गया। इन दोनों आन्दोलनों ने मुस्लिमों का सभी स्तर पर अपवर्जन आर्थिक, सामाजिक पिछड़ापन और मुस्लिमों में स्थित बहुजन जातियों की दरिद्रता, उनका पिछड़ापन, अश्रफ वर्ग की राजनीति आदि प्रश्न मीडिया के सामने लाए। मंडल आयोग के अहवाल के बहाने मुस्लिम ओ.बी.सी. आन्दोलन की भी शुरुआत इसी काल में हुई।

मुस्लिमों के पिछड़ेपन की समस्या जैस ही सामने आई वैसे ही हिन्दुत्ववादी पार्टियों और संगठनों ने चिल्लाना शुरू किया। 1980 में हिन्दुत्ववादी संगठनाएँ, कांग्रेस प्रणित मुस्लिमों के लाड़, वोट बैंक की राजनीति के लिए मुस्लिमों का अनुनय आदि के ढोल तो पीटते ही रहे। उसमें यह मुस्लिम ओ.बी.सी. आन्दोलन! पूरे जोश के सथि शुरू हुआ। आरम्भ से ही मुस्लिमों के आर्थिक, सामाजिक पिछड़ापन की समस्या राजनीतिक हो चुकी है। किम्बहुना भारतीय मुसलमानों का कोई भी प्रश्न हो, उसका राजनीतिकरण हो जाता है। ओ.बी.सी. आन्दोलन के दबाव के कारण 2004 के चुनाव के पूर्व मनमोहन सिंह के केन्द्र सरकार को और कांग्रेस पार्टी को मुस्लिमों के पिछड़ेपन पर विचार करने के

लिए मजबूर किया और इसी कारण 'सच्चर आयोग' की स्थापना की गई। सच्चर आयोग के पूर्व मंडल आयोग ने और उसके भी पूर्व गोपालसिंह आयोग ने भी मुस्लिमों के पिछड़ेपन पर, उनके अपवर्जन पर प्रकाश डाला ही था। 1990 के आसपास ही इंटर इंडिया प्रकाशन की ओर से (1990-93) 'मुस्लिम इंडिया, देअर एजुकेशन, डेमोग्राफिक एंड सोशिया इकोनोमिक स्टेट्स' का पहला खंड प्रकाशित हुआ था। एजोजीद्दीन अहमद के नेतृत्व में भारत के कुछ प्रदेशों के मुस्लिमों की स्थिति का सर्वे इसमें प्रस्तुत किया गया है। इसका दूसरा खंड 1994-95 में प्रकाशित हुआ।

सच्चर आयोग का अहवाल तथा उपरोक्त सर्वेक्षण में प्राप्त आंकड़ों के कारण भारतीय मुस्लिमों की यथार्थ अवस्था का अहसास सबको हो गया। देश विभाजन के परिणामों के कारण यहाँ के मुसलमानों की जो उपेक्षा हो गई थी, उसका स्वरूप इस आयोग के अहवाल के कारण सामने आया। इसके साथ ही भारतीय जनतन्त्र के कल्याणकारी राजकारोबार का भी कृत्रिम मुखौटा सामने आया। बावजूद इसके, उस अहवाल के प्रकाशित होने के बाद भाजपा, संघ परिवार और उनके समर्थकों की इसके विरोध की चिल्लाहट कम नहीं हुई। और भी बढ़ती गई। स्वतन्त्रता के 60 वर्षों बाद संविधान द्वारा धर्मनिरपेक्षता के स्वीकार के बावजूद मुसलमानों का आर्थिक और सामाजिक पिछड़ापन कम होने के बजाए बढ़ता ही गया है। बंगाल में मार्क्सवादियों की सत्ता रहने के बावजूद इस तथाकथित प्रगतिशील प्रदेश में भी मुसलमानों की अत्यधिक उपेक्षा हुई है। सच्चर आयोग ने मुसलमानों के तथाकथित अनुनय का प्रचार कितना झूठा है, इसे सामने लाया। इसी कारण इस प्रकरण में सच्चर अहवाल के आधार पर मुस्लिमों की वास्तविक अवस्था को संक्षेप में प्रस्तुत किया जा रहा है। कांग्रेस या किसी भी पार्टी के विरोध में किया जानेवाला यह प्रचार कि ये पार्टियाँ मुसलमानों का अनुनय करती हैं यह कितना बेबुनियादी और झूठा है इसको स्पष्ट करना ही इस छोटे से प्रकरण का उद्देश्य है। अर्थात् इससे हिन्दुत्ववादी विरोधकों का प्रचार रुक जाएगा—ऐसी स्थिति यहाँ अब नहीं है क्योंकि मुस्लिम विरोध यह उनकी राजनीति का केन्द्रीय घटक है। उल्टे रंगनाथ मिश्रा आयोग के सिफारिशों के बाद संघ परिवार और भाजपा का मुस्लिम विरोध बड़ी मात्रा में बढ़ गया है। यह कोई नई बात नहीं है। 1871 में विल्यम हंटर ने 'दि इंडियन मुस्लिम्स' शीर्षक पर एक पुस्तक प्रकाशित की थी; जिसमें मुस्लिमों के पिछड़ेपन से सम्बन्धित विस्तृत अहवाल था, तबसे यह विवाद चल रहा है और मुस्लिमविरोधी प्रचार भी चल रहा है।

मुस्लिमों की शैक्षिक अवस्था

भारतीय संविधान की 35वीं धारा में 1950 में संविधान स्थापना के दस वर्ष के बीच चौदह वर्ष की आयु के सभी लड़के-लड़कियों को मुफ्त और अनिवार्य रूप से शिक्षा देने का प्रयत्न हो—ऐसा कहा गया है। 1956 में भारत के उच्चतम न्यायालय ने (सुप्रीम कोर्ट) ने यह निर्णय दिया था कि धारा 21 के अन्तर्गत शिक्षा का अधिकार (हक) यह जीवित व्यक्ति के जीवन का अविभाज्य हिस्सा है। मतलब उच्चतम न्यायालय के निर्णयानुसार शिक्षा का अधिकार बुनियादी अधिकार (हक) है। 2002 में 86 वा संविधान सुधार किया गया और उसमें 6 से 14 वर्ष की आयु के सभी लड़के-लड़कियों को शिक्षा अनिवार्य तथा नि:शुल्क करने का नियम किया गया। बावजूद इस प्रकार के निर्णयों के, संविधान सुधार के केन्द्र और प्रदेश की सरकारों ने मुस्लिम लड़के-लड़कियों की शिक्षा के सम्बन्ध में पूर्ण रूप से उपेक्षा की है।

सच्चर आयोग का अहवाल 2001 की जनगणना रिपोर्ट पर आधारित है। श्री गोविन्द पानसरे जी ने सच्चर समिति पर की अपनी पुस्तक में 2004 से 2005 तक के आंकड़े दिए हैं। इन आंकड़ों के अनुसार पिछड़े और अगड़े सभी प्रकार के मुस्लिमों में शिक्षा का औसत 51% था। हिन्दू-ओ.बी.सी. की तुलना में मुस्लिमों में शिक्षितों का औसत कम ही रहा है। जैसे-जैसे शिक्षा के उच्चतम स्तर तक जाएँगे, वैसे-वैसे मुस्लिम लड़के-लड़कियों का शिक्षा का औसत घटते जाता है। 2001 की जनगणना के अनुसार मुस्लिमों में उपाधिधारकों की संख्या 23 लाख 10 हजार थी। इस संख्या के लिए जैसे मुसलमान खुद जिम्मेदार हैं, वैसे ही सरकार भी उतनी ही जिम्मेदार है। इसके अलावा, मुस्लिमेतर शिक्षा संस्थाओं के संचालक भी इसके लिए जिम्मेदार हैं। मुस्लिमेतर शिक्षा संस्थाओं में मुस्लिमों को बड़ी मुश्किल से प्रवेश दिया जाता है, ऐसा सच्चर आयोग का निरीक्षण है। सच्चर आयोग ने यह भी स्पष्ट किया है कि स्कूलों में जा सकनेवाली आयु के मुस्लिम लड़कों में से केवल 4% मुस्लिम लड़के ही मदरसों में जाते हैं। दूसरे एक अहवाल के अनुसार मदरसों में जानेवाले मुस्लिम लड़कें का औसत 2.3% ही है। सच्चर आयोग का यह भी निरीक्षण है कि अधिकांश मुसलमान अभिभावकों को अपना लड़का / लड़की मुख्य प्रवाह के स्कूलों में ही जाएँ ऐसी इच्छा होती है। परन्तु मुस्लिमेतर संस्थाओं का परिवेश मुस्लिम लड़के-लड़कियों को उत्साहजनक या अनुकूल नहीं होता। अथवा उन्हें आर्थिक दृष्टि से सम्भव होने जैसे स्कूल सरकारी स्कूल

ही होते हैं। परिणामत: सरकारी स्कूलों में उनकी संख्या अधिक होती है। इससे स्पष्ट है कि मदरसे की शिक्षा को लेकर हिन्दुत्ववादियों की चिल्लाहट कितनी बेबुनियादी, झूठी और जनता में भ्रम पैदा करनेवाली है यह स्पष्ट हो जाता है।

आर्थिक अवस्था

सच्चर आयोग ने मुसलमानों की आर्थिक अवस्था और सरकारी नौकरियों में उनके औसत सम्बन्धी जो जानकारी दी है, यह बहुत ही भयावह है, कुल सभी भारतीयों का काम करने का औसत 2004-05 में 64.4% था। तो कुल सभी स्तरों पर के मुसलमानों का काम करने का औसत इसी वर्ष में सर्वाधिक कम मतलब 54.9% था। नियमित रूप से रोजगार का काम करनेवाले मुसलमानों का औसत अनुसूचित जातियों की तुलना में भी कम है। बेरोजगारों का औसत मुसलमानों में ही सर्वाधिक है। संगठित क्षेत्र की नौकरियों में तथा निजी संगठित उद्योगों में, सेवा क्षेत्रों में मुसलमानों का औसत बहुत ही कम है। वैश्वीकरण का प्रभाव मुस्लिमों पर, ओ.बी.सी. समाज पर तथा पिछड़ी जातियों पर सर्वाधिक हो रहा है। जो कुछ मुट्ठीभर मुसलमान सार्वजनिक सेवा में हैं, उन पर रोजगार के निजीकरण के कारण प्रभाव हो रहे हैं। इसका एक महत्त्वपूर्ण कारण यह है उद्योग और रोजगार के निजीकरण के कारण उन उद्योगों पर हिन्दू उद्योगपतियों और कारखानों के हिन्दू मालिकों की निष्क्रियता स्थापित हो चुकी है। पिछले 25-30 वर्षों से आर.एस.एस. और भाजपा ने मुस्लिम द्वेष का जो प्रचार-प्रसार किया है उससे हिन्दुओं का जमातवादिकरण (साम्प्रदायिकता) बड़े पैमाने पर हो रहा है। सरकारी क्षेत्रों में तो आरम्भ से ही साम्प्रदायिकता का परिवेश रहा है। परिणामत: मुस्लिम नवयुवकों को नौकरी की कोई गारंटी नहीं है। उनके साथ होनेवाला पक्षपात पूर्ण आचरण और उनमें शिक्षा की कमी, परिणामत: ऊँची जगह की नौकरियाँ न मिल रही हों तो फिर पढ़ना और पढ़वाना ही क्यों? ऐसा एक दृष्टिकोण तैयार होता जा रहा है। परिणामत: मुसलमान युवक स्वयंरोजगार की ओर मुड़ता है। इसीलिए इस क्षेत्र में इनका औसत सर्वाधिक है। अब यह स्वयंरोजगार भी बाजार पर आधारित होता है। इसमें रोज निश्चित ऐसी आय मिलेगी इसकी कोई गारंटी नहीं होती। उसका परिणाम परिवार की आर्थिक स्थिति पर होता है। सच्चर आयोग ने सार्वजनिक क्षेत्र के बैंक तथा निजी बैंक जो ऋण देते हैं, उसका अध्ययन किया है। आयोग का यह निष्कर्ष है कि बैंकों द्वारा जो ऋण दिए जाते हैं, उनमें मुस्लिमों का औसत कम है। बैंक उनके साथ पक्षपातपूर्ण आचरण करते हैं। कुछ निजी बैंकों ने तो मुसलमानों के ऋण दिया

ही न जाए, अथवा दें तो भी विशेष सावधानी बरती जाए, ऐसा अलिखित नियम ही किया है। विशेष रूप से जिन स्थानों पर मुसलमानों की संख्या अधिक है, उन स्थानों पर इस भेदभाव पूर्ण नीति को अपनाया गया है। आयोग ने कहा है कि बैंकों ने ऐसे 'रेड झोन' तैयार किए हैं। इसके परिणामस्वरूप इस समाज को निजी महाजनों के पास ऋण के लिए मजबूरन जाना पड़ता है। इन महाजनों का ब्याज देते-देते वे बरबाद हो जाते हैं। इसके मूल में एक कारण यह भी है कि इन सार्वजनिक और निजी बैंकों की नौकरियों में मुसलमानों का औसत बहुत ही कम रहा है। और इस कारण उनके साथ पक्षपातपूर्ण आचरण शुरू हो जाता है।

इसके लिए मुस्लिम नेता ही जिम्मेदार हैं। वे केवल धर्मवाद और अस्मिता की ही राजनीति कर रहे हैं। उन्होंने न बैंक्स खोले और न ऋण देनेवाली संस्थाएँ अब इसमें थोड़ासा परिवर्तन हो रहा है। मुसलमानों में स्थित अश्रफ वर्ग, शिक्षित और अच्छे वाली हालात में रहने वाले तेजी से आत्मकेन्द्रित होते जा रहे हैं। इस कारण गरीब मुसलमानों के विकास हेतु प्रयत्न करनेवाले नेता बहुत कम हैं। उसका प्रमाण मुस्लिमों की इस आर्थिक दुर्दशा में हो रहा है।

नागरी सुविधाओं में भी मुस्लिमों के साथ पक्षपात पूर्ण रवैया

मुस्लिम समाज के लिए विद्यालय, दवाखाने, सड़कें, पानी, बिजली, ऊर्जा, गटर और शौचालय की सुविधाएँ कितनी हैं, इस सम्बन्ध में भी अहवाल में यथार्थ स्थिति को उजागर किया गया है। भारत की विशिष्ट ऐसी सामाजिक परिस्थिति के कारण यहाँ के सभी पिछड़े समाज स्तर और अल्पसंख्यक गुट एक स्थान पर रहना अधिक पसन्द करते हैं। इसमें ही वे अधिक सुरक्षितता महसूस करते हैं। इसके मूल में दूसरा सच यह भी है कि तथाकथित ऊँची श्रेणी के या ऊँची जाति की बस्तियों में उन्हें कोई भूखंड भी नहीं देते। (भले ही वे उसे खरीदने की ताकत रखते हो तो भी) परिणामत: देहात हो या शहर मुसलमानों के निवास एक ही स्थानों पर होते हैं। आयोग ने मुसलमानों की इन बस्तियों में, देहातों और कस्बों में जाकर उनसे भेंट करके, उनसे सम्बन्धित जानकारी प्रस्तुत की है।

इस जानकारी के अनुसार शहरों की तुलना में मुसलमान देहातों और कस्बों में ही अधिक संख्या में रहते हैं। आयोग ने 10% से कम मुसलमान जहाँ हैं ऐसे देहात और 40% अधिक जहाँ हैं, ऐसा देहात—ऐसा वर्गीकरण किया है। जहाँ मुस्लिम अधिक संख्या में हैं, उनमें से 1/3 (एक तिहाई) देहातों में स्वास्थ्य विषयक किसी भी प्रकार की सार्वजनिक सुविधा नहीं है। स्वच्छ, साफ-सुथरा

पीने का पानी, गटरों की व्यवस्था करीब-करीब नहीं है। ऐसी बस्तियों को मुख्य सड़क से जोड़नेवाली सड़कें भी नहीं हैं। शहरों में जो मुस्लिम बस्तियाँ हैं; वहाँ भी ऐसी ही अवस्था है। सोलापुर (महाराष्ट्र) में जहाँ एक स्थान पर मुस्लिमों ने अपना नगर स्थापित किया है, वहाँ पिछले 20 वर्षों से सड़क, पानी, गटर ऐसी बुनियादी सुविधाएँ नहीं हैं। उस स्थान से चुनकर आए भाजपा के नगरसेवक के पास जब यहाँ के मुस्लिम इस सम्बन्ध में शिकायत लेकर गए, तो उसने स्पष्ट रूप से कह दिया कि मैं आपके इस विभाग के लिए कुछ भी करना नहीं चाहता। मुम्बई के निकट स्थित मुंब्रक की मुस्लिम बस्ती की भी हालत ऐसी ही है। यह देखा गया है कि मुस्लिमों की बस्तियाँ जहाँ है, वहाँ के वार्ड में नागरी सुविधाएँ बहाल करने में पालिका प्रशासन भी अधिक ध्यान नहीं देता। सड़कें अत्यन्त बुरी स्थिति में होती हैं। ऐसी अवस्था सभी ओर की मुस्लिम बस्तियों की है। सच्चर आयोग ने इस पर काफी विस्तार से लिखा है। औरंगाबाद और कोल्हापुर में भी यही अवस्था है।

दरिद्रता और जीवनस्तर के सम्बन्ध में पिछड़ापन

प्रत्येक व्यक्ति का प्रति माह उपभोग खर्च कितना है, इस पर से उसके जीने के स्तर को तय किया जाता है। 2004-2005 में सभी भारतीयों का उपभोग खर्च प्रतिमाह 712/—रु. औसत था। हिन्दू धर्मियों का औसत प्रति व्यक्ति प्रति माह 1013/—रु. था तो हिन्दू ओ.बी.सी. का प्रति व्यक्ति प्रति माह औसत 645/—था। तो मुसलमानों में यही औसत 635/—था। यह औसत शहर और देहात को मिलाकर निकाला गया है। शहर में यह औसत भयावह है। शहर के सवर्ण हिन्दुओं का औसत 1469/—रु. है तो अनुसूचित जातियों का औसत 800/-रु. है। तो शहर के सभी स्तरों के मुसलमानों का औसत खर्च प्रति व्यक्ति प्रति माह 800/ रु. है। छोटे शहरों का अगर विचार करें, तो सभी स्तरों के मुसलमानों का औसत अनुसूचित जातियों के औसत से भी कम है। आयोग के सर्वे के अनुसार केवल 20% मुस्लिम व्यक्तियों का उपभोग खर्च का प्रति माह औसत अन्य भारतीयों की तुलना में अधिक है। इन 20% मुसलमानों में अश्रफ और वरिष्ठ वर्ग के मुस्लिम्स आते हैं। शेष 80% मुसलमानों का यह औसत 635 प्रति माह प्रति व्यक्ति से भी कम है। दरिद्री रेखा के नीचे भी 31% मुस्लिम आते हैं। पिछड़े मुसलमानों में इनका प्रतिशत तो इससे भी कम है। 2001 की जनगणना के अनुसार देश की जनसंख्या 102 करोड़ 86 लाख थी। प्रति वर्ष दो प्रतिशत की वृद्धि भी पकड़ लें तो 2007 में यह संख्या 115 करोड़ तक जाने

की सम्भावना है। इनमें मुस्लिमों की संख्या 13.4% है। इसके अनुसार इस देश में मुसलमानों की कुल संख्या 15 करोड़ 41 लाख थी। इनमें से 31% दरिद्री रेखा के नीचे हैं। मतलब भारत में दरिद्री रेखा के नीचे जीनेवाले मुसलमानों की संख्या 4 करोड़ 70 लाख थी। यह स्थिति काफी गम्भीर है।

सभी ओर के विभागों की नौकरियों में मुस्लिमों की संख्या के आंकड़े आयोग को प्राप्त नहीं हो सके। आयोग को केवल 80% सर्व धर्मिय सरकारी नौकरों की जानकारी प्राप्त हुई। इन 80% में मुस्लिम केवल 5% है। सार्वजनिक उद्योगों में कार्यरत केवल 1 करोड़ 40 लाख नोकरी की जानकारी आयोग को मिली। इनमें केन्द्र सरकार की मिल्कियत में 3.3% मुसलमान है। राज्य सरकारों की मिल्कियत के उद्योगों में उनका प्रतिशत 10.8% है। यह आकड़ा सभी राज्यों का इकट्‌ठा औसत है। हालाँकि प्रत्येक राज्य में यह औसत भिन्न-भिन्न है। आई.ए.एस. की सेवा में मुस्लिमों का प्रतिशत 3% , आई.एफ.एस में 1.8% तो आई.पी.एस. में 4% है। किसी भी तरह से किसी भी क्षेत्र के मुस्लिम प्रतिशत को देखें, तो प्रत्येक स्थान पर उनका प्रतिशत कम ही है। सरकार के पक्षपातपूर्ण रवैये के साथ इस स्थिति के लिए मुस्लिम नेतृत्व और मुस्लिमों की शैक्षिक स्थिति ये घटक कारणीभूत रहे हैं। मुसलमानों की आर्थिक सहायता करनेवाले प्रतिष्ठानों अथवा प्रबन्धनों की अत्यधिक कमी है। महाराष्ट्र में स्थित मौलाना आजाद जैसी योजनाएँ केवल नामधारी हैं।

जिन राज्यों में मुस्लिमों की जनसंख्या 15.57 या उससे अधिक है, ऐसे राज्यों में उनकी स्थिति को लेकर भी सर्वे किया गया है। उससे उन्हें यह स्पष्ट हुआ कि यहाँ की सरकारी नौकरियों में इनका औसत 5.7% है। फिर प्रत्येक राज्य में इसका औसत भी अलग है। केरल में सरकारी नौकरियों में इनका औसत 10.4% है। केरल में मुस्लिम जनसंख्या का औसत 24.7% है। बंगाल में वह 23.2% है तो वहाँ नौकरियों में इनका औसत सबसे कम मतलब 4.2% है। राज्य प्रदेश कोई भी हो प्रत्येक स्थान पर उनकी उपेक्षा ही की गई है।

1952 से 2007 तक संसद में मुस्लिम सांसदों का औसत 4.3% से 6.6% तक रहा है। पूरे देश में मुस्लिमों की जनसंख्या का औसत 13% है। प्रदेश की विधानसभाओं में भी यही स्थिति है। प्रतिनिधित्व के सन्दर्भ में जो स्थिति है वह बहुत ही बुरी है। कांग्रेस, राष्ट्रवादी कांग्रेस, मुलायम सिंह का सपा और दोनों कम्युनिस्ट पार्टियाँ बहुत कम मुस्लिम उम्मीदवारों को टिकट देते हैं। और वह भी ऐसे स्थान से देते हैं, जहाँ उनकी पार्टी का जीत जाना मुश्किल

ही होता है। 1990. के हिन्दुत्ववादी साम्प्रदायिकता के कारण मुसलमानों को चुनकर आना बहुत कठिन हो गया है। महानगरपालिका, नगरपालिका और जिला परिषद इनमें अधिक-से-अधिक आठ-दस मुसलमान प्रतिनिधि ही मिलेंगे। महाराष्ट्र में मुस्लिम ओ.बी.सी. प्रतिनिधि के लिए आरक्षण होते हुए भी उनके चुनकर आने का औसत नाममात्र ही रहा है।

आयोग ने आगे कहा है कि मुस्लिमों के इस पिछड़ेपन के मूल में केन्द्र और राज्य सरकारों की उदासीनता ही कारण रही है। क्योंकि इसके पूर्व के आयोगों के जो अहवाल केन्द्र और राज्यों को दिए थे, उसमें मुस्लिमों के सुधार के लिए जो कार्यक्रम दिए थे; उसे न कभी केन्द्र ने कार्यान्वित किया और न प्रदेश की सरकारों ने।

आयोग के अनुसार आज देश का मुसलमान एक विचित्र उलझन में फंस गया है। उसे दोनों ओर के प्रचारों का मुकाबला करना पड़ रहा है। एक ओर हिन्दुत्ववादियों के प्रचार के कारण उनकी ओर सारा समाज राष्ट्रद्रोही के रूप में देख रहा है। अपने रोज के जीवन में उन्हें इस बात का सबूत देना पड़ रहा है कि वे राष्ट्रद्रोही नहीं हैं, न दहशतवादी हैं। प्रत्येक स्थान पर उनकी निष्ठा की ओर सन्देह से देखा जा रहा है। मुसलमानों के धार्मिक लोग दाढ़ी रखते हैं और गोल टोपियाँ पहनते हैं। औरतें बुर्का पहनती हैं। ऐसे समय उनका मजाक उड़ाया जाता है अथवा उनकी ओर दहशतवादी के रूप में देखा जाता है। दाढ़ी और गोल टोपी पहने मुसलमानों को सार्वजनिक पार्क, रेल स्टेशन, मार्केट जैसे स्थानों पर हों तो उन्हें पकड़ा जाता है। पुलिसी पद्धति से उनकी पूछताछ की जाती है। हिन्दुओं को बस्तियों में मुसलमानों को घर नहीं दिए जाते। उन्हें मजबूरी से मुस्लिम बस्तियों में ही रहना पड़ता है। शहर के प्रतिष्ठित स्कूलों में मुस्लिम लड़के-लड़कियों को प्रवेश मिलना मुश्किल होता है। मुसलमानों की विवाह पद्धति पर, तलाक की व्यवस्था पर एकरतर्फा प्रहार किए जाते हैं और बार-बार यह दुहराया जाता है कि मुसलमानों के व्यक्तिगत कानून के कारण ही राष्ट्रीय एकात्मता को खतरा निर्माण हो गया है।

दूसरी ओर सत्ता मुस्लिमों का अनुनय कर रही है ऐसी चिल्लाहट भी की जाती है। गोबेल्स पद्धति से यह प्रचार किया जाता है। सच्चर आयोग ने मुस्लिमों को शैक्षिक, आर्थिक, सामाजिक पिछड़ेपन के जो आंकड़े दिए हैं, उस पर से ही यह स्पष्ट हो जाना चाहिए कि क्या सचमुच सत्ता उनका अनुनय कर रही है? हर क्षेत्र में मुस्लिम पिछड़ गए हैं, इस यथार्थ के बावजूद हिन्दुत्ववादी उनके अनुनय की बात को लेकर हो हल्ला मचा रहे हैं। हिन्दुत्ववादी पार्टियों का तो

मुस्लिम समाज का भारत में अस्तित्व से ही विरोध है। दलितों की तरह वे उन्हें गाँव, शहर के बाहर फेंकना चाहते हैं।

कहीं कुछ गड़बड़ हो गई कि पुलिस तुरन्त मुसलमानों को हिरासत में ले लेती है। पुलिस चौकियों में उन पर अत्याचार किए जाते हैं, मारपीटी भी। सरकार तथा पुलिस के आतंकवादी रवैये के कारण मुस्लिमों की मानसिकता पर दूरवर्ती परिणाम हो रहे हैं। आयोग ने यह स्पष्ट रूप से लिखा है कि दाढ़ी रखनेवाले प्रत्येक मुसलमान की ओर आई.एस.आई के एजेंट के रूप में ही देखा जाता है। देश के अनेक स्थानों पर उन पर सामाजिक बहिष्कार डाला जाता है। असुरक्षितता की भावना के कारण और सामाजिक बहिष्कार के भय के कारण ये मुसलमान मुसलमानों की बस्ती में ही मजबूरी से जी रहे हैं। इस कारण मुसलमानों की असुविधाजनक बस्तियाँ देश में तैयार हो रही है। आयोग ने कहा है कि अनेक स्थानों पर किसी भी प्रकार की शैक्षिक व्यवस्था न होने के कारण मजबूरी से उन्हें मदरसे में जाना पड़ता है। मुस्लिम बस्तियों में सरकारी स्कूल न होने के कारण उन्हें निजी संस्थाओं के स्कूलों में जाना पड़ता है। आर्थिक दृष्टि से जिन्हें यह सम्भव नहीं होता उन गरीब मुसलमानों की शिक्षा को बीच में ही खत्म कर देना पड़ता है। मुस्लिम बस्तियों में तो स्कूल ही नहीं होते। कई स्कूलों की अवस्था तो और भी दयनीय है। मुस्लिम लड़के-लड़कियों पर पाठ्य पुस्तकों का प्रभाव किस प्रकार का होता है इस पर भी आयोग ने प्रकाश डाला है। आयोग ने लिखा है कि पाठ्य पुस्तकों में मुस्लिमों विरोधी साम्प्रदायिकता से भरी हुई प्रस्तुति के कारण इसके गम्भीर परिणाम (प्रभाव) मुसलमान लड़के-लड़कियों पर होते हैं। अनेक शिक्षा संस्थाएँ सांस्कृतिक दृष्टि से मुस्लिम विरोधी होती हैं। इसके अलावा अध्यापक की भावनाएँ साम्प्रदायिकता के जहर से भरी हुई हैं। पक्षपात करनेवाले शिक्षक और साम्प्रदायिकता से युक्त पाठ्यक्रमों के कारण मुस्लिम बच्चों की मानसिकता बदलती जा रही है। उनका आत्मविश्वास घटते जा रहा है। उनमें हीनता-ग्रन्थी बढ़ रही है। अपराधित्व की भावना उनमें आ रही है। और उस कारण शिक्षा के प्रति उदासीनता की वृत्ति उभर रही है।

आयोग ने स्पष्ट किया है कि वैश्वीकरण और आर्थिक उदारीकरण का सर्वाधिक प्रभाव मुस्लिम समाज पर हो रहा है। उनमें बेरोजगारी बढ़ रही है। अधिकांश मुसलमान असंगठित आर्थिक क्षेत्र में होने के कारण वैश्वीकरण की आँधी में उनके पारम्परिक व्यवसाय नष्ट होते जा रहे हैं। यहाँ के 80% मुसलमान ओ.बी.सी. में आते हैं। ओ.बी.सी. समाज के सारे व्यवसाय और

उपजीविका के साधन तेजी से टूटते जा रहे हैं। इस कारण बेरोजगारी और कंगालपन बढ़ रहा है। दूसरी ओर हिन्दुत्ववादी पार्टियाँ और उनका मीडिया, हिन्दू मध्यम वर्ग इन सबने मुस्लिमों के लाड़ हो रहे हैं—ऐसा प्रचार पूरी ताकत के साथ कर रहे हैं।

भारतीय मुस्लिम ओ.बी.सी. संगठनों के आन्दोलनों के दबाव के कारण केन्द्र सरकार को मुसलमानों की आर्थिक-सामाजिक, शैक्षिक स्थिति की दखल लेनी पड़ी। इस दबाव के कारण ही सच्चर आयोग की नियुक्ति हुई। मुस्लिम अल्पसंख्यकों की स्थिति नौकरियों में तथा व्यवसाय में क्या स्थान है इसे जाँच कर देखना और उनके विकास हेतु सिफारिशें करना यह इस सच्चर आयोग का लक्ष्य सरकार ने तय कर दिया था। उस लक्ष्य के अनुसार आयोग द्वारा प्रस्तुत अहवाल में भारतीय स्तर पर मुसलमानों की आर्थिक, सामाजिक, शैक्षिक और उद्योग-व्यवसाय में उनकी स्थिति स्पष्ट की गई है। केन्द्र सरकार और राज्य सरकारों ने मुस्लिमों की निरन्तर ही उपेक्षा की है तो दूसरी ओर उनके विरोध में निरन्तर प्रचार किया गया है। इस सबका गहरा परिणाम मुस्लिम मानसिकता पर हो रहा है। इसी कारण उनमें एक ही समय साम्प्रदायिकता की भावना और प्रतिक्रियावादी आन्दोलन निर्माण हो रहे हैं।

प्रकरण-10

मुसलमानों का भारतीयत्व, बहिष्करण और जिहादी मानसिकता

भारतीय मुसलमानों की जातीय और वर्गीय समाजरचना, उनकी मातृभाषा का स्वरूप देखने से यह स्पष्ट हो जाता है कि भारतीय मुसलमान ये अरबी, ईरानी और तुर्की मुसलमानों से पूर्णत: भिन्न हैं। वे वांशिक और सांस्कृतिक दृष्टि से भी उनसे भिन्न है। भारत में स्थित पाँच से दस प्रतिशत मुसलमानों को छोड़ दें शेष सभी भारतीय मुसलमान ये भारत के वांशिक समूह के घटक ही है। उनका धर्म इस्लाम हो तो भी, उनकी संस्कृति ईरानी, अरबी या अफगानी मुसलमानों जैसी नहीं है। अरबी उनकी धर्मभाषा है। उर्दू तो भारत में जन्मी भाषा है। (उर्दू दिल्ली और मेरठ के आसपास जन्मी, बचपन अवध में बीता, हैदराबाद दखन में जवान हुई और बहू बनकर पाकिस्तान गई। यह भारत की बेटी है।) हिन्दुत्ववादी और मुस्लिम लीग की राजनीति के कारण इस भाषा का धार्मिकीकरण हुआ। हिन्दू, हिन्दी और हिन्दुस्तान तथा मुस्लिम, उर्दू-पाकिस्तान की राजनीति के कारण उर्दू का प्रश्न साम्प्रदायिक राजनीति का हिस्सा बन गया। ठीक इसी प्रकार भारतीय इस्लाम और अरबी, अफगानी अथवा ईरानी इस्लाम इसमें भी अन्तर है। भारतीय इस्लाम पर भारत की आध्यात्मिक विचारधारा और उसकी परम्परा का प्रभाव है। 1980-2000 में पोथीनिष्ठ उलेमाओं ने तबलीगी आन्दोलन के रूप में इस्लाम के अरबीकरण का प्रयत्न शुरू किया है। बावजूद उनके प्रयत्न के भारतीय इस्लाम के भारतीयकरण को वे पूर्ण रूप से नष्ट नहीं कर सके हैं।

पश्चिमी साम्राज्यवादी राष्ट्रों ने 1850 के बाद मध्य पूर्व देशों में हस्तक्षेप करने की शुरुआत की। तुर्किस्तान के विरोध में हुए संघर्ष ने उन्हें मध्य-पूर्व में घूसखोरी तोड़फोड़ करने का अवसर प्राप्त हुआ। उसका फायदा उठाकर उन्होंने मध्य पूर्व की भू-रचना में परिवर्तन करना शुरू किया। 1860 के बीच

पश्चिम की सहायता से एक छोटे-से प्रदेश के सुलतान ने बादशाह इब्न सैद ने मक्का-मदीना स्थित प्रदेश का स्वतन्त्र राज्य के रूप में विकसित किया और विश्व के नक्शे में सऊदी अरेबिया यह देश आ गया। सऊदी बादशाह पूर्ण रूप के मध्ययुगीन सामन्ती विचारों के थे और आज भी हैं। उन पर वहाबी और सलाफी विचारों का प्रभाव था और है। अब्दुल वहाब नामक मूलतत्त्ववादी और आक्रामक विचारवाला धर्मगुरु इसी प्रदेश का। सऊदी अरेबिया के बादशाह ने इस अब्दुल वहाब के दर्शन का स्वीकारा। मक्का और मदीना ये इस्लाम के अति महत्त्व के धार्मिक-आध्यात्मिक शहर है। और महमूद साहब (स.अ.) के कार्यक्षेत्र सऊदी अरेबिया में होने के कारण सौदी का इस्लाम ही सच्चा इस्लाम है, ऐसा दावा वे कर सके। तब से अपना प्रभाव क्षेत्र बढ़ाने का उनका प्रयत्न चल रहा है। साम्राज्यवादी देशों को तो ऐसों को जरूरत होती ही है। मध्य पूर्व में वे उन्हें पनपने देना नहीं चाहते। अरब प्रदेश के संघर्ष तब से शुरू हो गए हैं। (किंगडम विदाऊट बॉर्डस)

20वीं सदी में ऐंग्लो-अमेरिकन साम्राज्यवादियों ने पश्चिम एशिया के मुस्लिम देशों में जनतन्त्र की स्थापना के जो प्रयत्न चल रहे थे, उन्हें षड्यन्त्र कर और खून की राजनीति कर उन सारे प्रयत्नों को मटियामेट कर देना शुरू किया। जैसे ईरान के जनतान्त्रिक पद्धति से चुनकर आए नेता मोमादिंग की हत्या कर उन्होंने ईरान के शाह को गद्दी पर बिठा दिया। ठीक इसी प्रकार अरब देशों को एकजुट भी उन्होंने होने नहीं दिया। इजराइल के माध्यम से अरब देशों पर के आक्रमणों को जारी रखा। और उन प्रदेशों में अस्थिरता पैदा की। सऊदी अरेबिया और पाकिस्तान को लेकर वे इस्लामी पोथीनिष्ठ मूलतत्त्ववाद को बढ़ाते रहे। उनके इस प्रयत्न की निष्पत्ति है—मूलतत्त्ववाद पर आधारित जिहादी इस्लाम। अफगानिस्तान में से रूस को बाहर निकालने के लिए उनके द्वारा तैयार किए गए हजारों तालिबानी अफगानिस्तान का युद्ध समाप्त होने पर बेरोजगार हो गए। उन्हें अपने हाथों में लेकर पाकिस्तान ने कश्मीर में उन्हें घुसाना शुरू किया। इस प्रक्रिया के कारण ही भारत में इस्लामी दहशतवाद आ गया है। इसमें भारतीय मुसलमानों की सहभागिता का प्रश्न आता ही कहाँ से?

कश्मीर पर अपना कब्जा करने का पाकिस्तान का दावा यह द्वि-राष्ट्रवाद की उनकी विचार प्रणाली का एक हिस्सा है। पाकिस्तान इस शब्द में स्थित 'क' 'के' कश्मीर के लिए आया है। कश्मीर में मुस्लिम बहुसंख्यक हैं, इस कारण उसका समावेश पाकिस्तान में हो ऐसी माँग मुस्लिम लीग ने की

थी। परन्तु शेख अब्दुल्ला के नेतृत्व के अन्तर्गत कश्मीर के मुसलमानों ने पाकिस्तान में समाविष्ट होने से या स्वतन्त्र रहने से इनकार किया था। उन्होंने भारत में विलीन होने का निर्णय लिया। इस कारण कश्मीर भारत में आया। कश्मीर के मुसलमानों द्वारा लिया गया यह निर्णय था, कि वे पाकिस्तान में नहीं जाएँगे, भारत में ही रहेंगे। भारत ने कश्मीर को जबर्दस्ती से अपने में विलीन नहीं किया है। उल्टे 1948 में गिरोहों को भेजकर कश्मीर को छिन लेने का प्रयत्न पाकिस्तान ने किया था। इस कारण तब से कश्मीर में संघर्ष निर्माण हुआ है। ठीक इसी प्रकार तत्कालीन भारतीय सत्ताधारियों ने कश्मीर अपने भीतर लेते समय जो शर्तें यहाँ के नेतृत्व ने डाली थी, उसका पालन भारत ने आगे नहीं किया, इसलिए वहाँ संघर्ष निर्माण हुआ। नियमानुसार उन्हें जितनी स्वायत्तता बहाल की जानी चाहिए थी, उतनी दी नहीं गई। इसलिए संघर्ष निर्माण हुआ। इन सारी घटनाओं का सम्बन्ध शेष भारत में रहनेवाले मुस्लिमों के साथ कतई नहीं है। यहाँ मुसलमानों ने कश्मीर में जाकर संघर्ष शुरू नहीं किया है। इस वास्तविकता की निरन्तर उपेक्षा की जाती है। कश्मीर के पंडितों पर वहाँ के मुसलमान जाकर आघात या प्रहार नहीं करते। पाकिस्तान व्याप्त कश्मीर (पीओके) की ओर से भेजे गए धर्मवादी दहशतवादी और काश्मीर में स्थित अलगाववादी कश्मीरी पंडितों पर आक्रमण करते रहते हैं। कश्मीर में रहनेवाले सभी हिन्दू वहाँ से निकल गए कि 'मुस्लिम कश्मीर पर द्वि-राष्ट्रवाद के सिद्धान्तानुसार पाकिस्तान का अधिकार अधिक मजबूत हो जाएगा, यह इसके मूल में स्थित उद्देश्य था और है। ठीक इसी प्रकार कश्मीरी पंडितों को वहाँ से उकसाने के लिए कोशिश कर रहे सभी कश्मीरी मुसलमान नहीं हैं। तो पाकिस्तान द्वारा घुसाए गए असन्तुष्ट कश्मीरी गुट हैं। भारत सरकार की गलत नीतियों के कारण उनमें स्थित असन्तोष बढ़ता गया। पिछले 10-15 वर्षों में करीब अस्सी हजार कश्मीरी मारे गए हैं—ऐसा अनुमान मानवाधिकार संगठनों ने किया है। इनमें से करीब साठ हजार कश्मीरी मुसलमान हैं।

कश्मीर का प्रश्न वहाँ के मुसलमानों की धार्मिक मानसिकता के कारण पैदा नहीं हुआ है। तो वह पाकिस्तान के कारण तथा भारत सरकार की गलत नीतियों के कारण और हिन्दुत्ववादी संगठनों की साम्प्रदायिक राजनीति के कारण निर्माण हुआ है। इंग्लैंड और अमेरिका ने 1948 से ही पाकिस्तान के लिए अनुकूल नीतियों को ही कार्यान्वित किया है। इसे हिन्दुत्ववादी जान-बूझकर भुलाने का नाटक करते हैं। कश्मीरी मुसलमानों ने भारत में विलीन

होने का निर्णय हिन्दू डोग्रा रियासतकार हरिसिंह के विरोध में जाकर लिया था—इसे भी जान-बूझकर छिपाया जाता है। कश्मीर में स्थित मूलतत्त्ववाद को पाकिस्तान के आई. एस. आई. द्वारा जन्म दिया गया है। लश्कर-ए-तोयबा और जैश-ए-मोहम्मद जैसी संगठनों को उन्होंने ही घोषित किया है। इस पूरी प्रक्रिया में कश्मीर के बाहर के मुसलमानों का कोई सम्बन्ध नहीं है। दूसरी बात यह है कि पाकिस्तान के सैनिक अधिकारियों को जनरल झिया द्वारा नियुक्त जमाते इस्लामिया के धर्मवादी सत्ताधारियों और वहाँ के धार्मिक गुटों को बांग्ला देश अपने हाथ से चले जाने के बदले के रूप में कश्मीर को भारत से तोड़कर अपनी प्रतिशोध की भावना को पूर्ण करना है। कश्मीर के प्रश्न को लेकर भारत में वे हिन्दू-मुस्लिम दंगे पैदा करना चाहते हैं। ऐसे दंगों के कारण धर्माधिष्ठित राष्ट्रवाद की बात पक्की हो जाती है। भारत में स्थित हिन्दू दहशतवादी संगठनाएँ यहाँ के मुसलमानों को परेशान करते गए, कि पाकिस्तान की भारत विषयक जहरीली राजनीति और भी दृढ़ होने लगती है। जैसे संघ परिवार की फासीवादी हिन्दुत्व की राजनीति, मुस्लिम द्वेष पर या मुस्लिम विरोध पर आधारित है। ठीक इसी प्रकार पाकिस्तान के सत्ताधारियों की तथा आई.एस.आई. की राजनीति भारत द्वेष और हिन्दू विरोध पर आधारित है। इस प्रकार ये दोनों एक-दूसरे के लिए पूरक ही हैं। कश्मीर के प्रश्न को निरन्तर जीवन्त रखना, कश्मीर में सतत आतंकवादियों को भेजकर वहाँ असुरक्षितता निर्माण करना यह पाकिस्तानी सेना की नीति रही है। इसी कारण तो वहाँ के सत्ताधारी सत्ता पर आ सकते हैं। इसमें इस्लाम धर्म और मुस्लिम मानसिकता का कोई सम्बन्ध नहीं है। यह वास्तव में सत्ता और भूमि प्राप्ति की राजनीति है।

अल कायदा और तालिबानों का निर्माण कैसे हुआ इसकी जानकारी यहाँ के हिन्दुत्ववादियों को, उनके नेताओं को, उनके तथाकथित विचारकों उनके प्रसार माध्यमों को नहीं है—ऐसा कहा नहीं जा सकता। यह सारी जानकारी रखते हुए भी वे निरन्तर मुस्लिम-विरोध और हिन्दू संगठन की बातें ही करेंगे क्योंकि तभी वे सत्ता पर आ सकते हैं। उन्हें तो हिन्दुत्व पर आधारित राज्य पद्धति निर्माण करनी हैं। उन्हें भारतीय संविधान में स्थित बहुधार्मिक, बहुसांस्कृतिक, जनतन्त्र स्वीकार्य ही नहीं है।

1980 के बाद साम्राज्यवादी वैश्वीकरण ने पुरानी धर्मवादी ताकतों को खाद-पानी देना शुरू किया। धर्माधिष्ठित सांस्कृतिक राष्ट्रवाद और राजसत्ता के केन्द्रीकरण को वैश्वीकरण ने जन्म दिया है। भारत में हिन्दुत्ववाद के

सांस्कृतिक राष्ट्रवाद का आक्रामक पुनरुत्थान यह उसकी ही फलनिष्पत्ति है। सांस्कृतिक राष्ट्रवाद की राजनीति धर्म के मोनोलिथ पर आधारित होती है और इसी प्रकार वह अन्य सभी धर्मों के शत्रुकरण पर भी आधारित होती है। 1990 से भाजपा और संघ परिवार की राजनीति इसी में से विस्तारित होती गई है।

1989 से संघ परिवार के विहिप, बजरंग दल जैसी दहशतवादी संगठनों ने भाजपा के नेतृत्व में शुरू किए गए दंगे, हत्याएँ हिन्दुओं को उकसाने के उनके प्रयत्न, दंगों में पुलिसों का पक्षपातपूर्ण रवैया, दहशतवाद के बन्दोबस्त के नाम पर मुस्लिमों पर किए जानेवाले पुलिसी अत्याचार, निरपराध लोगों को अन्दर करना, उन्हें वहाँ छलना, पीटना, अनन्वित अत्याचार करना इन सबका गहरा आघात मुस्लिम मानसिकता पर होता रहा है। 1992-93 के दंगों में मुसलमानों की गई हत्याओं की पूर्ण उपेक्षा की गई। उनमें प्रत्यक्ष सहभागी गुनाहगारों को कोई सजा नहीं हुई। श्रीकृष्ण आयोग ने अपने अहवाल में जिनके नाम लिए, जो सिफारिशें की, उन पर आज तक कोई कारवाई नहीं हुई। सिफारिशें कभी भी कार्यान्वित नहीं हुईं। 7/11 के बम विस्फोट में पकड़े गए आरोपियों के विरुद्ध आज तक पुलिस विभाग को ठोस सबूत मिले नहीं है। उन दिनों सैकड़ों लोगों की धर-पकड़ हुई। रात-बेरात मुसलमानों के घर पर पुलिसों ने छापे मारे। कश्मीर प्रश्न का बहाना बनाकर मुस्लिमों के अलगाववाद के लिए उनका इस्लाम धर्म कारण रहा है—ऐसा जबर्दस्त प्रचार कर हिन्दुओं में भय की ग्रन्थी निर्माण करना यह विहिप, बजरंग दल और भाजपा की रणनीति रही है। कश्मीर में अगर वहाँ के मुसलमान पंडितों की हत्या कर रहे हों, तो हम यहाँ के मुसलमानों से उसका बदला लेंगे, यहाँ के मुसलमानों को मौत के घाट उतारेंगे, ऐसा खुला प्रचार बजरंग दल के कार्यकर्ता करते रहते हैं। पाकिस्तान के सत्ताधारी और वहाँ की दहशतवादी संगठनाएँ तो यही चाहते हैं। हिन्दुस्तान टाईम्स के इस्लामाबाद के पत्रकार भारत भूषण को लश्कर-ए-तोयबा के प्रवक्ता ने अपने साक्षात्कार में जो कहा है, वह इस दृष्टि से महत्त्वपूर्ण है। वह कहता है—'हम भारत से मित्रता चाहते ही नहीं। भाजपा हमारे लिए ज्यादा सुविधाजनक पार्टी है। भाजपा की मुस्लिम विरोधी भूमिका का सर्वाधिक फायदा हमारी संगठन लश्कर-ए-तोयबा को मिल रहा है। हम तो अल्लाह से प्रार्थना करते हैं कि भारत में फिर से भाजपा सत्ता में आ जाए। तभी तो हमारा संगठन जीवित रह सकता है।' (प्रो. रणजित परदेशी—पृष्ठ 14) विहिप और बजरंग दल को तो यही चाहिए। इन दोनों की शत्रुत्व की राजनीति में भारत का मुसलमान बली का बकरा बन गया है।

भाजपा की राजनीति की शुरुआत भले ही बाबरी ध्वंस के बाद शुरू हो गई हो तो भी नरेन्द्र मोदी के गुजरात के कत्ले आम से मुसलमानों में असुरक्षितता की भावना बढ़ती जा रही है। आम मुसलमानों को तो दृढ़ विश्वास हो गया है कि सरकार तथा उनकी पुलिस, सही अपराधी न मिलने के कारण निरपराध मुसलमानों के विरुद्ध सबूत तैयार कर उन्हें जेल में सड़ा रही है। गुजरात में मुसलमानों के खिलाफ जो चल रहा है वह भयंकर ही है। उन्हें न किसी प्रकार का न्याय मिल रहा है और न संरक्षण! गुजरात यह हिन्दू फासीवादियों की परीक्षण-शाला हो गई है। ऐसे समय केन्द्र सरकार भी खामोश रहती है। अब तो केन्द्र में तो वे ही हैं। अब उड़ीसा और कर्नाटक में हिन्दू तालिबानी गड़बड़ मचा रहे हैं। हत्याएँ करवा रहे हैं। उड़ीसा और कर्नाटक में स्थित भारतीय ईसाइयों पर हो चुके आक्रमणों पर संविधान के 355 के अनुच्छेद के तहत नोटिस देकर उत्तर पूछनेवाले केन्द्र सरकार ने, गुजरात में मुस्लिमों पर जो अन्याय-अत्याचार हो रहे थे, और हो रहे हैं, उस पर मौन ही धारण कर लिया है। नान्देड-मालेगाँव में हुए बम विस्फोट और कर्नाटक में स्थित श्रीराम सेना इन हिन्दुत्ववादी दहशत मचानेवाले संगठनों के षड्यन्त्रों का प्रभाव मुस्लिम मानसिकता पर हो रहा है।

इंडिपेंडेट पीपल्स ट्रिब्युनल्स (आई.पीटी.) की ओर से मार्च, 2007 में दिल्ली में तीन दिन की जो परिचर्चा आयोजित की थी, उस परिचर्चा का अहवाल भारत में अल्पसंख्यकों पर जो अत्याचार हो रहे हैं, उन पर प्रकाश डालनेवाला है। 416 पृष्ठों के इस अहवाल में 280 पृष्ठ केवल 15 राज्यों के दंगे में हुए मुसलमानों की आर्त चीखों से भरी हुई है। गुजरात में हुए नर-संहार और राष्ट्रीय स्वयं सेवक संघ के कार्यकर्ताओं के काले कृत्यों से इस अहवाल के पृष्ठ भरे पड़े हैं। बंगाल में तो धर्मनिरपेक्षवादी मा.क.पा. पिछले 20 वर्षों से सत्ता में थी। 27% मुस्लिम आबादीवाले इस राज्य में केवल 4% मुसलमानों को सरकारी नौकरियाँ दी गई हैं। इस पर बंगाल के तत्कालीन मुख्यमन्त्री का यह वक्तव्य था कि मुसलमानों के बच्चे मदरसे में पढ़ते हैं। उनकी शिक्षा प्रशासन की दृष्टि से बेमतलब की होती है। तो सच्चर कमेंटी के अहवालानुसार 96% मुस्लिम लड़के-लड़कियाँ आम हिन्दुओं की तरह ही सार्वजनिक संस्थाओं की शिक्षा संस्थाओं में पढ़ाई करते हैं। इसका अर्थ हुआ कि बंगाल और अन्य राज्यों में विशेष ऐसा कोई गुणात्मक फर्क नहीं है। मुस्लिम द्वेष सर्वत्र है। (लोकसत्ता, 5 जुलाई, 2008, भारतीय फॅसिजमच्या कहाण्या) सभी ओर मुस्लिमों का आर्थिक, सामाजिक, अपवर्जन और शोषण

शुरू हो चुका। 1980 से हिन्दुत्ववादी विचारधारा का जो जोरदार प्रचार शुरू हुआ है, उसे देखते हुए लगता है कि यह उसी की निष्पत्ति है।

26 सितम्बर, 2008 के फ्रंटलाईन के अंक में संघ परिवार ने उड़ीसा के ईसाई भारतीय पर किए गए आक्रमण का विश्लेषण दिया गया है। ठीक इसी प्रकार मध्य प्रदेश, कर्नाटक, राजस्थान, गुजरात में स्थित भाजपा के कार्यकाल में मुस्लिमों के बहिष्करण का, छल का, उन्हें ध्वस्त करने का जो कार्यक्रम कार्यान्वित किया जा रहा था उसकी पूरी जानकारी इस लेख में दी गई है। उसके अलावा संघ परिवार की भगवा राजनीतिकरण से महाराष्ट्र, आन्ध्र प्रदेश, तमिलनाडु जैसे राज्यों में भी मुस्लिमों का जो बहिष्करण और उन्हें ध्वस्त करने के जो कारनामे चल रहे थे, वह भी दिया गया है। मध्य प्रदेश के राज्य अल्पसंख्यक आयोग के भूतपूर्व अध्यक्ष इब्राहीम कुरेशी द्वारा दी गई जानकारी के अनुसार 1994 से 2005 में म.प्र. के 23 जिलों में मुस्लिमों के विरोध में हुए दंगों में 135 बड़ी घटनाएँ हुईं। 42 लोग मारे गए, 5000 झूठे गुनाह मुस्लिमों पर लादे गए, मुस्लिमों की 1500 दुकानें जलाई गईं। 2007 में वहाँ के मस्जिदों में आग लगाई गई। कुरान की प्रतियाँ जलाई गईं। स्कूली पाठ्यक्रमों का साम्प्रदायीकरण किया गया। कर्नाटक में भाजपा सरकार आने के तुरन्त बाद मुस्लिमों के बहिष्करण के कार्यक्रमों को कार्यान्वित करना शुरू हुआ। मुम्बई की तरह बेंगलुरू में मुस्लिमों को किराए पर घर मिलना मुश्किल होने लगा। मुस्लिम बस्तियों को विकास फंड देना बन्द कर दिया गया। ईसाई संस्थाओं और चर्च पर आक्रमण शुरू हुए।

राजस्थान में भी यही सब शुरू हुआ। स्कूलों-विद्यालयों में मुस्लिम विरोधी पाठ्यक्रम तैयार किए जाने लगे। छोटे-बड़े दंगे करवाना, मस्जिदों और मुस्लिमों की दुकानों पर आक्रमण करना शुरू हुआ। 13 मई, 2008 को जयपुर में हुए बम विस्फोट के बाद तो निरपराधों की धर पकड़, झूठे मुकदमें भरना, दहशतवादी कहकर मुस्लिम डॉक्टर्स और इंजीनियर्स को पकड़ कर जेलों में बन्द करना, वहाँ उनका छल करना और बाद में छोड़ देना, ऐसी घटनाएँ वहाँ काफी हुईं। एक किसी अब्रार अली नामक मेडिकल कालेज में पढ़नेवाले युवक को केवल सन्देह के आधार पर पकड़ा गया। छ दिन के बाद, उसके खिलाफ कोई भी सबूत न मिलने पर उसको छोड़ दिया गया। तब तक प्रचार माध्यमों ने पूरे राजस्थान में डॉ. डेथ तथा डॉ. टेरर के रूप में उनकी फोटो के साथ उनके विरोध में भयंकर ऐसा प्रचार शुरू किया गया। और बम बनाने के लिए उसने बँडेज का कैसा उपयोग किया था, इसका मनगढ़न्त समाचार दे

चुके थे। बाद में ये सब झूठ साबित हुए। वर्षों से जयपुर में रहनेवाले बंगाली मुसलमानों को परेशान किया गया। बंगाली शरणार्थी के रूप में उन्हें जेलों में डाल दिया गया। भारत के अधिकांश राज्यों की पुलिसों का कम्युनलाइजेशन हो चुका है। महाराष्ट्र में तो 1992-93 से मुसलमानों पर पुलिसी अत्याचार बड़े पैमाने पर होते रहे हैं। यहाँ जातियों-उपजातियों की सहकारी सोसाइटीज खड़े हुए। 2005 में उच्चतम न्यायालय ने सहकारी सोसाइटियों के संरक्षण देने का निर्णय लेने के बाद मुम्बई में कहीं पर भी मुसलमानों को सोसाइटी के लिए जगह ही किराए पर नहीं मिल पाई। यह तो सामाजिक बहिष्करण ही है, जो भयंकर है।

तमिलनाडु में हिन्दू मुन्नानी इस संघ विचार की हिन्दुत्ववादी संगठन की स्थापना के बाद वहाँ भी मुस्लिम विरोधी वातावरण निर्माण होने लगा है। दंगे करवाना, मुस्लिमों के विरोध में जुलूस निकालना, मुस्लिमों के विरोध में द्वेषमूलक प्रचार करना आदि बातों की शुरुआत हुई है। महाराष्ट्र का अनुकरण करते हुए गणेश चतुर्थी के जुलूसों के बहाने हिन्दुत्य का प्रचार शुरू हुआ। तमिलनाडु के 80% मुसलमान दरिद्री हैं, बावजूद इसके उनके विरोध में ढोल पीटे जाने लगे। जैसे असगर अली इंजीनियर ने कहा है कि 1992-93 के बाद मुम्बई का स्वरूप ही बदल गया। उच्चतम न्यायालय के निर्णय के कारण मुसलमानों का विलगीकरण (सेग्रेशन) धर्म और जाति के आधार पर शुरू हुआ। उनके मतानुसार भारत के बहुसंख्यक मुसलमान ये जिहादी गुट के विरोध में होते हैं। परन्तु उनकी बात सुनने कोई भी तैयार नहीं है। इस कारण उनमें असुरक्षितता की भावना निर्माण हो चुकी है। पुलिस संघ विचारों की होती जा रही है। (फ्रंटलाईन : 26 दिसम्बर, 2008)

2001 से 2007 के कार्यकाल में भारत में हिन्दू-मुसलमानों के संघर्ष के 4845 घटनाएँ हुईं। 1947 लोग इसमें मारे गए; 16792 घायल हुए। इसमें उड़ीसा और कर्नाटक के भारतीय ईसाइयों के अत्याचारों की वृद्धि हुई है। मुस्लिम विरोध के दंगों में महाराष्ट्र और उत्तर प्रदेश ये दोनों 2004 से 2008 तक आरम्भ के दो क्रमांक पर रहे हैं। 2004 में 109 दंगे हुए तो 2008 में 435 दंगे महाराष्ट्र में हुए। (इंडियन एक्सप्रेस 14 अक्टूबर, 2008) हैदराबाद, अजमेर, मालेगाँव इन शहरों में हुए बम विस्फोटों के मूल में जो वास्तविकता है, वह इस प्रकरण में पकड़े गए तथाकथित शंकराचार्य, साध्वी और एक हिन्दू सेनाधिकारी गवाहों से स्पष्ट हो चुका है। ये बम विस्फोट मुसलमानों ने किया है, ऐसा समझकर हैदराबाद में सैकड़ों मुसलमानों को सींखचों के अन्दर

किया गया था। उनके अनुकूल गवाहों में लिए उनको छला गया। इन सारी घटनाओं का प्रभाव मुस्लिम मानसिकता पर होना स्वाभाविक ही है। उनकी प्रतिक्रियाएँ भी आ रही हैं। नान्डेंड, पूर्णा, परभणी, एलोरा के बम विस्फोटों में बजरंग दल की सक्रियता घोषित हो जाने के बाद भी महाराष्ट्र सरकार ने उनके विरोध में कोई कार्रवाई नहीं की है। नान्देड के विस्फोट में पाठकों के विस्फोट थे, ऐसा प्रसार माध्यमों में घोषित किया था। यह किस बात का प्रमाण है? सभी राज्यों की सरकारों की ओर से मुसलमानों के विरोध में पक्षपात पूर्ण रवैया कैसे अपनाया गया है, इसे सच्चर आयोग ने अपने अहवाल में स्पष्ट किया है।

जान-बूझकर किए गए पक्षपातपूर्ण रवैये के कारण और विलगीकरण के प्रभाव मुस्लिम मानसिकता पर हो जाने के कारण 'सीमी' अथवा 'इंडियन मुजाहिद्दीन' जैसे मुस्लिम युवकों की संगठनों का जन्म हुआ है। उनकी ऐसी प्रतिक्रिया गलत होते हुए भी उन पर किए गए अन्याय और अत्याचार की यह निष्पत्ति है। हिंसा से हिंसा को कभी भी रोका नहीं जा सकता। 2004 में भारत के भिन्न-भिन्न प्रदेशों में मुस्लिमों के विरोध में जो बड़ी घटनाएँ घटित हुई उनमें गुजरात, महाराष्ट्र, कर्नाटक, उत्तर प्रदेश, केरल जैसे राज्यों में अल्प मात्रा में क्यों न हो स्थानिक मुस्लिम युवकों की सहभागिता रही हैं, यह वास्तविकता है। इसे झुठलाया नहीं जा सकता। कुछ उदाहरण तो ऐसे भी हैं कि इन दो संगठनों के युवकों में कुछ तो पाकिस्तान जाकर दहशतवाद का प्रशिक्षण लेकर आए थे। उन्होंने लश्करे तोयबा या बांग्ला देश की हुजी से सहयोग का प्रयत्न भी किया है। इस सन्दर्भ में डेक्कन मुजाहिदीन और इंडियन मुजाहिदीन इन दहशतवादी संगठनों के नाम आगे आए हैं। इस कारण यहाँ के सभी मुसलमान दहशतवादी हैं—ऐसी चिल्लाहट शुरू हुई। स्थानिक मुसलमानों में यह वृत्ति 2002 के बाद आती है। स्थानिक मुस्लिम युवक—इनका औसत बहुत ही कम है—इस प्रकार के दहशतवाद की ओर क्यों मुड़ रहे हैं इस पर कोई विचार ही नहीं करना चाहता। केवल इस्लाम धर्म के नाम पर चिल्ला रहे हैं। 1992-93 में मुस्लिमों पर होनेवाले अत्याचारों के सम्बन्ध में कोई भी हिन्दू मुँह नहीं खोलता। मुसलमानों के साथ प्रत्येक क्षेत्र में समानता का अगर व्यवहार किया जाता, उन्हें न्याय दिया जाता, तो यह सब घटित होता ही नहीं।

भारत में आ रहे स्थानिक दहशतवाद के सम्बन्ध में लिखते समय, योगेन्द्र यादव जी ने (टाईम्स : 29-10-2008 का अंक) लिखा है कि अन्याय और अत्याचारों के परिणामस्वरूप या तो गाँधी या मंडेला निर्माण होते हैं अथवा

दहशतवादी। उनके मतानुसार दहशतवाद अलग ढंग की नई राजनीति होती है। और तथाकथित दहशतवादी पराजित अथवा निराश हो चुका सुधारवादी ही होता है। दहशतवाद अगर पराजित राजनीति हो (फेल्ड पॉलिटिक्स) तो इसके लिए दहशत का पिछला दरवाजा बन्द कर, चर्चा करना, विचार विनिमय करना अथवा शान्तिपूर्वक निषेध इन जनतान्त्रिक मार्गों का सामने का दरवाजा खोलना होगा यही एकमात्र उपाय है। पोटा अथवा अफस्पा जैसे कानून किसी दहशतवादी को पकड़ने के लिए उपयुक्त हों तो भी इसमें न्याय और मानवाधिकार पर विचार अगर नहीं हुआ तो फिर से नए दहशतवादी निर्माण होने का खतरा बना रहता है। अन्यायपूर्ण धरपकड और जेल में होनेवाले अत्याचारों के खिलाफ झूठे हलफनामें आदि के विरोध में शान्ति के मार्ग से मोर्चे निकालनेवाले सीमी पर लालकृष्ण आडवाणी ने (उन दिनों के कैबिनेट मन्त्री थे) प्रतिबन्ध लगा दिया; परिणामत: सीमी दहशतवाद की ओर मुड़ गई।

सीमी के बहाने 28-9-2008 के 'टाईम्स ऑफ इंडिया' में हमदर्द विश्वविद्यालय के प्राध्यापक इशितयात दानिश का एक लेख प्रकाशित हुआ है। उसमें सीमी का जन्म, उसका मूल स्वरूप और सीमी के युवक हिंसा की राजनीति की ओर कैसे मुड़ गए इस सम्बन्ध में संक्षिप्त-सी जानकारी दी गई है। सीमी मूलत: कुछ ध्येयवादी मुस्लिम युवकों की मुस्लिमों की समस्याओं पर विचार करनेवाली स्वयंसेवी संगठन (एनजीओ) थी। उनका सारा बल नैतिक जीवन जीने पर तथा इस्लाम के मूल आदर्शों के अनुसार खुद के व्यक्तित्व के निर्माण पर ध्यान देने पर ही था। संगठन का काम जनतान्त्रिक पद्धति से, सबके लिए खुला और सभी की सहमति लेकर काम करनेवाले युवकों का था। वे जिहाद के सम्बन्ध में भी बोलते थे। यहाँ जिहाद का अर्थ स्व-विकास के लिए संघर्ष करना ही था। परन्तु 1985 के बाद देश का वातावरण जैसे ही मुस्लिम विरोधी होता गया, इस पर सीमी की निषेधात्मक प्रतिक्रियाएँ लोगों के सामने आने लगी। विशेष रूप से 1998 के बाद भाजपा का सत्ता पर आना और विहिप बजरंग दल के आक्रामक आक्रमण मुस्लिमों पर शुरू हो जाना—इस कारण पूरा वातावरण हिंसक होता गया। 1989 से आडवाणी द्वारा शुरू की गई हिंसात्मक रथयात्रा की राजनीति के कारण स्थितियाँ बिगड़ती गई। इस कारण सीमी की प्रोटेस्ट मूवमेंट अधिक आक्रामक होती गई। उनके प्रोटेस्ट का स्वरूप हिंसक प्रतिकार का नहीं था। परन्तु उनके कारण भाजपा और आडवाणी का मुस्लिम विरोध सामने आ रहा था। 1990-2007 के बीच

तत्कालीन भाजपा सरकार ने सीमी कार्यकर्ताओं पर भड़कीले भाषण देना और सार्वजनिक शान्ति को भंग करना आदि आरोपों के अन्तर्गत उन्हें जेल में डालने का कार्यक्रम शुरू किया। आश्चर्य है कि भाजपा को सीमी के ही भड़कीले भाषण दिखलाई दिए। सिंघल-तोगड़िया के भाषण दिखलाई नहीं दिए। 2001 में भाजपा ने उन पर गैरकानूनी कृति विरोधी कानून लागू किया। संगठन पर प्रतिब्रन्ध लगा दिया। परिणामत: सीमी के कार्यकर्ता भूमिगत हो गए! बाद का इतिहास सबके सामने है। सीमी अगर खुली संगठन रही होती, उस पर प्रतिबन्ध अगर न लगाया गया होता तो वह शायद ही दहशतवाद की ओर मुडती। बावजूद इन दहशतवादी कार्यों में प्रत्यक्षत: सीमी के कार्यकर्ता कितने हैं, उन्हें विदेशी ताकतों से सहायता मिलती है क्या आदि बातें सन्देहास्पद हैं। कर्नाटक के हिन्दू तालिबान मुतालिक के प्रकरण में हुबली के न्यायालय में सीमी कार्यकर्ताओं पर मुकदमा जब शुरू हुआ था, तब श्रीराम सेना के कार्यकर्ताओं ने न्यायालय में बमविस्फोट किया था, यह तो सप्रमाण घोषित हुआ है, इसका क्या अर्थ लें?

यह ध्यान में लें कि स्थानिक मुस्लिम युवकों के दहशतवादी कृत्य यह उनकी जिहादी मानसिकता अथवा इस्लामी दर्शन के प्रभाव स्वरूप नहीं है अपितु भारतीय पुलिस का और पक्षपातपूर्ण रवैया अपनानेवाली सरकारी पद्धति, हिन्दुत्ववादी पार्टियाँ और संगठनों के मुस्लिम विरोध के अन्यायकारक व्यवहार के विरोध में की गई यह प्रतिक्रिया है। प्रसिद्ध ईरानी सूफी कवि जलालुद्दीन रूबी ने कभी लिखा था कि गर्म को पलने (चमक) डालकर आग बुझाई नहीं जा सकती अथवा खून-सी जख्मों को धोया नहीं जा सकता इसे रास्ता भटक चुके मुस्लिम युवक भूल गए हैं।

मुस्लिम विरोधी परिवेश को निर्माण करने में इन दिनों मीडिया का योगदान बहुत बड़ा है। किसी घर में कोई अतिरेकी मिला कि वह सारा मोहल्ला अथवा विभाग मुस्लिम दहशतवाद का अड्डा बन चुका है ऐसा प्रचार लगातार मीडिया में किया जाता है। उस मोहल्ले की तस्वीरें, वहाँ की मस्जिदों गलियों के फोटो प्रसारित किए जाते हैं। मुम्बई में स्थित नयानगर जैसी बस्तियाँ, मुम्ब्रा, कुर्ला, पुणे में स्थित कोंडवा की बदनामी शुरू हो जाती है। मुस्लिमों को जब अन्य धर्मियों के इलाकों में जगह ही नहीं मिल रही है। (खरीदी अथवा किराए पर) तो वे जाएँ तो कहाँ जाएँ? मजबूरी से वे मुस्लिम मुहल्लों में ही तो जाएँगे ना! उसके लिए वह मुहल्ला दोषी कैसे? कोई दहशतवादी है—इसे कैसे समझा जाए? क्योंकि इनकी कारवाईयाँ काफी गोपनीय होती

हैं। आसपास के किसी को भी इसका पता तक नहीं होता। परन्तु ऐसे एक से पूरे मुहल्ले को बदनाम किया जाता है। समाचार पत्र और दूरदर्शन को तो अपने व्यवसाय के लिए विस्फोटक समाचारों की जरूरत होती ही है। जैसे अनेक दहशतवादियों का सम्बन्ध आजमगढ़ के एक व्यक्ति के साथ था यह साबित हुआ। फिर क्या था? सम्पूर्ण आजमगढ़ जिले को दहशतवाद के अड्डे के रूप में मीडिया ने घोषित किया। रोज इस सम्बन्ध में भड़कीले समाचार छापे जाने लगे, प्रसारित होने लगे। अब स्थिति यह हो गई कि कहीं पर भी कोई दहशतवादी मिल गया कि पुलिस आजमगढ़ की ओर मुड़ जाती है। वहाँ के मुस्लिम नागरिकों का छल शुरू हो जाता है। सन्देह के नाम पर कुछ को पकड़ा जाता है। दिल्ली के बाटला हाऊस की घटना के बाद तो आजमगढ़ के सभी शिक्षित मुस्लिम युवकों, तकनीशियनों के घरों पर छापे मारे गए। ऐसा चित्र खींचा गया मानो आजमगढ़ पाकिस्तान में स्थित स्वात प्रदेश हो। स्वात वहाँ के तालिबान का मुख्य केन्द्र है। वैसा ही आजमगढ़ है। ऐसा प्रचार किया गया।

वास्तविकता क्या है? केवल आबू सालेम यह डॉन अथवा कोई दहशतवादी यही आजमगढ़ की पहचान है क्या? जैसे आबू सालेम यह आजमगढ़ का है, वैसे ही प्रख्यात उर्दू कवि कैफी आजमी, शबाना आजमी ये भी आजमगढ़ के ही हैं। हिन्दी साहित्य के प्रथम इतिहासकार और समीक्षक श्री रामचन्द्र शुक्ल भी आजमगढ़ के ही हैं। खड़ी बोली के सर्वप्रथम कवि अयोध्यासिंह उपाध्याय, विश्वभर में प्रतिष्ठित बौद्ध दर्शन के महापंडित राहुल, सांकृत्यायन,वींर रस के कवि श्याम पांडेय ये भी आजमगढ़ के ही तो हैं। ठीक इसी प्रकार विश्व में ख्यात इस्लाम धर्म के पंडित मौलाना शिब्ली नुमानी भी आजमगढ़ के ही हैं। आजमगढ़ की पहचान दहशतवाद की भूमि के रूप में करा देना, उन्हें कतई मान्य नहीं है। विशेष यह कि उ.प्र. में आजमगढ़ ही ऐसा एक जिला है, जहाँ साम्प्रदायिक दंगे हुए नहीं हैं। शिब्ली नुमानी शैक्षिक संस्था धर्मनिरपेक्ष राष्ट्रवादी विचारों के केन्द्र के रूप में विश्वभर में प्रतिष्ठित है। आधुनिक शैक्षिक सुविधाएँ उत्तर प्रदेश की सरकारों ने वहाँ उपलब्ध न करा देने के कारण पिछड़ापन और बेरोजगारी ये दोष इस जिले में निर्माण हुए हैं यह वास्तविकता भारतीयों के सामने लाई नहीं जाती। आजमगढ़ का भड़कीला वर्णन आम हिन्दुओं में भय की ग्रन्थी निर्माण की जा रही है। मुम्बई तो अपराधियों, डॉन और साम्प्रदायिक संगठनों का विश्वप्रसिद्ध अड्डा है। परन्तु मुम्बई का ऐसा भड़कीला वर्णन कभी नहीं किया जाता।

उत्तर कर्नाटक के भटकल गाँव के दो मुस्लिम युवक दहशतवादी के रूप में पकड़े गए। तो फिर क्या? प्रसार माध्यमों ने भटकल गाँव का रूपान्तरण दहशतवाद के केन्द्र के रूप में कर दिया। वहाँ की बुरखाधारी औरतों की तस्वीरें, विद्यालय और मस्जिदों की तस्वीरें छापकर हिन्दुओं में भय की ग्रन्थी निर्माण की गई। दिल्ली के जामियानगर के सन्दर्भ में तो मीड़िया ने सभी सीमाओं का उल्लंघन ही कर दिया। बाटला हाऊस के दो तथाकथित दहशतवादी उस विभाग में कभी रहते थे, परिणामत: उस पूरे परिसर को ही दहशतवाद के केन्द्र के रूप में प्रसारित किया गया। सन्देह के नाम पर, नाम की साम्यता के कारण अनेकों की धरपकड़ की गई। 19-9-2008 के इंडियन एक्सप्रेस में उस विभाग की महिलाओं के साक्षात्कार छपे हैं। जो काफी परेशान करनेवाले हैं। जोया नामक महिला ने कहा है कि मेरा बेटा जब 18-20 वर्ष का होगा तो पता नहीं उसका क्या होगा? झूठे आरोप करनेवाली व्यवस्था से मैं उसे कैसे बचा पाऊँगी? जामिया मिलिया यह महात्मा गाँधी जी के राष्ट्रीय एकात्मता के विचारों से प्रभावित होकर डॉ. जाकिर हुसैन द्वारा शुरू की गई संस्था है। केवल सन्देह से यहाँ के दो छात्रों को पुलिस ले गई तो मीडिया ने इस विश्वप्रसिद्ध संस्था के विरोध में जहर उगलना शुरू किया। विश्व में प्रतिष्ठित इतिहासकार और विचारक डॉ. मुशिरुल हसन ने जामिया के इन दो छात्रों को बचाने के लिए जब किसी वकील की नियुक्ति का निर्णय लिया तो मीडिया और हिन्दुत्ववादी संगठना उन पर टूट पड़े। मतलब सन्देह के कारण पकड़े मुस्लिमों को बचाने का अधिकार भी मीडिया और हिन्दुत्ववादी संगठनों को मान्य नहीं है। सलमान रश्दी द्वारा लिखे गए, 'सॅटनिक वर्सेस' के विरोध में खोमेनी ने जो फतवे निकाले थे, तब इसी मुशिरुल हसन ने खोमेनी का विरोध किया था और रश्दी की वैचारिक स्वतन्त्रता का समर्थन किया था। तब मुशिरुल हसन इसी मीड़िया के हीरो हो गए थे। और जब वे अपने छात्रों को कानूनी संरक्षण देने निकले तो वे दहशतवादियों के समर्थक बन गए। यह है मीडिया का न्याय। मालेगाँव प्रकरण के सन्देहास्पद अपराधी पुरोहित और साध्वी के प्रति मीडिया की एकदम भिन्न प्रतिक्रिया है।

अब भारत के पुलिसों की मानसिकता को जाँचने-परखने की, वे मुस्लिमों पर जो अन्याय-अत्याचार कर रहे हैं, उसके विरोध में फरियाद माँगने का वक्त आ गया है। 2002 के गुजरात के नरसंहार में पुलिसों द्वारा की गई काली करतूतों इतनी स्पष्टता से उभर कर आई हैं कि उस पर और कुछ लिखने जैसा रहा भी नहीं। बाटला हाऊस प्रकरण में जब दिल्ली पुलिस से तीन सन्देहास्पद

व्यक्तियों को लेकर बाहर निकली तो उनके मुँह पर अरब लोग जैसे रूमाल बाँधते हैं, वैसे ही रुमाल बान्धे हुए थे। पुलिस की इस प्रकार आरोपियों के मुँह पर रूमाल बाँधने की वृत्ति उनकी मानसिकता को स्पष्ट करती है। मुस्लिमों के दहशतवादी सिद्ध करने की उनकी मानसिकता इससे स्पष्ट होती है। इसके विरोध में मुसलमानों की प्रतिक्रियाएँ अतिशय तीव्र थीं। (टाईम्स 28 सितम्बर, 2008) मुस्लिमों की मानसिकता पर प्रश्न उपस्थित करनेवाले सभी पुलिसों की, नरेन्द्र मोदी या आडवाणी जैसे हिन्दुत्ववादियों की मानसिकता को लेकर प्रश्न क्यों नहीं उपस्थित करते—ऐसा प्रश्न उनसे पूछा जा सकता है। ये सभी नकारात्मक और अतिवादी हिन्दुत्ववादी साम्प्रदायिकता का वातावरण और उनका मुस्लिम विरोध इस कारण मुस्लिम युवकों में विफलता की भावना बढ़ती जा रही है। (सेन्स ऑफ पर्शिक्युशन)

इनमें से एक प्रश्न आगे आता है कि भारत के आम मुस्लिमों की मानसिकता क्या सचमुच जिहादी मानसिकता है? इस्लाम धर्म के कारण क्या ये मुसलमान जिहादी हो रहे हैं? इस्लाम में स्थित जिहाद की अवधारणा पर हमे पीछे के प्रकरण में विचार कर ही चुके हैं। उससे स्पष्ट है कि जिहादी मानसिकता और इस्लाम में किसी भी प्रकार का सम्बन्ध नहीं है। विफलता की तीव्र भावना और सड़ाने की भावना की प्रतिक्रियाओं में से ये युवक हिंसक राजनीति की ओर मुड़ रहे हैं।

विठ्ठल राजन नामक अध्येता ने अपनी एक प्रतिक्रिया 26 जन, 2008 में दर्ज की है। उसके मतानुसार इस देश में हिन्दुत्ववादियों का मुस्लिम विरोध इतने अतिवाद पर गया है कि भारत के मुस्लिमों का तथाकथित बढ़ता प्रभाव जो पूर्णत: काल्पनिक है वह भी इनसे सहा नहीं जा रहा है। कोई मुस्लिम व्यक्ति अपना कर्तृत्व पर लोकप्रिय होते गया कि उसे बदनाम करने का या उसे हिन्दू विरोधी साबित करने का प्रयत्न इनसे शुरू हो जाता है। जैसे—एफ.एम. हुसैन या सानिया मिर्जा। अस्मिता की राजनीति के बाहर जाकर कोई कलाकार अथवा खिलाड़ी के रूप में विकसित कर गया सेक्यूलर स्पेश भी हिन्दुत्ववादियों को खतरनाक लग रहा है। धार्मिक अस्मिता पर किसी ने बल दिया कि उन्हें फूट डालनेवाला अथवा पाकिस्तानी एजेंट घोषित करना और धार्मिक अस्मिता के बाहर जाकर स्पेश निर्माण करने का प्रयत्न उसने किया कि उसे हिन्दू विरोधी घोषित करना —ऐसी राजनीति इस देश में शुरू हो गई है। (इ.पी.डब्ल्यू. 26 जन, 2008)

दूसरी ओर हिन्दुत्ववादी पार्टियाँ और संगठनों के वंशविच्छेद की राजनीति पर अधिक कुछ न बोलनेवाले मध्य वर्ग की मानसिकता का प्रश्न भी मुस्लिम मानसिकता पर प्रश्न उपस्थित करनेवालों से पूछना होगा। प्रो. आशिष नन्दी ने जब ऐसा प्रश्न उपस्थित किया तब उनके विरोध में पूरे भारत भर से प्रतिक्रियाएँ आईं। उन पर मुकदमा भी शुरू किया गया। ऐसी स्थिति इन दिनों यहाँ है।

इन दिनों इस्लाम और मुस्लिम के दानवीकरण (डेमोनाइजेशन) के प्रयत्न अमेरिका से लेकर भारत तक चल रहे हैं। पश्चिमी और भारत की प्रतिक्रियावादी शक्तियों की दृष्टि में मुस्लिम होने का अर्थ ही दहशतवादी होना है, अलगाव डालनेवाले, राष्ट्रद्रोही होना हिन्दू धर्मविरोधी होना है। 21 सितम्बर, 2008 के टाईम्स के अंक में मुस्लिमों के साक्षात्कार आए हैं। उसमें इन मुस्लिमों ने स्पष्ट रूप से कहा है कि भारतीय मुस्लिमों को विदेशी साबित करनेवाली राजनीति के कारण अनेक समस्याएँ पैदा हो रही हैं। बमविस्फोट और मुम्बई पर हुए दहशतवादी आक्रमण के कारण भारत के आम मुसलमानों का जीना हराम कर दिया गया है। मुस्लिम महिलाओं के बुर्का का और उनके पुरुषों की दाढ़ियों का रूपान्तरण दहशतवाद के प्रतीक के रूप में किया जा रहा है।

इसमें कोई सन्देह नहीं कि दहशतवादी इस्लाम धर्म का गलत उपयोग कर रहे हैं, उसका विकृतिकरण कर रहे हैं। दारुल उरुम देवबन्द और जमीयत उलेमा-ए-हिन्द के नेतृत्व में हैदराबाद में भारत के सभी इस्लामी धर्म पंडितों की (उलेमाओं की) धर्म परिषद 2008 में आयोजित की गई थी। दिल्ली में 2008 में जमीयत उलोमा-ए हिन्द के उलेमाओं के संगठन के इस आयोजन में तीन लाख प्रतिनिधि उपस्थित थे। इस परिषद में जिहाद के गलत उपयोग पर चर्चा हुई थी। पश्चिम एशिया और पाकिस्तान के दहशतवादी इस्लाम का विकृतिकरण कर रहे हैं—ऐसा यहाँ घोषित किया गया। मूल इस्लाम में दहशतवाद को किसी भी प्रकार का स्थान नहीं है इसका स्पष्टीकरण देकर मुस्लिम दहशतवाद का निषेध किया गया था। बाद में इस परिषद में हुए निर्णयानुसार भारत की सभी मस्जिदों में से इस विषय पर आम मुसलमानों को प्रबोधन करने हेतु छोटी-बड़ी धर्मसभाएँ ली गईं। फतवे निकाले गए। गलत रास्ते पर गए हुए मुस्लिम युवकों से आवाहन किया गया, कि वे हिंसा का रास्ता छोड़ दें। दिल्ली, अहमदाबाद, हैदराबाद की तरह कोलकाता, चेन्नई आदि शहरों में ऐसी परिचर्चाएँ ली गई।

जमीयत उलेमा ए हिन्द के अध्यक्ष मौलाना मोहम्मद मदनी ने इंडियन एक्सप्रेस को जो साक्षात्कार दिया है (31 अगस्त 2008) उसमें स्पष्ट रूप से

कहा है जिन मुसलमानों ने सन् 1940 में द्विराष्ट्रवाद का विरोध किया था और भारत में ही रहने का निर्णय लिया था, उनका किसी भी प्रकार का अपराध न होते हुए भी पिछले 60-62 वर्षों से उन्हें अन्याय-अत्याचार और पक्षपात को सहना पड़ रहा है। देश-विभाजन ने यहाँ के मुसलमानों के सम्मुख अनेक गम्भीर समस्याएँ पैदा की हैं। पिछले दो-तीन वर्षों से इस देश में जो हिंसा की घटनाएँ हुई हैं, उनमें यहाँ के मुस्लिम युवकों की सहभागिता है—यह सही है। परन्तु इस्लाम ने दहशतवाद को कभी भी स्वीकृति नहीं दी हैं। जमीयत उलेमा-ए हिन्द 1920 से गाँधी जी और कांग्रेस के साथ रही है। जिन्ना के पाकिस्तान आन्दोलन का विरोध यह संगठन अन्त तक करती रही थी। आज भी यह संगठन कांग्रेस के साथ है और हिन्दू-मुस्लिम संयुक्त राष्ट्रवाद का समर्थन करती रही है। उपर्युक्त दोनों संगठनों को मुस्लिम विश्व में उच्चतम स्थान है। परन्तु उनकी इस नीति को प्रदेश के समाचार पत्रों में प्रकाशित ही नहीं किया जाता। वहाँ केवल मुस्लिम विरोधी समाचारों पर ही बल दिया जाता है। इतनी देर के बाद भारत के मुस्लिम धर्मपंडितों ने दहशतवाद के विरोध में मुँह क्यों खोला ऐसा प्रश्न भी पूछा जा सकता है। भारत के बाहर का मुस्लिम दहशतवाद यह अमेरिका और इज़राइल द्वारा पश्चिम एशिया में शुरू किए गए अत्याचारों के विरोध में है। ऐसा उनका विचार था इस कारण इस विषय पर वे बोल नहीं रहे थे। कश्मीर में जैश-ए-महमूद, लश्कर-ए-तय्यबा, हरकत उल अन्सार आदि के द्वारा शुरू किए गए नरसंहार का जमीयत उलेमा ए हिन्द ने निरन्तर विरोध किया है। यह वास्तविकता जनता के सम्मुख लाई ही नहीं जाती। भारतीय मुसलमानों का शत्रुकरण किया जा रहा है। भारत के सभी मुस्लिम विचारकों ने दहशतवाद का विरोध ही किया है। वे निरन्तर इसके खिलाफ उर्दू और अंग्रेजी में लिख रहे हैं। उनका यह लेखन कभी भी प्रदेश की भाषाओं में दिया ही नहीं जाता। पिछले कुछ दिनों से मुझ जैसों का लेखन बड़ी मुश्किल से मराठी में प्रकाशित हो रहा है।

2006 में मैंने पुणे से निकलनेवाले 'सकाल' दैनिक में 'भारतीय मुसलमानों के क्रायसिस का कालखंड' शीर्षक से एक लेख लिखकर दहशतवाद से सम्बन्धित यथार्थ को प्रस्तुत करने का प्रयत्न किया था। कश्मीर के दहशतवादी घटनाओं में वहाँ के मुसलमानों की कोई सहभागिता नहीं है और भारत में सक्रिय सीमी जैसी संगठनों की ओर यहाँ के मुस्लिम युवक क्यों मुड़ रहे हैं; इस पर मैंने उस लेख में विस्तार से प्रकाश डाला था। मेरी बात को न समझते हुए हिन्दुत्ववादी संगठनों ने मुझ पर अनेक आरोप लगाना शुरू किया। मैंने

क्या लिखा है, इसे गम्भीरता से न पढ़ते हुए, मेरी बात की उपेक्षा कर मुझ पर ये सब टूट पड़े। करीब दो माह तक मेरे विरोध में वे लिख रहे थे और जिन्हें मेरी बातें ठीक लगी; उन्होंने अपनी ये प्रतिक्रियाएँ उस दैनिक पत्र में न देते हुए; मुझे व्यक्तिगत पत्र लिखकर मेरे प्रति कृतज्ञता व्यक्त कर रहे थे। क्योंकि हिन्दुत्ववादियों से वैचारिक स्तर पर वे लड़ना नहीं चाहते थे। इसका अर्थ यह हुआ कि मैं अगर मुस्लिमों पर टूट पड़ता तो वे मेरा स्वागत करते। मुस्लिमों के जीवन यथार्थ को वे जानना ही नहीं चाहते। प्रख्यात विचारक आशिष नन्दी ने जब हिन्दू मध्य वर्ग की साम्प्रदायिक वृत्ति पर लिखा, तब उनकी ओर से बहुत कम हिन्दू खड़े हो गए। उल्टे उनका मुँह बन्द करने के लिए उन पर मुकदमें किए गए। यह कैसी मानसिकता है? क्या इन मुसलमानों के जीवन के सच को कहें ही नहीं क्या? इन स्वतन्त्र और जनतान्त्रिक भारत में क्या हमें उतने भी अधिकार नहीं है? इस पर अन्याय-अत्याचार हो रहे है क्या इसे भी हम न कहें?

मुसलगानों के सम्बन्ध में विपरीत चित्र निर्माण करने में मीडिया की भूमिका प्रमुख रही है। आडवाणी जब सूचना और प्रसारण के मन्त्री थे तब उन्होंने जो बीज यहाँ रोपा था; उसका यह फल है। संघ परिवार द्वारा मुस्लिम द्वेष की जो व्यवस्थित ऐसी प्रस्तुति की गई है; उसकी यह निष्पत्ति है। अमर उजाला (हिन्दी), सामना, नवकाल, महाराष्ट्र टाइम्स, सनातन प्रभात ये दैनिक पत्र रोज कुछ-न-कुछ मुस्लिमों के विरोध में छापते रहते हैं। उस विपरीत लेखन का गम्भीर ऐसा प्रभाव मुस्लिम मानसिकता पर होता जा रहा है। मीडिया के ऐसे आचरण के कारण यहाँ के मुसलमानों के पत्र में विलक्षण ऐसी असुरक्षितता की भावना; हीनता ग्रन्थी निर्माण होती जा रही है। ठीक इसी प्रकार उनमें व्यवस्था के प्रति गुस्सा भी उभरते जा रहा है। हिन्दुत्ववादियों के इस झूठे, गलत प्रचार के विरुद्ध किसी ने कुछ लिख दिया कि उसका मुँह बन्द करने का प्रयत्न किया जाता है। ये सारी स्थितियाँ काफी गम्भीर होती जा रही हैं। पुलिस और प्रशासन भी साम्प्रदायिक हो गया है। मीडिया या तो हिन्दुत्ववादी है, अथवा उसके प्रभावान्तर्गत है। इस स्थिति को सामान्य कैसे बनाया जाए यह एक बड़ा सवाल है।

सीमी अथवा इंडियन मुजाहिदीन के जो दहशतवादी पकड़े गए हैं, उनमें से प्रत्येक का किसी-न-किसी प्रकार का सम्बन्ध मुम्बई में मुसलमानों के ख़िलाफ हुए दंगों, पुलिसी अत्याचारों, गुजरात में हुए नरसंहार, हैदराबाद में हुआ बम विस्फोट, उत्तर भारत में हुए दंगों के साथ रहा है—ऐसा दिखलाई दिया है।

पिछले दिनों पकड़े गए मन्सूर असगर पीरभाय नामक इंडियन मुजाहिदीन इस संगठन का सदस्य रहा; सॉफ्टवेअर इंजीनियर ने कहा है कि, 'हैदराबाद के मक्का मस्जिद में हुए बम विस्फोट के घायलों को देखने के बाद मैं दहशतवाद की ओर मुड़ गया।' (इंडियन एक्सप्रेस 11 अप्रैल 2009) डॉ. जावेद आलम ने लिखा है कि हाथ की ऊँगलियों पर गिने जा सकते हैं, उतने मुस्लिम युवक दहशतवाद की ओर मुड़ गए हैं। उनमें यह प्रवृत्ति उभरती है बाबरी के पतन के बाद ही (इपीडब्ल्यू, 12 जन, 2008) इनके इस ओर मुडने के मूल में धर्म की कट्टरता अथवा जिहादी मानसिकता नहीं हैं, अपितु यहाँ के मुस्लिमों पर हिन्दुत्ववादी मानसिकता जो अन्याय-अत्याचार, विध्वंस कर रही हैं वह है मुस्लिम मानसिकता पर यहाँ के लोग जो विचार कर रहे हैं और उसका प्रचार कर रहे हैं उसके मूल में सांसद पर प्रहार, मुम्बई के बमविस्फोट, जयपुर से लेकर हैदराबाद तक हुए बम विस्फोट रहे हैं। मुस्लिम मानसिकता के सन्दर्भ में इस्लाम और मुस्लिम ही दहशतवाद है—ऐसा सूत्र प्रसारित किया जा रहा है। सारे मुसलमान दहशतवाद न हो तो भी सभी दहशतवादी अलबत्ता मुसलमान ही होते हैं ऐसा प्रचार जोरों से चल रहा है। इसका अर्थ हुआ कि विश्व में मुसलमानों के अलावा दहशतवादी काम करनेवाले, निष्पाप नागरिकों पर प्रहार कर उन्हें जान से मार डालनेवाले दूसरे कोई होते ही नहीं। इराक और अफगानिस्तान पर आक्रमण कर वहाँ के लाखों लोगों को मारनेवाले जॉर्ज बुश हिटलर से भी बड़ा दहशतवादी था। अमेरिकन और ब्रिटिश प्रोटेस्टंट झायोनिष्ठ दहशतवादी, गोरों की वंशवादी संगठनाएँ श्रीलंका की एलटीटीई, असम और ईशान्य भारत की दहशतवादी संगठनाएँ, सिक्खों की दहशतवादी संगठनाएँ, बजरंग दल, विहिप आदि दहशतवादी संगठनों में क्या मुस्लिम हैं? उनकी मानसिकता को, उनके धर्म को लेकर कोई बोलता नहीं। केवल मुस्लिमों की दहशतवादी मानसिकता के सम्बन्ध में ही लिखा जाता है। पश्चिम एशिया का दहशतवाद यह अमेरिका-इजराइल द्वारा निर्माण किया गया है। पाकिस्तान में स्थित दहशतवादी संगठनाएँ अमेरिका द्वारा, आई.एस.आई. द्वारा निर्मित हैं। विहिप, बजरंग दल, श्रीराम सेना, मालेगाँव में सक्रिय हिन्दुत्ववादी संगठन के जन्मदाता कौन हैं? —इसे कहने की जरूरत है क्या? इन सबकी तुलना में मुट्ठीभर जिसके सदस्य हैं—ऐसी सीमी या इंडियन मुजाहिदीन ये भारत के सभी मुसलमानों की संगठनाएँ हैं क्या? उड़ीसा और कर्नाटक तथा उसके भी पूर्व गुजरात में हिन्दुत्ववादी संगठनों ने किस मात्रा में अत्याचार किए हैं, जला देने का काम किया है, लूटा है बलात्कार किए हैं, वे किस प्रकार की

मानसिकता को सूचित करते हैं? कट्टर धर्मवादी और साम्प्रदायिक हिन्दू संगठनाएँ पोथीनिष्ठ मुसलमानों के साथ में हैं। श्रीराम सेना के कृत्य, महिलाओं और संस्कृति के सम्बन्ध में उनकी विचार दृष्टि और कश्मीर के तालिबानी तथाकथित संस्कृतिरक्षक इन दोनों में विशेष ऐसा कोई गुणात्मक फर्क नहीं है।

ऐसा सब कुछ क्यों घटित हो रहा है? ऊपर निर्देश की गई हिन्दू संगठनाओं का अतिवादी आक्रामक आचरण, संस्कृति संरक्षण का उनका अभियान, उनके धार्मिक प्रतीक, त्योहारों का किया जानेवाला राजनीतिकरण आदि का मूल हिन्दू धर्म से कोई सम्बन्ध नहीं है क्यों? यह हिन्दुओं के एक गुट की साम्प्रदायिक राजनीति है। अधिकांश हिन्दू धर्मिय आज भी सहिष्णु, सर्वसमावेशकवादी और शान्तिप्रिय है। सांस्कृतिक राष्ट्रवाद के नाम पर भारत की बहुसांस्कृतिक, सबको समा लेनेवाली जीवन पद्धति को नष्ट कर देने की मुहिम आज के हिन्दुत्ववादी संगठनों ने शुरू कर दी है। उसके ये परिणाम या प्रभाव या प्रतिक्रियाएँ हैं। जिस प्रकार मुसलमानों में स्थित तबलीग जमात अथवा जमाते इस्लामी जैसी पुनरुज्जीवनवादी और मूलतत्त्ववादी संगठनाएँ आम भारतीय मुसलमानों की जीवन पद्धति में स्थित बहुसांस्कृतिक, बहुप्रादेशिक रुढ़ियाँ, रीति-रिवाज ये सब गैर इस्लामी हैं इसलिए उन्हें निकाल बाहर कर पोथीनिष्ठ इस्लामीकरण की मुहिम चला रहे हैं, वैसी ही पद्धति संस्कृति रक्षण के नाम पर हिन्दू मूलतत्त्ववादी कर रहे हैं। दहशतवाद यह अमेरिका के नेतृत्व में पश्चिमी साम्राज्यवाद की देन है। पश्चिम एशिया से लेकर कश्मीर तक के मुसलमानों का दहशतवाद इस्लाम धर्म के कारण आया नहीं है। जैश-ए-महमूद, लश्कर-ए-तय्यबा, अल कायदा, तालिबान के अत्याचारी काम कुरान प्रणित इस्लाम धर्म पर अगर विचार करें तो यह सब गैर-इस्लामी हैं। यह उनकी राजनीति है। उनका गतिविज्ञान ही भिन्न है। धर्म और संस्कृति का जब राजनीतिकरण शुरू हो जाता है, तब शुद्धि मुहिम के अन्तर्गत पोथीनिष्ठ, प्रतिक्रियावादी धर्मवाद को पोषित करने के प्रयत्न शुरू हो जाते हैं। और तभी धर्म और संस्कृति असहिष्णु बनने लगते हैं। भारत के बाहर के इस्लाम में बहाबी दर्शन के कारण इस प्रकार की असहिष्णुता वहाँ आ गई है।

भारत के अधिकांश मुसलमानों का जीना बहुसांस्कृतिक, प्रादेशिक स्वरूप का है। सऊदी अरेबिया की ओर से प्रायोजित होनेवाले अरबी वहाबी इझम से भारतीय मुसलमानों को कोई लेना-देना नहीं है। तबलीग जमात का पुनरुज्जीवनवाद धर्माचरण पर और इस्लाम में स्थित नैतिक मूल्यों पर बल देनेवाला है। भारत की जमाते इस्लामी यह इनसे पूर्णत: भिन्न है और वह

सर्वधर्मसमभाव का विचार प्रस्तुत करनेवाली है। जमाते इस्लामी और तबलीग जमात इस संगठनों के आन्दोलन दहशतवाद के विरोध में रहे हैं। मुसलमान अगर कुरान प्रणित आज्ञानुसार जीए, अपना आचरण उस प्रकार से अगर ले तो किसी से उसका संघर्ष ही निर्माण नहीं हो सकता ऐसी इनकी प्रस्तुति है।

भारत के मुसलमानों ने कभी भी देश के बाहर के किसी देश से अपनी निष्ठा नहीं रखी है और न वे कभी पाकिस्तान के समर्थन में बोले हैं। धर्मवाद के प्रेम से जो तत्कालीन भारतीय पाकिस्तान के सिन्ध प्रदेश में गए, वहाँ उन्हें मोहजिर कहकर कैसे उनकी उपेक्षा, अपमान हो रहा है इसकी जानकारी उन्हें है। पाकिस्तान के पठानी, पंजाबी, बलुची, सिन्धी संस्कृति यहाँ के मुसलमानों की संस्कृति नहीं है। पठानी और पंजाबी मुसलमान और भारत के विभिन्न राज्यों के मुसलमान ये धार्मिक, भाषिक दृष्टि से भिन्न हैं। देश विभाजन के बाद जड़ से उखड़कर पाकिस्तान में जाने के लिए भारत के अधिकांश मुसलमान तैयार नहीं थे। यहाँ के प्रदेशों और संस्कृति से अभिन्न रूप से जुड़े हुए इन मुसलमानों ने अपनी मातृभूमि छोड़ देने की तैयारी नहीं दर्शाई; इसलिए वे यहीं रह गए। इस कारण उनके पराएपन का या देशद्रोही होने का प्रश्न ही नहीं उठता। भारत के मुसलमानों ने यहाँ के धर्मनिरपेक्ष राष्ट्रवाद को तहे दिल से स्वीकारा था, इसलिए वे यहाँ रह गए। यहाँ के अधिकांश मुसलमानों में मुस्लिम लीग की धर्माधिष्ठित राष्ट्र की अवधारणा को स्वीकारा ही नहीं था। 1946 के चुनाव में मुस्लिम लीग को यहाँ के नौ करोड़ मुसलमानों में से कितनों ने समर्थन दिया था? उत्तर भारत, पंजाब और बंगाल के कुछ कम्युनल—साम्प्रदायिक लोगों का समर्थन छोड़ दें तो नौ करोड़ में से आठ करोड़ चौरानवे लाख मुसलमान लीग की ओर से नहीं थे। इस यथार्थ को यहाँ की हिन्दू मीडिया कभी तो कहेगी या नहीं? (सन्दर्भ—मुशिरुल हसन इंडियन पार्टिशन ऑक्सफर्ड पब्लि. पृ. 40-41)

तो फिर मुसलमानों के पराएपन का प्रश्न और साम्प्रदायिक राजनीति की शुरुआत कब से हुई? और उनकी राष्ट्रनिष्ठा का प्रश्न राष्ट्रवाद के सिद्धान्त के कारण निर्माण हुआ। क्योंकि भारत के राष्ट्रीय आन्दोलन के नेताओं ने यूरोप केन्द्रित राष्ट्र की अवधारणा को स्वीकार करने के कारण धर्म और संस्कृति का एकत्व यह राष्ट्रीयता का आधार मान चुके थे। परिणामस्वरूप देश में स्थित धर्म और देश के बाहर का धर्म यह समस्या निर्माण हुई। बाहर से आई राष्ट्रवाद की यह विचारधारा ही लोगों में धर्म के निकष के आधार पर अलगाव पैदा करनेवाली और अभिजनवादी थी। इस (आयात) बाहर से

लाए गए राष्ट्रवाद में से ही हिन्दू और मुसलमान नेताओं ने स्वहित रक्षणार्थ साम्प्रदायिक राजनीति खड़ी की। इस कारण जो गैर-हिन्दू थे उनकी राष्ट्रनिष्ठा का प्रश्न इसमें से खड़ा हुआ और देश विभाजन का प्रश्न सुलझने के बजाए अधिक जटिल हुआ। पं. नेहरू और डॉ. बाबासाहब अम्बेडकर जी ने इसे सुलझाने हेतु धर्मनिरपेक्ष प्रादेशिक राष्ट्रवाद का समर्थन करनेवाली संविधान पद्धति को स्वीकारा। धर्मनिरपेक्षता का तत्त्व यह धार्मिक सांस्कृतिक राष्ट्रवाद और साम्प्रदायिकता अर्थात् धर्म की राजनीतिकरण के विरोध में था और है। नागरिकों का धर्म, वंश, जाति, भाषा इस पर विचार न करते हुए अथवा इसमें से किसी को भी निकष के रूप में न स्वीकारते हुए भारत के सभी नागरिकों के लिए समानता यह धर्मनिरपेक्षता का तत्त्व था और है। पर धार्मिक आचार-विचार, जाति-व्यवस्था, भारतीय जनता खून में और मानसिकता में इस प्रकार घुल-मिल गई है कि व्यक्ति के धर्म और जाति के परे जाकर उसे अपने सामने मानने का और बन्धुभाव से उसके साथ आवरण करने की संकल्पना भारतीय मन में जड़ पकड़ना बहुत कठिन है। पं. नेहरू जी को जब प्रतिष्ठित विचारक आन्द्रे मालरो ने पूछा था कि स्वतन्त्रता के बाद कौन-सी बात पूर्ण करने में उन्हें कठिनाई महसूस हुई? तब नेहरू जी ने उत्तर दिया था कि न्याय पर आधारित साधनों द्वारा न्याय देनेवाले राज्य का निर्माण करने में सर्वाधिक कठिनाई मैं महसूस कर रहा हूँ। भारत में धर्मनिरपेक्षता दो बातों के कारण निर्माण नहीं हो पा रही है। पहली बात लोकमत को प्रभावित करनेवाली और मतों को संगठित करनेवाली धर्माधिष्ठित राजनीति स्वतन्त्रता के पहले दशक से ही इस देश में शुरू हो गई है। कांग्रेस ने ही धर्म और जाति इस आदिम भावनाओं को खाद-पानी देने का काम शुरू किया। आयडेंटी पॉलिटिक्स (अस्मिता की राजनीति) के कारण धर्म और जाति की राजनीति शुरू हो गई। इस (अस्मिता की राजनीति) राजनीति के कारण भारत में जातिवाद और धर्मवाद की विलक्षण ऐसी वृद्धि हुई। असुरक्षितता की भावना के कारण मुस्लिम समाज में धार्मिक आयडेंटी का घटक अधिक दृढ़ होता गया। कांग्रेस तथा अन्य पार्टियों द्वारा राजनीति में धर्म को लाने के कारण उसके लिए हिन्दू और मुसलमानों के धर्मवादी नेताओं को सामने लाने के कारण धर्मनिरपेक्षता का लक्ष्य काफी दूर चला गया। धर्मवादी और जमातवादी राजनीति यह भारतीय नेताओं का चुनावी आधार बन गया। उसमें से हिन्दू और मुसलमानों का जमातवाद और मूलतत्त्ववाद अधिक फैलता गया, मजबूत होता गया। मुसलमानों का धर्म यह भारत के बाहर का इसलिए मुसलमान पराए—ऐसा सिद्धान्त इसमें से सामने लाया गया।

डॉ. मुंजे, डॉ. हेगडेवार और गोलवलकर के काल से ही हिन्दुत्व के नाम पर धर्माधिष्ठित राज्य का समर्थन शुरू हुआ। हिटलर का अनुकरण कर धर्म और वंश की श्रेष्ठता का विचार प्रस्तुत कर भारत के मुस्लिमों के विदेशीपन को यहाँ रोपने का, उस प्रकार का भ्रम फैलाने का काम संघ परिवार ने अपने हाथों में लिया है। विशेष रूप से गोलवलकर गुरू जी ने अद्वैत की अवधारणा का उपयोग कर उसका राजनीतिकरण कर, एक संघ हिन्दू समाज की अवधारणा प्रस्तुत की। भारतीय होना मतलब हिन्दू होना यह विचार उन्होंने यहाँ रोपा...। परिणामस्वरूप जो धर्म से हिन्दू नहीं थे, ये पराए विदेशी हो गए। (ज्योतिर्मय शर्मा—टेलिफाइंग वीजन पेंग्वीन) सांस्कृतिक पुनरुज्जीवन के नाम पर हिन्दू धर्म के त्योहार-समारोह, उत्सव आदि को खाद-पानी देकर हिन्दुत्व का राजनीतिक विचार नेहरू जी की मृत्यु के बाद सार्वजनिक क्षेत्रों में फैलाने की मुहिम ही शुरू की। बहुत ही व्यवस्थित रूप से षड्यन्त्र कर साम्प्रदायिक दंगे करवाए। धर्म के आधार पर भारतीय समाज में अलगाव पैदा किया। हर्ष मांदेर नामक अध्येता ने हिन्दू दैनिक में लिखा (दि. 29/9/2008) कि जाति-जातियों में सन्देह और अविश्वास निर्माण करने के लिए बम विस्फोट के सूत्र का उपयोग किया गया। बम विस्फोट जिस किसी ने किया हो परन्तु पूरे मुस्लिम समाज को इसके लिए दोषी साबित करने की पद्धति यहाँ उपयोग में लाई गई। मुस्लिम दहशतवाद के सम्बन्ध में एकरतफा लिखनेवाले प्रवीण स्वामी जैसे पत्रकार ने लिखा कि हिन्दुत्ववादियों की द्वेषमूलक राजनीति के कारण ही रियाज शाह बन्दरी जैसा दहशतवादी जन्म ले सका। (हिन्दू 23 फरवरी, 2009) मालेगाँव बम विस्फोट के बाद जब उससे सम्बन्धित व्यक्तियों को पुलिस ने अपने नियन्त्रण में ले लिया, तब से आज तक देश में बम विस्फोट नहीं हुए ऐसा राष्ट्रवादी कांग्रेस के अध्यक्ष श्री शरद पवार ने कहा है। उनका यह वक्तव्य काफी विस्फोटक और विचारों को गति देनेवाला है। उन लोगों की धरपकड़ के बाद दहशतवाद का भगवा चेहरा सामने आया है। ऐसे बम विस्फोट कर मुसलमानों को मार डालना और यह विस्फोट मुस्लिम दहशतवादियों ने किया है, ऐसा प्रचार कर मुस्लिमों को ही जेलों में बन्द करवाना—ऐसा दोतरफा दाँव और मुस्लिम विरोधी षड्यन्त्र का पर्दाफाश हुआ है। (सोलापुर लोकमत 1 अप्रैल, 2009) इस प्रकार हिन्दू दहशतवादी संगठन भाजपा का सरकारी प्रशासन और साम्प्रदायिकता की वृत्ति से भरा हुआ। मुस्लिम विरोधी पुलिस विभाग—इनकी कैंची में भारतीय मुसलमान फंस गए हैं। उसमें वृद्धि हुई 2009 के लोकसभा चुनाव में भाजपा ने नरेन्द्र मोदी और

वरुण गाँधी इन्हें अपने नियन्त्रण में लेकर पूरे भारत भर में मुस्लिम विरोध की राजनीति कर हिन्दू और मुसलमानों में अलगाव पैदा करने का प्रयत्न शुरू किया। परन्तु हिन्दुत्ववादियों की अविवेकवादी विचार धारा से परेशान हुई जनता ने भाजपा को उस चुनाव में पराजित किया। चुनाव की असफलता से भाजपा में सुधार की सम्भावना बहुत कम होती है। नरेन्द्र मोदी या वरुण गाँधी के कारण भाजपा पराजित हुई ऐसा उनमें से कुछ ने कहा जरूर पर इससे मुस्लिमों के सन्दर्भ में भाजपा की विचारधारा में कोई परिवर्तन नहीं हुआ। मेरे मतानुसार, यह सम्भव भी नहीं। क्योंकि मुस्लिम द्वेष की यह राजनीति उतनी सीधी-सादी नहीं है। उनमें और कई बातें उलझी हुई है। इसके अलावा इसके मूल में अनेक राष्ट्रीय और अन्तरराष्ट्रीय ताकतें भी जिम्मेदार हैं।

भारत में तुर्की-पठानी, राजसत्ताओं के आक्रमण जब से शुरू हुए तब से मुस्लिमों के दानवीकरण की प्रक्रिया शुरू हुई है ऐसा दिखलाई देगा। मूलत: इन दोनों वंशजों के गिरोह क्रूर और हिंसक थे। इस कारण तब से उनकी इस क्रूरता के लिए इस्लाम को जिम्मेदार ठहराया गया। 20वीं सदी के उत्तरार्ध से हटिंगटन के फ्लॅश ऑफ सिविलाइजेशन के नाम पर इस्लाम का जो दानवीकरण शुरू हुआ है, उसके लिए वैश्वीकरण के रूप में विश्व पर आक्रमण कर रहे नवसाम्राज्यवाद की राजनीति कारणीभूत रही है। यह इस्लाम फोबिया (इस्लाम के सम्बन्ध में भयग्रन्थी निर्माण करना) का परिणाम है। इंग्लैंड के रूनी मिड कमिशन के अहवाल के अनुसार इस्लाम फोबिया इस शब्द का प्रयोग पहली बार 1997 में हुआ। तब से इस्लाम पर जंगली, अविवेकी, सेक्सी, हिंसक और आक्रामक है ऐसा आरोप कर उसका प्रचार विश्वभर में शुरू किया गया। (इकॉनोमिक एंड पोलिटिकलवींकली 11 जुलाई, 2009, पृ. 106—मीरा नन्दा का लेख)

इस नवसाम्राज्यवादी विश्व की राजनीति ने इजिप्त से लेकर इंडोनेशिया तक पर आक्रमण के लिए इस्लाम के दानवीकरण करने का प्रचार आक्रामकता से शुरू किया गया। हिन्दुत्ववादी शक्तियों का 2000 से शुरू मुस्लिम विरोधी प्रचार यह विश्व की राजनीति का हिस्सा है। मीरा नन्दा ने इसे 'हिन्दू ट्रायम्फॅलिज़्म' (हिन्दू धर्म सर्वश्रेष्ठवाद) कहा है। इस विचार के बीज भले ही आर.एस.एस. की हिन्दू संस्कृति के श्रेष्ठत्व पर आधारित हों तो भी पिछले कुछ दिनों में वाईस ऑफ इंडिया—इस प्रकाशन संस्था के जरिए सीताराम गोयल, रामस्वरूप इन हिन्दू गरम पन्थियों की किताबों में आक्रामक और हिंसक इस्लाम विरोध सामने आ रहा है। उनके ही प्रभावान्तर्गत गिरीलाल जैन, अरुण

शौरी, एस. गुरुमूर्ति, फ्रेंन्सिस गौशियर (यह व्यक्ति फ्रेंच है।) हिन्दू विचारक इस्लाम और मुस्लिमविरोधी प्रचारात्मक लेखन कर रहे हैं। वैश्वीकरण के द्वारा ले आए निजीकरण और मुक्त अर्थव्यवस्था की लहरों ने आर्थिक क्षेत्र में काफी आगे की मंजिल हासिल की है। आर्थिक सत्ता के रूप में भारत एशिया द्वीप में चीन-जापान के साथ की स्पर्धा में उतर गया है—प्रतिगामी राजनीति के साथ आर्थिक समृद्धि इस कारण सम्बन्धित राष्ट्र में धर्म और संस्कृति के श्रेष्ठत्व का अहंकार भी उभरने लगता है। हटिंगटन ने कहा भी है कि भौतिक सफलता के साथ संस्कृति श्रेष्ठत्व का आयाम उसके साथ जुड़कर आता ही है। (पृष्ठ 92) गैर-पश्चिमी राष्ट्रों की आर्थिक ताकत जैसे जैसे बढ़ने लगती है, वैसे-वैसे ये अपने मूल्यों, संस्थाओं और संस्कृति के श्रेष्ठत्व के ढोल पीटने लगते हैं। सनातन धर्म के श्रेष्ठत्व का प्रतिपादन कर रहे उपरोक्त विचारकों का वर्णन डेविस फ्रॉले ने बौद्धिक क्षेत्र के क्षत्रिय के रूप में किया है। ये तथाकथित बौद्धिक क्षत्रिय ही हिन्दू धर्मश्रेष्ठ वाद को प्रस्तुत कर रहे हैं। (मीरा नन्दा)

इस्लाम और ईसाई धर्म अध:पतित धर्म हैं, एक ही ईश्वर का सिद्धान्त असहिष्णु होता है, इसी कारण ये दोनों धर्म पाखंडी और हिंसक हैं। कुरान यह गैर-मुस्लिमों के विरोध में जिहाद की आज्ञा देता है तो बाइबल धर्मांतर (धर्म परिवर्तन) का समर्थन करता है। इसलिए ये दोनों धर्म त्याज्य है। अनेकेश्वरवाद का समर्थन करनेवाला हिन्दू धर्म ही सच्चे अर्थों में सर्वधर्मसमभाव का विचार प्रस्तुत करनेवाला सहिष्णु धर्म है यह इन बौद्धिक क्षत्रियों की प्रस्तुति है। इस कारण संस्कृति संघर्ष के हटिंगटन के सिद्धान्त को स्वीकार कर इन विचारकों ने इस्लाम का दानवीकरण कर वंशविच्छेद का प्रचार शुरू किया है। इसलिए अरुण शौरी ने नरेन्द्र मोदी जी को भारत के भविष्य के प्रधानमन्त्री के रूप में घोषित किया था। तब ये विचारक भाजपा आयडॉलॉग थे। उनकी इस प्रस्तुति के कारण भाजपा की मुस्लिम विषयक नीति उन्हें दोय्यम नागरिकत्व देने की रहेगी। इन विचारकों का स्पष्ट प्रभाव आडवाणी, मोदी, सिंघल, तोगड़िया पर दिखलाई देता है। भारत के मुस्लिम और ईसाइयों को भारत के मूल और सर्वश्रेष्ठ धर्म की ओर मुड़ना चाहिए अथवा हिन्दुत्व के गुलाम होकर वे रहें, ऐसी इन क्षत्रियों की प्रस्तुति है—ऐसा मीरा नन्दा ने लिखा है। इसलिए 2009 के चुनाव में पराजित हो जाने के बाद भाजपा मुस्लिम प्रश्न पर स्पष्ट रूप से, ठोस शब्दों में बोलने को तैयार नहीं है। संघ परिवार ने भारत में जो हजारों विद्यालय खोले हैं, उनमें बालवाड़ी से ही छात्रों का ब्रेनवॉशिंग शुरू किया जाता है। परिणामस्वरूप प्रशासन, पुलिस विभाग, सामाजिक संस्थाओं में

मुस्लिमों का बहिष्करण किया जा रहा है। सच्चर समिति ने इनके इस षड्यन्त्र पर विस्तार से लिखा है।

प्रो. जावेद आलम ने लिखा कि भारत के मुस्लिम अब हाशिए के बाहर छोड़ दिए गए उपेक्षित समाज के एक घटक के रूप में जी रहे हैं। मुस्लिम समाज भारत के प्रादेशिक और धर्मान्तरित समाज का एक महत्त्वपूर्ण घटक रहा है। हिन्दू संस्कृति के श्रेष्ठत्व का समर्थन करनेवाली राजनीतिक शक्ति के कारण उसकी अवस्था बहुत कठिन हो गई है। हमें वहाँ न्याय मिलेगा ही नहीं ऐसी धारणा मुस्लिमों की युवा पीढी की हो गई है। मुस्लिमों के सन्दर्भ में केवल वंचितता (डिप्रीवेशन) ही नहीं, तो शोषण अथवा धार्मिक-सामाजिक बहिष्कार और छल भी तो है। मोदी प्रणित प्रचार के कारण मुसलमानों के सन्दर्भ में केवल सामाजिक पक्षपात ही नहीं हो रहा है अपितु पूर्ण बहिष्कार (हर स्थान पर उन्हें अलग करना) हो रहा है। चातुर्वर्ण्य के अनुसार दलित हिन्दू समाज के घटक माने नहीं जाते परन्तु उनके भारतीयत्व को नकारा नहीं जाता। मुसलमानों को इस देश के नैसर्गिक प्राकृतिक नागरिक मानने हिन्दुत्ववादी तैयार नहीं हैं क्योंकि उनकी दृष्टि में जब तक वे इस्लाम को त्यागते नहीं, तब तक वे यहाँ के हो ही नहीं सकते ऐसा उनका सिद्धान्त बन गया है। तब तक वे पराए हैं, विदेशी हैं। इस कारण विफलता-डीप्रेशन में जाकर कुछ युवक हिंसा की ओर मुड़ रहे हैं। यहाँ अमेरिका के कृष्णवर्णीय की तरह अलगावीकरण नहीं है। (सेग्रेगेशन) क्योंकि अलगावीकरण में कम-से-कम स्वतन्त्र अस्तित्व को स्वीकारा जाता है। यहाँ भारत में हिन्दुत्ववादियों की दृष्टि में मुसलमान पूर्णतः पराए-विदेशी (अदर) हैं। इतना होने के बावजूद भी कुछ अपवा्ादात्मक हिंसा की घटनाओं को छोड़ दें तो अधिकांश मुसलमान धर्मनिरपेक्षता और सुरक्षितता का आश्वासन देनेवाली राजनीतिक पार्टियों के साथ रहने का प्रयत्न कर रहे हैं। (इ.पी.डब्ल्यू. 12 जन, 2008, जावेद आलम का लेख)

प्रो. जावेद आलम के मतानुसार वी. पी. सिंग के मंडल आन्दोलन के समय से लेकर यहाँ के मुसलमान उनके आर्थिक और सामाजिक बहिष्करण के विरोध में आन्दोलन करते आ रहे हैं। सर सय्यद अहमद के काल के मुसलमानों की तरह वे अलगाववादी आन्दोलन नहीं कर रहे हैं। इतना ही नहीं तो 2009 के संसद के चुनाव में असम, बिहार और केरल जैसे राज्यों में से अस्मिता की राजनीति करनेवाले कुछ मुस्लिम साम्प्रदायिक राजनीतिक संगठनाएँ खड़ी हो गई थीं। परन्तु अधिकांश मुसलमान उनके साथ गए नहीं हैं। उन्होंने अपने एकगठ्ठा मत इन संगठनों के प्रत्याशियों को नहीं दिए है।

केरल में मौलाना मदनी के आवाहन को न स्वीकारते हुए उन्होंने कांग्रेस प्रणित गठबन्धन को ही मत दिए हैं। तमिलनाडु में राष्ट्रवादी कांग्रेस, बसपा ने मुसलमान प्रत्याशियों को खड़ा किया था। बावजूद इसके वहाँ के मुसलमान द्र. मु. क. के साथ गए। आन्ध्र प्रदेश में मुस्लिम साम्प्रदायिक पार्टियों को मत देने के बजाए उन्होंने कांग्रेस को मत दिए हैं। हमेशा की तरह वे मौलाना मुलायम सिंह अथवा लालूप्रसाद के पीछे नहीं गए। उन्होंने नितिशकुमार को अपना समर्थन दिया है। (एजाज शम्मी : इंडियन एक्सप्रेस 23 मई, 2009) ये सारी वास्तविकताएँ किस बात को स्पष्ट कर रही हैं? मुसलमानों का इतना बहिष्करण और इतना छल होने के बावजूद यहाँ के अधिकांश मुसलमान समान नागरिकत्व की ही राजनीति कर रहे हैं। आर्थिक पिछड़ेपन की कसौटी पर से ही वे समान नागरिकत्व का समर्थन कर रहे हैं। धर्म की कसौटी पर की सुविधाओं का वे विरोध कर रहे हैं। (इ.जी. डब्ल्यू)

बिहार के अली अन्वर, महाराष्ट्र के जावेद कुरेशी, फकरुद्दीन बेन्नूर, बशरत अहमद, कॉ. विलास सोनवणे, डॉ. सूर्यनारायण रणसुभे, कादर नायकवाडी, गनी अजरेकर, आरिफ बागवान इत्यादि मुस्लिम ओ.बी.सी. आन्दोलन के कार्यकर्ता अश्रफ मुसलमानों का विरोध कर रहे हैं। जमाते इस्लामी जैसी धार्मिक संगठना, पाशा पटेल जैसे जो भाजपवासी हो गए हैं—ये अश्रफ नेता धर्म की कसौटी पर सभी मुसलमानों को आरक्षण लागू करें—ऐसी मुहिम चला रहे हैं। हमारे मतानुसार इस प्रकार की माँग इस देश के संविधान के विरोध में है। दूसरी बात यह कि धर्म के आधार पर आरक्षण माँगने का मतलब हिन्दू-मुसलमानों में हमेशा के लिए अलगाव पैदा करता है। भाजपा की यही तो इच्छा है। पाशा पटेल जैसों को माध्यम बनाकर भाजपा देशविभाजन के पूर्व इस देश में जो साम्प्रदायिक मुस्लिम और हिन्दू राजनीति चल रही थी; उस ओर मुसलमानों को ले जाने का यह प्रयत्न है। तीसरी बात यह कि सभी मुसलमानों को आरक्षण देने का मतलब है ओ.बी.सी., दलित, विमुक्त मुसलमानों का जो सबसे नीचे का वर्ग है, वह हमेशा के लिए पिछड़ा ही रह जाएगा—ऐसा इसका अर्थ है।

पिछले एक हजार वर्षों से वरिष्ठ वर्णीय (अश्रफ) मुसलमान यही करते आ रहे हैं। धर्म के आधार पर मुसलमानों को आरक्षण देने का अगर निर्णय हुआ तो इसका 100% फायदा वरिष्ठवर्णीय और क्रिमिलेयर के मुसलमान ही लेंगे। क्योंकि वे ही इस अवसर का फायदा उठाने में सबसे आगे रहेंगे। भारतीय राजनीति में ऐसी उल्टी हवा इन दिनों बह रही है तो भी ऐसी प्रतिकूल स्थिति

में आम मुस्लिम जनता यहाँ के हिन्दू पिछडे समाज के साथ ही खड़े होने का प्रयत्न कर रही है। वह हमेशा पाकिस्तान प्रणित दहशतवाद के विरोध में रही है। इसीलिए तो मुम्बई के बम विस्फोट में मारे गए दहशतवादी मुसलमानों को उन्होंने अपने कब्रस्तान में दफन करने नहीं दिया।

हिन्दुत्ववादियों के नकारात्मक प्रचार के कारण आम मुसलमान धार्मिक अस्मिता का आग्रह एक ओर कर रहे हैं तो दूसरी ओर जाति के निकष के आधार पर गतिशील होते हुए भी उन्हें देखा जा सकता है। आर्थिक निकषों का आधार लेते हुए वे अश्रफ मुसलमानों की धर्मवादी राजनीति का विरोध भी कर रहे हैं।

(इ.पी.डब्ल्यू. 13 जून, 2009 जावेद आलम का लेख)

सन्दर्भ ग्रन्थ सूची

1. AR Desai: Social Background of Indian Nationalism, Popular Prakashan, Mumbai 1982
2. Ayesha Jalal : Self and Soverenity, Oxford, 2001
3. Oxford Dictionary : Oxford Dictionary of Sociology, Oxford, 2005
4. Bipin Chandra: Indian Struggle for Independence, Penguin 1989
5. Fransis Robinson: Islam and Muslim History in South Asia, Oxford 2006
6. Fransis Robinson: Islam in South Asia and West, Oxford 2007
7. Meera Nanda Economic&Political Weekly 11th July 2007
8. K.N. Chitnis : Socioeconomic Aspect of Medieval India Pune 1979
9. Mohd. Yasin : Asocial History of Islamic India Munshiram Manohar Lal 1974
10. Jafar Sharif Editor Herclut William Cook Kanoon a Islam Curzon Press 1921
11. John Ispocito The Islamic Threat Oxford 1992
12. Mushrul Hassan : Indian Partition Oxford 1993
13. Mushrul Hassan : Legacy of Divided Nation Oxford 2001
14. The Mushrul Hassan Omnbus Manoher Prakashan 2008
15. Mushrul Hassan : Islam in South Asia Manohar Prakashan,2008
16. Mushrul Hassan : Nationalism & Communel Politics in India South Asia Books, 1974
17. Mushrul Hassan : Images of Indian Muslim, Oxford 2008
18. Mohd.Mamdani : Good Muslims Bad Muslim, Permanant black 2006
19. Madari Al Rashid : Kingdom Without Borders Foundation Tools 2008
20. Dr. M. Mujib : The Indian Muslims, Allen & Annuin, 1969
21. P. Hardi : The Muslims of India Cambridge Press 1972
22. P. L. Joshi Rebellions 1857 NBT Delhi 2007
23. S. Abid Hussain : The Destiny of Indian Muslims Asia Publishing House 1965
24. Shanti Moy Roy Freedom Movement and Indian Muslims 1975
25. Saurabh Dubey Post Colonial Passages. Oxford 2005
26. Dr.Tarachand : The History of Freedom Movement in India Vol. 1&2. Publication Division, Delhi
27. Sir Jadunath Sarkar : Mugal Administration 1935

मराठी सन्दर्भ ग्रन्थ

1. वा.सी. बेंद्रे : योग संग्राम, (काव्यसंग्रह) पी.पी.एच. प्रकाशन, दिल्ली, 1961
2. प्रा. फकरुदादीन बेन्नूर : आधुनिक भारतातील मुस्लिम विचारवन्त भूमी प्रकाशन, लातूर, 2007
3. रोमिला थापर/ बिपिन चन्द्र : जमातवाद आणि भारतीय इतिहास लेखन (अनुवाद) लोक वाङ्मय गृह मुंबई, 1984
4. श्रीधर कुलकर्णी : दखनी भाषा राज्य मराठी विकास संस्था, मुंबई, 1885
5. श्रीधर कुलकर्णी : साहित्य सेतू राज्य मराठी विकास संस्था, मुंबई, 1986
6. शांताराम गरुड : भारताचा स्वातंत्र्य संग्राम, समाज प्रबोधिनी, इचलकरंज, 1986
7. य.दी. हस्व फडके : स्वातंत्र्य आंदोलनातील मुसलमान, 1986

फकरुद्दीन बेन्नूर

फकरुद्दीन बेन्नूर का जन्म 25 नवम्बर 1938 को सातारा, महाराष्ट्र में हुआ। उच्च शिक्षा एम.ए. राजनीतिशास्त्र तथा इतिहास से करने के उपरान्त दयानन्द कॉलेज, लातूर में 1965 से 1966 तक तथा संगमेश्वर कॉलेज सोलापुर, महाराष्ट्र में 1966 से 1998 तक अध्यापन कार्य किया।

1970 से मुस्लिमों के प्रबोधन से सम्बन्धित सभी आन्दोलनों में सक्रिय सहभागिता। मुस्लिम महिलाओं के प्रश्न, हिन्दू मूस्लिम प्रश्न और राजनीति, जमातवाद, हिन्दू मुस्लिम सौहार्द की समस्या, मुस्लिम-मराठी साहित्य से सम्बन्धित विषयों पर प्रतिष्ठित पत्रिकाओं में लेखन। दलित अत्याचार विरोधी आन्दोलनों में सक्रिय सहभागिता, दलित समस्यओं पर लेखन तथा अम्बेडकर के विचारों के प्रचार-प्रसार हेतु कार्य।

साहित्य सेवा : भारतीय मुसलमानों की मानसिकता अणि सामाजिक संरचना, हिन्दुत्व, मुस्लिम आणि वास्तव, आधुनिक भारतातीन मुस्लिम विचारवन्त, गुलमोहर काव्यसंग्रह, सूफी सम्पद्राय वांग्मय विचार आणि कार्य, भारत के मुस्लिम विचारवन्त, हिन्द स्वराज एक अन्वयार्थ, मुस्लिम राजकीय विचारवन्त आणि राष्ट्रवाद, भारत के मुसलमानों की माशिअत और जहनियत (उर्दू अनुवाद), राष्ट्रवाद, साम्राज्यवाद आणि इस्लाम, मुस्लिम मराठी साहित्य एक दृष्टिक्षेप तथा मुस्लिम प्रश्न आणि समन्वय इत्यादि पुस्तकें प्रकाशित।

निधन : 17 अगस्त 2018

डॉ. सूर्यनारायण रणसुभे

डॉ. सूर्यनारायण रणसुभे का जन्म 7 अगस्त, 1942 को कर्नाटक में हुआ। उन्होंने हिन्दी में एम.ए., पी-एच.डी. किया। लम्बे समय तक (37 वर्ष) दयानन्द महाविद्यालय, लातूर (महाराष्ट्र) में हिन्दी साहित्य के अध्यापन से जुड़े रहे।

उनकी प्रमुख पुस्तकें हैं—आधुनिक मराठी साहित्य का प्रवृत्तिमूलक इतिहास, कहानीकार कमलेश्वर : सन्दर्भ और प्रकृति, देश-विभाजन और हिन्दी कथा-साहित्य, दलित साहित्य : स्वरूप और संवेदना, अनुवाद का समाजशास्त्र, पत्रकारिता के युगनिर्माता : भीमराव आंबेडकर (विचार-आलोचना); डॉ. बाबासाहेब आंबेडकर (जीवनी); यादों के पंछी, अक्करमाशी, साक्षीपुरम, उठाईगीर, डॉ. आंबेडकर और उनका धम्म (अनुवाद); दलित चेतना की पहचान (सम्पादन), युद्धरत आम आदमी शरण कुमार लिंबाले विशेषांक (अतिथि सम्पादक)।

उन्हें साहित्य अकादेमी के 'अनुवाद पुरस्कार', महाराष्ट्र राज्य हिन्दी साहित्य अकादमी के गजानन माधव मुक्तिबोध पुरस्कार, उत्तर प्रदेश हिन्दी संस्थान के सौहार्द पुरस्कार' समेत अन्य कई सम्मानों से विभूषित किया जा चुका है।